地方上級／国家総合職・一般職・専門職

公務員試験

新スーパー過去問ゼミ**7**

判断推理

JN104044

資格試験研究会編
実務教育出版

新スーパー過去問ゼミ7
刊行に当たって

　公務員試験の過去問を使った定番問題集として，公務員受験生から圧倒的な信頼を寄せられている「スー過去」シリーズ。その「スー過去」が，令和3年度以降の問題を収録して最新の出題傾向に沿った内容に見直しを図るとともに，より効率よく学習を進められるよう細部までブラッシュアップして，このたび「**新スーパー過去問ゼミ7**」に生まれ変わりました。

　本シリーズは，**大学卒業程度の公務員採用試験攻略にスポットを当てた過去問ベスト・セレクション**です。「**地方上級**」「**国家一般職［大卒］**」試験を中心に「**国家総合職**」「**国家専門職**」「**市役所上級**」試験などに幅広く対応できる内容になっています。

　公務員試験は難関といわれていますが，良問の演習を繰り返すことで，合格への道筋はおのずと開けてくるはずです。本書を開いた今この瞬間から，目標突破へ向けての着実な準備を始めてください。

　あなたがこれからの公務を担う一員となれるよう，私たちも応援し続けます。

資格試験研究会

●国家公務員試験の新試験制度への対応について

　令和6年度（2024年度）の大卒程度試験から，出題数の削減などの制度変更の方針が示されています。現時点で，基礎能力試験の知能分野においては大幅な変更はなく，知識分野においては「時事問題を中心とし，普段から社会情勢等に関心を持っていれば対応できるような内容」への変更と，「情報に関する問題の出題」が予定されています。

　具体的な出題内容は予測の域を出ませんが，各科目の知識も正誤判断の重要な要素となりえますので，令和5年度（2023年度）以前の過去問演習でポイントを押さえておくことが必要だと考えています。

　制度変更の詳細や試験内容等で新しいことが判明した場合には，実務教育出版のウェブサイト，実務教育出版第二編集部Twitter等でお知らせしますので，随時ご確認ください。

本書の構成

❶学習方法・問題リスト：巻頭には，本書を使った効率的な科目の攻略のしかたをアドバイスする「**判断推理の学習方法**」と，本書に収録した全過去問を一覧できる「**掲載問題リスト**」を掲載している。過去問を選別して自分なりの学習計画を練ったり，学習の進捗状況を確認する際などに活用してほしい。

❷試験別出題傾向と対策：各章冒頭にある出題箇所表では，平成21年度以降の国家総合職，国家一般職，国家専門職，地方上級（全国型・東京都・特別区），市役所（Ｃ日程）の出題状況が一目でわかるようになっている。具体的な出題傾向は，試験別に解説を付してある。

※国家一般職，国家専門職，地方上級（全国型），市役所Ｃ日程については令和5年度の情報は反映されていない。

テーマ別出題頻度表示の見方

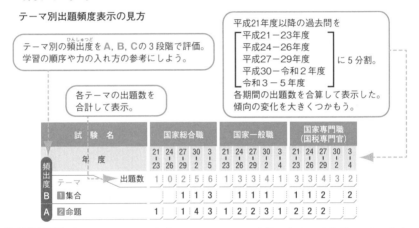

テーマ別の頻度を**A，B，C**の３段階で評価。学習の順序や力の入れ方の参考にしよう。

各テーマの出題数を合計して表示。

平成21年度以降の過去問を
- 平成21－23年度
- 平成24－26年度
- 平成27－29年度
- 平成30－令和２年度
- 令和３－５年度

に５分割。各期間の出題数を合算して表示した。傾向の変化を大きくつかもう。

試 験 名	国家総合職					国家一般職					国家専門職（国税専門官）				
年 度	21-23	24-26	27-29	30-2	3-5	21-23	24-26	27-29	30-2	3-4	21-23	24-26	27-29	30-2	3-4
出題数	1	0	2	5	6	1	3	3	4	1	1	3	3	2	1
❶集合			1	1	3			1	1	2	1	1	2		2
❷命題	1		1	4	3	1	2	2	3	1	2	2	1	2	

頻出度 B A

❸必修問題：各テーマのトップを飾るにふさわしい，合格のためには必ずマスターしたい良問をピックアップ。解説は，各選択肢の正誤ポイントをズバリと示す「**１行解説**」，解答のプロセスを示す「**STEP解説**」など，効率的に学習が進むように配慮した。

「**FOCUS**」には，そのテーマで問われるポイントや注意点，補足説明などを掲載している。

必修問題のページ上部に掲載した「**頻出度**」は，各テーマを**A，B，C**の３段階で評価し，さらに試験別の出題頻度を「**★**」の数で示している（★★★：最頻出，★★：頻出，★：過去15年間に出題実績あり，―：過去15年間に出題なし）。

❹POINT：これだけは覚えておきたい最重要知識を，図表などを駆使してコンパクトにまとめた。問題を解く前の知識整理に，試験直前の確認に活用してほしい。

❺実戦問題：各テーマの内容をスムーズに理解できるよう，バランスよく問題を選び，詳しく解説している。問題ナンバー上部の「**＊**」は，その問題の「**難易度**」を表しており（＊＊＊が最難），また，学習効果の高い重要な問題には **♥** マークを付している。

◆ **No.2** ** 必修問題と◆マークのついた問題を解いていけば，スピーディーに本書をひととおりこなせるようになっている。

　なお，収録問題数が多いテーマについては，「**実戦問題 ❶**」「**実戦問題 ❷**」のように問題をレベル別またはジャンル別に分割し，解説を参照しやすくしている。

❻索引：巻末には，POINT等に掲載している重要語句を集めた用語索引がついている。用語の意味や定義の確認，理解度のチェックなどに使ってほしい。

本書で取り扱う試験の名称表記について

　本書に掲載した問題の末尾には，試験名の略称および出題年度を記載している。

①**国家総合職**：国家公務員採用総合職試験，
　　　　　　　　国家公務員採用Ⅰ種試験（平成23年度まで）

②**国家一般職**：国家公務員採用一般職試験［大卒程度試験］，
　　　　　　　　国家公務員採用Ⅱ種試験（平成23年度まで）

③**国家専門職**：国家公務員採用専門職試験［大卒程度試験］，
　　　　　　　　国税専門官採用試験

④**地方上級**：地方公務員採用上級試験（都道府県・政令指定都市）

　（全国型）：広く全国的に分布し，地方上級試験のベースとなっている出題型

　（東京都）：東京都職員Ⅰ類B採用試験

　（特別区）：特別区（東京23区）職員Ⅰ類採用試験

　　※地方上級試験については，実務教育出版が独自に分析し，「全国型」「関東型」「中部・北陸型」「法律・経済専門タイプ」「その他の出題タイプ」「独自の出題タイプ（東京都，特別区など）」の6つに大別している。

⑤**市役所**：市役所職員採用上級試験（政令指定都市以外の市役所）

　　※市役所上級試験については，試験日程によって「A日程」「B日程」「C日程」の3つに大別している。「Standard」「Logical」「Light」という出題タイプがあるが，本書では大卒程度の試験で最も標準的な「Standard-Ⅰ」を原則として使用している。

本書に収録されている「過去問」について

①平成9年度以降の国家公務員試験の問題は，人事院により公表された問題を掲載している。地方上級の一部（東京都，特別区）も自治体により公表された問題を掲載している。それ以外の問題は，受験生から得た情報をもとに実務教育出版が独自に編集し，復元したものである。

②問題の論点を保ちつつ問い方を変えた，年度の経過により変化した実状に適合させた，などの理由で，問題を一部改題している場合がある。また，人事院などにより公表された問題も，用字用語の統一を行っている。

CONTENTS

公務員試験　新スーパー過去問ゼミ７
判断推理

カバー・本文デザイン／小谷野まさを　　書名ロゴ／早瀬芳文

判断推理の学習方法

●公務員試験の「判断推理」について
❶判断推理とは？

　本書は「判断推理」という科目について，本試験問題を題材として構成されたテキストである。公務員試験をめざす以前に「判断推理」という名称を聞いたことがある読者はほとんどいないだろう。そこで，「判断推理」という科目は一体どのような科目なのかを，初めに明らかにしておこう。

　「判断推理」は，一言でいえば論理関係の把握（分析）とそれに基づく合理的な思考（推論）を行うことを目的とする。**Aという事実の論理的帰結としてBという事実が存在するとき，Aという事実の存在からBという帰結を推論することができるかどうかが問われる**のである。

　ここでいう論理関係とは，いわゆる形式的論理関係であるから，「判断推理」においては，形式論理に従った分析および推論能力を養うことが必要になる。

　いきなり難しい話になってしまったが，形式的であるということは，むしろ型にはめやすいともいえる。実際，「判断推理」における出題の多くは，ある程度パターン化することが可能なのであり，試験対策としてはその点もしっかり固めておくことは大切である。

❷出題の内容

　「判断推理」の出題内容は多岐にわたり，分類基準も一定ではないが，本書では，6章で構成している。大雑把にいうと，論理学の基礎となる推論過程と一定の規則性を問題とする第1章，第4章，文章的条件から推論する第2章，第3章（第3章ではこれに数量的要素が付加される），図形を題材とする第5章，第6章となる。試験によっては判断推理の出題が少なく，その代わり「空間把握」「空間観念」といった科目を設けている場合もあるが，これらはおおむね第5章および第6章に該当する。

●学習する際の注意点

　「判断推理」で取り上げる題材は，これまでに学習したことのないものがほとんどであろう。中学校，高等学校を通じて多少の学習経験がある項目を探しても，第1章の「形式論理」，第6章における「正多面体」程度のはずである。したがって，まずどのような問題が出題されるのか，全体の構成をつかんでしまうことである。最初に，「判断推理」で要求されている形式論理と，それに基づく推論とはこのようなことをするものなのか，という外枠を明確にする。個々のテーマで要求される基本的知識事項や約束事は，後から吸収すればよい。

　なじみの薄い科目を新たに学習する場合には，最初に全体像を明確にしておくことである。

　全体像がつかめたら，基本的知識や一定の約束事を確実なものとするために，それぞれのテーマについて，問題を繰り返し解いてみることである。その際に，**正答を導くためにはどのような推論過程をたどるのかを毎回確認することが大切である**。「判断推理」においては，知識や約束事といっても，単に覚えればそれで済むものではなく，論理関係を正確にたどっていけるかという，推論過程に関する部分が中心だからである。

　「判断推理」という科目全体を通して見てみると，出題の傾向は年度とともに変化している。したがって，過去5年程度の出題には特に注意し，解法を確実に身につけておくことが必要である。

●本書の活用法
❶体系と掲載問題

本書では「判断推理」全項目を6章22テーマに分類し，それぞれについて傾向分析，代表的な問題と必要事項の解説，実戦力を養う問題を盛り込んである。

本書に掲載した問題は，最近の試験問題の中から，各テーマの主要な内容を理解するに当たって効率的といえる問題を「必修問題」に，最近の出題傾向全般を把握できる問題を「実戦問題」に配列して掲載している。上述のように，「判断推理」という科目の出題内容は年度とともに変化しているが，本書では最新の問題を積極的に取り上げることにより，傾向の変化に対応しつつ，問題の分析と本質の理解を行なえるよう，十分の配慮を図っている。

❷基本的な利用法

本書の利用法を，先の学習上の対策に対応させて考えるならば，まず「必修問題」で全体の構成を掴んだ後，「POINT」によって各テーマで必要とされる事項を確認し，「実戦問題」で実力を養うというステップで進んでいくのが最も効率的である。

ただし，複雑な構造・内容の問題も含まれているので，「必修問題」→「POINT」→「実戦問題」とひととおり進めてみても，1回ですべてを理解することはなかなか難しい。そこで何回も繰り返してみることが必要になる。このとき，1回終了した時点で自分の理解できた範囲とそうでない範囲を明らかにしてみよう。2回目以降は，前回までに理解できた部分については，その推論過程を確認することで確実に得点源とできるようにし，理解できなかった部分について，改めて検討を加えていくというやり方で進めていけばよいのである。

本書では，**いずれの問題の解説も，ただその問題が解ければよいということに留まらず，問題の本質，核心となる部分まで掘り下げてある**ので，そこまでの理解ができれば確実に応用力が養われるはずである。そのためには何度も繰り返し検討してみることである。

❸直前期の活用法

直前期において，最終的な確認・点検を行う場合の活用法も示しておこう。直前期においては，学習初期と同様の網羅的な学習とは異なった取組みが必要であり，重要度の高い項目を重点的に行うことを考えるべきである。

必ず目を通すべき内容としては，

第1章テーマ1，テーマ2
第2章テーマ3
第3章テーマ8
第5章テーマ12，テーマ14
第6章テーマ18，テーマ19，テーマ20，テーマ22

が挙げられる。

これに加えて，国家公務員試験では第2章テーマ4，テーマ6，テーマ7，地方公務員試験では第2章テーマ5，第5章テーマ15，第6章テーマ21といったところは確認しておきたい。東京都では第2章テーマ4，特別区では第2章テーマ6，第3章テーマ9，第4章テーマ10も重要である。

合格者に学ぶ「スー過去」活用術

　公務員受験生の定番問題集となっている「スー過去」シリーズであるが，先輩たちは本シリーズをどのように使って，合格を勝ち得てきたのだろうか。弊社刊行の『公務員試験受験ジャーナル』に寄せられた「合格体験記」などから，傾向を探ってみた。

自分なりの「戦略」を持って学習に取り組もう！

　テーマ１から順番に一つ一つじっくりと問題を解いて，わからないところを入念に調べ，納得してから次に進む……という一見まっとうな学習法は，すでに時代遅れになっている。
　合格者は，初期段階でおおまかな学習計画を立てて，戦略を練っている。まずは各章冒頭にある「試験別出題傾向と対策」を見て，自分が受験する試験で各テーマがどの程度出題されているのかを把握し，「掲載問題リスト」を利用するなどして，**いつまでにどの程度まで学習を進めればよいか，学習全体の流れをイメージ**しておきたい。

完璧をめざさない！ザックリ進めながら復習を繰り返せ！

　本番の試験では，６～７割の問題に正答できればボーダーラインを突破できる。裏を返せば**３～４割の問題は解けなくてもよい**わけで，完璧をめざす必要はまったくない。
　受験生の間では，**「問題集を何周したか」**がしばしば話題に上る。問題集は，１回で理解しようとジックリ取り組むよりも，初めはザックリ理解できた程度で先に進んでいき，何回も繰り返し取り組むことで徐々に理解を深めていくやり方のほうが，学習効率は高いとされている。**合格者は「スー過去」を繰り返しやって，得点力を高めている。**

すぐに解説を読んでもOK！考え込むのは時間のムダ！

　合格者の声を聞くと「スー過去を参考書代わりに読み込んだ」というものが多く見受けられる。科目の攻略スピードを上げようと思ったら「ウンウンと考え込む時間」は一番のムダだ。過去問演習は，解けた解けなかったと一喜一憂するのではなく，**問題文と解説を読みながら正誤のポイントとなる知識を把握して記憶することの繰り返し**なのである。

分量が多すぎる！という人は，自分なりに過去問をチョイス！

　広い出題範囲の中から頻出のテーマ・過去問を選んで掲載している「スー過去」ではあるが，この分量をこなすのは無理だ！と敬遠している受験生もいる。しかし，**合格者もすべての問題に取り組んでいるわけではない。**必要な部分を自ら取捨選択することが，最短合格のカギといえる（次ページに問題の選択例を示したので参考にしてほしい）。

書き込んでバラして……「スー過去」を使い倒せ！

　補足知識や注意点などは本書に直接書き込んでいこう。**書き込みを続けて情報を集約していくと本書が自分オリジナルの参考書になっていくので，インプットの効率が格段に上がる。**それを繰り返し「何周も回して」いくうちに，反射的に解答できるようになるはずだ。
　また，分厚い「スー過去」をカッターで切って，章ごとにバラして使っている合格者も多い。**自分が使いやすいようにカスタマイズして，「スー過去」をしゃぶり尽くそう！**

学習する過去問の選び方

●具体的な「カスタマイズ」のやり方例

本書は全202問の過去問を収録している。分量が多すぎる！と思うかもしれないが，合格者の多くは，過去問を上手に取捨選択して，自分に合った分量と範囲を決めて学習を進めている。

以下，お勧めの例をご紹介しよう。

❶必修問題と 🛟 のついた問題に優先的に取り組む！

当面取り組む過去問を，各テーマの「**必修問題**」と🛟マークのついている「**実戦問題**」に絞ると，およそ全体の４割の分量となる。これにプラスして各テーマの「POINT」をチェックしていけば，この科目の典型問題と正誤判断の決め手となる知識の主だったところは押さえられる。

本試験まで時間がある人もそうでない人も，ここから取り組むのが定石である。まずはこれで１周（問題集をひととおり最後までやり切ること）してみてほしい。

❶を何周かしたら次のステップへ移ろう。

❷取り組む過去問の量を増やしていく

❶で基本は押さえられても，❶だけでは演習量が心もとないので，取り組む過去問の数を増やしていく必要がある。増やし方としてはいくつかあるが，このあたりが一般的であろう。

◎基本レベルの過去問を追加（難易度「＊」の問題を追加）
◎受験する試験種の過去問を追加
◎頻出度Ａのテーマの過去問を追加

これをひととおり終えたら，前回やったところを復習しつつ，まだ手をつけていない過去問をさらに追加していくことでレベルアップを図っていく。

もちろん，あまり手を広げずに，ある程度のところで折り合いをつけて，その分復習に時間を割く戦略もある。

●掲載問題リストを活用しよう！

「**掲載問題リスト**」では，本書に掲載された過去問を一覧表示している。

受験する試験や難易度・出題年度等を基準に，学習する過去問を選別する際の目安としたり，チェックボックスを使って学習の進捗状況を確認したりできるようになっている。

効率よくスピーディーに学習を進めるためにも，積極的に利用してほしい。

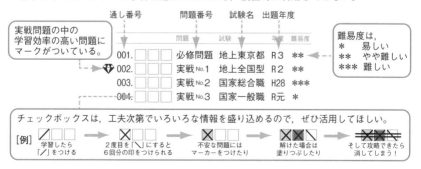

掲載問題リスト

本書に掲載した全202問を一覧表にした。□に正答できたかどうかをチェックするなどして，本書を上手に活用してほしい。

第1章 形式論理

テーマ 1 集合

		問題	試験	年度	難易度
001.		必修問題	地上東京都	R3	**
💎 002.		実戦 No.1	地上全国型	R2	**
003.		実戦 No.2	国家総合職	H28	***
004.		実戦 No.3	国家一般職	R元	*
💎 005.		実戦 No.4	国家専門職	H29	**
006.		実戦 No.5	国家総合職	R3	***
💎 007.		実戦 No.6	国家専門職	H17	**
008.		実戦 No.7	地上東京都	H13	**

テーマ 2 命題

		問題	試験	年度	難易度
009.		必修問題	国家一般職	R3	**
010.		実戦 No.1	市役所	R4	*
💎 011.		実戦 No.2	地上特別区	R3	**
💎 012.		実戦 No.3	地上特別区	H30	**
013.		実戦 No.4	国家専門職	H元	**
014.		実戦 No.5	国家専門職	R4	**
💎 015.		実戦 No.6	国家総合職	R4	***
016.		実戦 No.7	国家総合職	R5	***
💎 017.		実戦 No.8	国家総合職	H29	**
018.		実戦 No.9	国家一般職	H29	**
019.		実戦 No.10	国家総合職	R元	***

第2章 文章条件からの推理

テーマ 3 対応関係

		問題	試験	年度	難易度
020.		必修問題	国家一般職	R3	**
💎 021.		実戦 No.1	国家専門職	H26	**
022.		実戦 No.2	国家一般職	R2	**
💎 023.		実戦 No.3	国家一般職	H22	**
024.		実戦 No.4	国家一般職	R2	**
💎 025.		実戦 No.5	国家一般職	R元	**
026.		実戦 No.6	国家一般職	H23	**
💎 027.		実戦 No.7	国家一般職	H29	***
028.		実戦 No.8	国家総合職	H22	***
💎 029.		実戦 No.9	国家総合職	H19	***
030.		実戦 No.10	国家専門職	R3	***

テーマ 4 順序関係

		問題	試験	年度	難易度
031		必修問題	国家専門職	R4	**
💎 032.		実戦 No.1	地上東京都	R3	**

		問題	試験	年度	難易度
033.		実戦 No.2	地上東京都	H20	*
💎 034.		実戦 No.3	地上全国型	R3	**
035.		実戦 No.4	地上全国型	R元	**
💎 036.		実戦 No.5	地上特別区	H24	*
037.		実戦 No.6	地上東京都	H30	**
💎 038.		実戦 No.7	国家一般職	H元	**
💎 039.		実戦 No.8	国家総合職	R5	**
040.		実戦 No.9	地上特別区	R2	*
💎 041.		実戦 No.10	国家専門職	H29	**
042.		実戦 No.11	市役所	H21	**
043.		実戦 No.12	国家総合職	R2	**
💎 044.		実戦 No.13	国家総合職	H24	***

テーマ 5 位置関係

		問題	試験	年度	難易度
045.		必修問題	地上特別区	R3	**
💎 046.		実戦 No.1	国家専門職	H26	*
💎 047.		実戦 No.2	地上特別区	H30	**
💎 048.		実戦 No.3	地上特別区	R2	**
💎 049.		実戦 No.4	国家一般職	R元	**
050.		実戦 No.5	地上全国型	R2	**
💎 051.		実戦 No.6	国家一般職	H22	***
052.		実戦 No.7	国家専門職	R2	***

テーマ 6 試合の勝敗

		問題	試験	年度	難易度
053.		必修問題	地上東京都	R2	**
💎 054.		実戦 No.1	地上東京都	R元	**
055.		実戦 No.2	地上特別区	H30	**
💎 056.		実戦 No.3	国家一般職	H26	**
057.		実戦 No.4	地上特別区	H29	***
058.		実戦 No.5	地上東京都	H28	**
💎 059.		実戦 No.6	国家一般職	R2	**
060.		実戦 No.7	地上特別区	R4	**

テーマ 7 発言推理

		問題	試験	年度	難易度
061.		必修問題	地上特別区	H28	**
062.		実戦 No.1	国家総合職	H27	**
063.		実戦 No.2	地上特別区	R2	*
💎 064.		実戦 No.3	地上特別区	R4	**
💎 065.		実戦 No.4	国家専門職	H20	**
066.		実戦 No.5	国家総合職	H23	**
💎 067.		実戦 No.6	国家一般職	H29	**
068.		実戦 No.7	国家総合職	H25	**
💎 069.		実戦 No.8	市役所	H27	**
070.		実戦 No.9	国家総合職	R4	***

10

第1章

形式論理

試験別出題傾向と対策

試験名	国家総合職					国家一般職					国家専門職				
年度	21-23	24-26	27-29	30-2	3-5	21-23	24-26	27-29	30-2	3-4	21-23	24-26	27-29	30-2	3-4
出題数	1	0	2	5	6	1	3	3	4	1	3	3	4	3	2
B ①集合			1	1	3	1	1	1	1		1	1	2		2
A ②命題	1		1	4	3		2	2	3	1	2	2	2	3	

　複数出題されることが少ないので，出題数全体としては多くないが，試験種や年度による出題の偏りも少ない。基本的に「1問は出題される」と考えておくべきである。「命題」に関しては，存在命題はベン図の活用（テーマ1），全称命題は論理式（テーマ2）というのが基本である。「集合」では，試験種を問わず要素の個数に関する出題が増えている。キャロル表は必ず使えるようにしておきたい。また，「命題」では，単なる対偶と三段論法だけでなく，ド・モルガンの法則，命題の分割，必要条件・十分条件，命題の真偽，真偽分類表の活用といった内容も，確実に処理できるようにしておく必要がある。

●国家総合職

　出題頻度が上がってきている。「集合」，「命題」とも，選択肢ごとの独立問題形式で出題されることが増えてきており，処理に手間と時間を要する問題が多い。「命題」に関しては，対偶と三段論法が問題となる場合でも，正確な対偶の把握ができるかが問われたり，ド・モルガンの法則や命題の分割・並列化といった要素を伴う問題が多く，また，長文形式の出題も見られる。他の試験種より複雑な内容の問題が多く，選択肢ごとに，ベン図，キャロル表，論理式，真偽分類表を使い分けなければならない問題もある。

●国家一般職

　出題頻度は高く，必ず1問は出題されるという傾向は今後も続きそうである。手を抜けない単元であることは間違いないといえる。これまでの出題内容は多岐にわたっており，図表の作成に工夫を要する問題，式処理で考えさせる問題，長文の中で命題の真偽を考えさせる問題等も見られる。ベン図で考える集合型の問題，命題型の問題のいずれも出題されているが，命題型の問題が中心となってきている。また，国家総合職と同様，選択肢ごとの独立問題も増えてきている。

●国家専門職

　出題数は毎年度1問ずつという頻度で推移している。

　出題内容は，集合の要素に関する問題，命題の真偽を判定させる問題，真偽分類表を利用する問題等，幅広い範囲から形式的にも工夫された出題がなされている。他の試験種と比較して，真偽分類表利用型の問題が多いという傾向があり，

第1章 形式論理

	地方上級（全国型）					地方上級（東京都）					地方上級（特別区）					市役所（C日程）					
	21-23	24-26	27-29	30-2	3-4	21-23	24-26	27-29	30-2	3-5	21-23	24-26	27-29	30-2	3-5	21-23	24-26	27-29	30-2	3-4	
	2	1	4	3	2	5	2	3	4	3	0	1	0	3	2	3	2	2	3	2	
			1	2		3	2	3	3	3	1			2	1						テーマ1
	2	1	3	1	2	2			1					1	1	3	2	2	3	2	テーマ2

内容も複雑である。全体的にレベルの高い問題が多く，気の抜けない分野であるといえる。各項目についての理解を確実にしておく必要がある。

●地方上級

全国型では，「命題」を中心にほぼ毎年１問が出題されている。対偶と三段論法に関する基本的問題が出題の中核となっている。ただし，命題の真偽，真偽分類表の活用，三段論法を完成させる架橋型，命題相互の関係把握といった内容も出題されており，かなり多岐にわたっている。「集合」からの出題は多くないが，要素の個数に関しては注意しておいたほうがよい。

関東型は全国型と共通の出題が続いているが，出題頻度は全国型よりもやや下がる。中部・北陸型では，全国型出題の半数程度が共通問題として出題されている。集合の要素に関しては独自の出題がなされた例があり，注意しておくべきである。

●東京都Ⅰ類

東京都Ⅰ類では，集合の要素の個数に関する出題がほぼ毎年続いている。東京都関係では，Ⅰ類以外でもⅢ類，あるいは警視庁や東京消防庁でも同様の傾向であり，このような点からすると，頻出というよりも，むしろ必出と考えておいたほうがよい。確実に正解できるように準備しておく必要がある。要素の個数とともに「命題」から出題されることもあるが，「命題」に関しては対偶と三段論法の基本的内容が中心となっている。

●特別区Ⅰ類

以前は文章論理系の出題数が少なかったためか，形式論理からの出題は極端に少なく，集合の要素の個数に関する出題が見られる程度であった。しかし，出題数そのものが増加していることから，ここにきて出題頻度は上昇傾向にある。「集合」（特に要素の個数）および「命題」に関しての重要度は，以前と比較して確実に増しているといえる。十分な準備をしておくことが必要である。

●市役所

「命題」から１問の出題というのが基本である。対偶と三段論法が中心で，難問は見当たらないが，三段論法を完成させる架橋型問題も出題されている。出題形式に戸惑うことなく，確実に対処できるようにしておきたい。

集　合

必修問題

　ある精肉店の客120人について，牛肉，鶏肉及び豚肉の購入状況を調べたところ，次のことが分かった。

　A．牛肉を購入した客は84人であり，そのうち鶏肉も購入した客は34人であった。

　B．鶏肉を購入した客は44人であり，そのうち豚肉も購入した客は19人であった。

　C．豚肉を購入した客は76人であり，そのうち牛肉も購入した客は52人であった。

　D．牛肉，鶏肉及び豚肉のいずれも購入しなかった客は8人であった。

　以上から判断して，牛肉，鶏肉及び豚肉の3品を全て購入した客の人数として，正しいのはどれか。　【地方上級（東京都）・令和3年度】

1　13人

2　14人

3　15人

4　16人

5　17人

難易度　＊＊

必修問題の解説

　集合に関する問題というと，どうしてもすぐに「ベン図」を利用するものと考えてしまいやすい。しかし，ベン図はもともと集合の相互関係を考えるための手段であり，集合の要素の有無を考えるには有用であるが，この問題のように集合の要素の個数を考える場合には必ずしも合理的とはいえない。ベン図を利用した場合，ベン図とは別にさらに多元連立方程式を組まなければならないことになるからである。

　この問題のように3項目をそれぞれ2通りに分類して要素の個数を考えると，2^3＝8通りに分類されることになり，原理的には8元の連立方程式を組むことになる。あらかじめ具体的な数値が与えられる部分もあるので，実際に8元連立方程式を組むことはまずないといえるが，それでも実際には3元〜5元の連立方程式が必要となり，かなり煩雑な作業を伴うことになる。

STEP①　キャロル表の作成

　このような集合の要素の個数を考える場合，一般に**キャロル表**と呼ばれる表を活用すると解きやすい。本問は3集合の要素の個数に関する問題で，キャロル表を利

用して解く典型的なタイプといえる。

そこで，このキャロル表を利用する手順に従ってこの問題を検討してみよう。まず，**表Ⅰ**（これがキャロル表と呼ばれる）のような表を用意する。**表Ⅰ**におけるa〜hの部分は，それぞれ**表Ⅱ**に示したように分類される。ここでは，牛肉，鶏肉，豚肉のそれぞれについて，購入＝○，購入しない＝×，として表している。たとえば，aは牛肉と鶏肉を購入し，豚肉を購入しなかった人数，eは鶏肉と豚肉を購入し，牛肉を購入しなかった人数を示している。また，$i=a+b+c+d$，$j=a+c+e+g$，$k=c+d+e+f$，$l=b+d$である。このように2か所以上にまたがる場合の数値は必要に応じて記入すればよい。

表Ⅰ

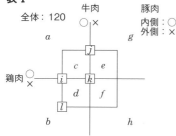

全体：120

表Ⅱ

	牛肉	鶏肉	豚肉
a	○	○	×
b	○	×	×
c	○	○	○
d	○	×	○
e	×	○	○
f	×	×	○
g	×	○	×
h	×	×	×

キャロル表の利点は，この**表Ⅰ**に直接数値を記入していけることにある。つまり，与えられている数値条件をこの表に順次記入していけばよい。

STEP❷ 数値条件（要素の個数）の記入

精肉店の客120人について，条件A〜Dの人数を**表Ⅰ**に記入する。

A．牛肉を購入した客は84人，そのうち鶏肉も購入した客は34人だから，$a+b+c+d=i=84$，$a+c=34$，

B．鶏肉を購入した客は44人，そのうち豚肉も購入した客は19人より，$a+c+e+g=j=44$，$c+e=19$，

C．豚肉を購入した客は76人，そのうち牛肉も購入した客は52人より，$c+d+e+f=k=76$，$c+d=52$，

D．牛肉，鶏肉及び豚肉のいずれも購入しなかった客は8人より，$h=8$，

となる。ここまでが**表Ⅲ**である。

ここから，全体120人の中で，牛肉を購入したのは84人だから，牛肉を購入しなかったのは36人（$=e+f+g+h$），豚肉を購入した76人のうち，牛肉も購入したのは52人だから，豚肉を購入したが牛肉を購入しなかったのは24人（$=e+f$），というように，人数の判明する部分も記入する。そうすると，$a+c+e+g=j=44$，$a+c=34$，より，$e+g=10$，であり，これと，$e+f+g+h=36$，から，$f+h=26$，である（**表Ⅳ**）。これにより，$f+h=26$，$h=8$，だから，$f=18$，$e+f=24$，なので，

$e=6$, これと, $c+e=19$, から, $c=13$, となる (**表Ⅴ**)。以上から, 牛肉, 鶏肉および豚肉の3品をすべて購入した客の人数は13人と決まり, 正答は**1**である。

表Ⅲ

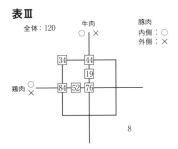

表Ⅳ

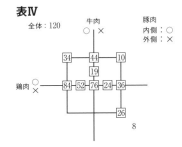

表Ⅴ

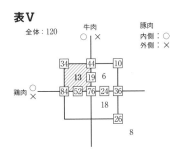

正答 **1**

FOCUS

　集合の要素の個数に関する問題では, 3種類の集合を考えさせる問題が中心である。集合の要素の個数を考える問題では, 解説で利用したキャロル表が有効である。ベン図に比べて煩雑な数式による処理が不要となり, 数値の単純な加減算だけで済むことが多いからである。集合の関係を考える場合はベン図, 要素の個数を考える問題ではキャロル表と, 問題に応じて使い分けるとよい。

重要ポイント **1** 集合とは

　一定の条件を満たすものの集まりを**集合**という。集合に含まれる一つ一つの「もの」をその集合の**要素**または**元**という。

　1から20までの自然数において，2の倍数の集合をAとすると，その要素は2，4，6，8，10，12，14，16，18，20の10個であり，3の倍数の集合をBとすると，その要素は3，6，9，12，15，18の6個である。

重要ポイント **2** 集合の表し方（1）

　集合と集合の関係を表す基本的な図式はベン図と呼ばれる。**ベン図**を用いて考える場合は，まず全体を表す集合U（これを全体集合という）を考え，問題となる集合は全体集合Uの部分集合として考える。**重要ポイント1**の関係をベン図に表してみると右のようになる。この場合，全体集合Uの要素は1から20までの自然数20個である。

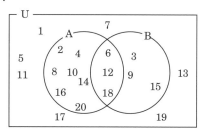

重要ポイント **3** 集合の交わりと結び

　2つの集合AとBについて，2つの集合の重なる部分は，AとBの両方の条件を満たしている。この部分をAとBの**交わり**といい，「AかつB」と呼ぶ。この「AかつB」を「A∩B」と表す。上のベン図において，A∩B＝｛6，12，18｝である。

　また，集合AとBに含まれる要素全体の集合を，AとBの**結び**といい，「AまたはB」と呼ぶ。この「AまたはB」は「A∪B」と表す。上のベン図では，
　A∪B＝｛2，3，4，6，8，9，10，12，14，15，16，18，20｝　である。

重要ポイント **4** 集合の表し方（2）

　各集合の関係を表すにはベン図が便利であるが，集合の要素の個数を考える場合は，ベン図よりも**キャロル表**と呼ばれる表で考えたほうがわかりやすい。たとえば，3つの集合A，B，Cの要素の個数を考えるのに，ベン図で処理しようとすれば，集合Aの要素がx個あると，
　$x＝a＋d＋f＋g$
のように表さなければならない。

　これに対しキャロル表を用いれば，Aの要素がx個あるならば，Aに該当するa，d，f，gにまたがるように直接要素の個数xを記入する。これを順次行えば，表の

中で直接数値の計算を行うことで，各部分の要素の個数を知ることができる。ベン図の場合のように図以外に数式を用いた計算をしなくて済む。集合の関係を考える場合はベン図，要素の個数を考える場合はキャロル表と使い分けるのがよい。

●ベン図

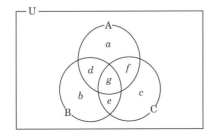

●キャロル表

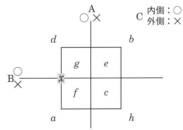

重要ポイント 5 ▶ 要素の最少個数

集合の要素の最少個数を考えるには**線分図**を利用しよう。全体（＝U）の要素が100，その中でA，B，Cの要素がそれぞれ70，60，80あるときに，A∩B∩Cの最少個数を考えるような場合である。

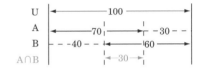

まず，A∩Bの最少個数を考えると，AとBが重なる部分が最も短くなるようにすればよいから，右の上図のようにして30となる。同様にして，A∩B∩Cの最少個数は，A∩BとCの重なりを最も短くすればよいので，右の下図のように10となる。

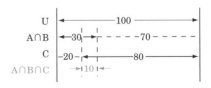

もう一歩進んで考えると，Aの要素でない個数をa，Bの要素でない個数をb，Cの要素でない個数をcとすると，A∩Bの最少個数は$100-(a+b)$，したがって，A∩B∩Cの最少個数は$100-(a+b)-c=100-(a+b+c)$となる。つまり，全体からそれぞれの要素でない個数の合計を引けばよい。ここでは$100-(30+40+20)=10$である。

実戦問題 **1** ベン図の利用

* *

No.1 あるクラスでA，B，Cの3問のテストを実施した。それぞれの問題の正解者数の関係は図のように表すことができる。次の人数がわかっているとき，3問すべてを正解した人数を求めるには，これ以外に何の人数がわかればよいか。

【地方上級（全国型）・令和2年度】

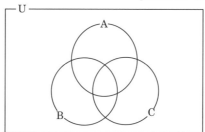

○Aを正解した人数

○Aのみを正解した人数

○BとCを正解した人数

1 AとBを正解した人数

2 AとCを正解した人数

3 Bを正解した人数

4 2問のみを正解した人数

5 1問のみを正解した人数

No.2 次の推論のうち，論理的に正しいのはどれか。

【国家総合職・平成28年度】

1　ある店では，かき氷とアイスクリームの両方の売上げが，年間を通じた1日の平均売上げの2倍以上となった日は，最高気温が30℃を超えていたことがわかった。このとき，ある日のアイスクリームの売上げが，年間を通じた1日の売上げの2倍未満であったことがわかったとすると，その日の最高気温は30℃を超えていなかったことが論理的に推論できる。

2　ある地域の調査では，1日の通勤・通学にかかる時間が1時間以上の人は，1日の平均睡眠時間が8時間未満であることがわかった。さらに趣味・娯楽にかける時間が1時間以上の人は，1日の平均睡眠時間が8時間以上であることがわかったとすると，趣味・娯楽にかける時間が1時間未満の人は，1日の通勤・通学にかかる時間が1時間以上であることが論理的に推論できる。

3　小学生を対象としたアンケートで，数種類の動物について好きか好きでないかで質問し回答を得たところ，パンダが好きと答えた児童は，リスまたはウサギが好きと答え，またウサギが好きと答えた児童は，ネコが好きでないと答えたことがわかった。このとき，当該アンケートに答えた児童Aがネコが好きと答えたことがわかったとすると，Aはパンダが好きでないと答えたことが論理的に推論できる。

4　ある中学校のクラスで英語，国語，数学のテストを実施したところ，英語の正答率が80％以上または国語の正答率が70％以上であれば，数学の正答率は80％以上，かつクラスでの成績が10位以内であることがわかった。このとき，このクラスに所属する生徒Bの数学の正答率が60％，かつクラスでの成績が3位であることがわかったとすると，Bの英語の正答率は80％未満であり，かつ国語の正答率が70％未満であることが論理的に推論できる。

5　ある高校でスポーツテストを実施したところ，ハンドボール投げで20m以上を記録した生徒は，立ち幅跳びの記録が2m未満であり，また上体起こしで25回以上を記録した生徒は，握力の記録が35kg以上であったことがわかった。さらに上体起こしで25回未満を記録した生徒は，立ち幅跳びの記録が2m未満であったことがわかったとすると，握力で35kg未満を記録した生徒は，ハンドボール投げの記録が20m未満であったことが論理的に推論できる。

実戦問題 **1** の解説

No.1 の解説 集合の相互関係 　　　　　→問題はP.21 **正答4**

　ベン図の正解者に関する部分を，図のようにa~gとする。そうすると，「Aを正解した人数」$=a+d+f+g$，「Aのみを正解した人数」$=a$，「BとCを正解した人数」$=e+g$，「3問すべてを正解した人数」$=g$，となる。これにより，「Aを正解した人数」＋「BとCを正解した人数」－「Aのみを正解した人数」$=(a+d+f+g)+(e+g)-a=d+e+f+2g$，となる。「3問すべてを正解した人数」$=g$，だから，$(d+e+f)$ がわかれば，gの人数も判明する。$(d+e+f)=$「2問のみを正解した人数」であり，正答は**4**である。

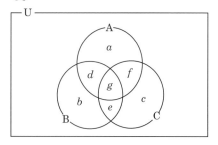

1～5の各設問について，それぞれベン図を作成して検討していく。

1✕ 誤り。「かき氷とアイスクリームの両方の売上げが，年間を通じた1日の平均売上げの2倍以上となった日は，最高気温が30℃を超えていた」という論理関係についてベン図を作成すると，**図Ⅰ**のようになる。この**図Ⅰ**において，かき氷とアイスクリームの両方の売上げが，年間を通じた1日の平均売上げの2倍以上となった日は，aの部分である。しかし，アイスクリームの売上げが，年間を通じた1日の売上げの2倍未満であったとしても，bまたはcの部分であれば，その日の最高気温は30℃を超えている。したがって，ある日のアイスクリームの売上げが，年間を通じた1日の売上げの2倍未満であったことがわかったとしても，最高気温が30℃を超えていた可能性があるので，その日の最高気温が30℃を超えていなかったことを論理的に推論することはできない。

図Ⅰ

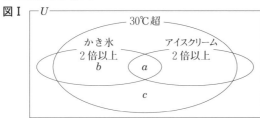

2✕ 誤り。ベン図で示すと**図Ⅱ**のようになる。この**図Ⅱ**において，d，eの部分は趣味・娯楽にかける時間が1時間未満で，かつ1日の通勤・通学にかかる時間が1時間未満である。したがって，趣味・娯楽にかける時間が1時間未満であり，かつ1日の通勤・通学にかかる時間が1時間未満の人が存在する可能性がある。

図Ⅱ

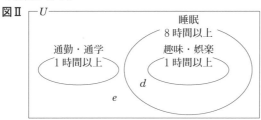

3✕ 誤り。4種類の動物が好きか好きでないかをベン図で示すと，**図Ⅲ**のようになる（例：パンダ＝パンダが好きを表す）。このとき，児童Aがネコとパンダの両方が好きである可能性があり（児童Aが**図Ⅲ**におけるfの部分に属する），児童Aがネコが好きと答えたことがわかったとしても，Aがパンダが好きでないと答えたことが論理的に推論できることにはならない。

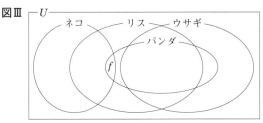

図Ⅲ

4 ◎ 正しい。生徒Bのテスト結果は数学の正答率が60％で，クラスの成績が3位なので，この結果をベン図に示すと**図Ⅳ**のようになる（生徒Bは**図Ⅳ**における g の部分に属する）。つまり，数学の正答率が80％未満であれば，英語の正答率が80％未満で，かつ国語の正答率が70％未満であることは論理的に確実なので，生徒Bの英語の正答率は80％未満であり，かつ国語の正答率が70％未満であることが論理的に推論できる。

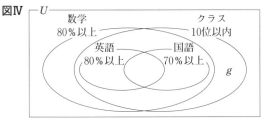

図Ⅳ

5 × 誤り。4種目のスポーツテストの結果についてベン図を作成すると**図Ⅴ**となる（上体起こしと立ち幅跳びの結果の関係を誤らないよう注意する必要がある）。この図において，h の部分に要素が存在すれば，その者は握力で35kg未満，ハンドボール投げの記録が20m以上ということになる。したがって，握力で35kg未満を記録したとしても，ハンドボール投げの記録が20m未満であったことが論理的に推論できることにはならない。

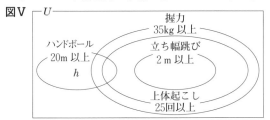

図Ⅴ

実戦問題 ❷ キャロル表の利用

No.3 ある会社で社員の生活習慣について調査を行った。次のことがわかっているとき，確実にいえるのはどれか。　　【国家一般職・令和元年度】

○睡眠時間の平均が６時間以上の者は72人であり，６時間未満の者は48人である。

○朝食を食べる習慣がない者は51人である。

○朝食を食べる習慣があり，運動する習慣がなく，睡眠時間の平均が６時間未満の者は20人である。

○朝食を食べる習慣がなく，睡眠時間の平均が６時間未満の者のうち，運動する習慣がある者は，そうでない者より２人多い。

○運動する習慣がなく，睡眠時間の平均が６時間未満の者は25人である。

○運動する習慣があり，睡眠時間の平均が６時間以上の者のうち，朝食を食べる習慣がある者は15人であり，そうでない者より５人少ない。

1 運動する習慣がある者は55人である。

2 睡眠時間の平均が６時間以上で，朝食を食べる習慣があり，運動する習慣がない者は15人である。

3 睡眠時間の平均が６時間未満で，朝食を食べる習慣があり，運動する習慣がある者は20人である。

4 睡眠時間の平均が６時間以上の者のうち，朝食を食べる習慣がある者は，そうでない者より少ない。

5 朝食を食べる習慣がない者のうち，運動する習慣がある者は，そうでない者より少ない。

No.4 あるクラスの生徒60人の和食，洋食，中華料理に対するし好について，次のことがわかっているとき，確実にいえるのはどれか。

ただし，各生徒は，３種類の料理について，「好き」または「好きでない」のいずれかであるものとする。　　【国家専門職・平成29年度】

○洋食が好きでない人は，和食が好きでない。

○中華料理が好きでない人は，洋食が好きである。

○和食が好きな人は，26人である。

○洋食が好きでない人は，18人である。

○和食と中華料理のいずれも好きでない人は，４人である。

1 中華料理が好きな人は，56人である。

2 和食と中華料理のいずれも好きな人は，22人である。

3 洋食が好きで中華料理が好きでない人は，30人である。

4 和食，洋食，中華料理のいずれも好きな人は，８人である。

5 洋食と中華料理のいずれも好きで，和食が好きでない人は，12人である。

No.5 集合Pの要素数を$f(P)$と表すとき，図のような集合A，Bにおいては，
$f(A)=5$，$f(A\cap B)=1$，$f(A\cup B)=8$，$f(\overline{A}\cap B)=3$，と表される。

【国家総合職・令和3年度】

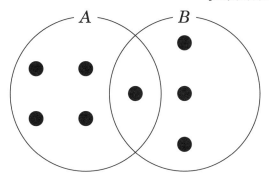

いま，$f(X)=60$，$f(Y)=50$，$f(Z)=70$，$f(X\cap Y)=30$，$f(Y\cap Z)=10$，
$f(X\cap Z)=20$と表される集合X，Y，Zがある。$f(X\cap\overline{Y\cup Z})+f(\overline{X\cup Z}\cap Y)+$
$f(\overline{X\cup Y}\cap Z)=60$のとき，最大となるのは次のうちではどれか。

1 $f(X\cap Y\cap Z)$

2 $f(X\cap Y\cap\overline{Z})$

3 $f(X\cap\overline{Y}\cap Z)$

4 $f(X\cap\overline{Y}\cap\overline{Z})$

5 $f(\overline{X}\cap\overline{Y}\cap Z)$

実戦問題 **2** の解説

　この問題では，キャロル表を活用して考えていくのがよい。まず，与えられている条件をそれぞれ該当する部分に記入していく。このとき，「睡眠時間の平均が6時間以上の者は72人，6時間未満の者は48人」であることから，全体の人数が120人であると決まる。ここから，朝食を食べる習慣がある者は69人である。ここまでで**表Ⅰ**となる。この**表Ⅰ**より，睡眠時間の平均が6時間未満で運動する習慣がない25人のうち，朝食を食べる習慣のある者が20人なので，睡眠時間の平均が6時間未満で運動する習慣がなく，朝食を食べる習慣がない者は5人となる。したがって，朝食を食べる習慣がなく，睡眠時間の平均が6時間未満の者のうち，運動する習慣がある者は7人である。ここから，朝食を食べる習慣がない者のうち，睡眠時間の平均が6時間以上である者は39人（＝51−12），朝食を食べる習慣がある者のうち，睡眠時間の平均が6時間以上であるのは33人（＝72−39），睡眠時間の平均が6時間未満であるのは36人（＝69−33）となる。ここまでのところで，**表Ⅱ**のように，すべてのパターンの人数が確定する。この**表Ⅱ**から，選択肢を検討していく。

1 ✕ 誤り。運動する習慣がある者は，58人（＝15＋16＋20＋7）である。

2 ✕ 誤り。睡眠時間の平均が6時間以上で，朝食を食べる習慣があり，運動する習慣がない者は，18人である。

3 ✕ 誤り。睡眠時間の平均が6時間未満で，朝食を食べる習慣があり，運動する習慣がある者は，16人である。

4 ◎ 正しい。睡眠時間の平均が6時間以上の者のうち，朝食を食べる習慣がある者は33人（＝18＋15），朝食を食べる習慣がない者は39人（＝20＋19）であり，前者のほうが少ない。

5 ✕ 誤り。朝食を食べる習慣がない者のうち，運動する習慣がある者は27人（＝20＋7），運動する習慣がない者は24人（＝19＋5）であり，前者のほうが多い。

　以上から，正答は**4**である。

表Ⅰ

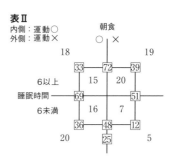

表Ⅱ

No.4 の解説　要素の個数

→問題はP.26　**正答5**

　　この問題もキャロル表を利用して検討すればよい。「洋食が好きでない人
は，和食が好きでない」ので，洋食が好きでなくて和食が好きな人は0人，
「中華料理が好きでない人は，洋食が好きである」ので，中華料理が好きで
なくて洋食も好きでない人も0人である。これに，「和食が好きな人は26人
（和食が好きでない人は34人）」，「洋食が好きでない人は18人（洋食が好きな
人は42人）」，「和食と中華料理のいずれも好きでない人は4人」という条件
を加えると**表Ⅰ**となる。ここから，「和食は好きでないが中華料理が好きな
人」は30人で，このうち洋食が好きな人は12人，洋食が好きでない人が18人
となる。ここまでで**表Ⅱ**となるが，**表Ⅱ**におけるa，b，c，dの部分は，人
数を確定することができない。この**表Ⅱ**から選択肢を検討すると，**1**はa，
2はb，**3**はc，**4**はdで，いずれも確実な人数は不明である。これに対し，
「洋食と中華料理のいずれも好きで，和食が好きでない人」という**5**は**表Ⅱ**
の斜線部分に該当し，その人数は12人である。したがって，正答は**5**であ
る。

表Ⅰ

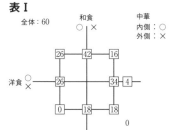

表Ⅱ

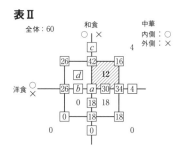

第1章

形式論理

　要するに集合における要素の個数に関する問題である。したがって，キャロル表を利用して検討すればよい。集合X，Y，Zについて，$f(X)=60$，$f(Y)=50$，$f(Z)=70$，$f(X\cap Y)=30$，$f(Y\cap Z)=10$，$f(X\cap Z)=20$，であるから，これをキャロル表に記入すると**表Ⅰ**のようになる。$f(X\cap \overline{Y\cup Z})+f(\overline{X\cup Z}\cap Y)+f(\overline{X\cup Y}\cap Z)=60$，については，**表Ⅰ**より，$x+y+z=60$，となる。また，$x+a+c+d=60$，$y+a+b+d=50$，$z+b+c+d=70$，である。さらに，$a+d=30$，$b+d=10$，$c+d=20$，であるから，$x+c=30$，$y+a=40$，$z+b=50$，となる。$x+c+y+a+z+b=x+y+z+a+b+c=30+40+50=120$，$x+y+z=60$，だから，$a+b+c=60$，である。これにより，$a+d+b+d+c+d=a+b+c+3d=30+10+20=60$，であるから，$d=0$，となる。したがって，$a=30$，$b=10$，$c=20$，$x=10$，$y=10$，$z=40$，である。要素数が最大となる「$z=40$」は，$f(\overline{X\cup Y}\cap Z)=f(\overline{X}\cap\overline{Y}\cap Z)$，である（**表Ⅱ**）。以上から，正答は**5**である。

表Ⅰ　　　　　　　　　　　　　　　　　　**表Ⅱ**

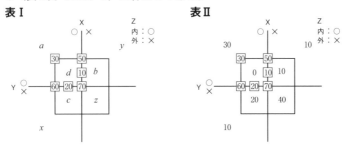

実戦問題 ❸　要素の最少・最多

No.6 小学生50人に習い事のアンケート調査を行ったところ，ピアノを習っている児童は39人，水泳を習っている児童は30人，そろばんを習っている児童は22人，パソコンを習っている児童は11人，習い事を1つもしていない児童は6人という結果が得られた。これから確実にいえるのはどれか。

【国家専門職・平成17年度】

1　ピアノと水泳の2つを習っている児童が全体の過半数を占めている。

2　ピアノ・水泳・そろばんの3つを習っている児童が，少なくとも3人いる。

3　ピアノ・水泳・パソコンの3つを習っている児童が，少なくとも1人いる。

4　パソコンを習っている児童は，ピアノまたは水泳の少なくともどちらか1つは習っている。

5　ピアノ・水泳・そろばん・パソコンの4つを習っている児童はいない。

No.7 ある会社の社員200人について，通勤に利用している交通機関を調査したところ，次のア～エのことがわかった。

　ア．バスを利用している社員は，114人である。

　イ．都営地下鉄を利用している社員は，84人である。

　ウ．私鉄だけを利用している社員は，バス，私鉄，都営地下鉄の3つとも利用している社員の2倍の人数である。

　エ．バスと都営地下鉄の2つだけを利用している社員は，バス，私鉄，都営地下鉄のいずれも利用していない社員の3倍の人数である。

以上から判断して，バス，私鉄，都営地下鉄の3つとも利用している社員として考えられる最も多い人数はどれか。　【地方上級（東京都）・平成13年度】

1　26人

2　28人

3　30人

4　32人

5　34人

実戦問題❸の解説

No.6 の解説 要素の最少個数

→問題はP.31 **正答2**

　この問題では，調査対象人数は50人であるが，そのうちで習い事を1つもしていない児童が6人いる。したがって，集合の交わり（最少要素）を考える際には，50－6＝44人が基準になる。

　習い事をしている44人のうち，ピアノを習っている児童は39人，水泳を習っている児童は30人だから，ピアノと水泳の両方を習っている児童は，最も少ない場合で25人である（**図Ⅰ**）。これは44人からピアノを習っていない5人，水泳を習っていない14人を引けば求められる。全体は50人だから25人の場合は過半数に達せず，**1**は確実とはいえない。

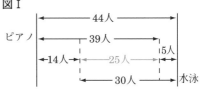

　ピアノ・水泳・そろばんの3つを習っている児童の最少人数は，44－(5＋14＋22)＝3人となるから，**2**は正しい（**図Ⅱ**）。

　ピアノ・水泳・パソコンの3つを習っている児童の最少人数は，44－(5＋14＋33)＝－8人となってしまい，これは1人もいない可能性があることを示している。したがって，**3**は確実とはいえない（**図Ⅲ**）。

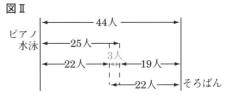

　ピアノを習っている児童は39人，パソコンを習っている児童は11人だから，パソコンを習っている児童のうち少なくとも6人はピアノを習っていることになる。しかし，残

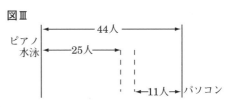

りの5人は他の習い事をしていない可能性もあり，**4**は確実とはいえない（水泳を習っている児童がすべてピアノを習っている可能性もある）。

　5に関しては，パソコンを習っている11人全員がピアノ・水泳・そろばんを習っている可能性もあり，やはり確実とはいえない。

　以上から，**2**が正答である。

No.7 の解説　要素の最多個数

→問題はP.31　**正答5**

　バス，私鉄，都営地下鉄，の3種類すべてを利用する者の人数を x 人とすると私鉄だけを利用する者の人数は $2x$ 人，3種類のいずれも利用しない者の人数を y 人とすると，バスと都営地下鉄の2種類のみを利用する者の人数は $3y$ 人となる。ここで，バスは利用するが都営地下鉄は利用しない者の人数を a 人，都営地下鉄は利用するがバスは利用しない者の人数を b 人とする。

$84 + a + 2x + y = 200$ となるが，
$a = 114 - (x + 3y)$ より，

$$84 + \{114 - (x + 3y)\} + 2x + y = 200$$
$$198 - x - 3y + 2x + y = 200$$
$$198 + x - 2y = 200$$
$$x - 2y = 2$$

全体200　都営地下鉄　私鉄
　　　　　○ ×　内側：○
　　　　　　　　　外側：×
　　3y　　114　a
　　　　　　x
バス ○　84
　　　×　　　2x
　　　b　　　　　y

となる。

　選択肢から，$x = 34$ とすると $y = 16$ となるが，このとき $a = 32$，$b = 2$。

　　$3x + 4y + a + b = 34 \times 3 + 16 \times 4 + 32 + 2 = 102 + 64 + 32 + 2 = 200$

となって条件を満たす。

　$x - 2y = 2$ より x は偶数でなければならないので，$x = 36$ としてみると $y = 17$ となり，$x + 3y = 36 + 17 \times 3 = 36 + 51 = 87$ となってしまい，$x + 3y \leqq 84$ という条件を満たさない。したがって，x（バス，私鉄，都営地下鉄の3種類すべてを利用する者の人数）の最大値は34〔人〕で，正答は**5**である。

あるクラスで水泳，バレーボール，テニス，野球，弓道，サッカーの6種類のスポーツについてアンケートをとった。次のことがわかっているとき，確実にいえることとして最も妥当なのはどれか。

【国家一般職・令和3年度】

○バレーボールが好きではない人は，野球が好きである。

○テニスが好きな人は，水泳が好きではない。

○サッカーまたはバレーボールが好きな人は，テニスが好きである。

○サッカーが好きではない人は，弓道が好きである。

1 水泳が好きな人は，弓道が好きである。

2 バレーボールが好きな人は，弓道が好きである。

3 テニスが好きな人は，野球が好きである。

4 野球が好きな人は，水泳が好きである。

5 サッカーが好きな人は，水泳が好きである。

難易度 ＊＊

必修問題の解説

STEP①　全称命題と論理式

この問題のように，与えられている命題がいずれも全称命題であるならば，与えられた命題を論理式で表し，さらに各命題の対偶を考え，そして，三段論法の成立を検討するのが，基本的な思考手順である。

STEP②　論理式の作成及び命題の分割

そこでまず，与えられた4命題を，論理式として表してみる。

与えられた4命題をそれぞれA〜Dとして，論理式で表すと，次のようになる。

A「バレーボール→野球」

B「テニス→水泳」

頻出度
A
国家総合職 ★★★　地上東京都 ★★
国家一般職 ★★★　地上特別区 ★
国家専門職 ★★★　市 役 所 C ★★★
地上全国型 ★★★

2 命題

C「(サッカー∨バレーボール)→テニス」

D「$\overline{\text{サッカー}}$→弓道」

ここで，命題Cは次のように分割することが可能である。

C₁「サッカー→テニス」

C₂「バレーボール→テニス」

次に，これら命題A〜Dの対偶を，E〜Hとして表すと次のとおりである。

E「$\overline{\text{野球}}$→バレーボール」

F「水泳→$\overline{\text{テニス}}$」

G「$\overline{\text{テニス}}$→$\overline{(\text{サッカー}∧\text{バレーボール})}$」

H「$\overline{\text{弓道}}$→サッカー」

ここでも，命題Gは分割が可能である。

G₁「$\overline{\text{テニス}}$→$\overline{\text{サッカー}}$」

G₂「$\overline{\text{テニス}}$→$\overline{\text{バレーボール}}$」

これら命題A〜Hにより，三段論法が成り立つかどうかを，選択肢ごとに検討していけばよい。

1 ◎　正しい。命題F，G₁，Dより，「水泳→$\overline{\text{テニス}}$→$\overline{\text{サッカー}}$→弓道」となる。したがって，「水泳が好きな人は，弓道が好きである。」は確実に推論できる。

2 ×　誤り。命題C₂，Bより，「バレーボール→テニス→$\overline{\text{水泳}}$→　　　」となるが，その先が推論できない。

3 ×　誤り。命題Bより，「テニス→$\overline{\text{水泳}}$→　　　」となるが，その先が推論できない。

4 ×　誤り。「野球→　　　」となる命題が与えられていないので，判断できない。

5 ×　誤り。命題C₁，Bより，「サッカー→テニス→$\overline{\text{水泳}}$→　　　」となるが，その先が推論できない。

以上から，正答は**1**である。

正答 **1**

FOCUS

　命題に関しては，まず基本となるのが与えられた命題の対偶と三段論法である。命題の真偽判定，十分条件，必要条件に関しても正確に理解しておくこと，さらに，ド・モルガンの法則，および命題の分割を迷わずに行えるようにしておく必要がある。また，集合論と命題とは密接に関連しており，特に全称命題（すべてのPはQである）だけでなく存在命題（あるPはQである）を含む問題では，対偶や三段論法が複雑になるので，ベン図を作成して考えてみるとよい。その場合に，集合の交わりや結びで迷うようであれば，真偽分類表によって一覧的に考えるという解法が有効である。

POINT

重要ポイント 1　命題

　命題とは，1つの判断を示した文や式で，その真偽の判定（正しいか正しくないか）が可能なものである。

重要ポイント 2　全称命題「P→Q」

　命題に関する問題では，多くの場合「PならばQである」という形が使われる。これを「P→Q」と表し，Pの部分を**仮定**，Qの部分を**結論**という。この「P→Q」が真である場合，Pという条件を満たすものはすべてQという条件を満たすことになる。

命題「P→Q」をベン図で表すと

　このように，「P→Q」は「すべてのPはQである（例外はない）」ということを意味するので「**全称命題**」と呼ばれる。これに対し，「あるPはQである」という形式の命題を「**存在命題**」という。存在命題は全称命題よりも対偶や三段論法を考える場合に複雑になりやすいので，存在命題が含まれる場合には，ベン図や真偽分類表で検討したほうがわかりやすいことが多い。

重要ポイント 3　全称命題「P→Q」とその真偽

　このように，全称命題「P→Q」は「すべてのPはQである」ということを意味するから，その否定は「すべてのPはQではない」である必要はなく，「あるPはQではない」ということになる。「P→Q」はQではないものの中にPという条件を満たすものが1個もないと述べているのだから，これを否定するにはQではないものの中に1個でもPという条件を満たすものが存在することを示せばよいからである。つまり命題「P→Q」はPであってQでないものが存在するとき，言い換えれば**仮定が真で結論が偽のときだけ，命題全体が偽となる**。反対に，PでなくてQであるものや，PでなくてQでないものが存在しても，命題「P→Q」は偽とはならない。

命題「P→Q」はPが真でQが偽のときだけ偽となる。

P	Q	P→Q
真	真	真
真	偽	偽
偽	真	真
偽	偽	真

重要ポイント 4 　逆，裏，対偶

　「P→Q」（原命題）の仮定と結論を入れ替えた「Q→P」を原命題の**逆**という。また，原命題の仮定と結論の肯定・否定をともに入れ替えた「PでないならばQでない」を「P̄→Q̄」と表し，これを原命題「P→Q」の**裏**という。さらに，原命題の仮定と結論を入れ替えて肯定・否定も入れ替えた「Q̄→P̄」すなわち「QでないならばPでない」を原命題の**対偶**という。

　この場合，原命題が真（正しい）であっても，逆と裏は必ずしも真であるとは限らないが，その対偶は常に真である。「**P→Q」が真であるならば，Qでない部分にPという条件を満たすものが存在しないのであるから，「Q̄→P̄」というのは常に真である**ことになるのである。このように，**原命題とその対偶の真偽は常に一致する**のであり，これは命題に関する問題では最頻出の事項である。

重要ポイント 5 　三段論法

　与えられた命題をもとに推論を行う場合，その代表的なものとして三段論法がある。これは，「P→Q」と「Q→R」がともに成り立つとき，そこから「P→R」を導くものである。たとえば，①犬は4本足である，②ポチは犬である，という2つのことがいえれば，③ポチは4本足である，が成り立つ。これは，{(P→Q) ∧ (Q→R)} → (P→R) と表すことができる。命題においては，∧は「**かつ**」，∨は「**または**」を意味し，集合の「交わり」と「結び」を表す∩および∪と同様に考えればよい。

重要ポイント 6 　必要条件と十分条件

　命題「P→Q」が成り立つとき，PをQであるための**十分条件**，QをPであるための**必要条件**という。

　上記にベン図で示したとおり，Pであれば必ずQなのであるから，QであるためにはPであれば十分である。このとき，P以外にQであるための十分条件があるか否かは無関係である。また，QでなければPではありえないので，QであることはPであるためにどうしても必要である。

　「P→Q」と「Q→P」が同時に成り立つとき（＝(P→Q∧Q→P)），PとQは**同値**であるといい，両者は互いに**必要十分条件**となる。

重要ポイント **7** ド・モルガンの法則

「PかつQ」は「P∧Q」と表され，その否定形は「PかつQではない」となり，記号を用いれば「$\overline{P∧Q}$」となる。これを図に表してみると**図Ⅰ**のようになる。

「P∧Q」は a の部分を表すから，その否定である「$\overline{P∧Q}$」は a 以外の部分，すなわち $(b+c+d)$ の部分である。

$(b+c+d)$ の部分は「$\overline{P}∨\overline{Q}$」と表される。したがって，「$\overline{P∧Q}$」＝「$\overline{P}∨\overline{Q}$」が成り立つ。同様に「P∨Q」の否定形「PまたはQではない（$\overline{P∨Q}$）」は d の部分だけを表す。この d の部分は，「Pでもないし，かつQでもない」部分だから，「$\overline{P}∧\overline{Q}$」であり，結局「$\overline{P∨Q}$」＝「$\overline{P}∧\overline{Q}$」が成り立つ。

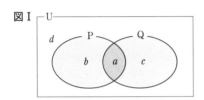

図Ⅰ

ド・モルガンの法則
$$「\overline{P∧Q}」 = 「\overline{P}∨\overline{Q}」$$
$$「\overline{P∨Q}」 = 「\overline{P}∧\overline{Q}」$$

重要ポイント **8** 命題の分割と並列

命題「P→（Q∧R）」（**図Ⅱ**）は，「(P→Q) ∧ (P→R)」という形に書き直すことができ，「P→Q」と「P→R」の2つの命題に分割することが可能である。

たとえば，「A氏は東京に住む会社員である」というのは，「A氏は東京に住んでいる」「A氏は会社員である」という2つの内容に分割することができる。また，「(P∨Q) →R」（**図Ⅲ**）は，「(P→R) ∧ (Q→R)」という形に書き直すことができ，「P→R」と「Q→R」の2つの命題に分割することが可能である。

このように，複雑な形式の命題を分割して並列化すると，三段論法やド・モルガンの法則を利用して推論を行う際に，非常にわかりやすい。

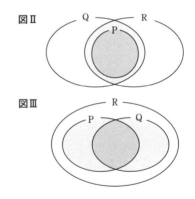

図Ⅱ

図Ⅲ

命題の分割
$$「P→(Q∧R)」 = 「P→Q, P→R」$$
$$「(P∨Q)→R」 = 「P→R, Q→R」$$

重要ポイント 9 真偽分類表

　いくつかの項目について，その真（～である），偽（～でない）の組合せを考える場合には，次のような分類表を利用すると作業が形式的に単純化されて，検討作業の手間が軽減される。

　たとえば，A，B，C，Dの4項目について，それぞれ真（～である）を大文字（A，B，C，D），偽（～でない）を小文字（a，b，c，d）で表すと，全部で$2^4 = 16$通りの組合せができる。この16通りに関する表を作成し（**表Ⅰ**），可能性のない組合せを消去していくのである。「AであるならばBでない」とあれば，AであってBである組合せ（AB＊＊）の①，②，③，④が消去され，「AでないならばCでない」とあれば，AでなくてCである組合せ（a＊C＊）の⑨，⑩，⑬，⑭が消去される（**表Ⅱ**）。こうして残った⑤～⑧および⑪，⑫，⑮，⑯だけが可能性のある組合せである。

　5項目での検討になると32通りの組合せとなるが，ベン図の作成で迷う場合や，論理式をいくつも組み合わせて対偶や三段論法を考えなければならない場合などのように，複雑な問題では非常に有効である。

表Ⅰ

	A		a
①	B C D	⑨	B C D
②	B C d	⑩	B C d
③	B c D	⑪	B c D
④	B c d	⑫	B c d
⑤	b C D	⑬	b C D
⑥	b C d	⑭	b C d
⑦	b c D	⑮	b c D
⑧	b c d	⑯	b c d

表Ⅱ

	A		a
①	B C D	⑨	B C D
②	B C d	⑩	B C d
③	B c D	⑪	B c D
④	B c d	⑫	B c d
⑤	b C D	⑬	b C D
⑥	b C d	⑭	b C d
⑦	b c D	⑮	b c D
⑧	b c d	⑯	b c d

実戦問題 ❶ 対偶と三段論法・命題相互の関係

No.1 ある社員食堂において，注文されたメニューについて次のことがわかっているとき，確実にいえるのはどれか。　　　　　　　　【市役所・令和4年度】

　○ラーメンを注文した人は，サラダを注文しなかった。

　○八宝菜を注文した人は，唐揚げを注文しなかった。

　○唐揚げを注文しなかった人は，ラーメンを注文した。

1　唐揚げを注文した人は，サラダを注文しなかった。

2　八宝菜を注文した人は，サラダを注文しなかった。

3　八宝菜を注文しなかった人は，サラダを注文した。

4　サラダを注文しなかった人は，唐揚げを注文しなかった。

5　ラーメンを注文した人は，八宝菜を注文した。

No.2 あるグループにおける花の好みについて，次のア～ウのことがわかっているとき，確実にいえるのはどれか。　　　【地方上級（特別区）・令和3年度】

　ア．アサガオが好きな人は，カーネーションとコスモスの両方が好きである。

　イ．カーネーションが好きではない人は，コスモスが好きである。

　ウ．コスモスが好きな人は，チューリップが好きではない。

1　アサガオが好きな人は，チューリップが好きである。

2　カーネーションかコスモスが好きな人は，アサガオが好きではない。

3　コスモスが好きな人はアサガオが好きである。

4　コスモスが好きではない人は，チューリップが好きである。

5　チューリップが好きな人は，アサガオが好きではない。

No.3 あるグループにおけるスポーツの好みについて，次のア～エのことがわかっているとき，確実にいえるのはどれか。　【地方上級（特別区）・平成30年度】

　ア．野球が好きな人は，ゴルフが好きである。

　イ．ゴルフが好きな人は，ラグビーとバスケットボールの両方が好きである。

　ウ．サッカーが好きな人は，野球かラグビーが好きである。

　エ．テニスが好きでない人は，バスケットボールが好きではない。

1　野球が好きな人は，テニスが好きである。

2　テニスが好きな人は，ゴルフが好きである。

3　ラグビーが好きな人は，サッカーが好きである。

4　ゴルフが好きでない人は，サッカーが好きではない。

5　バスケットボールが好きでない人は，テニスが好きではない。

実 戦 問 題 **1** の 解 説

→問題はP.40

No.1 の解説 対偶と三段論法　　　　　　　　　　　　　　　　　　　　**正答2**

　　与えられている3命題を，次のア～ウのように論理式で表す。

ア.「ラーメン→$\overline{サラダ}$」

イ.「八宝菜→$\overline{唐揚げ}$」

ウ.「$\overline{唐揚げ}$→ラーメン」

　　次に，ア～ウの対偶をそれぞれエ～カとする。

エ.「サラダ→$\overline{ラーメン}$」

オ.「$\overline{唐揚げ}$→$\overline{八宝菜}$」

カ.「$\overline{ラーメン}$→唐揚げ」

　　これらア～カに基づいて，各選択肢を検討していく。

1✕　誤り。オより「$\overline{唐揚げ}$→$\overline{八宝菜}$→[　　　　]」であるが，その先が推論できない。

2◎　正しい。イ，ウ，アより「八宝菜→$\overline{唐揚げ}$→ラーメン→$\overline{サラダ}$」となるので，「八宝菜を注文した人は，サラダを注文しなかった」は確実に推論できる。

3✕　誤り。「$\overline{八宝菜}$→[　　　　]」となる命題が存在しないので，判断できない。

4✕　誤り。「サラダ→[　　　　]」となる命題が存在しないので，判断できない。

5✕　誤り。アより「ラーメン→$\overline{サラダ}$→[　　　　]」であるが，その先が推論できない。

　　以上から，正答は**2**である。

　　命題ア～ウを，次のように論理式で表す。

ア．「アサガオ→（カーネーション∧コスモス）」

イ．「$\overline{カーネーション}$→コスモス」

ウ．「コスモス→チューリップ」

　　命題アは分割することが可能なので，次のように分割しておく。

ア₁．「アサガオ→カーネーション」

ア₂．「アサガオ→コスモス」

　　この命題ア～ウの対偶は，次のエ～カのとおりである。

エ．「（$\overline{カーネーション}$∨$\overline{コスモス}$）→$\overline{アサガオ}$」

オ．「$\overline{コスモス}$→カーネーション」

カ．「$\overline{チューリップ}$→$\overline{コスモス}$」

エ₁．「$\overline{カーネーション}$→$\overline{アサガオ}$」

エ₂．「$\overline{コスモス}$→$\overline{アサガオ}$」

　　これらア～カに基づいて，各選択肢を検討していく。

1 ✗ 誤り。アより「アサガオ→（カーネーション∧コスモス）→□」となるが，その先が推論できない。

2 ✗ 誤り。「（$\overline{カーネーション}$∨$\overline{コスモス}$）→□」となる命題が存在しないので，判断できない。

3 ✗ 誤り。ウより「コスモス→チューリップ→□」であるが，その先が推論できない。

4 ✗ 誤り。オより「$\overline{コスモス}$→カーネーション→□」であるが，その先が推論できない。

5 ◎ 正しい。カ及びエ₂より「$\overline{チューリップ}$→$\overline{コスモス}$→$\overline{アサガオ}$」となるので，「チューリップが好きな人は，アサガオが好きではない」は確実に推論できる。

　　以上から，正答は**5**である。

No.3 の解説 対偶と三段論法　　　　　　　　　　→問題はP.40　**正答 1**

　　　与えられた命題ア〜エを論理式で表すと，次のようになる。

ア．「野球→ゴルフ」

イ．「ゴルフ→（ラグビー∧バスケットボール）」

ウ．「サッカー→（野球∨ラグビー）」

エ．「$\overline{テニス}$→$\overline{バスケットボール}$」

　　ここで，命題イは分割可能なので，それぞれをオ，カとする。

オ．「ゴルフ→ラグビー」

カ．「ゴルフ→バスケットボール」

　　このア〜カの対偶を，それぞれキ〜シとする。

キ．「$\overline{ゴルフ}$→$\overline{野球}$」

ク．「$\overline{（ラグビー∨バスケットボール）}$→$\overline{ゴルフ}$」

ケ．「$\overline{（野球∧ラグビー）}$→$\overline{サッカー}$」

コ．「バスケットボール→テニス」

サ．「$\overline{ラグビー}$→$\overline{ゴルフ}$」

シ．「$\overline{バスケットボール}$→$\overline{ゴルフ}$」

　　これらア〜シに基づいて，各選択肢を検討していく。

1 ◎ 正しい。ア，カ，コより，「野球→ゴルフ→バスケットボール→テニス」が成り立つので，「野球が好きな人は，テニスが好きである」は確実に推論できる。

2 ✕ 誤り。「テニス→ ☐ 」となる命題が存在しないので，その先を推論することができない。

3 ✕ 誤り。「ラグビー→ ☐ 」となる命題が存在しないので，その先を推論することができない。

4 ✕ 誤り。キより，「$\overline{ゴルフ}$→$\overline{野球}$→ ☐ 」となるが，その先が推論できない。命題ケは分割できないので，「$\overline{ゴルフ}$→$\overline{野球}$→$\overline{サッカー}$」と推論することはできない。

5 ✕ 誤り。シ，キより，「$\overline{バスケットボール}$→$\overline{ゴルフ}$→$\overline{野球}$→ ☐ 」となるが，その先が推論できない。

　　以上から，正答は**1**である。

No.4 ** ある幼稚園の園児に，犬，猫，象，ペンギンのそれぞれについて，「好き」または「好きでない」のいずれであるかを尋ねた。次のことがわかっているとき，確実にいえるのはどれか。　【国家専門職・令和元年度】

　○犬が好きな園児は，猫が好きでない。

　○象が好きな園児は，ペンギンも好きである。

　○猫が好きな園児の中には，象も好きな園児がいる。

　○象が好きな園児の中には，犬も好きな園児がいる。

1　ペンギンだけが好きな園児がいる。

2　ペンギンが好きな園児は，犬，猫，象のいずれも好きである。

3　犬が好きでない園児は，象も好きでない。

4　犬も猫もどちらも好きでない園児は，象とペンギンのどちらも好きである。

5　犬が好きな園児の中には，ペンギンも好きな園児がいる。

No.5 ** ある学校の生徒を対象に，スマートウォッチ，パソコン，AIスピーカー，携帯電話の4機器についての所有状況を調査した。次のことがわかっているとき，パソコンを所有しているがスマートウォッチを所有していない生徒の人数として最も妥当なのはどれか。　【国家専門職・令和4年度】

　○スマートウォッチとAIスピーカーのどちらか1機器または両方の機器を所有している生徒は必ずパソコンを所有している。

　○パソコンを所有している生徒は必ず携帯電話を所有している。

　○1機器のみを所有している生徒の人数と，2機器のみを所有している生徒の人数と，3機器のみを所有している生徒の人数と，4機器全てを所有している生徒の人数は，すべて同じであった。

　○携帯電話を所有している生徒は100人であった。

　○携帯電話を所有していない生徒は10人で，AIスピーカーを所有していない生徒は80人であった。

1　15人

2　20人

3　25人

4　30人

5　35人

No.6 あるバナナジュース専門店で，客がトッピングしたものを調べたところ，次のことが分かった。このとき，論理的にいえることとして最も妥当なのはどれか。 【国家総合職・令和4年度】

○チョコレートをトッピングした客は，はちみつをトッピングしなかった。

○チョコレートをトッピングした客の中で，黒ごまをトッピングした客が1人以上いた。

○いちごをトッピングした客は，アーモンドをトッピングしなかった。

○いちごをトッピングした客の中で，はちみつをトッピングした客が1人以上いた。

1 チョコレートをトッピングしなかった客の中で，アーモンドをトッピングしなかった客が1人以上いた。

2 チョコレート，黒ごま，いちごの3つ全てをトッピングした客はいなかった。

3 アーモンドをトッピングした客の中で，黒ごまをトッピングした客が1人以上いた。

4 黒ごまをトッピングした客は，はちみつをトッピングしなかった。

5 はちみつをトッピングしなかった客の中で，いちごをトッピングした客が1人以上いた。

No.7 ある会社の社員50人について，米国，英国，カナダ，フランスの4か国への渡航経験について調査した。次のことがわかっているとき，英国のみに渡航経験がある社員の人数は何人か。 【国家総合職・令和5年度】

○カナダに渡航経験がある社員は全員，米国に渡航経験があり，かつ，英国に渡航経験がある。

○1か国のみに渡航経験がある社員の人数と，2か国のみに渡航経験がある社員の人数の2倍の人数と，3か国のみに渡航経験がある社員の人数の4倍の人数と，4か国すべてに渡航経験がある社員の人数の8倍の人数は，いずれも同じであった。

○フランスに渡航経験がある社員について，フランスのみに渡航経験がある社員の人数と，フランスを含む2か国のみに渡航経験がある社員の人数と，フランスを含む3か国のみに渡航経験がある社員の人数と，4か国すべてに渡航経験がある社員の人数は，いずれも同じであった。

○米国に渡航経験がある社員は31人であり。このうち，米国とフランスの2か国のみに渡航経験がある社員は1人であった。

1 1人 **2** 3人 **3** 5人 **4** 7人 **5** 9人

実戦問題 **2** の解説

→問題はP.44 **No.4 の解説** 真偽分類表 **正答5**

STEP❶ 真偽分類表の作成

与えられている命題が全称命題だけでなく，存在命題も含まれている場合，論理式では解決しにくい。そして，この問題のようにいくつかの項目について，その真（～である），偽（～でない）の組合せを考える場合には，一覧表（真偽分類表）を作成してしまったほうが考えやすい。犬，猫，象，ペンギンのそれぞれについて，「好き」であることを○，「好きでない」ことを×として，真偽分類表を作成する（**表I**）。

STEP❷ 可能性の有無

「犬が好きな園児は，ネコが好きでない」より，「（犬＝○）∧（猫＝○）」である①～④は可能性がなく消去される（**表II**）。

次に，「象が好きな園児は，ペンギンも好きである」より，「（象＝○）∧（ペンギン＝×）」である⑥，⑩，⑭も可能性がなく，これも消去される。

そして，「猫が好きな園児の中には，象も好きな園児がいる」より，⑨に該当する園児が必ず存在し，「象が好きな園児の中には，犬も好きな園児がいる」より，⑤に該当する園児も必ず存在する（**表III**）。

これら以外の⑦，⑧，⑪～⑬，⑮，⑯については，存在する可能性があるが，確定はできない。

この**表III**より，**1**，**4**は不確定，**2**，**3**は誤りで，正答は**5**である。

表I

	犬 ○				犬 ×		
	猫	象	ペ		猫	象	ペ
①	○	○	○	⑨	○	○	○
②	○	○	×	⑩	○	○	×
③	○	×	○	⑪	○	×	○
④	○	×	×	⑫	○	×	×
⑤	×	○	○	⑬	×	○	○
⑥	×	○	×	⑭	×	○	×
⑦	×	×	○	⑮	×	×	○
⑧	×	×	×	⑯	×	×	×

表II

	犬 ○				犬 ×		
	猫	象	ペ		猫	象	ペ
①	○	○	○	⑨	○	○	○
②	○	○	×	⑩	○	○	×
③	○	×	○	⑪	○	×	○
④	○	×	×	⑫	○	×	×
⑤	×	○	○	⑬	×	○	○
⑥	×	○	×	⑭	×	○	×
⑦	×	×	○	⑮	×	×	○
⑧	×	×	×	⑯	×	×	×

表III

	犬 ○				犬 ×		
	猫	象	ペ		猫	象	ペ
①	○	○	○	⑨	○	○	○
②	○	○	×	⑩	○	○	×
③	○	×	○	⑪	○	×	○
④	○	×	×	⑫	○	×	×
⑤	×	○	○	⑬	×	○	○
⑥	×	○	×	⑭	×	○	×
⑦	×	×	○	⑮	×	×	○
⑧	×	×	×	⑯	×	×	×

No.5 の解説　真偽分類表

→問題はP.44　**正答4**

　内容的に要素の個数に関連する部分があるが，この問題では「真偽分類表」を利用して検討するほうがわかりやすい。スマートウォッチ＝SW，パソコン＝PC，AIスピーカー＝AI，携帯電話＝MP，とし，所有していることを○，所有していないことを×で表すことにする。まず，「スマートウォッチとAIスピーカーのどちらか1機器または両方の機器を所有している生徒は必ずパソコンを所有している」ことから，表の⑤～⑧，⑬，⑭に該当する生徒はいないことになる（**表Ⅰ**）。次に，「パソコンを所有している生徒は必ず携帯電話を所有している」ので，②，④，⑩，⑫に該当する生徒もいない（**表Ⅱ**）。これにより，1機器のみを所有しているのは⑮，2機器のみを所有しているのは⑪，3機器のみを所有しているのは③および⑨，4機器すべてを所有しているのは①，となる。この①，③，⑨，⑪，⑮に該当する生徒が，携帯電話を所有している全生徒となるので，100人である。ここから，1機器のみを所有している生徒，2機器のみを所有している生徒，3機器のみを所有している生徒，4機器すべてを所有している生徒，の人数は，すべて等しいので，それぞれ25人ずつとなる。つまり，①，⑪，⑮に該当する生徒数は，それぞれ25人である。携帯電話を所有していない生徒10人は⑯，AIスピーカーを所有していない生徒80人は，③，⑪，⑮，⑯であり，⑪＋⑮＋⑯＝25＋25＋10＝60，より，③＝20人となる。これにより，⑨＝5人である（**表Ⅲ**）。「パソコンを所有しているがスマートウォッチを所有していない生徒」は，⑨と⑪で，⑨＝5人，⑪＝25人だから，合計で30人である。以上から，正答は**4**である。

表Ⅰ

	SW	PC	AI	MP	人数
①	○	○	○	○	
②	○	○	○	×	
③	○	○	×	○	
④	○	○	×	×	
⑤	○	×	○	○	
⑥	○	×	○	×	
⑦	○	×	×	○	
⑧	○	×	×	×	
⑨	×	○	○	○	
⑩	×	○	○	×	
⑪	×	○	×	○	
⑫	×	○	×	×	
⑬	×	×	○	○	
⑭	×	×	○	×	
⑮	×	×	×	○	
⑯	×	×	×	×	

表Ⅱ

	SW	PC	AI	MP	人数
①	○	○	○	○	
②	○	○	○	×	
③	○	○	×	○	
④	○	○	×	×	
⑤	○	×	○	○	
⑥	○	×	○	×	
⑦	○	×	×	○	
⑧	○	×	×	×	
⑨	×	○	○	○	
⑩	×	○	○	×	
⑪	×	○	×	○	
⑫	×	○	×	×	
⑬	×	×	○	○	
⑭	×	×	○	×	
⑮	×	×	×	○	
⑯	×	×	×	×	

表Ⅲ

	SW	PC	AI	MP	人数		SW	PC	AI	MP	人数
①	○	○	○	○	25	⑨	×	○	○	○	5
②	○	○	○	×		⑩	×	○	○	×	
③	○	○	×	○	20	⑪	×	○	×	○	25
④	○	○	×	×		⑫	×	○	×	×	
⑤	○	×	○	○		⑬	×	×	○	○	
⑥	○	×	○	×		⑭	×	×	○	×	
⑦	○	×	×	○		⑮	×	×	×	○	25
⑧	○	×	×	×		⑯	×	×	×	×	10

No.6 の解説　真偽分類表

　真偽分類表を利用して，一覧で検討していけばよい。まず，チョコレートをトッピングした（＝○），しない（＝×）に分け，そのそれぞれについて，はちみつ，黒ごま，いちご，アーモンドをトッピングした，しないで分けると，全部で32通り（＝2^5）に分類される。この真偽分類表において，「チョコレートをトッピングした客は，はちみつをトッピングしなかった」より，①〜⑧は可能性がなく消去される。また，「いちごをトッピングした客は，アーモンドをトッピングしなかった」より，⑨，⑬，⑰，㉑，㉕，㉙が消去される。そして，「チョコレートをトッピングした客の中で，黒ごまをトッピングした客が1人以上いた」ことから，⑩〜⑫について，この組合せの中に1人以上いる，「いちごをトッピングした客の中で，はちみつをトッピングした客が1人以上いた」より，⑱，㉒の中に1人以上いる，ことになる。これら以外は不確定である。以上を前提にして，選択肢を見ていく。

1◎ 正しい。⑱，㉒に関して1人以上いるが，⑱，㉒はいずれもアーモンドをトッピングしていない。したがって，「チョコレートをトッピングしなかった客の中で，アーモンドをトッピングしなかった客が1人以上いた」は，確実に推論できる。

2× 誤り。⑩〜⑫について，この組合せの中に1人以上いる。つまり，⑩に1人以上いる可能性がある。

3× 誤り。⑩〜⑫の中に1人以上いるが，それが⑪であるか否かは判断できない。また，⑲，㉗も不確定である。

4× 誤り。⑱，㉒の中に1人以上いるので，⑱に1人以上いる可能性がある。また，⑲，⑳も可能性がある。

5× 誤り。⑩〜⑫の中に1人以上いるが，それが⑩であるか否かは判断できない。また，⑭，㉖，㉚は不確定である。

　以上から，正答は**1**である。

	チョコレート								
	○					×			
	はちみつ	黒ごま	いちご	アーモンド		はちみつ	黒ごま	いちご	アーモンド
①	○	○	○	○	⑰	○	○	○	○
②	○	○	○	×	⑱	○	○	○	×
③	○	○	×	○	⑲	○	○	×	○
④	○	○	×	×	⑳	○	○	×	×
⑤	○	×	○	○	㉑	○	×	○	○
⑥	○	×	○	×	㉒	○	×	○	×
⑦	○	×	×	○	㉓	○	×	×	○
⑧	○	×	×	×	㉔	○	×	×	×
⑨	×	○	○	○	㉕	×	○	○	○
⑩	×	○	○	×	㉖	×	○	○	×
⑪	×	○	×	○	㉗	×	○	×	○
⑫	×	○	×	×	㉘	×	○	×	×
⑬	×	×	○	○	㉙	×	×	○	○
⑭	×	×	○	×	㉚	×	×	○	×
⑮	×	×	×	○	㉛	×	×	×	○
⑯	×	×	×	×	㉜	×	×	×	×

No.7 の解説　真偽分類表

→問題はP.45　**正答5**

　要素の個数に関連する問題であるが，この問題も真偽分類表を活用した方がわかりやすい。まず，「カナダに渡航経験がある社員は全員，米国に渡航経験があり，かつ，英国に渡航経験がある」より，⑤，⑥，⑨，⑩，⑬，⑭の人数はいずれも0である。また，「米国に渡航経験がある社員は31人であり。このうち，米国とフランスの2か国のみに渡航経験がある社員は1人」であることから，米国への渡航経験がない者は19人であり，⑦は1人となる。ここまでが**表Ⅰ**である。次に，「1か国のみに渡航経験がある社員の人数と，2か国のみに渡航経験がある社員の人数の2倍の人数と，3か国のみに渡航経験がある社員の人数の4倍の人数と，4か国すべてに渡航経験がある社員の人数の8倍の人数は，いずれも同じ」であることから，4か国全てに渡航経験がある社員の人数をxとすると，1か国のみに渡航経験がある社員の人数は$8x$，2か国のみに渡航経験がある社員の人数は$4x$，3か国のみに渡航経験がある社員の人数は$2x$，であり，ここから，$x+2x+4x+8x \leqq 50$，$15x \leqq 50$，xは負でない整数なので，$0 \leqq x \leqq 3$，である。$x=0$，だと，⑯の人数が50人となってしまい，米国に渡航経験がある者が31人（米国への渡航経験がない者が19人）という条件と矛盾する。$x=1$，だと，⑯の人数が35人，$x=2$，だと，⑯の人数が20人，となり，これも条件に合わない。したがって，4か国全てに渡航経験がある（＝①）社員の人数は3人である（⑯は5人）。ここまでで**表Ⅱ**となる。フランスに渡航経験がある社員について，「フランスのみに渡航経験がある社員の人数と，フランスを含む2か国のみに渡航経験がある社員の人数と，フランスを含む3か国のみに渡航経験がある社員の人

数と，4か国すべてに渡航経験がある社員の人数は，いずれも同じ」とあるので，③および⑮は3人，⑦が1人なので，⑪は2人である。この結果，英国のみに渡航経験がある社員（＝⑫）の人数は9人である。確認しておくと，②は3人，④は9人，⑧は12人となり，**表Ⅲ**のように確定する。以上から，正答は**5**である。

表Ⅰ

	渡航国数	米国○ 31			人数		渡航国数	米国× 19			人数
		英国	カナダ	フランス				英国	カナダ	フランス	
①	4	○	○	○		⑨	3	○	○	○	0
②	3	○	○	×		⑩	2	○	○	×	0
③	3	○	×	○		⑪	2	○	×	○	
④	2	○	×	×		⑫	1	○	×	×	
⑤	3	×	○	○	0	⑬	2	×	○	○	0
⑥	2	×	○	×	0	⑭	1	×	○	×	0
⑦	2	×	×	○	1	⑮	1	×	×	○	
⑧	1	×	×	×		⑯	0	×	×	×	

表Ⅱ

	渡航国数	米国○ 31			人数		渡航国数	米国× 19			人数
		英国	カナダ	フランス				英国	カナダ	フランス	
①	4	○	○	○	3	⑨	3	○	○	○	0
②	3	○	○	×		⑩	2	○	○	×	0
③	3	○	×	○		⑪	2	○	×	○	
④	2	○	×	×		⑫	1	○	×	×	
⑤	3	×	○	○	0	⑬	2	×	○	○	0
⑥	2	×	○	×	0	⑭	1	×	○	×	0
⑦	2	×	×	○	1	⑮	1	×	×	○	
⑧	1	×	×	×		⑯	0	×	×	×	5

表Ⅲ

	渡航国数	米国○ 31			人数		渡航国数	米国× 19			人数
		英国	カナダ	フランス				英国	カナダ	フランス	
①	4	○	○	○	3	⑨	3	○	○	○	0
②	3	○	○	×	3	⑩	2	○	○	×	0
③	3	○	×	○	3	⑪	2	○	×	○	2
④	2	○	×	×	9	⑫	1	○	×	×	9
⑤	3	×	○	○	0	⑬	2	×	○	○	0
⑥	2	×	○	×	0	⑭	1	×	○	×	0
⑦	2	×	×	○	1	⑮	1	×	×	○	3
⑧	1	×	×	×	12	⑯	0	×	×	×	5

実 戦 問 題 **3**　　推 論 の 妥 当 性

No.8 ** 　次の推論のうち，論理的に正しいのはどれか。

【国家総合職・平成29年度】

1　　ある会社の商品のテレビCMの放映状況と売上額との関係を調べたところ，この商品のテレビCMが放映され，かつ，それが21～23時の間であった場合，翌日の1日間の売上額が前日の売上額と比べ3割増加することがわかった。このとき，1日間の売上額が前日の売上額と比べ3割増加していれば，前日にこの商品のテレビCMが放映されたことが論理的に推論できる。

2　　ある会社の2つの支店A，Bの社員について，支店Aの社員のうち，1月生まれの者の人数は多くとも4人であり，2～12月生まれの者の人数はそれぞれ少なくとも2人であった。また，支店Bの社員のうち，1月生まれの者の人数は少なくとも4人，2月生まれの者の人数は多くとも3人，3～12月生まれの者の人数はそれぞれ多くとも2人であった。このとき，支店A，Bの社員数の合計は，少なくとも53人であることが論理的に推論できる。

3　　ある人は，就寝前に洗濯をして，天気予報で翌日の天気を晴れ，かつ，降水確率を10％未満としているときに限り，洗濯物をバルコニーに干している。また，翌朝の起床時に，バルコニーに洗濯物が干してあり，かつ，雨が降っていれば，バルコニーから洗濯物を取り込んでいる。このとき，ある日の昼にこの人の家のバルコニーに洗濯物が干されていなければ，前日の天気予報でその日の降水確率を10％以上としていたことが論理的に推論できる。

4　　ある会社では，4つの社内資格を設けており，このうち少なくとも1つを保有している社員についてみると，過去3年以内に海外勤務を経験していることがわかっている。また，現在，係長の役職に就いている社員は，過去5年以内に海外勤務を経験していないこともわかっている。このとき，現在，係長の役職に就いている社員は，4つの社内資格のうち，いずれも保有していないことが論理的に推論できる。

5　　ある工場では，不良品の発生を防止するために作業手順を見直し，すべての作業を複数人で行い，かつ，始業時に作業手順を音読したところ，不良品の発生はなくなった。このことから，複数人で行わない作業があるか，または，始業時に作業手順を音読しないと，不良品の発生を防止できないことが論理的に推論できる。

** **次の推論A～Dのうち，論理的に正しいもののみを挙げているのはどれ**
か。 【国家一般職・平成29年度】

A：ある会社の売店は，梅干し，昆布，明太子の３種類のおにぎりを，客１人に
つき２個選択させる方法で販売し，計180個を完売した。梅干しを購入した
客のうち56人が昆布を購入しており，かつ，昆布を購入した客のうち20人
が明太子を購入しているとき，同じ種類のおにぎりを２個購入した客は14人
である。

B：ある会社の社員100人にリンゴ，ブドウ，ミカンのうち好きな果物を挙げさ
せたところ，リンゴを挙げた者が60人，ブドウを挙げた者が40人，ミカン
を挙げた者が30人いた。３種類すべてを挙げた者が10人，ちょうど２種類
を挙げた者が20人いるとき，１種類も挙げなかった者は10人である。

C：ある会社の食堂のメニューは日替わりである。カレーライスとうどんの両方
がある日にはオムライスもあり，焼きそばがない日にはうどんがない。さら
に，魚定食がある日にはカレーライスがない。このとき，魚定食がある日に
は，うどんと焼きそばの両方がある，または，オムライスがない。

D：ある会社の社員に対して終業後の習慣について尋ねたところ，終業後に買物
をしている者は，終業後に運動をしていないが，終業後に社内で行われる勉
強会に参加していない者は，終業後に運動をしていることがわかった。この
とき，終業後に買物をしている者は，終業後に社内で行われる勉強会に参加
している。

1 A，B
2 A，C
3 B，C
4 B，D
5 C，D

No.10 **次の推論のうち，論理的に正しいのはどれか。**

【国家総合職・令和元年度】

1 あるグループにおいて，休日の行き先について話し合ったところ，動物園に行きたい者は，博物館に行きたくない，または，美術館に行きたくないことがわかった。また，美術館に行きたくない者は，水族館に行きたいことがわかった。このとき，水族館に行きたくない者は，動物園に行きたくないことが論理的に推論できる。

2 ある企業において，営業成績が全社員の上位10%に入っていない者は，企業内の語学研修を受講したことがない，または，留学をしたことがない者であった。また，営業成績が全社員の上位10%に入っている者は，入社試験の点数が70点以上の者であった。このとき，入社試験の点数が70点以上の者は，企業内の語学研修を受講したことがあり，かつ，留学をしたことがある者であることが論理的に推論できる。

3 ある企業のある期間において，前年と比べて売上高と利益の両方が増加した年は，その年の研究開発費用が3千万円以上であった。また，従業員数が50人以上であった年は，前年と比べて利益が増加した。このとき，この期間中のある年について，研究開発費用が3千万円未満であれば，前年と比べて売上高が増加しなかった，または，従業員数が50人未満であったことが論理的に推論できる。

4 ある機械は，雨が降っていない時間帯は，1メートルを3分で移動する。一方，雨が降っている時間帯は，出発地から5メートル地点までは1メートルを5分で移動し，出発地から5メートル地点以降は1メートルを4分で移動する。このとき，同機械が出発地から10メートル地点まで移動するのにかかった時間が38分未満であれば，その間，雨が降っていた時間は25分未満であることが論理的に推論できる。

5 ある高校では，日本史と地理のいずれか一方のみを必ず選択する。そして，日本史を選択し，かつ，数学を選択していない生徒は，学習塾に通っていないことがわかっている。また，地理を選択している生徒は，英語が得意であることがわかっている。このとき，学習塾に通っていない生徒は，英語が得意でなく，かつ，数学を選択していないことが論理的に推論できる。

実戦問題❸の解説

→問題はP.51

No.8 の解説　推論の妥当性　　　　　　　　　　　　　　　正答4

　各選択肢の内容に応じて、論理式、およびベン図を活用して考えていくことになる。

1 ✕　誤り。「この商品のテレビCMが放映され、かつ、それが21〜23時の間であった場合、翌日の1日間の売上額が前日の売上額と比べ3割増加することがわかった」は、

　　（テレビCM∧21〜23時）→3割増加

という論理式で表すことが可能である。その対偶は、

　　$\overline{3割増加}$→$\overline{（テレビCM∨21〜23時）}$

であり、「1日間の売上額が前日の売上額と比べ3割増加していなければ、前日にこの商品のテレビCMが放映されていなかったか、または（テレビCMの放映が）21〜23時の間ではなかった」ということは推論できる。しかし、1日間の売上額が前日の売上額と比べ3割増加していた場合に、前日のテレビCMの放映状況がどうであったのかを推論することはできない。

　ベン図を利用して検討すると、「（テレビCM∧21〜23時）→3割増加」というのは、図Ⅰにおけるaの部分の要素について述べたものである。しかし、このことはb、cの部分（1日間の売上額が前日の売上額と比べ3割増加したが、前日にこの商品のテレビCMが放映されていなかった）に要素が存在しないことを論理的に導くものではない。したがって、1日間の売上額が前日の売上額と比べ3割増加していても、前日にこの商品のテレビCMが放映されていなかった可能性があるので、「1日間の売上額が前日の売上額と比べ3割増加していれば、前日にこの商品のテレビCMが放映されていたことが論理的に推論できる」というのは誤りである。

図Ⅰ

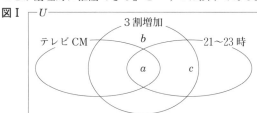

2 ✕　形式論理というより、数量条件、特に不等式に関する内容といえる。

　支店Aの社員に関しては、2〜12月の11か月について それぞれの月の生まれが**少なくとも2人**いるので、2×11＝22より、**少なくとも22人**いる。1月生まれの者は**多くとも4人**なので、1人もいない可能性もある。結局、支店Aの社員は**少なくとも22人**いるということになる。

　支店Bの社員に関しては、1月生まれの者が**少なくとも4人**いるので、支店Bの社員がまず4人いることは確実である。しかし、2月生まれは**多くとも3人**、3〜12月生まれはそれぞれの月について**多くとも2人**だから、2月

〜12月生まれは1人もいない可能性がある。

　したがって，支店A，Bの社員数の合計について確実にいえるのは，少なくとも26人（＝22＋4）いるであり，「少なくとも53人」と推論することはできない。

3 ✕　多少曖昧な記述であるが，解答するのに必要な範囲で検討すればよい。

　「就寝前に洗濯をして，天気予報で翌日の天気が晴れ，かつ，降水確率が10％未満」であったので，洗濯物をバルコニーに干したが，「翌朝の起床時に雨が降っていたので洗濯物を取り込んだ」という場合を考えてみればよい。この場合，「昼にこの人の家のバルコニーに洗濯物が干されていないが，前日の天気予報の降水確率は10％未満」ということである。したがって「昼にこの人の家のバルコニーに洗濯物が干されていなければ，前日の天気予報の降水確率が10％以上」であったと推論できるわけではない。

4 ◎　正しい。「社内資格を少なくとも1つ保有→過去3年以内に海外勤務」という命題から，その対偶を考えると，

　過去3年以内に海外勤務 → 社内資格を少なくとも1つ保有

となり，「過去3年以内に海外勤務を経験していないならば，社内資格を1つも保有していない」となる。そして，現在係長の役職に就いている社員は過去5年以内に海外勤務を経験していないのだから，当然，過去3年以内に海外勤務を経験していない。つまり，三段論法により，

　現在係長 → 過去3年以内に海外勤務 → 社内資格を少なくとも1つ保有

となるので，「現在，係長の役職に就いている社員は，4つの社内資格のうち，いずれも保有していない」ことが論理的に推論できる。

5 ✕　まず論理式を組んでみると，

　（複数人∧音読）→ 不良品

であり，その対偶は，

　不良品 →（複数人∨音読）

である。つまり，「不良品が発生していれば，すべての作業を複数人で行うということがなされていなかったか，または，始業前の作業手順音読を行わなかった」と推論することは可能である。しかし，「複数人で行わない作業があるか，または，始業時に作業手順を音読しないと，不良品の発生を防止できない」ことを論理的に推論することはできない。

　ベン図を利用すると，**図Ⅱ**のようになる。「（複数人∧音読）→ 不良品」というのは，**図Ⅱ**における a の部分の要素について述べたものである。しかし，このことは b，c，d の部分（複数人で行わない作業があるか，または，始業時に作業手順を音読しなかったが，不良品は発生しなかった）に要素が存在しないことを論理的に導くものではない。したがって，「複数人で行わない作業があるか，または，始業時に作業手順を音読しないと，不良品の発生を防止できないことが論理的に推論できる」というのは誤りである（論理構造は**1**と同様である）。

図Ⅱ

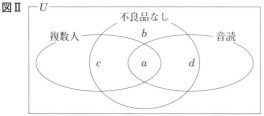

　この問題は，A〜Dが独立した小問という形式をとっているので，小問ごとに的確な推論を行っていく必要がある。

A ✕　誤り。梅干しと昆布の2種類を購入したのが56人（112個），昆布と明太子の2種類を購入したのが20人（40個）である。したがって，残りの28個（＝180−112−40）を14人が購入したことになる。この14人が買ったおにぎりの組合せを考えると，その中には梅干しと明太子の2種類を購入した客がいる可能性がある。したがって，同じ種類のおにぎりを2個購入した客は14人以下であることは判断できるが，その人数を確定することはできない。

B ○　正しい。次のようなキャロル表を利用して考える。まず，リンゴを挙げたのが60人，ブドウを挙げたのが40人，ミカンを挙げたのが30人，3種類を挙げたのが10人なので，これを表中に記入する。ここで，リンゴとブドウの2種類のみを挙げた人数をa，リンゴとミカンの2種類のみを挙げた人数をb，ブドウとミカンの2種類のみを挙げた人数をc，リンゴのみを挙げた人数をx，ブドウのみを挙げた人数をy，ミカンのみを挙げた人数をz，1種類も挙げなかった人数をm，とする。そうすると，

$a+b+x+10=60$,　$a+b+x=50$　…①，
$a+c+y+10=40$,　$a+c+y=30$　…②，
$b+c+z+10=30$,　$b+c+z=20$　…③，
である。

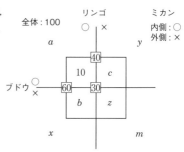

　ここから，①＋②＋③とすると，$(a+b+x)+(a+c+y)+(b+c+z)=50+30+20$，$2(a+b+c)+(x+y+z)=100$，となる。$a+b+c=20$，だから，$20\times2+(x+y+z)=100$，より，$x+y+z=60$，である。$(a+b+c)+(x+y+z)+10+m=100$，なので，$20+60+10+m=100$，$m=10$，となる。したがって，1種類も挙げなかった者は10人である，というのは正しい。

C ✕　誤り。ここでは真偽分類表を利用するとよい。各メニューについて，それがあることを○，それがないことを✕，とする。このとき，全部で32通り（＝2^5）の組合せが考えられるが，これを一覧表にしてしまうのである。そうす

ると，「カレーライスとうどんの両方がある日にはオムライスもある」ので，「○○○＊＊」（＊は○×どちらでもよい）でなければならず，「○○×＊＊」である⑤〜⑧は可能性がない（**表Ⅰ**）。また，「焼きそばがない日にはうどんがない」ので，「＊○＊＊＊」となる③，④，⑲，⑳，㉓，㉔も可能性がない（**表Ⅱ**）。さらに，「魚定食がある日にはカレーライスがない」ので，「○＊＊＊○」となる①，⑨，⑪，⑬，⑮も可能性がない（**表Ⅲ**）。そして，これ以外の組合せは可能性があることになる。ここで，「＊＊＊＊○」を考えると，⑰，㉑，㉕，㉗，㉙，㉛に可能性がある。この中で，㉕は「魚定食がある日に，うどんがなく，オムライスと焼きそばがある」，㉗は「魚定食はあるが，うどんも焼きそばもなく，オムライスがある」ことになる（「＊＊＊＊○」となる⑰，㉑，㉕，㉗，㉙，㉛のうち，㉕，㉗は該当しない）。

表Ⅰ

	カレーライス＝○						カレーライス＝×				
	カレーライス	うどん	オムライス	焼きそば	魚定食		カレーライス	うどん	オムライス	焼きそば	魚定食
①	○	○	○	○	○	⑰	×	○	○	○	○
②	○	○	○	○	×	⑱	×	○	○	○	×
③	○	○	○	×	○	⑲	×	○	○	×	○
④	○	○	○	×	×	⑳	×	○	○	×	×
⑤	○	○	×	○	○	㉑	×	○	×	○	○
⑥	○	○	×	○	×	㉒	×	○	×	○	×
⑦	○	○	×	×	○	㉓	×	○	×	×	○
⑧	○	○	×	×	×	㉔	×	○	×	×	×
⑨	○	×	○	○	○	㉕	×	×	○	○	○
⑩	○	×	○	○	×	㉖	×	×	○	○	×
⑪	○	×	○	×	○	㉗	×	×	○	×	○
⑫	○	×	○	×	×	㉘	×	×	○	×	×
⑬	○	×	×	○	○	㉙	×	×	×	○	○
⑭	○	×	×	○	×	㉚	×	×	×	○	×
⑮	○	×	×	×	○	㉛	×	×	×	×	○
⑯	○	×	×	×	×	㉜	×	×	×	×	×

表Ⅱ

	カレーライス=○						カレーライス=×				
	カレーライス	うどん	オムライス	焼きそば	魚定食		カレーライス	うどん	オムライス	焼きそば	魚定食
①	○	○	○	○	○	⑰	×	○	○	○	○
②	○	○	○	○	×	⑱	×	○	○	○	×
③	○	○	○	×	○	⑲	×	○	○	×	○
④	○	○	○	×	×	⑳	×	○	○	×	×
⑤	○	○	×	○	○	㉑	×	○	×	○	○
⑥	○	○	×	○	×	㉒	×	○	×	○	×
⑦	○	○	×	×	○	㉓	×	○	×	×	○
⑧	○	○	×	×	×	㉔	×	○	×	×	×
⑨	○	×	○	○	○	㉕	×	×	○	○	○
⑩	○	×	○	○	×	㉖	×	×	○	○	×
⑪	○	×	○	×	○	㉗	×	×	○	×	○
⑫	○	×	○	×	×	㉘	×	×	○	×	×
⑬	○	×	×	○	○	㉙	×	×	×	○	○
⑭	○	×	×	○	×	㉚	×	×	×	○	×
⑮	○	×	×	×	○	㉛	×	×	×	×	○
⑯	○	×	×	×	×	㉜	×	×	×	×	×

表Ⅲ

	カレーライス=○						カレーライス=×				
	カレーライス	うどん	オムライス	焼きそば	魚定食		カレーライス	うどん	オムライス	焼きそば	魚定食
①	○	○	○	○	○	⑰	×	○	○	○	○
②	○	○	○	○	×	⑱	×	○	○	○	×
③	○	○	○	×	○	⑲	×	○	○	×	○
④	○	○	○	×	×	⑳	×	○	○	×	×
⑤	○	○	×	○	○	㉑	×	○	×	○	○
⑥	○	○	×	○	×	㉒	×	○	×	○	×
⑦	○	○	×	×	○	㉓	×	○	×	×	○
⑧	○	○	×	×	×	㉔	×	○	×	×	×
⑨	○	×	○	○	○	㉕	×	×	○	○	○
⑩	○	×	○	○	×	㉖	×	×	○	○	×
⑪	○	×	○	×	○	㉗	×	×	○	×	○
⑫	○	×	○	×	×	㉘	×	×	○	×	×
⑬	○	×	×	○	○	㉙	×	×	×	○	○
⑭	○	×	×	○	×	㉚	×	×	×	○	×
⑮	○	×	×	×	○	㉛	×	×	×	×	○
⑯	○	×	×	×	×	㉜	×	×	×	×	×

D ○ 正しい。単純な全称命題だけなので，論理式で考えればよい。そうすると，ア「買物→運動」，イ「勉強会→運動」となる。イの対偶を考えると，ウ「運動→勉強会」となるので，アおよびウより「買物→運動→勉強会」となり，「終業後に買物をしている者は，終業後に社内で行われる勉強会に参加している」は成り立つ。

　　以上から，論理的に正しい推論はBおよびDであり，正答は**4**である。

No.10 の解説　推論の妥当性

→問題はP.53　**正答3**

1 ✕ 誤り。動物園，博物館，美術館，水族館のそれぞれについて，行きたいことを○，行きたくないことを✕，で表して真偽分類表を作成すると，**表Ⅰ**となる。ここでの16通りのうち，「動物園に行きたい者は，博物館に行きたくない，または，美術館に行きたくない」ことから，動物園に行きたくて，さらに博物館，美術館のどちらにも行きたい，という①，②は可能性がない。また，「美術館に行きたくない者は，水族館に行きたい」のだから，美術館に行きたくなく，水族館にも行きたくない，という④，⑧，⑫，⑯も可能性がない（**表Ⅱ**）。

　　それ以外の組合せについては，希望する者がいる可能性がある。⑥は，「水族館に行きたくないが，動物園に行きたい」という組合せであり，このように希望する者がいる可能性がある。したがって，「水族館に行きたくない者は，動物園に行きたくない」と推論することはできない。

表Ⅰ

	動物園	博物館	美術館	水族館		動物園	博物館	美術館	水族館
①	○	○	○	○	⑨	✕	○	○	○
②	○	○	○	✕	⑩	✕	○	○	✕
③	○	○	✕	○	⑪	✕	○	✕	○
④	○	○	✕	✕	⑫	✕	○	✕	✕
⑤	○	✕	○	○	⑬	✕	✕	○	○
⑥	○	✕	○	✕	⑭	✕	✕	○	✕
⑦	○	✕	✕	○	⑮	✕	✕	✕	○
⑧	○	✕	✕	✕	⑯	✕	✕	✕	✕

表Ⅱ

	動物園	博物館	美術館	水族館		動物園	博物館	美術館	水族館
①	○	○	○	○	⑨	✕	○	○	○
②	○	○	○	✕	⑩	✕	○	○	✕
③	○	○	✕	○	⑪	✕	○	✕	○
④	○	○	✕	✕	⑫	✕	○	✕	✕
⑤	○	✕	○	○	⑬	✕	✕	○	○
⑥	○	✕	○	✕	⑭	✕	✕	○	✕
⑦	○	✕	✕	○	⑮	✕	✕	✕	○
⑧	○	✕	✕	✕	⑯	✕	✕	✕	✕

2 ✗ 誤り。ここでも**1**と同様に真偽分類表を作成する（**表Ⅲ**）。「営業成績が全社員の上位10％に入っていない者は，企業内の語学研修を受講したことがない，または，留学をしたことがない」ことから，営業成績が全社員の上位10％に入っていない者で，企業内の語学研修を受講したことがある，かつ，留学をしたことがある，という⑨，⑩は可能性がない。また，「営業成績が全社員の上位10％に入っている者は，入社試験の点数が70点以上の者」なので，営業成績が全社員の上位10％に入っている者で，入社試験の点数が70点未満の者である，②，④，⑥，⑧は可能性がない。これ以外の組合せについては可能性がある。そうすると，③，⑤，⑦，⑪，⑬，⑮の可能性があることから，「入社試験の点数が70点以上の者は，企業内の語学研修を受講したことがあり，かつ，留学したことがある者である」と推論することはできない。

表Ⅲ

	営業成績上位10％	語 学研 修	留 学	入社試験70点以上		営業成績上位10％	語 学研 修	留 学	入社試験70点以上
①	○	○	○	○	⑨	×	○	○	○
②	○	○	○	×	⑩	×	○	○	×
③	○	○	×	○	⑪	×	○	×	○
④	○	○	×	×	⑫	×	○	×	×
⑤	○	×	○	○	⑬	×	×	○	○
⑥	○	×	○	×	⑭	×	×	○	×
⑦	○	×	×	○	⑮	×	×	×	○
⑧	○	×	×	×	⑯	×	×	×	×

3 ◎ 正しい。ここでも真偽分類表を作成すると，**表Ⅳ**のようになる。「前年と比べて売上高と利益の両方が増加した年は，その年の研究開発費用が3千万円以上」なので，③，④は可能性がない。また，「従業員数が50人以上であった年は，前年と比べて利益が増加した」のだから，⑤，⑥，⑬，⑮も可能性がない。そうすると，研究開発費用が3千万円未満である⑧，⑪，⑫，⑯は，いずれも「前年と比べて売上高が増加しなかった，または，従業員数が50人未満であった」である。したがって，この期間中のある年について，研究開発費用が3千万円未満であれば，前年と比べて売上高が増加しなかった，または，従業員数が50人未満であったことが論理的に推論できる。

表Ⅳ

	売上高増加	利益増加	研究開発費用3千万円以上	従業員数50人以上		売上高増加	利益増加	研究開発費用3千万円以上	従業員数50人以上
①	○	○	○	○	⑨	×	○	○	○
②	○	○	○	×	⑩	×	○	○	×
③	○	○	×	○	⑪	×	○	×	○
④	○	○	×	×	⑫	×	○	×	×
⑤	○	×	○	○	⑬	×	×	○	○
⑥	○	×	○	×	⑭	×	×	○	×
⑦	○	×	×	○	⑮	×	×	×	○
⑧	○	×	×	×	⑯	×	×	×	×

4 × 誤り。出発地から10メートル地点まで，すべて雨が降っていたとすれば，5×5＋4×5＝45〔分〕かかる。この状態から，移動時間が38分未満で，雨が降っていた時間が25分以上とすることが可能であるかどうかを考える。このとき，移動時間が8分短くなって，雨が降っていた時間が20分短くなると，移動時間が37分で，雨が降っていた時間が25分となる。そうすると，たとえば，出発地から4メートル地点までは雨が降っておらず，4メートル地点から10メートル地点まで雨が降っていたとする。これを45分と比較すると，移動時間は，(5－3)×4＝8〔分〕短くなり，雨が降っていた時間は5×4＝20〔分〕短くなる。つまり，移動時間は37分で，雨が降っていた時間は25分である。したがって，出発地から10メートル地点まで移動するのにかかった時間が38分未満であっても，その間，雨が降っていた時間は25分である可能性がある。

5 × 誤り。ここでは日本史と地理に関して「一方のみを必ず選択する」とあるので（両方選択することはない），**表Ⅴ**のような真偽分類表を作成すればよい（英語に関しては，得意を○，得意でないを×）。そうすると，「日本史を選択し，かつ，数学を選択していない生徒は，学習塾に通っていない」ので，⑤，⑦は可能性がなく，「地理を選択している生徒は，英語が得意である」ことから，⑪，⑫，⑮，⑯は可能性がない。そうすると，②，④，⑥，⑩，⑭の組合せは可能性があるので，「学習塾に通っていない生徒は，英語が得意でなく，かつ，数学を選択していない」と推論することはできない。

表V

	日本史	数 学	英語	学習塾		地理	数 学	英語	学習塾
①	○	○	○	○	⑨	○	○	○	○
②	○	○	○	×	⑩	○	○	○	×
③	○	○	×	○	⑪	○	○	×	○
④	○	○	×	×	⑫	○	○	×	×
⑤	○	×	○	○	⑬	○	×	○	○
⑥	○	×	○	×	⑭	○	×	○	×
⑦	○	×	×	○	⑮	○	×	×	○
⑧	○	×	×	×	⑯	○	×	×	×

第2章
文章条件からの推理

第2章 文章条件からの推理

試験別出題傾向と対策

試験名	国家総合職					国家一般職					国家専門職				
年度	21-23	24-26	27-29	30-2	3-5	21-23	24-26	27-29	30-2	3-4	21-23	24-26	27-29	30-2	3-4
頻出度 テーマ　　　出題数	6	10	13	11	6	11	12	13	12	8	7	8	10	12	6
A ③対応関係	5	6	5	6	4	7	6	8	8	4	6	6	4	6	2
A ④順序関係		1	3	2	1	1		3	1	2	1	1	2	2	1
A ⑤位置関係			3	2			3	2	3	2			3	4	2
A ⑥試合の勝敗		1	1	1		2	2						1		1
A ⑦発言推理	1	2	1		1	1	1						1		

　第2章からの出題は各試験種とも非常に多く，複数出題が原則と考えておくべきである。その意味で，判断推理において中核をなす分野といえる。出題の配分としては，「対応関係」から1問とそれ以外から1問という構成がこれまでは基本となっていた。これに対し，最近は「対応関係」の出題内容が多様化してきている。そのため，文章条件推理の中に占める「対応関係」の割合は増加傾向にあるといえる。また，「順序関係」，「位置関係」，「試合の勝敗」は「対応関係」の派生類型という性格を有するが，それぞれ固有の特徴があるので，その点を理解しておく必要がある。これに対し，「発言推理」は形式論理，特に「命題」との関連性が強い内容なので，両者を関連させて学習していくのがよい。

● 国家総合職
　「対応関係」から1問，それ以外から1問という構成が基本であったが，試験制度変更後は出題数が増加し，「対応関係」から2〜3問，それ以外から1〜2問という傾向になっている。数量条件的要素を加味した問題も多く，問題文が長い，場合分けが多いといった特徴があり，いずれも複雑な内容の問題となっている。

● 国家一般職
　出題数は他の試験種より多く，「対応関係」から2問，それ以外から2問の4問というのが平均的構成である。「対応関係」以外のテーマからも，比較的満遍なく出題されている。全体としては，基本的問題からかなり複雑な内容の問題まで，幅広く出題されている。

● 国家専門職
　出題の中心は「対応関係」で，全体の6割程度を占めている。試験制度変更に伴って出題数の増加も認められ，基本レベルから難度の高い問題まで幅広く出題されている。過去の出題例に目を配り，複雑な内容の問題についても対応できるようにしておく必要がある。

	地方上級 (全国型)					地方上級 (東京都)					地方上級 (特別区)					市役所 (C日程)					
	21-23	24-26	27-29	30-2	3-4	21-23	24-26	27-29	30-2	3-5	21-23	24-26	27-29	30-2	3-5	21-23	24-26	27-29	30-2	3-4	
	11	7	7	14	6	3	5	4	4	3	6	8	5	9	10	7	5	8	6	5	
	6	2	4	6	3		1			1	3	2	1	3	3	4	2	4	4	4	テーマ3
		1	2	1	3	1	2	1	1	2		1	1	1	1			2	2	1	テーマ4
	2	2		1		1		2	1			2		2	2	2	2			1	テーマ5
	1			3			3		1	2	3	3	2	2	3				1		テーマ6
	2	2	1				2					2	1	1		1	1				テーマ7

●地方上級

「対応関係」を中心にした複数の出題が基本である。「対応関係」以外では「位置関係」,「発言推理」からの出題が比較的多い。また,「対応関係」や「順序関係」と「場合の数」が関連する形式での出題といった融合型問題も見られる。オーソドックスなタイプの問題が出題の中心となっているが,図や表の作成に工夫を要する問題も徐々に増えてきている。多様な問題に対応できるよう,準備しておくべきである。

●東京都Ⅰ類

1～2問の出題で落ち着いている。「対応関係」からの出題が比較的少なく,他の試験種と比較して「順序関係」や「位置関係」からの出題比率が高いという特徴がある。出題数そのものは多くないが,分析に時間を要する手間のかかる問題が出題の半数以上を占めている。手を抜かずに学習しておく必要がある。

●特別区Ⅰ類

東京都Ⅰ類と比較すると出題数は多い。「対応関係」と「試合の勝敗」が出題の中心となっており,それぞれ出題の4割近くを占めている。特に「試合の勝敗」がほぼ必出というのは他に類を見ない大きな特徴である。判断推理の1問目は「試合の勝敗」というのが,典型的な出題パターンとなっている。ただし,「リーグ戦」と「トーナメント戦」に出題頻度の差は見られない。

●市役所

「対応関係」から1問,それ以外から1問というのが基本的パターンとなっている。「対応関係」以外では大きな偏りは見られないが,座席配置や店舗配置といった「位置関係」からの出題が比較的多い。難易度は標準的なレベルが多く,確実に正解しておかなければならない問題が出題の中心となっている。

対応関係

必修問題

　A～Eの5人は，放課後にそれぞれ習い事をしている。5人は，生け花教室，茶道教室，書道教室，そろばん教室，バレエ教室，ピアノ教室の6つの習い事のうち，Eは2つ，それ以外の人は3つの教室に通っている。次のことがわかっているとき，確実にいえるのはどれか。

【国家一般職・令和3年度】

○生け花教室に通っているのは4人，茶道教室は3人，書道教室は1人である。

○AとCがともに通っている教室はない。

○BとDがともに通っている教室は1つ，AとBがともに通っている教室は2つである。

○BとEがともに通っている教室は1つ，AとEがともに通っている教室は2つである。

○Cはバレエ教室には通っていない。

○Dはそろばん教室に通っているが，ピアノ教室には通っていない。

1　Aは，生け花教室とそろばん教室に通っている。

2　Bは，茶道教室と書道教室に通っている。

3　Cは，そろばん教室とピアノ教室に通っている。

4　Dは，茶道教室とバレエ教室に通っている。

5　Eは，生け花教室とバレエ教室に通っている。

難易度　＊＊

必修問題の解説

　各人が2～3の項目と対応する，2集合間での複数対応型であるが，特に難問というほど複雑ではない。対応表を確実に作成していけば解決できるレベルの問題である。

STEP❶　対応表の作成

　AとCに共通する習い事がなく，AとCは3つずつの習い事をしている。このことから，AとCが通っている習い事を合わせると，生け花教室，茶道教室，書道教室，そろばん教室，バレエ教室，ピアノ教室の6つがすべて揃うことになる。生け花教室に通っているのは4人（通っていないのは1人）だから，通っていないのは

頻出度
A
国家総合職 ★★★　地上東京都 ★
国家一般職 ★★★　地上特別区 ★★★
国家専門職 ★★★　市役所Ｃ ★★★
地上全国型 ★★★

3 対応関係

ＡまたはＣのどちらかで，Ｂ，Ｄ，Ｅは生け花教室に通っている。反対に，書道教室に通っている1人はＡまたはＣだから，Ｂ，Ｄ，Ｅは書道教室に通っていない。これと，「Ｃはバレエ教室に通っていない（＝Ａはバレエ教室に通っている）」，「Ｄはそろばん教室に通っているが，ピアノ教室には通っていない」までをまとめると，**表Ⅰ**となる。

STEP❷ 対応表の確定

次に，茶道教室に通っている3人を考える。ＢとＤ，ＢとＥに共通する教室はそれぞれ1つで，これは生け花教室である。茶道教室にＢが通っているとすると，残りの2人はＡ，Ｃの一方およびＤ，Ｅの一方となり，条件を満たせない。つまり，茶道教室に通っているのはＡ，Ｃの一方とＤおよびＥである。また，Ｂはそろばん教室に通っていない。そして，ＡとＥがともに通っている教室は2つで，これはＥが通っている生け花教室と茶道教室ということになるから，Ａは生け花教室と茶道教室に通っている。これにより，Ｃが通っているのは書道教室，そろばん教室，ピアノ教室の3つである。最後に，Ｂが通っている残りの2つはバレエ教室，ピアノ教室となり，**表Ⅱ**のようにすべて確定する。この**表Ⅱ**より，正答は**3**である。

表Ⅰ

	生け花	茶道	書道	そろばん	バレエ	ピアノ	
A					○		3
B	○		×				3
C					×		3
D	○		×	○		×	3
E	○		×				2
	4	3	1				14

表Ⅱ

	生け花	茶道	書道	そろばん	バレエ	ピアノ	
A	○	○	×	×	○	×	3
B	○	×	×	×	○	○	3
C	×	×	○	○	×	○	3
D	○	○	×	○	×	×	3
E	○	○	×	×	×	×	2
	4	3	1	2	2	2	14

正答 **3**

FOCUS

対応関係の問題では，解答に必要な条件をどれだけ正確に読み取れるかがポイントとなる。条件の組合せ，判明した事実の利用など，細心の注意を払って検討していくことが必要である。問題文の条件を表面的に追うだけでは解決しない問題も多く，与えられた条件からの推論能力が問われている。

重要ポイント 1 ▶ 対応表の作成

対応関係の問題では，まず対応表を作成して，与えられた条件から判明した事実を記入していくことである。ただし，対応関係の問題は類型が多く，他のテーマと関連する出題もあるので，問題の趣旨に合致する表を的確に用意する必要がある。

重要ポイント 2 ▶ 2集合対応

2集合対応は，対応の関係そのものは複雑でないことが多いので，表の枠組を作成することは困難ではない。表の中で該当する部分に○，そうでない部分に×を記入していくのが一般的である。1対1対応の場合，ある部分に該当しないことがわかっても×が1個記入されるだけだが，○が記入されると，その行と列の他の欄にはすべて×が入るので，その点を忘れないことである。つまり，1対1対応の場合は該当するとしないとでは情報量に大きな差があることになる。

2集合対応では，提示された条件だけでは解決できないことが多いので，条件の組合せや，判明した事実をもう一度条件として活用することになる。この点の読み取りは十分演習しておきたい。

該当しない場合

	a	b	c	d	e	f
A						
B						
C			×			
D						
E						
F						

該当する場合

	a	b	c	d	e	f
A				×		
B				×		
C	×	×	×	○	×	×
D				×		
E				×		
F				×		

重要ポイント 3 ▶ 3集合・4集合対応

この場合は表の作成から工夫を要するが，基本的には分類の主となる集合を縦に取り，他は横に並べてしまうのがよいであろう。1対1対応でない場合も多いので，個数上の条件も重要である。また，横に並べた集合どうしの関係にも注意を払うことが必要である。

	I	II	III	a	b	c	d	e	f	i	ii	iii	iv	v	vi
A															
B															
C															
D															
E															
F															

重要ポイント 4 ▶ その他

複雑な問題の場合には，対応表に○×ではなく数値を記入していくこともあり，このような問題では場合分けが必要なことも多い。また，対応表を用いるだけでなく，グラフを利用する問題も検討しておきたい。

実戦問題 **1** 基本型対応 1

No.1 A～Eの5人は，それぞれ異なる種類の犬を1匹ずつ飼っている。犬の種類はチワワ，プードル，ダックスフント，ポメラニアン，柴犬である。ある日，5人は自分の犬を連れて散歩に行った。この5人に関して次のことがわかっているとき，確実にいえるのはどれか。

なお，以下の登場人物には，A～E以外の者は含まれていない。

【国家専門職・平成26年度】

○Aはダックスフントを連れた人とポメラニアンを連れた人に会ったが，Cには会わなかった。

○Bは，柴犬を連れた人に会ったが，Aには会わなかった。

○Cは，チワワを連れた人に会った。

○Eはチワワを連れた人に会ったが，Dには会わなかった。

1 Aは，チワワを飼っている。

2 Bは，プードルを連れた人に会った。

3 Cは，柴犬を飼っている。

4 Dは，ポメラニアンを連れた人に会った。

5 Eは，プードルを飼っている。

No.2 ある会社は，総務部，企画部，営業部，調査部の4つの部からなり，A～Hの8人が，4つの部のいずれかに配属されている。A～Hの8人の配属について次のことがわかっているとき，確実にいえるのはどれか。

【国家一般職・令和2年度】

○現在，総務部および企画部にそれぞれ2人ずつ，営業部に3人，調査部に1人が配属されており，Cは総務部，DおよびEは企画部，Hは調査部にそれぞれ配属されている。

○現在営業部に配属されている3人のうち，直近の人事異動で営業部に異動してきたのは，1人のみであった。

○直近の人事異動の前には，各部にそれぞれ2人ずつが配属されており，AおよびCは，同じ部に配属されていた。

○直近の人事異動で異動したのは，A，C，F，Hの4人のみであった。

1 Aは，現在，営業部に配属されている。

2 Cは，直近の人事異動の前には，営業部に配属されていた。

3 Fは，直近の人事異動の前には，総務部に配属されていた。

4 Gは，現在，総務部に配属されている。

5 Hは，直近の人事異動の前には，営業部に配属されていた。

実戦問題 **1** の解説

STEP❶　対応表の作成

　まず，問題文で示されている条件から，その対応関係を表にまとめてみる。「Aはダックスフントを連れた人とポメラニアンを連れた人に会ったが，Cには会わなかった」ので，A，Cともにダックスフントもポメラニアンも飼っていないことがわかる。同様に，A，Bは柴犬を飼っておらず，C，D，Eはチワワを飼っている。ここまでをまとめたのが**表Ⅰ**である。

表Ⅰ

	チワワ	プードル	ダックス フント	ポメラニ アン	柴犬
A			×	×	×
B					×
C	×		×	×	
D	×				
E	×				

STEP❷　条件文相互の関連性

　次に，AはCに会っていないが，Cはチワワを連れた人に会っている。このことから，Aはチワワを飼っていないことになる。この結果，チワワを飼っているのはBとなり，ここからAが飼っているのはプードル，Cが飼っているのは柴犬と決まる。このように，複数の条件についてその関連性を考える必要がある，あるいは，判明した内容から改めて条件文を検討する必要がある，といった設定は，2集合対応問題ではよく使われている。この点は常に意識しておく必要がある。ただし，この問題ではD，Eとダックスフント，ポメラニアンの組合せを確定することはできない（**表Ⅱ**）。

表Ⅱ

	チワワ	プードル	ダックス フント	ポメラニ アン	柴犬
A	×	◯	×	×	×
B	◯	×	×	×	×
C	×	×	×	×	◯
D	×	×			×
E	×	×			×

　この**表Ⅱ**より，**1**，**2**，**5**は誤り，**4**は不確実であり，正答は**3**である。

No.2 の解説 2集合間の複数対応 →問題はP.69 **正答3**

　現在，Cは総務部，DおよびEは企画部，Hは調査部にそれぞれ配属されている。そして，直近の人事異動で異動したのは，A，C，F，Hの4人のみである。つまり，D，Eは人事異動前も企画部に配属されていたことになる（**表I**）。また，現在営業部に配属されている3人のうち，直近の人事異動で営業部に異動してきたのは1人のみなので，2人は人事異動前も異動後も営業部である。この2人については，B，G以外にいない。Cが人事異動前に配属されていたのは，総務部ではなく，営業部（B，G）でもなく，企画部（D，E）でもないので，調査部である。また，Hが人事異動前に配属されていたのは総務部である。ここまでで**表II**となる。AとCは人事異動前に同じ部に配属されていたので，Aは調査部に配属されており，Fは総務部に配属されていたことになる。そうすると，人事異動によりFは営業部に配属され，Aは総務部に配属されている（**表III**）。この**表III**より，正答は**3**である。

表I

	異動前	異動後	異動
A			○
B			
C		総務部	○
D	企画部	企画部	
E	企画部	企画部	
F			○
G			
H		調査部	○

表II

	異動前	異動後	異動
A			○
B	営業部	営業部	
C	調査部	総務部	○
D	企画部	企画部	
E	企画部	企画部	
F			○
G	営業部	営業部	
H	総務部	調査部	○

表III

	異動前	異動後	異動
A	調査部	総務部	○
B	営業部	営業部	
C	調査部	総務部	○
D	企画部	企画部	
E	企画部	企画部	
F	総務部	営業部	○
G	営業部	営業部	
H	総務部	調査部	○

No.3 アパートの管理人が，図の
ように月曜日から始まる４週間分のゴ
ミ当番表を作ることになった。

この地域のゴミ収集日は，月曜日が
プラスチック，火曜日と木曜日が一般
ゴミ，水曜日が缶・ビン，第１金曜日
と第３金曜日が紙となっている。当番
はA～Fの６人が２人一組で行い，各
人が６日ずつ担当する。当番表を作成
するに当たり，各人は次のような要望
を管理人に伝えた。これらの要望をすべて満たすように当番表を作成する場合，確
実にいえるのはどれか。 【国家一般職・平成22年度】

ゴミ当番表

プラスチック	一般ゴミ	缶・ビン	一般ゴミ	紙
月	火	水	木	金
1	2	3	4	5
8	9	10	11	12
15	16	17	18	19
22	23	24	25	26

A：木曜日は全部担当したい。また，Dとは組みたくないが，それ以外の人とは
　　少なくとも１回は組みたい。

B：第２週までに６回連続して担当したいが，Cとは組みたくない。

C：第２週と第３週の担当にしてほしい。また，木曜日は担当できない。

D：水曜日は担当できない。

E：一般ゴミの日だけ担当したいが，18日は担当できない。また，Dとは組み
　　たくない。

F：第４週に３回担当したい。

1 Aは第１週に２回当番がある。

2 Bは木曜日に２回当番がある。

3 Dが一般ゴミの日を担当することはない。

4 DとFが当番を組む日は２回ある。

5 Eは４日が当番である。

No.4 ある課にはW〜Zの4つのプロジェクトがあり，それぞれのプロジェクトには，A〜Gの7人のうちの何人かが所属している。次のことがわかっているとき，確実にいえるのはどれか。

ただし，A〜Gは，所属しているプロジェクトの会議が同時に行われた場合，そのうちの1つにのみ出席したものとし，また，所属している別のプロジェクトの会議が同時に行われる以外の理由で会議を欠席した者はいないものとする。

【国家一般職・令和2年度】

○A〜Gのうち，1人はすべてのプロジェクトに所属しており，他の6人は2つのプロジェクトに所属している。

○ある日の午前にW，Xのプロジェクトの会議が同時に行われたとき，Wのプロジェクトの会議の出席者はA，B，Gであり，Xのプロジェクトの会議の出席者はC，Dであった。

○同日の午後にY，Zのプロジェクトの会議が同時に行われたとき，Yのプロジェクトの会議の出席者はE，F，Gであり，Zのプロジェクトの会議の出席者はB，Cであった。

○この日，所属する全員が会議に出席したプロジェクトは，1つのみであった。

1 Bは，すべてのプロジェクトに所属している。

2 Dは，すべてのプロジェクトに所属している。

3 Gは，すべてのプロジェクトに所属している。

4 Wのプロジェクトに所属しているのは，A，B，C，Gの4人である。

5 Yのプロジェクトに所属しているのは，D，E，F，Gの4人である。

STEP❶　A，B，Cの担当日を考える

　　各人の要望をすべて満たすように担当日を決めるので，Aは6回の担当の
うち木曜日に4回（4，11，18，25日）担当し，残りは2回である。

　　次に，BとCの担当日を考えてみる。Bは第2週までに6回連続して担当
し，Cは第2週と第3週の木曜日以外を担当する。ただし，BとCが一緒に
担当することはない。そうすると，Cが第3週で担当できるのは，月，火，
水，金曜日（15，16，17，19日）の4回なので，第2週の月，火，水曜日
（8，9，10日）のうち少なくとも2回を担当することになる。一方，Bは
第1週の5日（1，2，3，4，5日）全部を担当しても第2週で1回は担
当しなければならない。ここから，Bが担当するのは，第1週の月，火，
水，木，金曜日（1，2，3，4，5日）と第2週の月曜日（8日），Cの
担当は第2週の火，水曜日（9，10日）と第3週の月，火，水，金曜日
（15，16，17，19日）である。ここまでをまとめると**表Ⅰ**のようになる。

表Ⅰ

ゴミ当番表

プラスチック	一般ゴミ	缶・ビン	一般ゴミ	紙
月	火	水	木	金
1	2	3	4	5
B	B	B	A　B	B
8	9	10	11	12
B	C	C	A	
15	16	17	18	19
C	C	C	A	C
22	23	24	25	26
			A	

STEP❷　DとEの担当日を考える

　　Eが担当する日については，一般ゴミの日（火，木）で，18日は担当でき
ず，4日はAとBが担当するので，Eが担当するのは，2，9，11，16，
23，25日の6回である。

　　Dは水曜日を担当せず，また，A，Eとは一緒に担当することがないの
で，Dが火，水，木曜日を担当することはない。したがって，Dが担当する
のは月曜日の4回（1，8，15，22日）と金曜日の2回（5，19日）であ
る。ここまでが**表Ⅱ**である。

表Ⅱ

ゴミ当番表

プラスチック	一般ゴミ	缶・ビン	一般ゴミ	紙
月	火	水	木	金
1	2	3	4	5
B　D	B　E	B	A　B	B　D
8	9	10	11	12
B　D	C　E	C	A　E	
15	16	17	18	19
C　D	C　E	C	A	C　D
22	23	24	25	26
D	E		A　E	

STEP③ Fの担当日を考える

　Fは第4週に3回担当するので，これは月，火，水曜日（22，23，24日）となり，さらにB，C，D，Eが担当しない18日の木曜日も担当する。同様に，24日のもう1人はAとなる。第1週〜第3週の水曜日（3，10，17日）のもう1人については，Aが1回，Fが2回担当することになるが，ここまででAがCと組む日が決まっていないので，Aは10日または17日のいずれかを担当する。したがって，3日はFが担当し，Fが担当するもう1日は，10，17日のうちAが担当しない日である。ここまでで**表Ⅲ**となる。

表Ⅲ

ゴミ当番表

プラスチック	一般ゴミ	缶・ビン	一般ゴミ	紙
月	火	水	木	金
1	2	3	4	5
B　D	B　E	B　F	A　B	B　D
8	9	10	11	12
B　D	C　E	C	A　E	
15	16	17	18	19
C　D	C　E	C	A　F	C　D
22	23	24	25	26
D　F	E　F	A　F	A　E	

　この表Ⅲから**1**，**2**，**4**，**5**は誤りで，正答は**3**である。

　まず，W，X，Y，Zそれぞれの会議の出席者を示すと**表Ⅰ**のようになる。ここで，A，Dは，午後の会議Y，Zのどちらにも出席していないので，A，DはY，Zのプロジェクトに所属していない。つまり，AはW，Xのプロジェクトに所属しており，Xの会議を欠席している。そして，DはW，Xのプロジェクトに所属しており，Wの会議を欠席していることになる。また，E，Fは午前の会議W，Xのどちらにも出席していない。つまり，E，FはW，Xのプロジェクトに所属していない。これにより，E，FはY，Zのプロジェクトに所属しており，Zの会議を欠席している。ここまでで，W，X，Zの会議には欠席者がいるので，所属する全員が会議に出席したプロジェクトはYである（**表Ⅱ**）。B，CはYのプロジェクトに所属していないので，所属しているプロジェクトは2つである。したがって，BはXのプロジェクトに所属しておらず，CはWのプロジェクトに所属していない。この結果，すべてのプロジェクトに所属しているのはGである（**表Ⅲ**）。この**表Ⅲ**より，正答は**3**である。

表Ⅰ

	W	X	Y	Z
A	○			
B	○			○
C		○		○
D		○		
E			○	
F			○	
G	○		○	

表Ⅱ

	W	X	Y	Z
A	○	△	×	×
B	○		×	○
C		○	×	○
D	△	○	×	×
E	×	×	○	△
F	×	×	○	△
G	○		○	

表Ⅲ

	W	X	Y	Z
A	○	△	×	×
B	○	×	×	○
C	×	○	×	○
D	△	○	×	×
E	×	×	○	△
F	×	×	○	△
G	○	○	○	○

実戦問題 ❸　複雑型対応　1

No.5 A～Eの5人が，ある週の月曜日から金曜日までの5日間のみ，書店でアルバイトを行った。A～Eのアルバイトの日程について次のことがわかっているとき，確実にいえるのはどれか。　【国家一般職・令和元年度】

　○各曜日とも2人ずつが勤務し，A～Eはそれぞれ2日ずつ勤務した。

　○A，B，Dは男性であり，C，Eは女性である。

　○月曜日と火曜日に勤務したのは，男性のみであった。

　○Aが勤務した前日には，必ずBが勤務していた。

　○Aは水曜日に勤務した。また，Cは2日連続では勤務しなかった。

1　Aは，2日連続で勤務した。

2　Bは，火曜日に勤務した。

3　Cは，ある曜日にAとともに勤務した。

4　Dは，ある曜日に女性とともに勤務した。

5　Eは，木曜日に勤務した。

No.6 ある課にはA～Fの6人の職員がおり，それらの職員の役職，性別，年齢層について次のことがわかっているとき，確実にいえるのはどれか。

　【国家一般職・平成23年度】

　○役職については，課長が1人，係長が2人，係員が3人である。

　○性別については，男性が4人，女性が2人であり，年齢層については，50歳代が1人，40歳代が1人，30歳代が2人，20歳代が2人である。

　○Aは40歳代の男性で，Fよりも年齢層が高い。

　○Bは男性の係長であり，Fよりも年齢層が高い。

　○Cは女性であり，Dよりも役職，年齢層ともに高い。

　○E，Fは係員である。また，FはDよりも年齢層が高い。

　○係員は，3人とも年齢層が異なる。

1　Aは係長である。

2　Eは男性である。

3　女性のうちの一人は20歳代である。

4　係員のうちの一人は50歳代である。

5　課長は女性である。

💎 **No.7** 図のように，正六角形の人工池の周囲にA～Fの６つの花壇があり，Bのみ位置が明らかにされている。６つの花壇には異なる色のバラがそれぞれ植えられており，色は赤，オレンジ，黄，白，ピンク，紫である。また，バラが咲く時期は色によって異なっており，さらに，バラの咲き方は色によって一重咲きまたは八重咲きのいずれか一方となっている。次のことがわかっているとき，確実にいえるのはどれか。

【国家一般職・平成29年度】

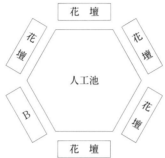

○Bは黄のバラ，人工池に向かってBの右隣の花壇は紫のバラ，さらにその右隣の花壇は白のバラであった。

○人工池に向かってDの右隣の花壇は，オレンジのバラであった。

○人工池に向かって紫のバラの花壇の対岸にある花壇は，赤のバラであった。

○最初にバラが咲いた花壇はA，４番目はD，５番目はEであり，また，最後に咲いたバラの色は赤であった。

○黄のバラの直後に紫のバラが，さらにその直後に白のバラが咲いた。

○オレンジのバラは，白のバラより後に咲いた。

○いずれの花壇も両隣の花壇と咲き方が異なっており，また，Bは一重咲きであった。

1　最初に，Aにピンクの一重咲きのバラが咲いた。

2　３番目に，Cにオレンジの八重咲きのバラが咲いた。

3　４番目に，Dに白の一重咲きのバラが咲いた。

4　５番目に，Eにピンクの八重咲きのバラが咲いた。

5　最後に，Fに赤の八重咲きのバラが咲いた。

実戦問題 **3** の解説

形式は典型的なスケジュール型の対応関係問題である。ただし，構造が単純であるだけに，条件の読み取りには注意深さが必要である。

まず，問題文で示されている条件から，その対応関係を表にまとめてみる。

Aは火曜日に勤務し，Aが勤務した前日にはBが必ず勤務しているので，Bは月曜日に勤務している。また，Aは月曜日に勤務していない。C，Eは女性なので月曜日，火曜日には勤務しておらず，Cは2日連続では勤務していないので，Cが勤務したのは水曜日と金曜日である。そして，月曜日に勤務したもう1人はDとなる。ここまでをまとめたのが，**表Ⅰ**である。

A，Bが勤務したもう1日を考えると，（A，B）＝（水曜日，火曜日），（木曜日，水曜日），（金曜日，木曜日）の3通りがある。この3通りは，それぞれ**表Ⅱ**～**表Ⅳ**のようになる（A，Bの勤務日が決まれば，D，Eの勤務日も決まる関係にある）。この**表Ⅱ**～**表Ⅳ**より，確実にいえるのは，**5**「Eは，木曜日に勤務した」だけである。

表Ⅰ

		月	火	水	木	金
A	男性	×	○			
B	男性	○				
C	女性	×	×	○	×	○
D	男性	○				
E	女性	×	×			

表Ⅱ

		月	火	水	木	金
A	男性	×	○	○	×	×
B	男性	○	○	×	×	×
C	女性	×	×	○	×	○
D	男性	○	×	×	○	×
E	女性	×	×	×	○	○

表Ⅲ

		月	火	水	木	金
A	男性	×	○	×	○	×
B	男性	○	×	○	×	×
C	女性	×	×	○	×	○
D	男性	○	○	×	×	×
E	女性	×	×	×	○	○

表Ⅳ

		月	火	水	木	金
A	男性	×	○	×	×	○
B	男性	○	×	×	○	×
C	女性	×	×	○	×	○
D	男性	○	○	×	×	×
E	女性	×	×	○	○	×

以上から，正答は**5**である。

No.6 の解説　4集合間の対応

STEP❶　4集合対応の表を用意する

　4集合対応の問題なので，まず，役職，性別，年齢層に関して人数の情報も加えた**表Ⅰ**を用意する。

表Ⅰ

	課長	係長	係員	男性	女性	20歳代	30歳代	40歳代	50歳代
A									
B									
C									
D									
E									
F									
	1人	2人	3人	4人	2人	2人	2人	1人	1人

STEP❷　条件を表に書き込む

　「Aは40歳代の男性で，Fよりも年齢層が高い」ので，Fは40歳代でも50歳代でもない。「Bは男性の係長であり，Fよりも年齢層が高い」ので20歳代ではない（40歳代はA1人なのでBは40歳代でもない）。「Cは女性であり，Dよりも役職，年齢層ともに高い」ので，Cは係員ではなく20歳代ではない。また，Dは課長ではなく50歳代ではない（40歳代でもない）。「E，Fは係員で，FはDよりも年齢層が高い」ので，Fは20歳代ではないから30歳代である。ここまでの情報をまとめると**表Ⅱ**となる。

表Ⅱ

	課長	係長	係員	男性	女性	20歳代	30歳代	40歳代	50歳代
A				○	×	×	×	○	×
B	×	○	×	○	×	×		×	
C			×	×	○	×		×	
D	×							×	×
E	×	×	○					×	
F	×	×	○			×	○	×	×
	1人	2人	3人	4人	2人	2人	2人	1人	1人

　Dは30歳代のFより年齢が低いので20歳代である。そして，BはFよりも年齢層が高いが，40歳代はA1人なので，Bは50歳代となる。また，A，B，C，Fは20歳代ではないので，20歳代のもう1人はEである。

　50歳代のBは係長なので，3人の係員は20歳代，30歳代，40歳代が1人ずつということになる。このうち，20歳代はE，30歳代はFで，40歳代はA1人だから，Aは係員である。この結果，もう1人の係長はDと決まり，課長はCである。ただし，D，E，Fの性別に関しては判明しない（**表Ⅲ**）。

表Ⅲ

	課長	係長	係員	男性	女性	20歳代	30歳代	40歳代	50歳代
A	×	×	○	○	×	×	×	○	×
B	×	○	×	○	×	×	×	×	○
C	○	×	×	×	○	×	○	×	×
D	×	○	×			○	×	×	×
E	×	×	○			○	×	×	×
F	×	×	○			×	○	×	×
	1人	2人	3人	4人	2人	2人	2人	1人	1人

STEP❸ 選択肢を検討する

　　以上から，**1**，**4**は誤り，**2**，**3**は不明で，確実にいえるのは**5**だけであり，正答は**5**である。

　まず，Bは黄（一重咲き），その右隣は紫（八重咲き），さらにその右隣は白（一重咲き），紫の対岸は赤（一重咲き）である。Bは一重咲きで，両隣の花壇はいずれも咲き方が異なるので，一重咲きと八重咲きが交互に並ぶことになる。ここまでで，**図Ⅰ**となる。

図Ⅰ

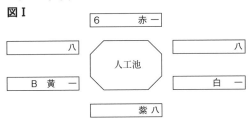

　赤は最後に咲くのでD（4番目）ではない。したがって，オレンジは白の右隣で，Dが白である。そして，黄のバラの直後に紫のバラ，さらにその直後に白のバラが咲いているので，B（黄）は2番目，紫は3番目，オレンジは白より後なので5番目（E）である。ここから，1番目のAは，Bの左隣でピンクとなる。ただし，CとFについては確定せず，**図Ⅱ**のようになる。以上から，**1**，**4**は誤り，**2**，**5**は不確実で，正答は**3**である。

図Ⅱ

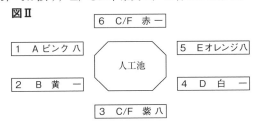

実 戦 問 題 ❹ 　 複 雑 型 対 応　 2

***

No.8　ある会社には，Ａ～Ｅの５つの会議室があり，各会議室の最大収容人数は，Ａは５人，Ｂは10人，Ｃは15人，Ｄは25人，Ｅは35人である。来週は，Ｂが月曜日および火曜日，Ｃが金曜日，Ｅが月曜日および水曜日に<u>使用不可</u>となっている。今，各課から来週の月曜日から金曜日における会議室の使用予定について次のような要望が出ている。各課の要望がすべて満たされるようにするとき，会議室の割振りについて確実にいえるのはどれか。

ただし，会議室の割振りは１日単位で行うものとする。

【国家総合職・平成22年度】

○人事課：月曜日から金曜日について，毎日１室以上の会議室を使用したい。
　　　　　また，月曜日から金曜日の合計で78人収容したい。

○総務課：月曜日と火曜日に同じ会議室を１室だけ使用し，それぞれ20人収容したい。また，水曜日には会議室を２室使用し，合計で35人収容したい。

○経理課：月曜日と水曜日に同じ会議室を１室だけ使用したい。

○営業一課：木曜日と金曜日に会議室をそれぞれ２室使用し，各日とも合計で57人収容したい。

○営業二課：火曜日に会議室を１室以上使用し，48人収容したい。

1　月曜日には，経理課がＣを使用する。

2　火曜日には，総務課がＥを使用する。

3　水曜日には，総務課がＣを使用する。

4　木曜日には，人事課がＡを使用する。

5　金曜日には，人事課がＤを使用する。

✦ ✦✦✦ No.9 4組の夫婦と1人の独身者からなるA～Iの9人でテニスをした。次のことがわかっているとき，Aの配偶者が行った試合数はいくらか。

なお，テニスの試合形式は，すべてシングルス（1対1の対戦）であったものとする。 【国家総合職・平成19年度】

・Aは2試合を行った。

・試合数0の人がいた。

・自分の配偶者と試合を行った人はいなかった。

・同じ相手と2度以上試合を行った人もいなかった。

・独身者以外の8人が行った試合数はすべて異なっていた。

1 3

2 4

3 5

4 6

5 7

No.10 ある劇場では，ある年の4月から9月まで古典芸能鑑賞会を行い，能，狂言，歌舞伎，文楽，落語，講談のいずれか1つを月替わりで公演した。この間，A～Dの4人が，それぞれ3つの古典芸能を鑑賞した。次のことがわかっているとき，確実にいえるのはどれか。 【国家専門職・令和3年度】

○毎月2人が鑑賞し，その2人の組合せは毎月異なっていた。

○3か月連続して鑑賞した者はいなかった。

○Aは，狂言を鑑賞し，講談をBと鑑賞した。

○Bは，能をCと鑑賞した。

○Cは，6月に鑑賞し，別の月に歌舞伎をDと鑑賞した。

○Dは，落語を鑑賞した翌月に，狂言を鑑賞した。

○8月は文楽を公演した。

1 4月は能を公演した。

2 5月は落語を公演した。

3 6月は講談を公演した。

4 7月は狂言を公演した。

5 9月は歌舞伎を公演した。

実戦問題 ❹ の 解説

→問題はP.83
No.8 の解説 　数量条件に基づく対応　　　　　　　　　　　**正答 4**

　まず，総務課の月曜日と火曜日に関しては，2日とも同じ会議室を1室だけ使用し，それぞれ20人収容しなければならない。しかし，月曜日はEが使用不可なので，1室で20人収容できるのはD以外にない。そして，水曜日には2室使用して合計で35人収容しなければならないが，やはりEが使用不可なので，2室で35人収容しようとすれば，そのうちの1室はDでなければならない。

　また，営業一課は木曜日と金曜日にそれぞれ2室使用して，各日とも合計で57人収容しなければならないので，使用する2室は2日ともD，Eである。ここまでをまとめたのが**表Ⅰ**である。

　次に，営業二課は火曜日に1室以上使用して48人収容しなければならないが，火曜日には人事課も1室は使用するので，営業二課が使用するのはCおよびEの2室，そして，火曜日に人事課が使用するのはAとなる。

　人事課について他の曜日を考えると，木曜日にA，B，Cの3室，金曜日にA，Bの2室を使用しても収容できるのは45人，これと火曜日に使用するA（＝5人）を合わせて50人だから，月曜日と水曜日で合計28人収容する必要がある。ここから，人事課が月曜日と水曜日に使用するのはどちらもCでなければならないことになる。この結果，経理課が月曜日と水曜日に使用するのはAということになり，**表Ⅱ**のように確定する。

表Ⅰ

	定員	月	火	水	木	金
A	5					
B	10	×	×			
C	15					×
D	25	総務	総務	総務	営業1	営業1
E	35	×		×	営業1	営業1

表Ⅱ

	定員	月	火	水	木	金
A	5	経理	人事	経理	人事	人事
B	10	×	×	総務	人事	人事
C	15	人事	営業2	人事	人事	×
D	25	総務	総務	総務	営業1	営業1
E	35	×	営業2	×	営業1	営業1

　以上から，正答は**4**である。

→問題はP.84
No.9 の解説 　グラフの利用　　　　　　　　　　　　　**正答 3**

　この問題は一般的な対応表では考えにくい問題である。グラフ的に考えたほうがよいであろう。

STEP❶ 　条件から全体のイメージをつかむ

　まず条件を整理してみると，

①9人でシングルスの試合を行う。
②同じ相手と2度以上対戦した者はいない。
③試合数0の者がいる。
④独身者以外の8人が行った試合数はすべて異なっている。

となっている。試合数0の者が1人でもいると，②の条件を考えれば1人ができる試合は最も多くて7試合までである。これと，独身者以外の8人が行った試合数がすべて異なっていることから考えると，独身者以外の8人の試合数については，0～7試合行った者が1人ずついるということになる。そして，試合数0の者は1人だけでこれは独身者ではない。独身者も試合数0だと7試合行うことのできる者がいなくなってしまうからである。この後は試合数0の者を除いて次の図のように考えるとわかりやすい。

STEP❷　順番に図を完成させる

　最初に独身者以外の8人のうち1人だけが7試合行っているので，図Ⅰのように記入してみる。そうすると，自分の配偶者と試合をした者はいないから，7試合行った者と1試合も行っていない者が夫婦である。

　1試合しかしていない者が1人いるので，この者は7試合行った者とだけ対戦していることになる。したがって，6試合行った者は1試合しかしていない者以外の6人と試合をしている（**図Ⅱ**）。ここから，6試合行った者と1試合行った者が夫婦であることもわかる。

　さらに，5試合行った者は，1試合しか行っていない者，2試合しか行っていない者以外の5人と対戦したことも判明する（**図Ⅲ**）。

　この結果，5試合行った者と2試合しか行わなかった者（A）が夫婦ということになり，これで正答は決まる。すべてを記入すると**図Ⅳ**のようになり，4試合行った者が2人いることになるので，4試合行った者のうちの一方が独身者である（4試合行った者のうちのもう一方と3試合行った者が夫婦である）。

　これですべて矛盾なく確定しており，Aの配偶者が行った試合数は5で，正答は**3**である。

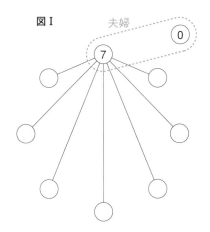

図Ⅰ

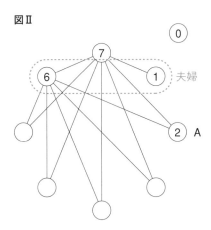

図Ⅱ

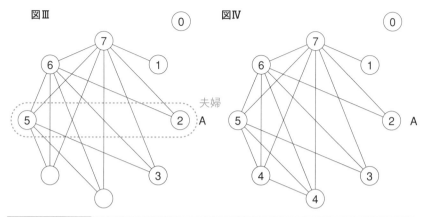

図Ⅲ   図Ⅳ

No.10 の解説 　3集合間の複数対応 　　　　　　→問題はP.85 　**正答5**

　ここでは，鑑賞者，公演月，古典芸能の３集合対応となっている。

　４人の中から２人を選ぶ組合せは，$_4C_2 = \dfrac{4 \times 3}{2 \times 1} = 6$, より６通りである。つ

まり，ここでは４人の中から２人を選ぶすべての組合せが使われることになる。まず，能を鑑賞したのはBとC，狂言を鑑賞したのはAとD（落語の翌月），歌舞伎を鑑賞したのはCとD（６月以外），落語を鑑賞したのはBとD（この組合せしかない），講談を鑑賞したのはAとB，である。これにより，文楽を鑑賞したのはAとCになる。次に，６月公演の可能性がないのは，狂言（AとD），歌舞伎（６月以外），文楽（８月），講談（AとB）である。そして，落語も６月公演の可能性がない。なぜなら，６月公演が落語だと，落語と歌舞伎の両方をCとDが鑑賞したことになるからである。したがって，６月の公演は能と決まる。そうすると，連続している落語と狂言については，４月が落語，５月が狂言である。ここまでをまとめると，**表Ⅰ**となる。ここで，７月が講談，９月が歌舞伎とすると**表Ⅱ**，７月が歌舞伎，９月が講談とすると**表Ⅲ**，のようになる。ところが，**表Ⅲ**ではCが６〜８月の３か月連続して鑑賞することになってしまい，条件に反する。したがって，可能性があるのは**表Ⅱ**だけである。この**表Ⅱ**より，正答は**5**である。

表Ⅰ

月	4	5	6	7	8	9
公演	落語	狂言	能		文楽	
A	×	○	×		○	
B	○	×	○		×	
C	×	×	○		○	
D	○	○	×		×	

表Ⅱ

月	4	5	6	7	8	9
公演	落語	狂言	能	講談	文楽	歌舞伎
A	×	○	×	○	○	×
B	○	×	○	○	×	×
C	×	×	○	×	○	○
D	○	○	×	×	×	○

表Ⅲ

月	4	5	6	7	8	9
公演	落語	狂言	能	歌舞伎	文楽	講談
A	×	○	×	×	○	○
B	○	×	○	×	×	○
C	×	×	○	○	○	×
D	○	○	×	○	×	×

第2章 文章条件からの推理

必修問題

　　あるクラスの生徒たちが長距離走を行った。長距離走のコースは，学校の校門とB地点を往復するもので，具体的には，出発地点の学校の校門を生徒たちが同時に出て，A地点を経由してB地点で折り返し，再びA地点を通り，ゴール地点である学校の校門まで走る。

　　この長距離走において，生徒Xの状況は以下のとおりであった。このとき，ゴール地点における，生徒Xの順位として最も妥当なのはどれか。

　　ただし，A地点，B地点およびゴール地点において，2人以上が同時に通過または到着することはなかったものとする。　【国家専門職・令和4年度】

○出発地点の校門から往路のA地点までの間に，誰ともすれ違わなかった。

○往路のA地点から折り返し地点のB地点までの間に，すれ違ったのは9人で，追い抜かれたのは3人であったが，誰も追い抜かなかった。

○折り返し地点のB地点から復路のA地点までの間に，すれ違ったのは5人で，追い抜かれたのは4人であったが，誰も追い抜かなかった。

○復路のA地点からゴール地点の校門までの間に，すれ違ったのは1人で，追い抜いたのは2人であったが，誰にも追い抜かれなかった。

1　12位

2　13位

3　14位

4　15位

5　16位

難易度　＊＊

必修問題の <u>解説</u>

STEP❶ すれ違いと順位

　出発地点の校門から往路のＡ地点までの間は誰ともすれ違わず，往路のＡ地点から折り返し地点のＢ地点までの間に９人とすれ違っている。往路ですれ違う相手は自分より順位が上であるから，折り返し地点でＸより上位は９人いることになり，Ｘは10位で折り返している。折り返し地点までの間にＸを追い抜いた３人は，Ｘがすれ違った９人の中に含まれているので，改めて検討する必要はない。折り返し地点通過後にすれ違う相手は，Ｘより順位が下であり，それだけではＸの順位に影響を与えない。

STEP❷ 追い抜きと順位変動

　折り返し地点通過後は，抜かれた人数と抜いた人数だけを検討すればよい。１人を追い抜けば順位が１つ上がり，１人に追い抜かれれば順位が１つ下がるという，単純な事象である。そうすると，折り返し地点通過後は４人に追い抜かれ，２人を追い抜いたのだから，最終順位は，10＋4－2＝12，より，12位となる。以上から，正答は**1**である。

正答 **1**

FOCUS

　順序関係では，順位変動やすれ違いに関する問題，対応関係的問題，数量条件を伴う問題等，いくつかの類型がある。各類型ごとの特徴をしっかりとつかんでおくことが大事である。また，前提となる状況を確実に把握すること，検討すべき条件の優先順位を考えることは，文章条件推理全体を通して心掛けておくべきである。

重要ポイント **1** 順位または順序

　数量的な較差を伴わずに順位や順序を考える場合は，順序関係を表す記号（→や＞）を用いて，各条件から判明する順序関係を個別に明らかにし，それを組み合わせることによって全体の順序関係を確定させていく。

　　A→B→C…①，B→D→E…②，E→C→F…③

という３つがわかれば，①，②，③を組み合わせることにより，

　　A→B→D→E→C→F

という６つの要素の順序関係がわかる。

　ただし，実際の試験では順序を最終的に確定させることができずに，何通りかの場合が残り，その中で確実なものを探すというケースもあるので，慎重な検討が要求される。思い込みや決めつけをしないように注意しなければならない。

　たとえば，上の例で，①と②しかわからなければ，

　　A→B→C→D→E，A→B→D→C→E，A→B→D→E→C

という３つの場合がある。

重要ポイント **2** 出会いと順位変動

　折り返しのあるマラソンレースなどの場合は，**自分以外のすべての者と必ず１回ずつ出会う**。このとき，１位以外の者が最初に出会う相手は１位，最下位以外の者が最後に出会う相手は最下位である。

　順位の変動は，単純に何人を抜き何人に抜かれたかで決まる。抜く抜かれるの順序，また誰を抜き誰に抜かれたかは，結果に影響を及ぼさない。ただし，順位の変動を考える場合には，ある時点での順位が確定していなければならない。何位だかわからない者が「３人抜いた」といわれても順位は判明しないからである。

　また，誰も抜かずあるいは誰にも抜かれずという者がいたら，首位または最下位の可能性を考えてみること。もしこの者が首位でも最下位でもないことが明らかならば，その者の前後２組に分けてそれぞれについて順位変動を考えることになる。

A（先頭）はB，C，D，Eの順に出会う
E（最下位）はA，B，C，Dの順に出会う

重要ポイント **3** 数量的差

数量的差を考える問題では，数量的な差が
与えられていてもその順序関係が不明なこと
が多い。この場合には常に2通りを考えなけ
ればならない。したがって，数量的な差がわ
かっていてもかなり複雑なこともある。そこ
で，数直線のような1本の線上で考えるより
も，場合分けを樹形図的に表したほうが見や
すくなる。特に数量較差が連鎖的に循環して

両開樹形図

いる場合には，基準となるものを決めて，**両開樹形図**にしてみることである。こう
することによって場合分けを機械的に判断することが可能となる。

上の図のように，AとB，BとC，DとE，EとAの差を場合分けしていき（差も記
入していく），両側のCとDの差について該当する組合せを選び出せばよい。

重要ポイント **4** 確定条件

確定条件とは，順序または順位に関して，与えられた条件以外にどのような条件
が加われば順位が確定できるかを考えさせるものである。確定条件を考える場合に
は，与えられた条件から判明する範囲で順序を決定し，あとは選択肢にある条件を
順に当てはめてみて確定できるかどうかを検討すればよい。確定するための条件を
自分で考えてから該当する選択肢を探すのは，遠回りになってしまうことが多い。

重要ポイント **5** 時刻と時計誤差

各人の到着した順序などを考えるのに，それぞれの時計に誤差があって順序が判
明しない場合には，表を作成して考えたほうがよい。必ず別の時計での時刻がわか

るようになっているので，そこから検討し
ていく。右の表で，Aの到着がBの時計で
10時07分，Cの到着がAの時計で10時06分
なら，到着の順序はB→A→Cとなる。

	Aの時計	Bの時計	Cの時計
A	10:05		
B		10:06	
C			10:03

重要ポイント **6** 期間

複数の者の在職期間やその先後関係を問う問題では，在職期間の長い者，在職者
数の判明しているポストなどを基準にして，矛盾のない組合せを探すことになる。
明確な条件の示されている部分を中心に組み立てていくのがポイントである。

◆ **No.1** ^{**} ある小学校の児童Ａが夏休みに15日間かけて終えた宿題について調べたところ，次のことがわかった。

 ア．児童Ａは，国語，算数，理科，社会，図画工作の５つの異なる科目の宿題をした。

 イ．宿題を終えるのに要した日数は，科目によって，１日のみ，連続した２日間，連続した３日間，連続した４日間，連続した５日間とそれぞれ異なっていた。

 ウ．科目ごとに順次，宿題を終えたが，同じ日に２つ以上の科目の宿題はしなかった。

 エ．４日目と５日目には理科，10日目には算数，13日目には国語の宿題をした。

 オ．３番目にした宿題の科目は，１日のみで終えた。

 カ．２番目にした宿題の科目は，社会であった。

 キ．連続した４日間で終えた宿題の科目は，国語でも社会でもなかった。

以上から判断して，児童Ａが連続した３日間で終えた宿題の科目として，妥当なのはどれか。　　　　　　　　　　　　　　　　　【地方上級（東京都）・令和３年度】

1　国語　　　**2**　算数　　　**3**　理科　　　**4**　社会　　　**5**　図画工作

No.2 ^{*} ある高校において，Ａ～Ｅの５人は１～５組のそれぞれ異なる組の生徒であり，ＡまたはＥのいずれかは，１組の生徒である。Ａ～Ｅの５人が体育祭で100m競走をした結果について，次のア～エのことがわかった。

 ア．Ａがゴールインした直後に３組の生徒がゴールインし，３組の生徒がゴールインした直後にＣがゴールインした。

 イ．Ｄがゴールインした直後に５組の生徒がゴールインし，５組の生徒がゴールインした直後にＢがゴールインした。

 ウ．２組の生徒がゴールインした直後に４組の生徒がゴールインした。

 エ．同じ順位の生徒はいなかった。

以上から判断して，確実にいえるのはどれか。

【地方上級（東京都）・平成20年度】

1　　Ａは，３位であり５組の生徒であった。

2　　Ｂは，５位であり４組の生徒であった。

3　　Ｃは，４位であり２組の生徒であった。

4　　Ｄは，２位であり３組の生徒であった。

5　　Ｅは，１位であり１組の生徒であった。

◆ **No.3** A～Fの6人が，背の高い順に並んで奇数番目の人が手を挙げた。A，B，C，D，Eの5人が並んだときは，A，B，Dが手を挙げた。B，C，D，E，Fの5人が並んだときは，B，D，Fが手を挙げた。A，B，C，D，E，Fの6人が並んだときは，A，B，Cが手を挙げた。このとき，6人の順序に関する記述として，正しいのはどれか。

【地方上級（全国型）・令和3年度】

1 Eの次にAが並んでいる。

2 Fの後ろにBが並んでいる。

3 Cは3番目に背が高い。

4 FとDの間には3人が並んでいる。

5 AはBより背が高い。

No.4 A～Iの9個の穴のあるモグラたたきがある。各穴のモグラは1度だけ出てきて，複数の穴から同時に出ることもある。全部で5回のタイミングでモグラが出てきて，出てきたモグラに関しては次のことがわかっている。このとき，確実にいえるのはどれか。

【地方上級（全国型）・令和元年度】

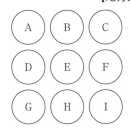

・角のモグラが1か所以上出たタイミングは3回あり，角のモグラは連続して出ることはなかった。

・Cのモグラのみ単独で出てきた。

・CとFとIのモグラは別々のタイミングで連続して出てきた。

・GとHとIのモグラは別々のタイミングで連続して出てきた。

・BはDより早く出て，Iよりは遅く出てきた。

1 Cは3回目に出てきた。

2 Eは2回目に出てきた。

3 FとHは同時に出てきた。

4 BとHは連続して出てきた。

5 AよりGの方が早く出てきた。

実戦問題 **1** の 解説

No.1 の解説　順序の確定

→問題はP.94　**正答 1**

　　まず，条件エより**表Ⅰ**となる。条件オより，1日目～3日目に1日のみで
終えた科目が入ることはない。このため，2日で終える科目が1日目～3日
目に入ることもない。また，3日で終える科目が入ると，2番目が理科とな
ってしまい，条件カに反する。したがって，1日目～5日目までの5日間が
理科ということになる。次に，条件オ，キを考えると，2番目の科目である
社会は，2日間または3日間である。社会が3日間（6日目～8日目）だと
すると，9日目の1日が図画工作となる。しかし，これだと算数および国語
は，どちらも3日間ということになってしまう（条件キ）（**表Ⅱ**）。社会が2
日間（6日目～7日目）だとすると，8日目の1日が図画工作となる。そし
て，9日目～12日目の4日間が算数，13日目～15日目の3日間が国語となっ
て，すべての条件を満たす（**表Ⅲ**）。以上から，3日間で終えた科目は国語
であり，正答は**1**である。

表Ⅰ
1	2	3	4	5	6	7	8	9	10	11	12	13	14	15
			理	理					算			国		

表Ⅱ
1	2	3	4	5	6	7	8	9	10	11	12	13	14	15
理	理	理	理	理	社	社	社	図	算			国		

表Ⅲ
1	2	3	4	5	6	7	8	9	10	11	12	13	14	15
理	理	理	理	理	社	社	図	算	算	算	算	国	国	国

No.2 の解説　順序関係の組合せ

→問題はP.94　**正答 4**

STEP①　条件を表にする

　　条件ア～ウについて，それぞれを下の**表ア～ウ**のように表してみる（左側
を上位とする）。

表ア
	3組	
A		C

表イ
	5組	
D		B

表ウ
2組	4組

STEP②　表の組合せを考える

　　この**表ア～ウ**を矛盾なく組み合わせて1位から5位まで並ぶようにすれば
よいが，**表ア**と**表イ**はそれぞれ横に3人が並んでいる。そのため，Cの次の
順位がD，またはBの次の順位がA，のように**表ア**と**表イ**を単純に横に並べ
ると6人いることになってしまう。つまり，AとCの間の3組の生徒はBま
たはD，同様にDとBの間の5組の生徒はAまたはCとなるような順序関係

でなければならず，可能性があるのは**表Ⅰ-1～4**の4通りだけである。

表Ⅰ-1

1位	2位	3位	4位	5位
	3組	5組		
A	D	C	B	

表Ⅰ-2

1位	2位	3位	4位	5位
		5組	3組	
D	A	B	C	

表Ⅰ-3

1位	2位	3位	4位	5位
		3組	5組	
	A	D	C	B

表Ⅰ-4

1位	2位	3位	4位	5位
			5組	3組
	D	A	B	C

　この**表Ⅰ-1～4**に**表ウ**の条件を加えると残りの部分もすべて決まるので，**表Ⅱ-1～4**のような4通りが出来上がる。

表Ⅱ-1

1位	2位	3位	4位	5位
1組	3組	5組	2組	4組
A	D	C	B	E

表Ⅱ-2

1位	2位	3位	4位	5位
1組	5組	3組	2組	4組
D	A	B	C	E

表Ⅱ-3

1位	2位	3位	4位	5位
2組	4組	3組	5組	1組
E	A	D	C	B

表Ⅱ-4

1位	2位	3位	4位	5位
2組	4組	5組	3組	1組
E	D	A	B	C

　しかし，**表Ⅱ-2～4**では「AまたはEのいずれかは，1組の生徒である」という条件を満たすことができず，最終的にすべての条件を満たしているのは**表Ⅱ-1**だけである。

　この結果，**1～3**および**5**は誤りで，正しいのは**4**だけということになり，正答は**4**である。

No.3 の解説　順序の確定　　　　　　　　　→問題はP.95　**正答 1**

　A，B，C，D，E，Fの6人が並んだとき，A，B，Cが手を挙げているので，A，B，Cは**表Ⅰ**にある○印のいずれかの順である。A，B，C，D，Eの5人が並んだときは，A，B，Dが手を挙げている。6人が並んだとき，Fは2番目，4番目，6番目のいずれかである。Fが2番目であった場合，Fがいなくなると，A，B，C3人のうち，2人の順序が変わる（偶数番目になる）ことになる。また，Fが6番目であった場合，A，B，C3人の順序に変更はない。A，B，C，D，Eの5人が並んだとき，A，B2人の順序は変わっていないので，6人並んだときのFの順序は，4番目であ

る。そして，Cが5番目，Dが6番目であったことになる（**表Ⅱ**）。B，C，D，E，Fの5人が並んだときは，B，D，Fが手を挙げている。6人が並んだときにAが1番目であったとしたら，Aがいなくなると，6人のときに偶数番目であった，D，E，Fが奇数番目となる。B，C，D，E，Fの5人が並んだときに，Bが奇数番目であるということは，6人が並んだときに，Bが1番目，Aが3番目であることを示している。したがって，6人が並んだときの順序は**表Ⅲ**のようになる。この**表Ⅲ**より，正答は**1**である。

表Ⅰ

1	2	3	4	5	6
○		○		○	

表Ⅱ

1	2	3	4	5	6
○		○	F	C	D

表Ⅲ

1	2	3	4	5	6
B	E	A	F	C	D

No.4 の解説　順序の確定　　　　　　　　　　→問題はP.95　**正答2**

「角のモグラが1か所以上出たタイミングは3回あり，角のモグラは連続して出ることはなかった」ので，角のモグラが出たのは1回目，3回目，5回目である。また，「BはDより早く出て，Iよりは遅く出てきた」ので，Bが出たのは1回目でも5回目でもなく，Dが出たのは1回目でも2回目でもない（**表Ⅰ**）。そして，「CとFとIのモグラは別々のタイミングで連続して出てきた」，「GとHとIのモグラは別々のタイミングで連続して出てきた」という条件から，「C→F→I→H→G」，「G→H→I→F→C」のどちらかの順ということになる。しかし，「G→H→I→F→C」の順だとすると，5回目に出たのはCだけということになるので，「BはDより早く出て，Iよりは遅く出てきた」という条件を満たすことができない（**表Ⅱ**）。したがって，「C→F→I→H→G」の順で出てきたことになり，Bが4回目，Dが5回目に出たことになる。単独で出てきたのはCだけなので，Aは3回目，Eは2回目となる（**表Ⅲ**）。この**表Ⅲ**より，正答は**2**である。

表Ⅰ

	1	2	3	4	5
A		×		×	
B	×				×
C		×		×	
D	×	×			
E					
F					
G		×		×	
H					
I		×		×	×

表Ⅱ

	1	2	3	4	5
A		×		×	×
B	×	×	×		×
C	×	×	×	×	○
D	×	×			×
E					×
F	×	×	×	○	×
G	○	×	×	×	×
H	×	○	×	×	×
I	×	×	○	×	×

表Ⅲ

	1	2	3	4	5
A	×	×	○	×	×
B	×	×	×	○	×
C	○	×	×	×	×
D	×	×	×	×	○
E	×	○	×	×	×
F	×	○	×	×	×
G	×	×	×	×	○
H	×	×	×	○	×
I	×	×	○	×	×

実戦問題 ❷ すれ違い及び順位変動

💎 **No.5** A～Fの6人がマラソンをした。コースの中間にあるX地点とゴール地点での順位について，次のア～キのことがわかっているとき，最後にゴールしたのは誰か。　　　　　　　　　　　　　　　【地方上級（特別区）・平成24年度】

　　ア．Bは，X地点を4位で通過した。

　　イ．Fは，X地点を6位で通過した。

　　ウ．BとDとの間には，X地点でもゴール地点でも，誰も走っていなかった。

　　エ．EのX地点での順位とゴール地点での順位は，変わらなかった。

　　オ．Fのゴール地点での順位は，CとDとの間であった。

　　カ．X地点を1位で通過した者は，4位でゴールした。

　　キ．X地点を5位で通過した者は，2位でゴールした。

1　A

2　B

3　C

4　D

5　E

No.6 A～Eの5つの部からなる営業所で，7～9月の各部の売上高について調べ，売上高の多い順に1位から5位まで順位を付けたところ，次のことがわかった。

　　ア．A部とB部の順位は，8月と9月のいずれも前月に比べて1つずつ上がった。

　　イ．B部の9月の順位は，C部の7月の順位と同じであった。

　　ウ．D部の8月の順位は，D部の7月の順位より2つ下がった。

　　エ．D部の順位は，E部の順位より常に上であった。

　　オ．E部の順位は，5位が2回あった。

以上から判断して，C部の9月の順位として，確実にいえるのはどれか。

ただし，各月とも同じ順位の部はなかった。【地方上級（東京都）・平成30年度】

1　1位

2　2位

3　3位

4　4位

5　5位

実戦問題❷の解説

No.5の解説 順位の変動　　　　　　　　　　　　→問題はP.99　**正答3**

　まず，条件ア，イ，カ，キより，Eの順位（条件エ）に関してはX地点，
ゴール地点とも3位である（**表Ⅰ**）。そうすると，条件ウより，DはX地点
で5位であり，ここからゴール地点では2位（条件キ），Bはゴール地点で
1位となる（**表Ⅱ**）。さらに条件オより，Cのゴール地点での順位は4位で
はありえないので，X地点で1位，ゴールで4位となるのはAであり，ゴー
ル地点での5位はF，6位はCである（**表Ⅲ**）。したがって，最後にゴール
したのはCで，正答は**3**である。

表Ⅰ

	1位	2位	3位	4位	5位	6位
X地点			E	B		F
ゴール			E			

表Ⅱ

	1位	2位	3位	4位	5位	6位
X地点			E	B	D	F
ゴール	B	D	E			

表Ⅲ

	1位	2位	3位	4位	5位	6位
X地点	A	C	E	B	D	F
ゴール	B	D	E	A	F	C

No.6 の解説　順位の変動

→問題はP.99　**正答5**

STEP❶　A，Bの順位変化についての場合分け

　　A，Bの7～9月，およびCの7月の順位について，その組合せを考えると，表Ⅰ～Ⅴのように，全部で5通りが考えられる。

表Ⅰ

	7月	8月	9月
A	3	2	1
B	4	3	2
C	2		
D			
E			

表Ⅱ

	7月	8月	9月
A	4	3	2
B	5	4	3
C	3		
D			
E			

表Ⅲ

	7月	8月	9月
A	4	3	2
B	3	2	1
C	1		
D			
E			

表Ⅳ

	7月	8月	9月
A	5	4	3
B	4	3	2
C	2		
D			
E			

表Ⅴ

	7月	8月	9月
A	5	4	3
B	3	2	1
C	1		
D			
E			

STEP❷　Dの順位との整合性

　　しかし，**表Ⅰ**，**表Ⅱ**，**表Ⅳ**の場合は，いずれもDの7月における順位は1位でなければならず（Dは常にEより上位），その結果，Dの8月における順位は3位となって，必ずAまたはBと同順位となってしまう。また，**表Ⅴ**では，Dの7月の順位は2位（Eは4位）でなければならないが，それだと8月の順位は4位で，Aと同順位となってしまう。つまり，可能性があるのは**表Ⅲ**の場合だけである。

　　この**表Ⅲ**では，Eの5位は7月と8月の2回となるので，9月の5位はEではない。DはEより上位なのだから，**表Ⅲ-2**のように，C部の9月における順位は5位となる。

　　以上から，正答は**5**である。

表Ⅲ-2

	7月	8月	9月
A	4	3	2
B	3	2	1
C	1	1	5
D	2	4	3
E	5	5	4

実 戦 問 題 ❸　数量的差のある順序

◆ **No.7** A～E5人の身長差について以下のことがわかっている。

　ア．AとBの身長差は2cmである。

　イ．BとCの身長差は4cmである。

　ウ．CとDの身長差は2cmである。

　エ．DとEの身長差は8cmである。

　オ．EとAの身長差は4cmである。

　以上から判断するとき，確実にいえることは次のうちどれか。

【国家一般職・平成元年度】

1　1番身長が高いのはCかDである。

2　2番目に身長が高いのはAかDである。

3　3番目に身長が高いのはAかBである。

4　2番目に身長が低いのはBかDである。

5　1番身長が低いのはCかEである。

◆ **No.8**　畑で収穫した重さの異なるA～Eの5つのスイカについて，次のことが
わかっているとき，確実にいえるのはどれか。

【国家総合職・令和5年度】

　○AとBの差は600gである。

　○BとCの差は300gである。

　○CとDの差は400gである。

　○DとEの差は200gである。

　○AとEの差は700gである。

1　1番目に軽いのは，Aである。

2　2番目に軽いのは，CまたはDである。

3　3番目に軽いのは，Bである。

4　4番目に軽いのは，AまたはEである。

5　5番目に軽いのは，Eである。

No.9 [*] A～Fの6人がマラソン競走をした。今，ゴールでのタイム差について，次のア～カのことがわかっているとき，EとFの着順の組合せはどれか。ただし，Aのタイムは6人の平均タイムより早かったものとする。

【地方上級（特別区）・令和2年度】

ア．AとCのタイム差は3分であった。

イ．BとDのタイム差は6分であった。

ウ．CとEのタイム差は18分であった。

エ．DとEのタイム差は27分であった。

オ．AとFのタイム差は6分であった。

カ．BとFのタイム差は12分であった。

	E	F
1	1位	2位
2	1位	3位
3	1位	4位
4	6位	2位
5	6位	3位

❖ **No.10** A〜Eの5人が，ある日の19時ちょうどに駅の改札口で待ち合わせることとした。次のことがわかっているとき，確実にいえるのはどれか。

ただし，正確な時刻に設定されていない時計の，正確な時刻とのずれは一定であるものとする。　　　　　　　　　　　　　　　　　　【国家専門職・平成29年度】

○Aが改札口に到着したのは，Aの腕時計では18：57であり，Dの腕時計では19：02であった。

○Bが改札口に到着したのは，Bの腕時計では19：02であり，Eの腕時計では18：59であった。

○Cが改札口に到着したのは，Cの腕時計では19：05であり，Bの腕時計では19：08であった。

○Dが改札口に到着したのは，Dの腕時計では19：09であり，Cの腕時計では19：03であった。

○Eが改札口に到着したのは，正確な時刻で19：01であった。

○腕時計を正確な時刻に設定していたのは，2人であった。

1　Aは1番目に到着し，その正確な時刻は18：58であった。

2　Bは2番目に到着し，その正確な時刻は18：56であった。

3　Cは3番目に到着し，その正確な時刻は19：05であった。

4　Dは4番目に到着し，その正確な時刻は19：03であった。

5　Eは5番目に到着した。

実戦問題 **❸** の 解説

→問題はP.102

No.7 の解説 数量的較差 　　　　　　　　　　　　**正答3**

　この問題では，AとB，BとC，CとD，DとE，EとAという２人ずつの身長差が示されているが，いずれもどちらが高いのかわからない。そこですべての関係について２通りずつの場合分けが必要となる。ところが，これを線分図上で表そうとすると非常に煩雑で混乱する。そこで，単純で機械的な図を考えてみよう。順次２通りに場合分けしていくのであるから樹形図が適当ということになるが，これもA～Eの順に２通りずつ分けていくと16通りになってしまう。

　そこで，２人ずつの関係が連鎖的に循環していることを利用して，下図のように工夫してみるとよい。図に書き込まれた数値は，いずれもAを基準としたものである。ここで，CとDの差が２cmとなる組合せは，

　(C, D) = (+6, +4)，(−6, −4)，(+2, +4)，(−2, −4)

の４通りである。これでたとえば，(C, D) = (+6, +4) の場合は，A = ±0，B = +2，C = +6，D = +4，E = −4となり，身長の高い順に並べると，C→D→B→A→E となる。４通りを表にしてみると右下の表のようになる。ここから**1**，**2**，**4**，**5**については当てはまらない場合があるので確実とはいえないが，**3**だけは，３番目に身長が高いのは①～④いずれにしてもAかBであり確実といえる。したがって，これが正答である。

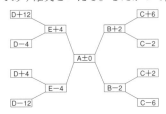

	1	2	3	4	5
①	C+6	D+4	B+2	A±0	E−4
②	E+4	A±0	B−2	D−4	C−6
③	D+4	C+2	A±0	B−2	E−4
④	E+4	B+2	A±0	C−2	D−4

　2個ずつでの重量の差は示されているが，その軽重については示されていない。そこで，両開樹形図を利用する。AとBの差は600g，BとCの差は300g，AとEの差は700g，DとEの差は200g，という条件から両開樹形図を作成すると，**図Ⅰ**のようになる。ここで，CとDの差は400g，という条件を考えると，可能な組合せは，②と⑤，③と⑧の2通りである。これをまとめると，**表Ⅰ**となる。この**表Ⅰ**より，確実にいえるのは「3番目に軽いのは，Bである」だけであり，正答は**3**である。

図Ⅰ

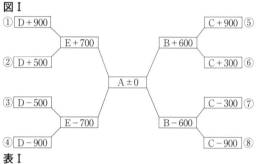

表Ⅰ

	1位	2位	3位	4位	5位
②と⑤	C＋900	E＋700	B＋600	D＋500	A±0
③と⑧	A±0	D－500	B－600	E－700	C－900

No.9 の解説　数量的較差

→問題はP.103　**正答3**

　2人の間のタイム差は示されているが，どちらが上位なのかは示されていない。したがって，ここでも両開樹形図を利用して検討していくのがよい。「AとC，CとE，EとD」，「AとF，FとB，BとD」という2組に分けて，Aを中心とした次のような樹形図を作成する。タイムはAを基準とし，Aより上位であればマイナス，下位であればプラスで表すことにする。左右の端にあるDについて，②と⑪，④と⑭，⑤と⑪，⑦と⑭の数値が，それぞれ一致している。これをまとめると表のようになる。この中で，Aのタイムが6人の平均タイムより早いのは，「②と⑪」の組合せだけである。この「②と⑪」の組合せでは，Eは1位，Fは4位であり，正答は**3**である。

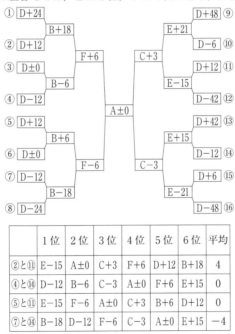

	1位	2位	3位	4位	5位	6位	平均
②と⑪	E−15	A±0	C+3	F+6	D+12	B+18	4
④と⑭	D−12	B−6	C−3	A±0	F+6	E+15	0
⑤と⑪	E−15	F−6	A±0	C+3	B+6	D+12	0
⑦と⑭	B−18	D−12	F−6	C−3	A±0	E+15	−4

　A～Eが改札口に到着した時刻を，それぞれ判明している範囲でまとめてみる。そうすると，**表Ⅰ**のようになる。

表Ⅰ

	Aの時計	Bの時計	Cの時計	Dの時計	Eの時計	正確な時刻
A	18：57			19：02		
B		19：02			18：59	
C		19：08	19：05			
D			19：03	19：09		
E						19：01

　Cが改札口に到着した時刻から，Cの時計はBの時計より3分遅れていることがわかる。ここから，Bが改札口に到着したのは，Cの時計で18：59である。これはEの時計と同じ時刻であるが，「正確な時刻に設定していたのは2人」なので，Cの時計とEの時計が正確な時刻に設定されていることになる（**表Ⅱ**）。

表Ⅱ

	Aの時計	Bの時計	Cの時計	Dの時計	Eの時計	正確な時刻
A	18：57			19：02		
B		19：02	18：59		18：59	
C		19：08	19：05			
D			19：03	19：09		
E						19：01

　表Ⅱから，空欄をすべて埋めて確定させると**表Ⅲ**のようになる。

表Ⅲ

	Aの時計	Bの時計	Cの時計	Dの時計	Eの時計	正確な時刻
A	18：57	18：59	18：56	19：02	18：56	18：56
B	19：00	19：02	18：59	19：05	18：59	18：59
C	19：06	19：08	19：05	19：11	19：05	19：05
D	19：04	19：06	19：03	19：09	19：03	19：03
E	19：02	19：04	19：01	19：07	19：01	19：01

　この**表Ⅲ**から，正答は**4**「Dは4番目に到着し，その正確な時刻は19：03であった」である。

実戦問題 ❹　順序関係の応用

◆◆ **No.11** それぞれ身長の異なるA～Eの5人の生徒がいる。先生を先頭にして1列に並んだとき，自分の前方に自分より身長の高い生徒が1人もいなければ先生のことが見え，自分の前方に自分より身長の高い生徒が1人でもいると先生のことが見えないとすると，次のような3通りの並び方をしたとき，先生のことが見える生徒の人数は表のとおりである。このとき，次のうちで確実にいえるものはどれか。

【市役所・平成21年度】

I	先生	A	E	B	D	C	先生が見えるのは2人
II	先生	E	B	C	A	D	先生が見えるのは3人
III	先生	D	A	C	E	B	先生が見えるのは3人

1 Aの次に身長が高いのはBである。

2 Dが3番目に身長が高いとき，Bは2番目に身長が低い。

3 Cの次に身長が高いのはDである。

4 BはEより身長が低い。

5 AはCより身長が高い。

★★

No.12 12時からランチタイムとして営業しているあるレストランにおいて，ある日のランチタイムに来店したA〜Fの6人は，それぞれ，カレー，パスタ，オムライス，ハンバーグ，エビフライのいずれか一つのメニューを注文した。次のことがわかっているとき，確実にいえるのはどれか。

ただし，A〜F以外の来店者はいなかったものとする。

【国家総合職・令和2年度】

○入店してから退店するまでの滞在時間は，カレーを注文した者は30分，パスタ，オムライスを注文した者は40分，ハンバーグ，エビフライを注文した者は50分だった。

○2人はカレーを注文し，その他の4人は，カレー以外のメニューのうち，互いに異なるメニューを注文した。

○12：00に入店したのはAのみであり，Dは12：50に入店した。また，13：20までには全員が退店した。

○12：30に2人入店したが，その2人の退店した時刻はそれぞれ異なっていた。

○Eが入店した時刻は，カレーを注文したCが退店した時刻と同じだった。

○ハンバーグを注文した者と同時に退店した者はいなかった。

1 Aはハンバーグを注文した。

2 Bはエビフライを注文した。

3 Cは12：50に退店した。

4 DとFは13：20に退店した。

5 A〜Fのうち，5人が同時に店内にいた時間が少なくとも5分ある。

No.13 表に示す6冊の国別のガイドブックがあり，A～F の6人は互いに異なるガイドブックを1冊ずつ購入した。6人 は，ある週の月曜日に自分が購入したガイドブックを他の人に 貸し，他の人からガイドブックを借り，次の週の月曜日からは 前の週に借りたガイドブックを他の人に貸し，他の人からガイ ドブックを借りて，5週間で自分の購入したガイドブック以外 の5冊のガイドブックをすべて借りて読むことにした。

ガイドブックの国名
アメリカ合衆国
イタリア
エジプト
タイ
トルコ
フランス

次のことがわかっているとき，正しいのはどれか。　【国家総合職・平成24年度】

・Aは，「エジプト」，Eの購入したガイドブック，「タイ」，Cの購入したガイド ブック，「アメリカ合衆国」の順にガイドブックを借りた。

・Bの購入したガイドブックは，F，D，A，E，Cの順に借りられた。

・Dの購入したガイドブックは，B，E，C，F，Aの順に借りられた。

・Eは3週目にFの購入したガイドブックを借りた。

・5週目には，BはFの購入したガイドブック，Dは「フランス」，Eは「トル コ」，FはAの購入したガイドブックをそれぞれ借りていた。

1　Aが「フランス」を借りていたとき，CはAの購入したガイドブックを借りて いた。

2　Bが「トルコ」を借りていたとき，Fは「エジプト」を借りていた。

3　Cが1週目に借りたガイドブックはFの購入したガイドブックである。

4　Fが3週目に借りたガイドブックは「トルコ」である。

5　「イタリア」はE，B，D，C，Fの順に借りられた。

実戦問題 **4** の解説

→問題はP.109 **No.11 の解説**　対応型順序関係　　　**正答2**

　I，II，IIIという3つのパターンから考えたとき，いずれも先生が見えるのは2人以上いるので，それぞれのパターンで先頭にいるA，D，Eの3人は最も身長の高い者ではない（**表I**）。

　また，IIで先生が見えるのは3人いるから，Bも最も身長の高い者ではない。したがって，最も身長の高いのはCである。

　Cが最も身長が高いので，Iの場合に先生が見えるのはA，Cの2人ということになる。つまり，AはB，D，Eより身長が高いことになるから，2番目に身長が高いのはAである。

　IIの場合において，Cの後ろに並んでいるA，DはCより身長が低いので，先生が見えないから，先生が見える3人はE，B，Cである。このことから，BはEより身長が高くなければならず，最も身長が低いのはBではない（**表II**）。

表I

	低い → 高い				
	1	2	3	4	5
A					×
B					
C					
D					×
E					×

表II

	低い → 高い					
	1	2	3	4	5	
A	×	×	×	○	×	
B	×			×	×	Eより高い
C	×	×	×	×	○	
D				×	×	
E				×	×	

　ただし，これ以上の身長順については確定しないので，5人の身長順としては**表III**における①〜③のように3通りの可能性がある。この結果，確実にいえるのは**2**だけで，正答は**2**である。

表III

	低い → 高い				
	1	2	3	4	5
①	D	E	B	A	C
②	E	B	D	A	C
③	E	D	B	A	C

→問題はP.110 **No.12 の解説**　対応型順序関係　　　**正答1**

　まず，考えなければいけない時間帯は，12：00〜13：20であり，12：00に入店したのはAのみ，また，Dは12：50に入店している。12：50に入店すると，13：20まで30分間しかないので，Dが注文したのはカレーである。次に，Eが入店したのは，カレーを注文したCが退店した時刻と同じである。12：00〜13：20で80分間であるが，12：00に入店したのはAだけなので，C

が入店したのは12：00より後であり，CとEの滞在時間の和は80分未満である。そして，カレーを注文した2人はC，Dと決定しているので，Eが店に滞在した時間は40分ということになる。特に入退店時刻が10分単位という指定はないので，Cの入店時刻は，たとえば12：01でもかまわない。便宜上**図Ⅰ**では，Cの入店時刻を条件を満たす最も遅い12：10，Cの退店時刻，および，Eの入店時刻を12：40，Eの退店時刻を13：20としておく。また，残る2人のB：Fはどちらも12：30に入店しているが，退店時刻が異なっている。つまり，B，Fの一方が50分，他方が40分である。ここから，Aの滞在時間は50分と決まる。

図Ⅰ

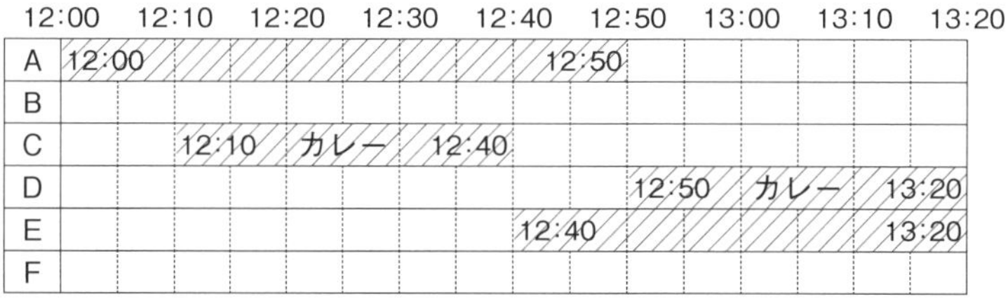

	12:00	12:10	12:20	12:30	12:40	12:50	13:00	13:10	13:20
A	12:00					12:50			
B									
C		12:10	カレー		12:40				
D						12:50	カレー		13:20
E					12:40				13:20
F									

B，Fについて，Bの滞在時間が50分，Fの滞在時間が40分だとすると，**図Ⅱ**のようになる。この場合，少なくともB，Dの2人が13：20に退店することになるので，Bが注文したのはハンバーグではなく，エビフライでなければならない。これにより，Aが注文したのはハンバーグとなる。

図Ⅱ

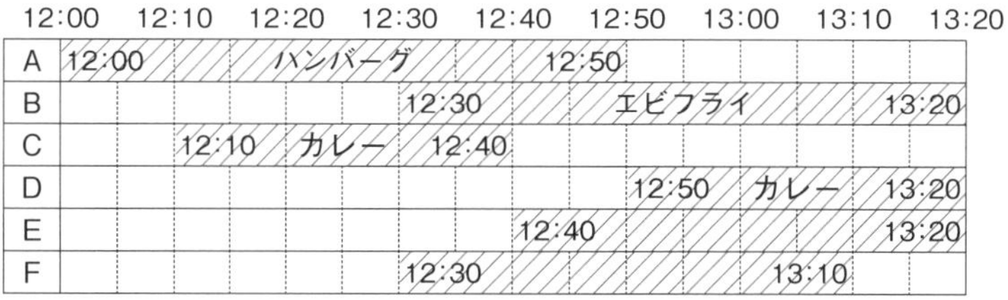

	12:00	12:10	12:20	12:30	12:40	12:50	13:00	13:10	13:20
A	12:00		ハンバーグ			12:50			
B				12:30		エビフライ			13:20
C		12:10	カレー		12:40				
D						12:50	カレー		13:20
E					12:40				13:20
F				12:30				13:10	

Bの滞在時間が40分，Fの滞在時間が50分だとすると，**図Ⅲ**のようになる。この場合も，FとDの退店時刻が同じなので，Fが注文したのはエビフライ，したがって，Aが注文したのはハンバーグである。ただし，**図Ⅱ**，図Ⅲのいずれにおいても，40分滞在した者の注文内容は確定しない。

第2章 文章条件からの推理

図Ⅲ

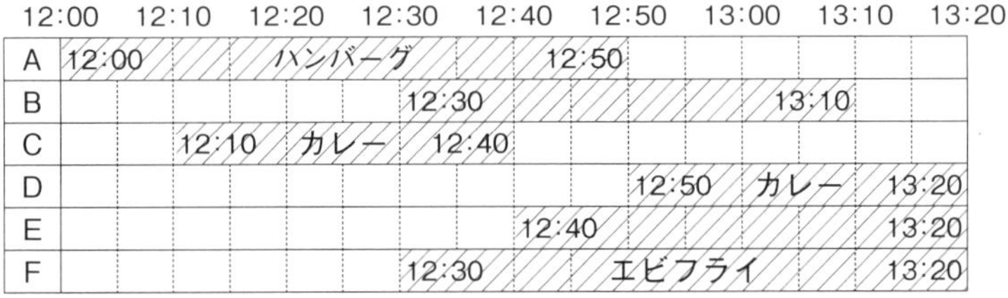

	12:00	12:10	12:20	12:30	12:40	12:50	13:00	13:10	13:20
A	12:00			ハンバーグ		12:50			
B				12:30				13:10	
C		12:10	カレー	12:40					
D						12:50	カレー		13:20
E					12:40				13:20
F				12:30		エビフライ			13:20

　この**図Ⅱ**，**図Ⅲ**のどちらでも，Aが注文したのはハンバーグであり，**1**は確実にいえる。

　図Ⅲの場合，エビフライを注文したのはFであり，**2**は確実とはいえない。

　Cは遅くとも12：40までに退店しなければならず，**3**は誤りである。

　図Ⅱの場合，Fの退店時刻は13：10であり，**4**も確実とはいえない。

　AとDが同時に店にいることはなく，CとEが同時に店にいることもない。したがって，Cの入店時刻が12：00より遅く12：10までのいずれであっても，A～Fのうち，5人が同時に店内にいた時間帯はないので，**5**は誤りである。

　以上から，正答は**1**である。

No.13 の解説　対応型順序関係　→問題はP.111　正答5

STEP❶　表を作成する

　解答の手順としては，**表Ⅰ**を用意してだれが何週目にどの国のガイドブック（および購入者）を借りたかを決めていけばよいが，これだけだとわかりにくい。そこで，**表Ⅱ**のようなガイドブックと購入者の対応表も用意し，適宜関連させて判断していくとよいであろう。

　まず，『Aは，「エジプト」，Eの購入したガイドブック，「タイ」，Cの購入したガイドブック，「アメリカ合衆国」の順にガイドブックを借りた』とあるので，これを記入してみる（**表Ⅰ**）。ここから，エジプト，タイ，アメリカ合衆国のガイドブックを購入したのはAではなく，また，CでもEでもないことがわかる（**表Ⅱ**）。

表Ⅰ

	1週目	2週目	3週目	4週目	5週目
A	エジプト	E	タイ	C	アメリカ
B					
C					
D					
E					
F					

表Ⅱ

	アメリカ合衆国	イタリア	エジプト	タイ	トルコ	フランス
A	×		×	×		
B						
C	×		×	×		
D						
E	×		×	×		
F						

STEP❷　条件を表に書き込んでいく

　次に，『Bの購入したガイドブックは，F，D，A，E，Cの順に借りられた』，『Dの購入したガイドブックは，B，E，C，F，Aの順に借りられた』，『Eは3週目にFの購入したガイドブックを借りた』，『5週目には，BはFの購入したガイドブック，Dは「フランス」，Eは「トルコ」，FはAの購入したガイドブックをそれぞれ借りていた』という条件も**表Ⅰ**に加えてみる。

　そうすると，Aは3週目にBの購入したガイドブック，5週目にDが購入したガイドブックを借りたことになるので，Bが購入したのは「タイ」，Dが購入したのは「アメリカ合衆国」となる（**表Ⅰ-2**）。ここで5週目を見ると，A，Fが購入したのは「イタリア」，「エジプト」ということになるが，Aは1週目に「エジプト」を借りているので，Aが「イタリア」，Fが「エジプト」である。ここまでで**表Ⅱ-2**となる。

表Ⅰ-2

	1週目		2週目		3週目		4週目		5週目	
A		エジプト	E		B	タイ	C		D	アメリカ
B	D	アメリカ					F			
C					D	アメリカ			B	タイ
D			B	タイ						フランス
E			D	アメリカ	F		B	タイ		トルコ
F	B	タイ					D	アメリカ	A	

表Ⅱ-2

	アメリカ合衆国	イタリア	エジプト	タイ	トルコ	フランス
A	×	○	×	×	×	×
B	×	×	×	○	×	×
C	×	×	×	×		
D	○	×	×	×	×	×
E	×	×	×	×		
F	×	×	○	×	×	×

　また、C, Eが「トルコ」,「フランス」となるが、Eは5週目に「トルコ」を借りているのだから、Cが「トルコ」, Eが「フランス」と決まる（**表Ⅰ-3**, **表Ⅱ-3**）。

表Ⅰ-3

	1週目		2週目		3週目		4週目		5週目	
A	F	エジプト	E	フランス	B	タイ	C	トルコ	D	アメリカ
B	D	アメリカ							F	エジプト
C					D	アメリカ			B	タイ
D			B	タイ					E	フランス
E	A	イタリア	D	アメリカ	F	エジプト	B	タイ	C	トルコ
F	B	タイ					D	アメリカ	A	イタリア

表Ⅱ-3

	アメリカ合衆国	イタリア	エジプト	タイ	トルコ	フランス
A	×	○	×	×	×	×
B	×	×	×	○	×	×
C	×	×	×	×	○	×
D	○	×	×	×	×	×
E	×	×	×	×	×	○
F	×	×	○	×	×	×

　ここからは、**表Ⅰ-3**の空欄について、表における縦横の関係から順に決めていけばよい。Fの2週目、3週目は、C「トルコ」, E「フランス」であるが、Aが2週目にE「フランス」を借りているので、Fは2週目がC「トルコ」, 3週目がE「フランス」である。

　また、2週目のB, CはA「イタリア」, F「エジプト」であるが、Bは5週目にF「エジプト」なので、2週目のBがA「イタリア」, CがF「エジプト」である。

　そうすると、1週目のCはE「フランス」, DはC「トルコ」と決まり、3週目のBはC「トルコ」, DはA「イタリア」となる。

　この結果、4週目については、BがE「フランス」, CがA「イタリア」, DがF「エジプト」となり、**表Ⅰ-4**のようにすべて確定する。

順序関係

表Ⅰ-4

	1週目		2週目		3週目		4週目		5週目	
A	F	エジプト	E	フランス	B	タイ	C	トルコ	D	アメリカ
B	D	アメリカ	A	イタリア	C	トルコ	E	フランス	F	エジプト
C	E	フランス	F	エジプト	D	アメリカ	A	イタリア	B	タイ
D	C	トルコ	B	タイ	A	イタリア	F	エジプト	E	フランス
E	A	イタリア	D	アメリカ	F	エジプト	B	タイ	C	トルコ
F	B	タイ	C	トルコ	E	フランス	D	アメリカ	A	イタリア

以上から選択肢を検討すると，**1**～**4**はすべて誤りで，正答は**5**である。

第2章 文章条件からの推理

位置関係

必修問題

　次の図のような3階建てのアパートがあり，A〜Hの8人がそれぞれ異なる部屋に住んでいる。今，次のア〜カのことがわかっているとき，確実にいえるのはどれか。　　　　　　　　　　　　　【地方上級（特別区）・令和3年度】

　ア．Aが住んでいる部屋のすぐ下は空室で，Aが住んでいる部屋の隣には Hが住んでいる。

　イ．Bが住んでいる部屋の両隣とすぐ下は，空室である。

　ウ．Cが住んでいる部屋のすぐ上は空室で，その部屋の隣にはFが住んでいる。

　エ．DとFは同じ階の部屋に住んでいる。

　オ．Fが住んでいる部屋のすぐ下には，Hが住んでいる。

　カ．Gが住んでいる部屋の部屋番号の下1ケタの数字は1である。

3階	301号室	302号室	303号室	304号室	305号室
2階	201号室	202号室	203号室	204号室	205号室
1階	101号室	102号室	103号室	104号室	105号室

1　Aの部屋は201号室である。

2　Bの部屋は302号室である。

3　Cの部屋は103号室である。

4　Dの部屋は304号室である。

5　Eの部屋は105号室である。

難易度　＊＊

必修問題の解説

STEP❶ 配置図部品の作成

条件ア，ウ，オを組み合わせることにより，**図Ⅰ**の2通り，また，条件イより**図Ⅱ**を作成する。

STEP❷ 配置図部品の組合せ

この**図Ⅰ**，**図Ⅱ**より，**図Ⅲ-1**〜**図Ⅲ-4**という4通りの組合せが考えられる。このうち，**図Ⅲ-1**，**図Ⅲ-2**ではDをFと同じ3階とすることができない。また，**図Ⅲ-3**では，DとGがどちらも301号室で，両者の部屋が競合してしまうことになる。したがって，条件を満たすことが可能なのは**図Ⅲ-4**だけである。ただし，E，Gの部屋は確定できない。Gは101号室，201号室のどちらも可能性がある。また，Eに関しては，そもそもまったく情報が与えられていない。この**図Ⅲ-4**より，正答は**2**である。

図Ⅰ

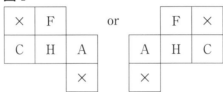

図Ⅱ

第2章 文章条件からの推理

図Ⅲ-1

301	302	303	304	305
×	F	×	B	×
201	202	203	204	205
C	H	A	×	
101	102	103	104	105
G		×		

図Ⅲ-2

301	302	303	304	305
×	B	×	F	×
201	202	203	204	205
	×	A	H	C
101	102	103	104	105
		×		

図Ⅲ-3

301	302	303	304	305
	F	×	B	×
201	202	203	204	205
A	H	C	×	
101	102	103	104	105
×				

図Ⅲ-4

301	302	303	304	305
×	B	×	F	D
201	202	203	204	205
	×	C	H	A
101	102	103	104	105
				×

正答 **2**

FOCUS

　位置関係で配置を考える場合には，少しでも場合分けを少なくするよう工夫しよう。具体的には制約の強い条件から考えるとよい。位置の明らかなものだけでなく，他と関係する記述の多いもの，あるいは離れた位置にあるものどうしに着目することも場合分けを少なくするポイントになる。

　対応づけが関連する場合には，必要に応じて対応表も利用するとよい。

重要ポイント 1　位置関係の問題

　位置関係の問題は，部屋割りや座席配置等，複数の者（物）どうしの位置の関係を確定させる問題である。平面的位置関係のほかに立体的位置関係を考えさせる問題もあるが，3階建てや4階建ての建物の部屋割りであっても，各階に縦横の広がりがないならば，平面的位置関係として扱えばよい。

　位置関係の問題では，互いの位置や配置についての条件を順次組み合わせて検討していくことになる。したがって，常に複数の場合を考えることが必要となるので，**いかに場合分けの数を少なくしていくかがポイント**となってくる。

重要ポイント 2　制約の強い条件

　位置関係の問題を考えるうえで，場合分けの数を少なくすることは，速やかに結論を導くための大きな要素となるが，そのためには制約の強い条件に着目しなければならない。

　制約の強い条件とは，言い換えれば**取りうる位置の可能性が少ない条件**である。最も端的なのはその者（物）の位置が特定されている場合であろう。右のような1～18までの座席がある場合に，

1	2	3	4	5	6
7	8	9	10	11	12
13	14	15	16	17	18

前 ↑

「Aの座席は前から2列目である」という場合には7～12までの6か所の可能性があるが，「**Aの座席は9である（①）**」という条件が加わることができれば，Aの座席は1か所に限定される。このように位置関係として考えられる場合の少ない条件＝制約の強い条件から考えれば，それと矛盾する場合はすべて除外できるので，他の位置関係を考える際に非常に役に立つ。

　また，上図のような座席配置を考えるならば，「端にいる」という条件も見落としてはいけない。左右の端，最前列または最後列にいることがわかれば，その者と他の位置関係の可能性は半分になるからである。

重要ポイント 3　他の者（物）との位置関係に関する記述の多い条件

　制約の強い条件としては，他との位置関係についての記述が多い条件も重要である。上の座席表で，「BはCの左斜め前」といわれただけでは，BとCの位置関係は，(B, C) = (1, 8)，(2, 9)，……(10, 17)，(11, 18)までの都合10通りの可能性があるが，「**BはCの左斜め前で，Dの右斜め後ろがB（②）**」となれば，B，C，Dの位置関係としては，(B, C, D) = (8, 15, 1)から(11, 18, 4)までの4通りを考えれば済む。複数の条件が列挙されている場合，**いくつもの条件にまたがって何回も記述されているものは**，位置関係を考える際の基準としやすい。

　離れた位置関係にあるものどうしも制約の強い条件＝場合分けの少ない条件として活用できる。やはり先の座席表で，「EとFは隣どうし」という条件ならば，EとFの位置関係は，(E，F)＝(1，2)，(3，4)，……(16，17)，(17，18)の15通りに左右の入れ替わりも考えて，合計30通りの可能性があるが，「**EとFは横の列が同じで，その間に３つの席がある（③）**」となれば，EとFの位置関係の可能性は，(E，F)＝(1，5)，(2，6)，(7，11)，(8，12)，(13，17)，(14，18)の6通りに左右の入れ替わりを考えても12通りしかない。

　前ページの座席表について，ここまでに出た条件をまとめてみると，① Aの座席は9，② BはCの左斜め前で，Dの右斜め後ろがB，③ EとFは横の列が同じで，その間に３つの席がある，となり，これに，「**④ EはBのすぐ後ろ**」という条件が加われば，考えられる位置関係は下の２通りとなる。

D	2	3	4	5	6
7	B	A	10	11	12
13	E	C	16	17	F

1	2	3	D	5	6
7	8	A	10	B	12
F	14	15	16	E	C

　円卓における座席配置の問題では，離れた位置関係の応用として，正面に座っている者どうしから考えるとわかりやすい。

　円卓の場合は正面に座っている者どうしが最も離れた位置関係であり，ここでも位置関係の可能性が最も少ないからである。右のような円卓に８人が等間隔で着席する場合，AとBが正面に向かい合っていることがわかれば，ほかに隣どうしの者がいて

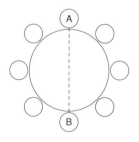

も，AまたはBをまたぐことはないので，位置関係が決めやすい。AとBが向かい合っているという条件がなければ，隣どうしで座っている２人の座席の組合せは左右の入れ替わりを考えると16通りになるが，図のようにAとBが向かい合って座っていることがわかれば，隣り合って座っている２人の座席の組合せは8通りしかないことになる。

実 戦 問 題 **1**　基本レベル

No.1 記念撮影のため，A～Hの男女8人が横1列に並んで同じ方向を向いて
いる。撮影する人が自分から見たA～Hの並び方について次のように述べていると
き，確実にいえるのはどれか。　　　　　　　　　　【国家専門職・平成26年度】

　　○AとGは男性であり，B～Eは女性である。
　　○Aは左から3番目におり，Gは左から7番目にいる。
　　○Bの右隣には男性がおり，左隣にはEがいる。
　　○Cの右隣には男性がおり，左隣にはFがいる。
　　○Dの右隣には女性がおり，左隣には男性がいる。
　　○Gの右隣には男性がおり，左隣には女性がいる。

1　男性は全部で4人いる。

2　男性が連続して3人並んでいる。

3　女性は全部で5人いる。

4　女性が連続して3人並んでいる。

5　Fは女性である。

No.2 次の図のような十字型の道路に面してA～Jの10軒の家が並んでいる。
今，次のア～エのことがわかっているとき，Aの家の位置としてありえるのはどれ
か。

　　ただし，各家の玄関は道路に面して1つであり，図では東西南北の方向は示され
ていない。　　　　　　　　　　　　　　　　　　【地方上級（特別区）・平成30年度】

　ア．Aの家の道路を挟んだ正面の家の東隣にBの家がある。

　イ．Aの家の玄関は南を向いている。

　ウ．Cの家は，Eの家の北隣にあり，玄関は西を向いている。

　エ．Dの家は，Eの家の道路を挟んだ正面にあり，玄関は北を向いている。

1　あ

2　い

3　か

4　き

5　こ

実 戦 問 題 **1** の 解説

　AとGは男性，Aは左から3番目，Gは左から7番目，Gの右隣は男性で左隣は女性，までをまとめると**表Ⅰ**となる。

表Ⅰ

左			A				G			右
			男性			女性	男性	男性		

　ここで，「Bの右隣には男性がおり，左隣にはEがいる」……①，「Cの右隣には男性がおり，左隣にはFがいる」……②，「Dの右隣には女性がおり，左隣には男性がいる」……③，をそれぞれ**表Ⅱ**のように表してみる。

表Ⅱ

①

E	B	
女性	女性	男性

②

F	C	
	女性	男性

③

	D	
男性	女性	女性

　ここで，**表Ⅰ**と**表Ⅱ**との整合性を考えると，③が**表Ⅰ**の左端（左から2番目がD）となることはない。左から3番目はAで男性だからである。

　①のEを左端とすると，Dが中央（左から5番目）はありえない（②が収まらなくなる）ので，CがGの左隣，DはAの右隣となる（**表Ⅲ**）。

表Ⅲ

左	E	B	A	D	F	C	G	H	右
	女性	女性	男性	女性	女性	女性	男性	男性	

　②のFを左隣とすると，DはやはりAの右隣でなければならず（やはり②が収まらなくなる），BがGの左隣となる（**表Ⅳ**）。ただし，この場合，Fの性別は確定できない。

表Ⅳ

左	F	C	A	D	E	B	G	H	右
		女性	男性	女性	女性	女性	男性	男性	

　以上より，8人の配置としては**表Ⅲ**，**表Ⅳ**の2通りの場合があることになる。この**表Ⅲ**，**表Ⅳ**から確実にいえるのは「女性が連続して3人並んでいる」だけであり，正答は**4**である。

No.2 の解説 建物の配置 →問題はP.123 **正答2**

　問題で示された図において，東西南北の方角が決まっていないので，この点に注意しなければならない。

　条件ア，イからA，Bの家の配置を考えると**図Ⅰ**のようになる。また，条件ウ，エからC，D，Eの家の配置を考えると**図Ⅱ**のようになる。

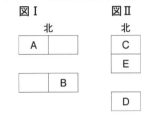

　この**図Ⅰ**および**図Ⅱ**から全体を考えると，下の**図Ⅲ**，**図Ⅳ**の2通りが可能である。**図Ⅲ**，**図Ⅳ**のそれぞれについて，その方位を180°反転させた場合，A〜Dの家を矛盾なく配置させることは不可能である。したがって，Aの家の配置として可能性があるのは，「い」，「う」の2か所ということになる。

　以上から，正答は**2**である。

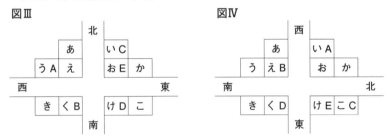

No.3 次の図のように，円卓の周りに黒い椅子４脚と白い椅子４脚がある。今，A〜Hの８人の座る位置について，次のア〜エのことがわかっているとき，確実にいえるのはどれか。 【地方上級（特別区）・令和２年度】

ア．Aから見て，Aの右隣の椅子にDが座っている。

イ．Bから見て，Bの右隣の椅子にGが座り，Bの左隣は黒い椅子である。

ウ．Cから見て，Cの右側の１人おいた隣の椅子にEが座っている。

エ．Dから見て，Dの右隣の椅子にFが座り，Dの両側は白い椅子である。

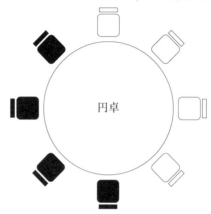

円卓

1 Aから見て，Aの左隣の椅子にEが座っている。

2 Cから見て，Cの左隣の椅子にHが座っている。

3 Eは，黒い椅子に座っている。

4 Gは，白い椅子に座っている。

5 Hは，白い椅子に座っている。

No.4 図のような16の部屋からなる４階建てのワンルームマンションがある。A〜Hの８人がいずれかの部屋に１人ずつ住んでおり，A〜Hの８人が住んでいる部屋以外は空室である。また，各階とも東側から西側に向かって１号室，２号室，３号室，４号室の部屋番号である。このワンルームマンションについて次のことがわかっているとき，確実にいえるのはどれか。 【国家一般職・令和元年度】

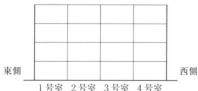

東側　　　　　　　　　　　　　　　　　西側

１号室　２号室　３号室　４号室

○Aは1階の1号室に住んでいる。また，他の階で1号室に住んでいるのは，H
のみである。

○Bは2階に住んでいる。また，Bの隣の部屋は両方とも空室である。

○Cは，Dの1つ真下の部屋に住んでおり，かつEの1つ真上の部屋に住んでい
る。また，Eの隣の部屋にはGが住んでいる。

○Fは2号室に住んでおり，Cより上の階に住んでいる。

○F，G，Hの3人はそれぞれ異なる階に住んでいる。

1 BとCは異なる階に住んでいる。

2 DとFは同じ階に住んでいる。

3 Hの隣の部屋は空室である。

4 1階に住んでいるのは2人である。

5 すべての部屋が空室である階がある。

No.5 図のような4×4のマス目に，A～Fのアルファベットが1つずつ書か
れたタイルが敷き詰められている。アルファベットが書かれたタイルは，Aが5
枚，Bが4枚，Cが3枚，Dが2枚，Eが1枚，Fが1枚である。Ⅱ-ウにはAが
置かれており，これに隣り合うマス目とは，Ⅰ-ウ，Ⅱ-イ，Ⅱ-エ，Ⅲ-ウのことを
いう。次のことがわかっているとき，確実にいえるのはどれか。

【地方上級（全国型）・令和2年度】

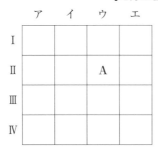

○同じアルファベットは隣り合っていない。

○EはA2枚，D2枚と隣り合っている。

○Fは四隅のうちのいずれかである。

○Ⅲ-アはA1枚，B2枚と隣り合っている。

1 Ⅰ-アにはAが置かれている。

2 Ⅰ-ウにはBが置かれている。

3 Ⅱ-イにはEが置かれている。

4 Ⅲ-エにはAが置かれている。

5 Ⅳ-イにはDが置かれている。

実戦問題 **2** の解説

No.3 の解説 座席配置と対応　　　　　　　　　　　→問題はP.126　**正答3**

　8脚の椅子を，**図Ⅰ**のように1〜8とする。Dの両側は白い椅子であるから，Dが座っているのは2，3のいずれかである。そして，時計回りにF，D，Aの順で座っている。これに，CとEの間に1人が座っている，Bの右側がGで，Bの左隣は黒い椅子という条件を考えると，**図Ⅱ**，**図Ⅲ**のように2通りの座席配置が成り立つ。この**図Ⅱ**，**図Ⅲ**より，**1**，**2**，**5**は誤り，**4**は不確定で，確実なのは「Eは，黒い椅子に座っている」だけである。したがって，正答は**3**である。

図Ⅰ

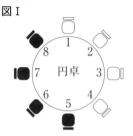

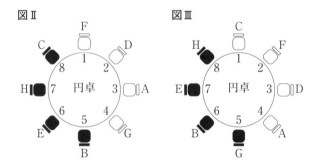

No.4 の解説　部屋の配置

→問題はP.126　**正答3**

STEP❶　条件ごとに配置を図にかいていく

　　Aは1階の1号室に住んでおり，2階に住んでいるBについては，両隣が空室であるので，2階の2号室（**図Ⅰ**），または2階の3号室（**図Ⅱ**）のいずれかになる。

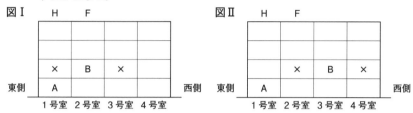

図Ⅰ

H	F		
×	B	×	
A			

東側　　　　　　　　　　　　　　　　　　　　　　西側
1号室　2号室　3号室　4号室

図Ⅱ

	H	F	
	×	B	×
A			

東側　　　　　　　　　　　　　　　　　　　　　　西側
1号室　2号室　3号室　4号室

　　しかし，Bが2階の3号室に住んでいる**図Ⅱ**の場合，Dの1つ真下にC，Cの1つ真下にEが住んでいるが，このC，D，Eが住んでいる部屋についての条件を満たすことができない。C，D，Eが住んでいる部屋は，1〜3階，または2〜4階で，1号室以外だからである。したがって，Bが住んでいるのは2階の2号室（**図Ⅰ**）である。このとき，Cは2階の4号室，Dは3階の4号室，Eは1階の4号室となり，Gが1階の3号室である。そして，FとHの部屋は，Fが3階でHが4階となる**図Ⅲ**，および，Fが4階でHが3階となる**図Ⅳ**の2通りが考えられる。

図Ⅲ

H	×	×	×
×	F	×	D
×	B	×	C
A	×	G	E

東側　　　　　　　　　　　　　　　　　　　　　　西側
1号室　2号室　3号室　4号室

図Ⅳ

×	F	×	×
H	×	×	D
×	B	×	C
A	×	G	E

東側　　　　　　　　　　　　　　　　　　　　　　西側
1号室　2号室　3号室　4号室

　　この**図Ⅲ**および**図Ⅳ**より，**1**，**4**，**5**は誤り，**2**は不確実で，確実にいえるのは，**3**「Hの隣の部屋は空室である」だけである。

　　以上から，正答は**3**である。

No.5 の解説 配置と対応

→問題はP.127 正答2

まず，「EはA２枚，D２枚と隣り合っている」ので，EはⅡ-イ，Ⅲ-イ，Ⅲ-ウのいずれかである。しかし，「Ⅲ-アはA１枚，B２枚と隣り合っている」ことから，Ⅲ-イはAまたはBでなければならない。また，EがⅡ-イだとすると，Ⅱ-ア，Ⅲ-イのうちの少なくとも一方はBでなければならないので，これも不適である（**図Ⅰ**）。つまり，EはⅢ-ウでなければならない。そうすると，Ⅲ-イはA，Ⅱ-ア，Ⅳ-アはいずれもB，Ⅲ-エ，Ⅳ-ウはどちらもDとなる。また，Ⅳ-イはC以外にない。次に，Aの残り３枚を考える。Ⅰ-アをAとすると，「同じアルファベットは隣り合わない」ので，Ⅰ-エ，Ⅳ-エもAとなり，「Fは四隅のうちのいずれか」という条件を満たせない。したがって，Aの残り３枚は，Ⅰ-イ，Ⅰ-エ，Ⅳ-エとなり，FはⅠ-アである。これにより，Bの残り２枚はⅠ-ウ，Ⅱ-エ，Cの残り２枚はⅡ-イ，Ⅲ-アとなって，16枚の配置が確定する（**図Ⅱ**）。この**図Ⅱ**より，正答は**2**である。

図Ⅰ

	ア	イ	ウ	エ
Ⅰ				
Ⅱ		E	A	
Ⅲ				
Ⅳ				

図Ⅱ

	ア	イ	ウ	エ
Ⅰ	F	A	B	A
Ⅱ	B	C	A	B
Ⅲ	C	A	E	D
Ⅳ	B	C	D	A

実戦問題 **3** 応用レベル 2

❖ **No.6** 図のように，列車のボックスシートに A〜H の各4人ずつの男女，合わせて8人が向かい合わせに座っている。8人は，車内販売でコーヒー，オレンジジュース，野菜ジュース，緑茶の4種類の飲み物から一つずつ購入した。

　ア〜キのことがわかっているとき，確実にいえるのはどれか。　【国家一般職・平成22年度】

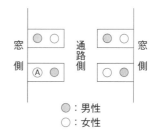

●：男性
○：女性

　ア．男性4人が購入したものは互いに異なっており，女性4人が購入したものも互いに異なっていた。

　イ．図において，右側のボックスシートの4人，左側のボックスシートの4人，通路側の席の4人が購入した飲み物は，それぞれ互いに異なっていた。

　ウ．A は図に示す席に座っており，A から見て右隣の人はコーヒーを購入した。

　エ．B は通路側であり，通路を挟んで B の隣は C である。C の向かいは女性で，その女性はオレンジジュースを購入した。

　オ．C が購入したものはコーヒーではなかった。

　カ．D と E は女性である。

　キ．D はコーヒーを購入し，H は野菜ジュースを購入した。

1 A の向かいは F である。

2 E の向かいの人は野菜ジュースを購入した。

3 G と H は窓側である。

4 オレンジジュースを購入した人の向かいの人は緑茶を購入した。

5 野菜ジュースを購入した人からみて左側の人はコーヒーを購入した。

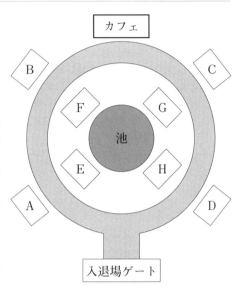

カフェ

B

C

F

G

池

E

H

A

D

入退場ゲート

***
No.7 図のように，エリアA～Hが歩道（図の灰色部分）を挟んでそれぞれ向かい合うように配置されている動物園があり，A～Hのすべてのエリアに互いに異なる動物が1種類ずついる。

Pは，この動物園に午前に入場し，時計回りで1周して正午に退場した。Qは，この動物園に午後に入場し，歩道を反時計回りで半周したところにあるカフェで休憩した。Qは，夕方になってからカフェを出て，歩道の残りを半周して退場した。次のことがわかっているとき，確実にいえるのはどれか。

ただし，動物のうち何種かは夜行性であり，夕方から閉園までの間には必ず見ることができるが，それ以外の時間には見ることができない。また，夜行性ではない動物は，いつでも必ず見ることができる。　【国家専門職・令和2年度】

○Pが見た動物はアルパカ，キリン，クジャク，シマウマ，チーターの5種であり，Pは退場する直前に，右手にチーター，左手にクジャクを見た。また，他のエリアについては，歩道を挟んで向かい合ったエリアのうち，片方のエリアの動物しか見られなかった。

○Qが見た動物は，アルパカ，キリン，クジャク，シマウマ，チーター，フクロウ，ムササビの7種であり，Qはカフェを出て歩道を歩き始めてすぐに，右手にムササビ，左手にアルパカを見た。

○池側のエリアにいる動物のうち，2種は夜行性であった。

1　Aのエリアにはシマウマがいる。

2　Eのエリアにはフクロウがいる。

3　Gのエリアには夜行性ではない動物がいる。

4　A，D，E，Hのエリアにいる動物のうち2種は夜行性である。

5　もしQが同様の行動を時計回りでとったとしても，見ることができる動物は全部で7種である。

実戦問題3の解説

No.6 の解説　座席配置と対応　→問題はP.131　正答4

STEP❶　条件ア，イを考える

図Ⅰのように，座っている8人に1～8の番号を振ると，2がAである。ここで，条件ア，イを満たすためには，窓側に座っている4人が購入した飲み物もすべて互いに異なっていなければならない。そして，たとえばA（女性）が購入した飲み物と5の男性が購入した飲み物は同一，4の男性が購入した飲み物と7の女性が購入した飲み物は同一，という関係になる。Aについては，Aと1，3，4（同じボックス）は購入した飲み物は別，Aと6（女性）が購入した飲み物は別（同性），Aと7，8が購入した飲み物は別（窓側の席），という関係になるからである。このことの見極めがこの問題を解く大きなカギである。

STEP❷　条件から図を埋めていく

Aの右隣（男性）が購入したのはコーヒーなので（条件ウ），7の女性が購入したのもコーヒーである。また，Bは通路側で，通路を挟んだ隣はC，Cの向かいは女性（オレンジジュースを購入）だから（条件エ），Bは女性であり，Cは男性である。Cは通路側の男性であるがコーヒーを購入していないので（条件オ），Cは5，したがって，Bが3となり，6の女性がオレンジジュースを購入している。ここから，1の男性が購入したのもオレンジジュースである。DとEは女性（条件カ），Dはコーヒーを購入しているので（条件キ），7がDとなり，女性で残っているのは6だから，Eは6である。この結果，Hは男性となるが，Hが購入したのは野菜ジュースなので，8がH，そして，Bが購入したのも野菜ジュースである。この結果，AとCが購入したのは緑茶となる。ただし，決定するのはここまでで，FとGが1と4のいずれなのかは判断できない（**図Ⅱ**）。

以上から，**1**，**3**は不確実，**2**，**5**は誤りで，正答は**4**である。

図Ⅰ

窓側			通路側			窓側
	男性	女性		男性	女性	
	1	3		5	7	
					コーヒー	
	女性	男性		女性	男性	
	A	4		6	8	
		コーヒー				

図Ⅱ

窓側			通路側			窓側
	男性	女性		男性	女性	
	1	B		C	D	
	オレンジ	野菜		緑茶	コーヒー	
	女性	男性		女性	男性	
	A	4		E	H	
	緑茶	コーヒー		オレンジ	野菜	

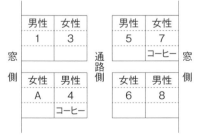

　Pは時計回りで1周し，退場する直前に，右手にチーター，左手にクジャクを見ている。したがって，エリアHがチーター，エリアDがクジャクである。一方，Qは反時計回りで1周し，カフェを出て歩道を歩き始めてからすぐに，右手にムササビ，左手にアルパカを見ている。このことから，エリアBがムササビ，エリアFがアルパカである。Qが見た動物のうち，フクロウ，ムササビはPが見ていない。これは，フクロウ，ムササビが夜行性であることを示している。Pが5種の動物を見ていることから，夜行性の動物は3種である。しかし，フクロウ，ムササビ以外のもう1種はQも見ていない。つまり，この1種はQが夕方になる前（カフェで休憩する前）に，そのエリア前を通過していることになる。この夜行性の3種のうち，2種は池側のエリアであるが，ムササビはエリアB（池側ではない）なので，フクロウともう1種が池側である。ここから，フクロウはエリアEとなる。そして，エリアFはアルパカ，エリアHはチーターなので，エリアGがもう1種の夜行性動物ということになる。キリンとシマウマに関しては，エリアA，エリアCのどちらかであるが，これについては確定することができない。以上から，正答は**2**である。**1**は確定せず，**3**は誤り，**4**はA，D，E，Hのエリアに夜行性動物は1種なので，やはり誤り，**5**はQが時計回りだと，フクロウ，ムササビを見ることができず，見ることができる種は6種となるので，これも誤りである。

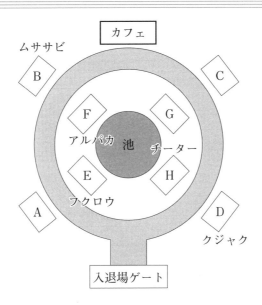

─ **必修問題** ─────────────

　A～Fの6チームが，総当たり戦で野球の試合を行い，勝数の多い順に順位を付けたところ，次のことがわかった。

ア．Aチームは，Bチームに勝ったがCチームに負け，3勝2敗であった。

イ．Bチームは，EチームとFチームに負けた。

ウ．Cチームは，最下位のチームに負け，3勝2敗であった。

エ．Dチームは，Aチームに負けたがBチームとFチームに勝った。

オ．Eチームは，Cチームに勝ち，4勝1敗であった。

カ．Fチームは，最下位のチームよりも勝数が1勝だけ多かった。

キ．引き分けの試合はなかった。

以上から判断して，確実にいえるのはどれか。

【地方上級（東京都）・令和2年度】

1　Aチームは，Eチームに勝った。

2　Bチームは，Cチームに負けた。

3　Cチームは，Dチームに負けた。

4　Dチームは，Eチームに負けた。

5　Eチームは，Fチームに勝った。

難易度　＊＊

必修問題の解説

STEP❶　リーグ戦対戦表の作成

「Ａチームは，Ｂチームに勝ってＣチームに負け，3勝2敗」（**ア**），「Ｂチームは，ＥチームとＦチームに負け」（**イ**），「Ｃチームは3勝2敗」（**ウ**），「Ｄチームは，Ａチームに負けたがＢチームとＦチームに勝ち」（**エ**），「Ｅチームは，Ｃチームに勝ち，4勝1敗」（**オ**），までを表にまとめる。

ここで，ＢはＣに勝っても1勝4敗であるが，Ａ，Ｃ，Ｄ，Ｅの勝数はＢより多く，Ｆは最下位ではない（**カ**）。つまり，ＢはＣに勝って最下位，Ｃは3勝2敗なので，ＤとＦに勝ち，Ｆは2勝3敗，である。ここまでで**表Ｉ**となる。

STEP❷　リーグ戦対戦表の完成　ＡとＥおよびＦとの結果で場合分け

Ａは3勝2敗なので，Ｅ，Ｆの一方に勝ち，他方に負けている。ＡがＥに勝ってＦに負けている場合，4勝1敗のＥはＤとＦに勝っており，**表Ⅱ**となる。ＡがＥに負けてＦに勝っている場合，ＦはＥに勝って2勝3敗となるので，ＥはＤに勝っていることになり，**表Ⅲ**となる。この**表Ⅱ**，**表Ⅲ**より，**1**，**5**は不確実，**2**，**3**は誤りで，正答は**4**である。

表Ｉ

	A	B	C	D	E	F	勝	敗
A		○	×	○			3	2
B	×		○	×	×	×	1	4
C	○	×		○	×	○	3	2
D	×	○	×			○		
E		○	○				4	1
F	○	×	×				2	3

表Ⅱ

	A	B	C	D	E	F	勝	敗
A		○	×	○	○	×	3	2
B	×		○	×	×	×	1	4
C	○	×		○	×	○	3	2
D	×	○	×		×	○	2	3
E	×	○	○	○		○	4	1
F	○	○	×	×	×		2	3

表Ⅲ

	A	B	C	D	E	F	勝	敗
A		○	×	○	×	○	3	2
B	×		○	×	×	×	1	4
C	○	×		○	×	○	3	2
D	×	○	×		×	○	2	3
E	○	○	○	○		×	4	1
F	×	○	×	×	○		2	3

正答　4

FOCUS

　試合の勝敗に関する問題では，リーグ戦やトーナメント戦といった各類型ごとの特徴をしっかりと理解しておく。リーグ戦形式では試合数や勝ち数，負け数，引き分け数の関係は問題のカギになることが多いので要注意である。トーナメント戦においては，基本的には上位進出者から検討するのが合理的である。

　試合の勝敗に関する問題には，大きく分けてリーグ戦形式，トーナメント戦形式，対抗戦形式の3種類がある。それぞれに特徴があるので，各形式ごとの特徴をしっかりと理解しておこう。特に試合数や勝ち数負け数の関係等は，それぞれの形式で試合を行っていくうえでの法則にかかわるものであり，問題を解くための前提事項として扱われることも多い。つまり，「知らなければ解けない」という知識的要素となっているので，必ずチェックしておく必要がある。

　リーグ戦は総当たり戦とも呼ばれ，参加する組は自分以外のすべての組と対戦する。通常出題されるのはすべての組が1回ずつ対戦する「1回戦総当たり」である。ただしこれは必然的なものではなく，2回戦以上の総当たりもある。

　リーグ戦形式の問題を考える場合は，通常右のような対戦表を利用して考える。対応関係等の表と異なるのは，1つの試合に対して該当する欄が2か所ずつあることである。これは，AとBが試合をすれば，Aから見た結果とBから見た結果の両方があるからである。右の表ではBとDが試合をしてBが勝った場合を表しているが，この場合Dから見れば負けとなっている。このようにリ

	A	B	C	D	E
A					
B				○	
C					
D		×			
E					

ーグ戦の対戦表では中央にある斜線を挟んで対称な位置が同一の試合を表している。結果を記入するときは必ず2か所1組で記入する習慣をつけておこう。リーグ戦の対戦表は縦横どちらを基準にして見るかを決めなければならないが，通常はこの表のように左端の縦の欄から見た勝敗を基準にして記入していく。

　この表を見ればわかるとおり，リーグ戦の場合の総試合数は，n 組で行われれば n^2 から斜線部分の n を引き，それを2で割れば求められるから，$\dfrac{n(n-1)}{2}$ となる。これは場合の数における組合せとして考えれば，異なる n 個の中から2個取る組合せであり，$_nC_2 = \dfrac{n(n-1)}{2 \times 1}$ ということになる。

　リーグ戦の場合，全組の勝ち数の合計と負け数の合計は必ず等しくなる。したがって，引き分けがなければ，**試合数＝総勝ち数＝総負け数**である。引き分けの総数は，引き分け試合数の2倍であり必ず偶数である。また，引き分けと同順位がなければ，全勝，1敗，2敗……全敗まで必ず1組ずついることになる。

重要ポイント 3 トーナメント戦形式

トーナメント戦は勝ち抜き戦と呼ばれ，勝ち残った組どうしが次々と対戦していく形式である。1試合行うごとに1組が負けていなくなり，最後に残った1組が優勝となる。つまり，優勝する組以外のすべてが負ければ終わるのだから，n 組が参加するトーナメント戦の全試合数は $(n-1)$ である。

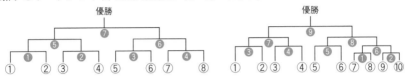

対戦表の基本型は上の左図のような 2^n 型の対戦表である。この 2^n 型の対戦表のとき表の山型が最も低くなる。出場組数が 2^n にならないときは，出場組数以内の最大の 2^n を考え，それから余る部分を右図のように加えてやればよい。この場合，1回戦に出場するのは⑦〜⑩の4組で，1回戦は2試合行われ，①〜⑥の組は2回戦から行うことになる。右の図で決勝戦は4回戦であるが，ほかにどのような組み方をしても決勝戦を3回戦にすることはできない。

トーナメント形式の場合，その本質は優勝者を決定することにあるので，基本的に優勝者以外の順位を確定することはできない。決勝戦で負けた組は「準優勝者」として扱われ，また準決勝戦で破れた組どうしの試合を「3位決定戦」と呼ぶことが多いが，これは便宜的なもので，必ずしも2番目に強い組，3番目に強い組であるとはいえない。上の左図の①〜⑧によるトーナメント戦で①が順次②，③，⑦を破って優勝したとすると（試合は強いほうが勝つことを前提とする），2番目に強い組を決定するためには，改めて②，③，⑦の3組によるトーナメント戦を行わなければならない。④，⑤，⑥，⑧は②，③，⑦より弱いことは決定しているので，これらの中に2番目に強い組がいることはないが，②，③，⑦の組についてはそのいずれが強いのかが確定されていないからである。

重要ポイント 4 対抗戦形式

対抗戦形式の場合は，リーグ戦形式の場合の変形として考えればよい。ただし総当たり戦ではなく，各相手との試合数も変則であることが多いので，この点を的確に読み取る必要がある。総勝ち数と総負け数の合計等はリーグ戦形式と同様である。

❖ **No.1** A～Eの5種類のカードを用いて2人で行うカードゲームがある。ゲームは，5種類のカードをそれぞれ持ち，同時にカードを1枚ずつ出し合って，各カード間の強弱の関係により勝負を決めるものである。これらのカードの関係について，次のことがわかっている。

　ア．BはDに強く，DはEに強い。

　イ．Cは3種類のカードに強く，そのうちの2種類はEが強いカードの種類と同じである。

　ウ．BとDとEはいずれも2種類のカードに強い。

　エ．AはCに弱い。

以上から判断して，5種類のカードの関係として，正しくいえるのはどれか。

ただし，引き分けとなるのは，同じ種類のカードを出し合った場合のみである。

【地方上級（東京都）・令和元年度】

1　AはDに弱い。

2　BはEに強い。

3　CはBに弱い。

4　DはCに弱い。

5　EはAに強い。

No.2 A～Fの6チームが，総当たり戦でフットサルの試合を行った。勝ちを2点，引き分けを1点，負けを0点として勝ち点を計算し，総勝ち点の多いチームから順位を付け，総勝ち点で同点の場合は得失点差により順位を決めた。今，次のア～カのことがわかっているとき，3位になったのはどのチームか。ただし，同一チームとの対戦は1回のみとする。　【地方上級（特別区）・平成30年度】

　ア．BはCとFに勝った。

　イ．Cは，AとDに負けた。

　ウ．Dは，Fに負けなかった。

　エ．Eは，A，B，Cと引き分け，得失点差によりCの下位となった。

　オ．Fには引き分けはなく，得失点差によりAの上位となった。

　カ．引き分けは4試合あった。

1　A

2　B

3　C

4　D

5　F

No.3 ★★ A～Iの9人が総当たりでバドミントン（シングルス）のリーグ戦を行った。このリーグ戦は9日間で行われ，各日とも試合がない者が1人いた。

　表は，前回のリーグ戦の順位と，今回のリーグ戦の7日目までの各参加者の勝敗および8日目と9日目の対戦相手を示したものである。今回のリーグ戦では勝ち数が多い順に順位を付け，勝ち数が同じ者の順位については，前回のリーグ戦の順位が高い者を上位とすることにしたところ，最終順位はAが1位，Bが2位，Cが5位，Dが最下位という結果となった。今回のリーグ戦の勝敗や順位について確実にいえるのはどれか。

　ただし，引き分けの試合はなかった。　　　　　　　　【国家一般職・平成26年度】

前回のリーグ戦の順位	参加者	今回のリーグ戦の状況		
		7日目までの勝敗	8日目の対戦相手	9日目の対戦相手
1位	A	4勝2敗	D	G
2位	B	4勝2敗	E	H
3位	C	2勝4敗	I	E
4位	D	2勝4敗	A	F
5位	E	3勝3敗	B	C
6位	F	2勝4敗	G	D
7位	G	1勝5敗	F	A
8位	H	5勝2敗	試合なし	B
9位	I	5勝2敗	C	試合なし

1　Aは6勝2敗であった。

2　BはHに敗れた。

3　Eは4勝4敗であった。

4　Gは8日目と9日目のどちらかに敗れた。

5　Iは3位であった。

No.4 ★★★ A～Fの6チームが，リーグ戦でテニスの試合を毎日3試合ずつ5日間行った。今，リーグ戦の結果について，次のア～エのことがわかっているとき，確実にいえるのはどれか。

　ただし，同率順位のチームはなく，すべての順位が確定し，引き分けた試合はなかった。　　　　　　　　【地方上級（特別区）・平成29年度】

　ア．1日目は，DがFに勝ち，BがAに勝ち，Cも勝った。

　イ．2日目は，BがCに勝ち，Aも勝った。

　ウ．3日目は，DがAに勝ち，Bも勝った。

　エ．5日目は，BがFに勝ち，Eも勝ったが，Cは敗れた。

1　Aは5位である。　　**2**　Bは2位である。

3　Cは4位である。　　**4**　Dは優勝である。

5　Eは3位である。

実戦問題 **1** の解説

→問題はP.140

No.1 の解説 リーグ戦型ゲーム →問題はP.140 **正答5**

　カード間の強弱により，各回の勝敗を決するのだから，互いの強弱の関係を，リーグ戦の勝敗と同様に考えればよい。条件ア～エをまとめると，**表Ⅰ**のようになる（同一のカードが出された場合は引き分け＝△）。2枚のカードの組合せは10通りあるので（＝$_5C_2 = \dfrac{5 \times 4}{2 \times 1}$），強弱の合計もそれぞれ10ずつである。**表Ⅰ**では，B，C，D，Eの4種類について，強が9，弱が7，となっている。ここから，Aは1種類のカードに強く，3種類のカードに弱いことになる。Eは2種類のカードに強く（条件ウ），このEが強い2種類のカードはCも強い（条件イ）。この場合，EがCに強いとすると，この条件を満たせない。つまり，EはAとBの2種類のカードに強いことになる。ここから，CはA，B，Eの3種類に強く，Dには弱いことが判明する。

　ここまでで，**表Ⅱ**のようにすべての強弱の関係が決定し，この**表Ⅱ**より，正答は**5**である。

表Ⅰ

	A	B	C	D	E	強	弱
A	△		×				
B		△		○		2	2
C	○		△			3	1
D		×		△	○	2	2
E				×	△	2	2

表Ⅱ

	A	B	C	D	E	強	弱
A	△	×	×	○	×	1	3
B	○	△	×	○	×	2	2
C	○	○	△	×	○	3	1
D	×	×	○	△	○	2	2
E	○	○	×	×	△	2	2

No.2 の解説 リーグ戦の対戦結果 →問題はP.140 **正答5**

　リーグ戦対戦表を用意し，結果が明らかになっている，条件ア，イ，およびエの前半をまとめると，**表Ⅰ**のようになる。

表Ⅰ

	A	B	C	D	E	F	勝	分	敗	勝点	順位
A			○		△						
B			○		△	○					
C	×	×		×	△						
D			○								
E	△	△	△								
F		×									

142

　条件エの後半より，CとEは勝ち点で並んでいることになるが，CとEが勝ち点で並ぶためには，CはFに勝って1勝1分3敗の勝ち点3，EはDとFに負けて0勝3分2敗の勝ち点3でなければならない。また，条件ウ，およびオの前半より，DはFに勝っている。ここまでが**表Ⅱ**である。

表Ⅱ

	A	B	C	D	E	F	勝	分	敗	勝点	順位
A			○		△						
B					△	○					
C	×	×		×	△	○	1	1	3	3	
D			○		○	○					
E	△	△	△	×		×	0	3	2	3	
F		×	×	×	○						

　この**表Ⅱ**の段階で，Aの勝ち点は3，Fの勝ち点は2であるが，条件**オ**（AとFは勝ち点で並んでいる）を考えると，FはAに勝って勝ち点4，AはBまたはDの一方と引き分け（他方には負け）て勝ち点4（得失点差でFが上位）ということになる。B，Dについては，Aとの対戦の結果（勝ちと引き分けのいずれか），BとDの直接対戦の結果（どちらが勝つか）に関わらず，両者とも勝ち点6以上であることは確実である。したがって，B，DはFの上位となる（ただし，1位，2位は確定しない）。以上から，3位となるのはFであり，正答は**5**である（**表Ⅲ**）。

表Ⅲ

	A	B	C	D	E	F	勝	分	敗	勝点	順位
A			○		△	×				4	4
B			○		△	○					
C	×	×		×	△	○	1	1	3	3	5
D			○		○	○					
E	△	△	△	×		×	0	3	2	3	6
F	○	×	×	×	○		2	0	3	4	3

No.3 の解説　リーグ戦の対戦結果

→問題はP.141　**正答3**

STEP❶　Dが最下位

　まず，最終結果としてDが最下位となっている点から検討する。7日目まででDは2勝4敗，Gは1勝5敗である。最終的にDとGの勝数が同じであれば，前回の順位によりGはDより下位となる。最終順位でGがDより上位となるためには，最終結果がDは2勝6敗，Gは3勝5敗とならなければならない。つまり，DはA，Fに負け，GはA，Fに勝ちという結果となる。そうすると，Aの最終結果は5勝3敗，Fの最終結果は3勝5敗となる（**表Ⅰ**）。

表Ⅰ

	A	B	C	D	E	F	G	H	I	7日目まで 勝	敗	最終結果 勝	敗	順位
A				○			×			4	2	5	3	1
B										4	2			2
C										2	4			5
D	×				×					2	4	2	6	9
E										3	3			
F				○			×			2	4	3	5	
G	○				○					1	5	3	5	
H										5	2			
I										5	2			

STEP❷ A, B, H, Ⅰの順位

　次に，A，B，H，Ⅰの結果について検討する。Aが5勝3敗で1位であり，H，Ⅰも7日目までに5勝しているので，Bが2位となるためには，B，H，Ⅰの3人とも5勝3敗となることが必要である。ここから，HはBに負け，ⅠはCに負けとなるので，BはEに負けていることになる。

STEP❸ Cの結果

　最後に，Cが5位であることについて考える。EはBに勝って4勝となるので，Cが5位となるためには，Eに勝って（Ⅰには勝っている）4勝4敗でなければならない（Eも4勝4敗である）。

　ここまでで，**表Ⅱ**のように残り試合すべての勝敗が決定する。この**表Ⅱ**より，正答は**3**である。

表Ⅱ

	A	B	C	D	E	F	G	H	I	7日目まで 勝	敗	最終結果 勝	敗	順位
A				○			×			4	2	5	3	1
B			×				○			4	2	5	3	2
C				○					○	2	4	4	4	5
D	×				×					2	4	2	6	9
E		○	×							3	3	4	4	6
F				○			×			2	4	3	5	7
G	○				○					1	5	3	5	8
H		×								5	2	5	3	3
I			×							5	2	5	3	4

No.4 の解説　リーグ戦・日程と勝敗

→問題はP.141　**正答1**

　6チームで1回戦総当たりのリーグ戦を行うと，その試合数は，$_6C_2 = \dfrac{6 \times 5}{2 \times 1} = 15$，より，全部で15試合となる。つまり，1日3試合ずつ行えば，毎日全チームが1試合を行って，ちょうど5日間で終了する。

　まず，1日目にDがFに勝ち，BがAに勝っているので，Cが勝った相手はEである。さらに，2日目はBがCに勝ち，3日目はDがAに勝ち，5日

目はBがFに勝っている。ここまでをまとめると，**表Ⅰ**のようになる。

　ここで，Bの3日目および4日目の対戦相手を考えてみる。Bの3日目および4日目の対戦相手はDとEになるが，Dは3日目にAと対戦しているので，Bの3日目の対戦相手はE，4日目の対戦相手はDである。ここから，3日目のもう1試合は，CとFの対戦となる。そうすると，DとEの対戦が2日目（CとDは2日目に対戦しない）となるので，CとDの対戦は5日目，そして，AとCの対戦が4日目となる。AとFの対戦は5日目ではない（5日目はBとFの対戦）ので，AとFの対戦は2日目（Aが勝っている）であり，AとEの対戦は5日目（Eの勝ち），EとFの対戦は4日目となる。ここまでが，**表Ⅱ**である。

表Ⅰ

	A	B	C	D	E	F
A		×1		×3		
B	○1		○2			○5
C		×2			○1	
D	○3					○1
E			×1			
F		×5		×1		

表Ⅱ

	A	B	C	D	E	F
A		×1	4	×3	5	○2
B	○1		○2	4	3	○5
C	4	×2		5	○1	3
D	○3	4	5		2	1
E	○5	3	×1	2		4
F	2	×5	3	×1	4	

　次に，残りの勝敗について考える。6チームによる1回戦総当たり戦で，引き分けも同率順位もなければ，5勝0敗，4勝1敗，3勝2敗，2勝3敗，1勝4敗，0勝5敗，が必ず1チームずついることになる。**表Ⅱ**の段階でA，C，E，Fは1敗以上しているので，5勝0敗の可能性があるのはBまたはDである。そして，A，B，C，D，Eは1勝以上しているので，0勝5敗はFである。Bが5勝0敗の場合，4勝1敗はDとなり，Cが3勝2敗，Eが2勝3敗，Aが1勝4敗で，**表Ⅲ**となる。Dが5勝0敗の場合，4勝1敗はBとなり，Cが3勝2敗，Eが2勝3敗，Aが1勝4敗で，**表Ⅳ**となる。

　この**表Ⅲ**および**表Ⅳ**より，**3**，**5**は誤り，**2**，**4**は不確定で，正答は**1**である。

表Ⅲ

	A	B	C	D	E	F	勝	敗	順位
A		×1	×4	×3	×5	○2	1	4	5
B	○1		○2	○4	○3	○5	5	0	1
C	○4	×2		×5	○1	○3	3	2	3
D	○3	×4	○5		○2	○1	4	1	2
E	○5	×3	×1	×2		○4	2	3	4
F	×2	×5	×3	×1	×4		0	5	6

表Ⅳ

	A	B	C	D	E	F	勝	敗	順位
A		×1	×4	×3	×5	○2	1	4	5
B	○1		○2	×4	○3	○5	4	1	2
C	○4	×2		×5	○1	○3	3	2	3
D	○3	○4	○5		○2	○1	5	0	1
E	○5	×3	×1	×2		○4	2	3	4
F	×2	×5	×3	×1	×4		0	5	6

第2章　文章条件からの推理

No.5　ある剣道大会で，A～Gの7チームが，下図のようなトーナメント戦を
行った結果について，次のア～エのことがわかった。

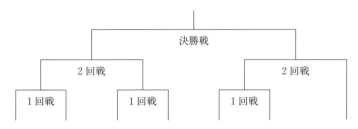

ア．AはCに負けた。

イ．BはEに負けた。

ウ．FはEと対戦した。

エ．FはGに勝った。

以上から判断して，確実にいえるのはどれか。

【地方上級（東京都）・平成28年度】

1　Aは決勝戦に進んだ。

2　Bが決勝戦に進んだとすると，FはGと2回戦で対戦した。

3　Dが優勝したとすると，DはCと対戦した。

4　FはEと1回戦で対戦した。

5　Gが決勝戦に進んだとすると，BはDと対戦した。

No.6 A～Jの10人は、将棋のトーナメント戦を行った。トーナメントの形式は図のとおりであり、空欄にはG～Jのいずれかが入る。次のことがわかっているとき、確実にいえるのはどれか。 【国家一般職・令和2年度】

○ ちょうど2勝したのは3人であった。

○ BとIは準決勝で対戦し、その勝者は優勝した。

○ Fは、EともJとも対戦しなかった。

○ GとHはそれぞれ1試合目で負けたが、Hはその試合で勝っていたら、次は準決勝であった。

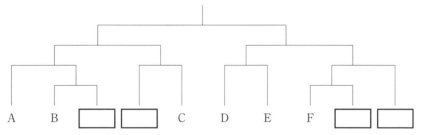

1 ちょうど1勝したのは1人であった。

2 GはCに負けた。

3 Fは準優勝であった。

4 IはDと対戦した。

5 Jは1試合目で勝った。

No.7 A～Hの8チームが，次の図のようなトーナメント戦で野球の試合を行った。今，次のア～オのことがわかっているとき，確実にいえるのはどれか。ただし，引き分けた試合はなかった。 【地方上級（特別区）・令和4年度】

ア．1回戦でBチームに勝ったチームは，優勝した。

イ．1回戦でAチームに勝ったチームは，2回戦でCチームに勝った。

ウ．1回戦でGチームに勝ったチームは，2回戦でFチームに負けた。

エ．Dチームは，Fチームに負けた。

オ．Eチームは，全部で2回の試合を行った。

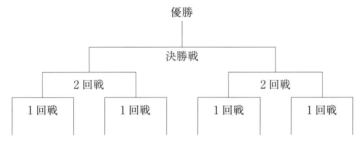

1 Aチームは，Dチームと対戦した。

2 Bチームは，Hチームと対戦した。

3 Cチームは，Gチームと対戦した。

4 Dチームは，Eチームと対戦した。

5 Fチームは，Hチームと対戦した。

実戦問題2の解説

No.5 の解説 トーナメント戦の結果

→問題はP.146　**正答3**

STEP❶ EとFとの対戦

　EとFとの対戦が行われているが（条件ウ），EはBに勝っており（条件イ），FはGに勝っている（条件エ）。ここから，EとFとは1回戦で対戦していないことは明らかで（1回戦で負ければ，その1回しか試合をしていないことになる），EとFとの対戦は2回戦あるいは決勝戦ということになる。

STEP❷ EとFとが2回戦で対戦する場合1

　EとFとが2回戦で対戦する場合，トーナメント表で左側の山の2回戦となるのが，**図Ⅰ**，**図Ⅱ**のように2通りある。このとき，EとFとの対戦結果は不明である。また，右側の山では，**図Ⅰ**の場合，2回戦の対戦結果は不明，**図Ⅱ**の場合，2回戦の結果はCの勝ち（Cは決勝戦に進出）となる。

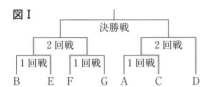

STEP❸ EとFとが2回戦で対戦する場合2

　EとFとの2回戦がトーナメント表で右側の山となるのも，**図Ⅲ**，**図Ⅳ**の2通りとなる。この場合は，**図Ⅲ**ではEの優勝，**図Ⅳ**ではFの優勝が確定する。

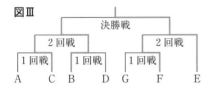
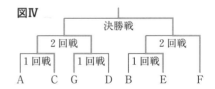

STEP❹ EとFとが決勝戦で対戦する場合

　EとFが決勝で対戦する場合，Eが右側の山，Fが左側の山となるのが**図Ⅴ**，**図Ⅵ**の2通りあり，Eが左側の山，Fが右側の山となるのが**図Ⅶ**，**図Ⅷ**の2通りある。EとFとの対戦結果は示されていないので，EとFが決勝戦で対戦すると，いずれの場合でも優勝者は確定しない。

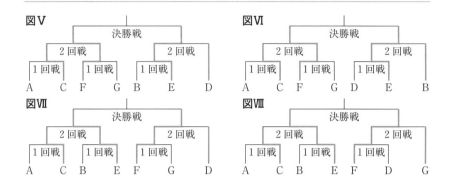

図V　図VI　図VII　図VIII

この**図Ⅰ〜図Ⅷ**より，Aが決勝戦に進んだ可能性，およびEとFが1回戦で対戦した可能性はないので，**1**，**4**は誤りである。**2**については**図Ⅲ**の場合となるので誤り，**5**については**図Ⅳ**の場合となるので誤りである。Dが優勝したとすると，その可能性があるのは**図Ⅰ**の場合だけである。このとき，Dは2回戦でCと対戦している。

以上から，正答は**3**である。

No.6 の解説 トーナメント戦の結果

→問題はP.147　**正答4**

まず，BとⅠは準決勝で対戦している。このことから，ⅠはCと対戦して勝っていることになる。Hは1試合目で負けているが，その試合で勝っていたら，次は準決勝だったので，Hはトーナメント表の右端である。そうすると，Fの1回戦の対戦相手はJではないので，Gである。つまり，Fは1回戦でG，2回戦でHに勝っている。これにより，Jは1回戦でBに負けていることになる。そして，FはEと対戦していないので，Fが準決勝で対戦したのはDである。この段階で，1勝もしていないのは，A，J，C，E，G，Hの6人と決まる。優勝したのは，BかⅠのどちらかであるが，Bが優勝したとすると，Ⅰが1勝しかしていないことになるので，2勝したのが3人という条件を満たせない。Ⅰが優勝したとする場合，準決勝でDがFに勝てば，B，D，Fの3人が2勝ということになり，条件を満たす。これにより，トーナメント戦の結果は次図のようになる。したがって，正答は**4**である。

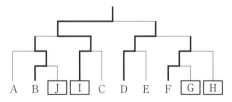

A　B　J　I　C　　D　E　F　G　H

No.7 の解説 トーナメント戦の結果 →問題はP.148 **正答 1**

　まず，条件ア，イについて，**表Ⅰ**のようにしてみる。次に，条件ウについて考える。1回戦でGチームに勝ったチームをCチームとすると，**表Ⅱ**のようになる。しかし，この場合，Dチームは決勝戦でFチームに負けることとなる。これだと，条件アと矛盾することとなってしまう。1回戦でAチームに勝ったのがDチーム，優勝したのがFチームとすれば，**表Ⅲ**のようになる。これですべての条件を満たすことが可能である。この**表Ⅲ**より，正答は**1**である。

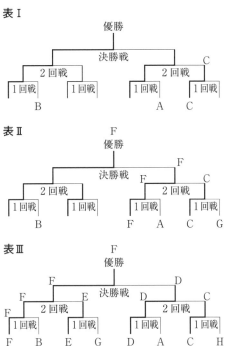

　サッカー場にいたA，B，C，Dと野球場にいたE，F，Gの計7人が次のような発言をした。このうち2人の発言は正しく，残りの5人の発言は誤っているとき，正しい発言をした2人の組合せとして，確実にいえるのはどれか。ただし，7人のうちラーメンが好きな人は2人である。

【地方上級（特別区）・平成28年度】

A 「Cの発言は誤りである。」

B 「サッカー場にいた4人はラーメンが好きではない。」

C 「Aはラーメンが好きである。」

D 「A，Cの発言はいずれも誤りである。」

E 「ラーメンが好きな2人はいずれもサッカー場にいた。」

F 「私はラーメンが好きではない。」

G 「E，Fの発言のうち，少なくともいずれかは正しい。」

1 A　B

2 A　G

3 B　F

4 E　D

5 F　G

難易度　＊＊

必修問題の <u>解説</u>

STEP❶ 誤りの発言を探す

正しいことを述べている2人よりも,「誤った発言をしている5人がだれなのか」から考えたほうがよい(間違った発言は矛盾が生じるので基本的に見極めやすい)。

まず,AとCについて,両者の発言の関係を考えてみる。

STEP❷ Aがラーメンを好きな場合

Cの発言は正しいことになり,「Cの発言は誤りである」というAの発言が誤りとなる。

STEP❸ Aがラーメンを好きでない場合

Cの発言は誤りであり,「Cの発言は誤りである」というAの発言は正しいことになる。

このように,他人の発言についてそれを「誤りである」と言及している場合,必ずその一方は正しく,他方は誤りという関係にある。両者とも正しいということも,両者とも誤りということもない。ここから,「A,Cの発言はいずれも誤りである」という**Dの発言は誤り**ということになる。

STEP❹ Gの発言の正誤

次にGの発言の正誤を考えてみる。Gの発言が正しいとすると,E,Fのうち少なくともいずれかの発言は正しいことになる。しかし,これだと正しい発言をしているのが,E,Fのうちの少なくとも1人とG,そしてAまたはCのどちらかとなり,正しい発言をしているのが3人以上となってしまう。つまり,Gの発言は誤りである。「E,Fの発言のうち少なくともいずれかは正しい」という**Gの発言が誤り**なのだから,**E,Fの発言はいずれも誤り**である。

STEP❺ 正しい発言

ここまでで,D,E,F,Gの4人についてはその発言が誤りで,さらにA,Cのどちらかの発言が誤りであることが判明したので,Bの発言は正しいことになる。Bの発言である「サッカー場にいた4人はラーメンが好きではない」が正しいので,Cの発言である「Aはラーメンが好きである」は誤りとなり,Aの発言が正しいことになる。

以上から,正しい発言をした2人はAとBであり,正答は **1** である。

正答 **1**

FOCUS

発言から推理していく問題では,一つ一つの発言が持つ意味・内容を丁寧に考えることである。その発言にどのような情報が含まれているか,すなわちどのような結論が論理的に帰結できるかを考えていくのである。さらに複数の発言を組み合わせることによって,可能性のある場合が限定されていくことになる。

──── POINT ────

重要ポイント **1** 発言から推理する問題

　発言から推理する問題は，①複数の発言を総合的に判断する，②発言者の中にうそをついている者がいる，③前者の発言を論理的前提として推論を重ねていく，等の類型がある。

　第一に挙げた類型の問題は，実質的には第1章，特に**テーマ2「命題」**に分類することが可能であり，解法としてはそこで取り上げた論理式や真偽分類表を利用することになる。

重要ポイント **2** 複数の発言から判断する問題

(1) 複数発言の組合せ

　複数の発言を組み合わせることによって判断していくというのは，発言から推理する問題の基本である。ここでは，それぞれの発言が相互に他の発言の制約条件となっているので，まず一つ一つの発言がどういう状況を述べているかを明らかにすることである。そのうえで2つの発言を組み合わせると何がわかるか，さらに3つ目の発言を加えるとどうなるか，というように順序立てて考えていけばよい。ただし，この種の問題でも最終的に複数の場合が残ることが多いので，どのような状況が考えられるのかは慎重に検討する必要がある。

(2) 表作成による機械的処理

　複数の発言を組み合わせることによって判断していく問題は，あまり複雑でないものならば命題に関する問題として把握し，ベン図や論理式で考えれば済むことに気づきやすい。

　しかし，複数の発言の関係が込み入ってきて複雑になると，ベン図や論理式による解決は難しくなってくる。そのような場合は，**テーマ2**で取り上げた**真偽分類表**を活用して機械的に処理していくと結論を導きやすい。特に複数の項目について「真・偽（＝ある・ない）」型の分類をしていくような場合には，表作成による処理が有効である。詳しくは「**テーマ2**」を参照。

重要ポイント **3** うそをついている者がいる問題

(1)「うそをついている者」を見分ける手順

　うそをついている者が1人であれば，**だれか1人の発言をうそと仮定**してみて矛盾が生じるかどうかを順次検討すればよい。この場合は，1人の発言をうそと仮定して全員の発言に矛盾が生じなければ，仮定した者がうそをついていることになる。

　うそをついている者が複数いるがその人数がわかっているときは，むしろ結果から考えたほうが速い。**一定の結果を正しいと仮定したときに，それと矛盾する発言をしている者が何人いるかを考えてみる**のである。たとえば，6人のうちの4人が

うそをついている場合，可能性のある複数の結果のうち，Aという結果を仮定した
ときにそれと矛盾する発言をしている者が4人いれば，Aという結果が真実で，そ
れと矛盾する発言をしている4人がうそをついていることになる。

(2) 他人の発言の真偽に言及している場合

　この場合には一定の法則が存在する。本当のことを述べるグループとうそをつく
グループとに分けたとき，**どちらのグループに属する者も，自分と同じグループに
属する者の発言は正しいと述べ，自分と異なるグループに属する者の発言について
はうそだと述べる**，ということである。

　たとえば，A〜Dの4人のうち，A，Bは常に本当のことを述べ，C，Dは常にう
そをつくとすると，A，Bがお互いの発言を正しいと言うだけでなく，C，Dも
（常にうそをつくのだから）お互いの発言を正しいと言う。また，A，BがC，
Dの発言をうそだと言うだけでなく，C，DもA，Bの発言をうそだと言うことに
なる。したがって，EがFの発言をうそだと言うならば，E，Fのうちのどちらか
一方がうそをついていることになるのである。

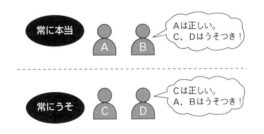

重要ポイント 4　前者の発言を論理的前提として考える問題

　前者の発言を論理的前提として推論を重ねていく問題では，前者の発言によって
判明する事実をもとに状況を順次限定していく。**発言の順序が大きな意味を持つの
で，全員の発言を全部まとめて考えても結論を導くことは不可能である。**したがっ
て，1回の発言ごとにそこから推論できる結果を考え，さらに次の発言を検討する
という推論の積み重ねが必要である。

No.1　A～Fの6人が競走し，その順位についてそれぞれ次のように発言した。これらのうち，最下位であった者の発言は真実ではなく，それ以外の者の発言は真実であるとき，競走した結果の順位について確実にいえるのはどれか。

ただし，同着の者はいなかった。　　　　　　　　　　　　【国家総合職・平成27年度】

A：「私はBより順位が下である。」

B：「AはCおよびEより順位が上である。」

C：「1位になったのはBである。」

D：「私は4位である。」

E：「私とAのいずれも3位ではない。」

F：「私とAの順位の間にCおよびEの順位がある。」

1　A，B，Eの順位は連続している。

2　BとFの順位は3つ以上離れていない。

3　Cは5位である。

4　CとDの順位の間にFの順位がある。

5　DはEより順位が上である。

No.2　A～Eの5人が，ある競技の観戦チケットの抽選に申し込み，このうちの1人が当選した。5人に話を聞いたところ，次のような返事があった。このとき，5人のうち3人が本当のことを言い，2人がうそをついているとすると，確実にいえるのはどれか。　　　　　　　　　　　　　　　　　　【地方上級（特別区）・令和2年度】

A：「当選したのはBかCのどちらかだ。」

B：「当選したのはAかCのどちらかだ。」

C：「当選したのはDかEである。」

D：「私とCは当選していない。」

E：「当選したのはBかDのどちらかだ。」

1　Aが当選した。

2　Bが当選した。

3　Cが当選した。

4　Dが当選した。

5　Eが当選した。

＊＊

No.3 A～Eの5人が，音楽コンクールで1位から5位になった。誰がどの順位だったかについて，A～Eの5人に話を聞いたところ，次のような返事があった。このとき，A～Eの5人の発言内容は，いずれも半分が本当で，半分は誤りであるとすると，確実にいえるのはどれか。ただし，同順位はなかった。

【地方上級（特別区）・令和4年度】

A：「Cが1位で，Bが2位だった。」
B：「Eが3位で，Cが4位だった。」
C：「Aが4位で，Dが5位だった。」
D：「Cが1位で，Eが3位だった。」
E：「Bが2位で，Dが5位だった。」

1 Aが，1位だった。

2 Bが，1位だった。

3 Cが，1位だった。

4 Dが，1位だった。

5 Eが，1位だった。

実戦問題 1 の解説

　まず，Aが最下位ではないことは明らかである。Aが最下位だとすると，Aの発言は真実でないことになるが，Aが最下位であれば，Bより順位が下である，という発言内容が真実となってしまうからである。

　次に，Bも最下位ではない。Bが最下位（発言が真実でない）だとすると，「1位になったのはBである」というCの発言も真実でないことになり，真実でない発言をしている者が2人いる（＝最下位が2人いる）ことになってしまうからである。

　また，Cも最下位ではない。Cが最下位（発言が真実でない）だとすると，「AとFの順位の間にCおよびEの順位がある」という内容であるFの発言も正しくないことになるからである。

　さらに，Eも最下位ではない。Eが最下位（発言が真実でない）だとすると，Cの発言に関してと同様で，Fの発言も正しくないことになるからである。

　そして，Fも最下位ではない。Bの発言は正しいので，CおよびEはAより順位が下であるが，Fが最下位であれば，Fの発言は正しいことになり，矛盾が生じるからである。

　ここまでで，A，B，C，E，Fはいずれも最下位ではないので，最下位（＝真実でない発言をしている）はDということになる。

　そうすると，A，B，C，E，Fの発言から，その順位は「1位＝B，2位＝A，3位＝C，4位＝E，5位＝F，6位＝D」ということになる。

　以上から，「CとDの順位の間にFの順位がある」という**4**が正答である。

No.2 の解説　虚偽の判断

→問題はP.156　**正答2**

　各人の発言から，当選した可能性があると言われている者を○として，表を作成してみればよい。5人の発言はいずれも断定形であるから，例えば，Aの発言によれば，A，D，Eが当選した可能性はないということになる。5人の中で本当のことを言っているのは3人だけなので，3人から当選した可能性があると言われている者（2人から当選した可能性がないと言われている者）が当選者である。表より，3人から当選した可能性があると言われているのはBだけである。つまり，当選者はBということになる。この場合，本当のことを言っているのは，A，D，Eの3人である。以上から，正答は**2**である。

		A	B	C	D	E
発言者	A	×	○	○	×	×
	B	○	×	○	×	×
	C	×	×	×	○	○
	D	○	○	×	×	○
	E	×	○	×	○	×

No.3 の解説　虚偽の判断

→問題はP.157　**正答4**

　「半分が本当で，半分は誤り」ということの意味は，A～Eの発言が，前半，後半のうち，一方は正しく，他方は誤りということである。したがって，前半または後半の一方を正しいと仮定してみればよい。**表I**のように，Aの発言の前半「Cが1位」を正しいと仮定すると，後半の「Bが2位」は誤りとなる。ここから，Dの発言の前半は正しく，後半の「Eが3位」は誤りとなる。ところが，「Cは1位」なので，Bの発言の後半「Cが4位」は誤りで，前半の「Eが3位」は正しいことになる。これは，Dの発言と矛盾する。そこで，Aの発言の前半を誤り，後半を正しいとすると，「Bは2位」である。Dの発言も前半が誤りとなるので，後半は正しく，「Eは3位」である。Eの発言は「Dが5位」が誤りなので，Cの発言から「Aが4位」となる（**表II**）。B＝2位，E＝3位，A＝4位，が決まり，「Dが5位」は誤りなので，D＝1位，C＝5位，のように確定する（**表III**）。したがって，正答は**4**である。

表I

A	Cが1位	○	×	Bが2位
B	Eが3位	○	×	Cが4位
C	Aが4位	×	○	Dが5位
D	Cが1位	○	×	Eが3位
E	Bが2位	×	○	Dが5位

表II

A	Cが1位	×	○	Bが2位
B	Eが3位	○	×	Cが4位
C	Aが4位	○	×	Dが5位
D	Cが1位	×	○	Eが3位
E	Bが2位	○	×	Dが5位

表III

1位	2位	3位	4位	5位
D	B	E	A	C

No.4　A～Gの7人が，赤・白・青のいずれかの色の帽子を一斉にかぶせても
らい，自分以外の全員の色を見て，自分がかぶっている帽子の色を当てるというゲ
ームを行った。

「帽子の色は赤・白・青のいずれかで，同じ色の帽子をかぶっている人は最大3
人である」というヒントがあったが，初めは誰もわからず，手を挙げなかった。し
かし，そこで誰もわからないという状況を踏まえたとたんに，何人かが同時に「わ
かった」と手を挙げ，それを見て残りの人が「わかった」と手を挙げた。このと
き，先に手を挙げた人数は何人であったか。

ただし，A～Gの7人は判断に同じだけの時間を要し，誤りはないものとする。

【国家専門職・平成20年度】

1　2人

2　3人

3　4人

4　5人

5　6人

No.5　A～Eの5人が，キャンプの班分けで自分がX班になるかY班になるか
を知りたいと思い，担当の顧問に聞きに行った。すると顧問は，各人に対して個別
に，本人と他の1人を除く3人についてのみ，X班かY班かを教えた。A～Eの各
人が得た情報は次のとおりである。

Aが得た情報	Bが得た情報	Cが得た情報	Dが得た情報	Eが得た情報
—	—	AはX班	AはX班	AはX班
BはY班	—	—	BはY班	BはY班
CはY班	CはY班	—	—	CはY班
DはX班	DはX班	DはX班	—	—
—	EはY班	EはY班	EはY班	—

その後，顧問は，A～Eが一堂に会した場で，

○各人にどの3人の班を教えたかということ

○Y班は多くとも3人であること

の2点を伝えた。

その時点で，A～Eの誰も自分の班を特定できなかったが，そこで誰も自分の班
を特定できないとわかると，まず1人だけが自分の班を特定することができた。そ
れは誰か。

【国家総合職・平成23年度】

1　A

2　B

3　C

4　D

5　E

実戦問題❷の解説

→問題はP.160

No.4 の解説 状況および発言からの判断　　　　　　**正答3**

STEP❶　「初めは誰もわからない」ことを考える

　　「同じ色の帽子をかぶっているのは最大3人」だから，誰か1人から見て，たとえば白が3人，赤が3人いたら，自分は青だとわかるはずである。ところが初めは誰もわからないのだから，誰から見ても「2色が3人ずつ」ではないことになる。

　　この場合，3色の帽子の組合せは3人，2人，2人しかない。そして，誰も手を挙げないという状況から，7人全員がそのことを理解するはずである。

STEP❷　3色の組合せから考える

　　そうすると，同じ色の帽子をかぶっている3人からは，他の6人について3色が2人ずつ見えることになり，自分がかぶっている帽子の色を決定できない。

　　しかし，残りの4人からは，3色の帽子について3人，2人，1人と見えるので，自分は他の6人のうち1人しかかぶっていない帽子の色と同色であると決定できる。

　　さらに，この4人が手を挙げれば，手を挙げていない3人にとっても，手を挙げた4人がかぶっている2色の帽子以外の1色であると決定することができるのである。

　　すなわち，先に手を挙げるのは4人で，正答は**3**である。

No.5 の解説 状況および発言からの判断　　　　　　**正答1**

→問題はP.160

STEP❶　Y班について考える

　　顧問は，A～Eの5人に対して「Y班は多くとも3人である」と伝えている。したがって，各人が有している自分以外の3人の情報について，そのいずれもがY班であるならば，自分はX班であると判断できるはずである。しかし，その段階では誰も自分の班がどちらであるかを特定できていないので，5人が有しているY班についての情報は多くても2人までである。そして，5人とも自分以外の4人が有している情報すべてがそうであると判断することになる。このとき，Y班に属する2人の情報を有している者は，ほかに自分および自分が有しているY班2人の情報を有している者がいれば，自分はX班であると特定することが可能である。つまり，A，B，D，Eの4人は，

　　Aは，**A，B，C**の3人についての情報を持っている者がいれば，その者は「AはX班，BはY班，CはY班」と教わったので，その者自身の班を特定できないのだと判断できる。

　　Bは，**B，C，E**の3人についての情報を持っている者がいれば，その者

第2章 文章条件からの推理

は「BはX班，CはY班，EはY班」と教わったので，その者自身の班を特定できないのだと判断できる。

　Dは，B，D，Eの3人についての情報を持っている者がいれば，その者は「BはY班，DはX班，EはY班」と教わったので，その者自身の班を特定できないのだと判断できる。

　Eは，B，C，Eの3人についての情報を持っている者がいれば，その者は「BはY班，CはY班，EはX班」と教わったので，その者自身の班を特定できないのだと判断できる。

STEP②　最初に自分の班を特定できる者について考える

　そうすると，AはB，CがY班であるという情報を有しており，EがA，B，Cに関する情報を有していることがわかるので，Eが自分の班を特定できないことから，Aは自分がX班であると特定することが可能である。

　これに対し，BとEは，B，C，Eに関する情報を有している者がいないので，最初に自分の班を特定することはできない。DもB，D，Eに関する情報を有している者がいないので最初に特定することはできない。また，CはY班に属する者の情報を1人しか有していないので，最初に自分の班を特定することはできない。

　以上から，最初に1人だけ自分の班を特定できるとすれば，それはAであり，正答は**1**である。

　なお，Aが自分の班を特定できたということを知れば，B，C，Dも自分の班を特定することは可能である。「A，B，D」，「A，C，D」という3人の情報を与えられた者はいないので，Eに与えられた「A，B，C」についての情報をAが利用したと，B，C，Dは判断できる。このとき，AとEに与えられた情報に共通するB，CはY班で，残りのDはX班であることがわかるのである。

　ただし，B，C，Dのいずれも「EがY班である」という情報を利用していないので，A～Dの4人が自分の班を特定できても，Eは自分の班を特定することはできない。

実戦問題❸ 虚偽の発言と推論

No.6
A〜Eの５つの箱があり，それぞれの箱にはラベルが１枚貼られている。箱とその箱に貼られているラベルの記述について調べてみると，空箱でないときは，ラベルの記述が正しく，事実と整合しており，空箱であるときは，ラベルの記述が誤っており，事実に反することがわかった。ラベルが次のとおりであるとき，A〜Eのうち，空箱であると確実にいえるのはどれか。

【国家一般職・平成29年度】

Aのラベル：「CまたはDは空箱である。」

Bのラベル：「Aが空箱であるならば，Cも空箱である。」

Cのラベル：「Dは空箱である。」

Dのラベル：「AおよびBは空箱である。」

Eのラベル：「Dが空箱であるならば，Eは空箱でない。」

1 A

2 B

3 C

4 D

5 E

No.7 甲と乙の2人が，A〜Eの5人に宛ててそれぞれ1枚ずつ用意した計5枚の封筒と，同じく5人に宛ててそれぞれ1枚ずつ用意した計5枚の礼状を用いて，封筒の中に入っている礼状について推理するゲームを行った。

乙は甲に見えないように5枚の礼状を封筒の中に入れたうえで，それぞれの封筒に次のような付せん紙を貼った。

○ A宛の封筒の付せん紙「D宛の封筒の付せん紙の記載内容は，正しいです。」
○ B宛の封筒の付せん紙「この封筒には，礼状が1枚も入っていません。」
○ C宛の封筒の付せん紙「B宛の封筒には，B宛の礼状が入っています。」
○ D宛の封筒の付せん紙「E宛の封筒には，D宛の礼状が入っています。」
○ E宛の封筒の付せん紙「A宛の封筒には，A宛の礼状が入っています。」

その後，乙は甲に対して，次のように発言した。

「封筒の中に，封筒の宛名と同じ宛名の礼状が入っている場合，その封筒に貼られた付せん紙の記載内容は正しいです。そうでない場合，付せん紙の記載内容は正しくありません。また，封筒の中には複数の礼状が入っている場合もあります。」

このとき，封筒の中身を確認しない状態で，甲が確実にいえることはどれか。

【国家総合職・平成25年度】

1 いずれの封筒にも，封筒の宛名と同じ宛名の礼状が入っていない。

2 A宛の封筒には，複数枚の礼状が入っている。

3 B宛の封筒には，C宛の礼状が入っている。

4 D宛の封筒には，礼状が1枚も入っていない。

5 E宛の封筒には，B宛の礼状が入っている。

No.8 A，B，C，D，Eの5人が，Aを先頭にしてこの順で縦1列に並んでいる。この5人に，白い帽子3個，黒い帽子2個から各人に1個ずつかぶせる。5人は自分の帽子の色はわかっており，また自分より前方に並んでいる者の帽子は見えるが，自分より後方に並んでいる者の帽子は見ることができない。白い帽子をかぶっている者は必ず正しいことを述べ，黒い帽子をかぶっている者は必ず正しくないことを述べる，としたところ，Cは全員の帽子の色が判断できて，「Dの帽子の色は黒である。」と述べ，Dは「Bの帽子の色は白である。」と述べた。このとき，A，B，Eがかぶっている帽子の色の組合せとして，正しいのはどれか。

【市役所・平成27年度】

	A	B	E
1	白	黒	黒
2	白	黒	白
3	黒	白	白
4	黒	黒	白
5	黒	白	黒

***
No.9 1～7のいずれか異なる数字が背中に書かれたゼッケンを付けているA～Fの6人がいる。A～Fは，自分の付けているゼッケンの数字を見ることはできないが，他の人が付けているゼッケンの数字を見ることはでき，ゼッケンの数字についてそれぞれメモを取った。A，C，D，E，Fのメモが次のとおりであり，6人は自分が書いたもの以外のメモを見ることができないとき，Bのメモの内容を示す　　　　に確実に当てはまるものとして最も妥当なのは次のうちではどれか。

なお，1～7の数字のうち，使用されない数字が1つある。

【国家総合職・令和4年度】

A：Cのゼッケンの数字からEのゼッケンの数字を引くと正の偶数になる。

B：　　　　　　　　　　　　　　　　　　　　　　　　　　

C：Dのゼッケンの数字は，Fのゼッケンの数字の倍である。

D：Aのゼッケンの数字は素数である。

E：A，B，C，D，Fのゼッケンの数字のうち，奇数は2つだけである。

F：他の5人の数字から，自分のゼッケンの数字が最も小さいとわかった。

1 AとCのゼッケンの数字を足すと10になり，CとDのゼッケンの数字を足すと9になる。

2 AとEとFのゼッケンの数字は連続している。

3 他の5人の数字から，自分のゼッケンの数字はFのゼッケンの数字より大きいとわかった。

4 CとEのゼッケンの数字を足したものは，DとFのゼッケンの数字を足したものより大きい。

5 DとEのゼッケンの数字を足すと7になり，DよりもEのゼッケンの数字が大きい。

実戦問題❸の解説

No.6 の解説 虚偽の発言と推論 →問題はP.163 **正答4**

　まず，Cの箱とDの箱との関係について考えてみる。Cが空箱でないならば，Cのラベルの記述は正しいので，Dは空箱である。Cが空箱であるならば，Cのラベルの記述は誤りで，Dは空箱ではないことになる。つまり，この段階でCまたはDのどちらかは空箱ということになるので，Aのラベルの記述は正しい（Aは空箱ではない）。そうすると，Dのラベルの記述「AおよびBは空箱である」は誤りということになり，Dは空箱である。Bのラベルの記述「Aが空箱であるならば，Cも空箱である」については，Aは空箱ではないのだから，「Aが空箱であるならば」という仮定は偽（＝誤り）である。仮定が偽（＝誤り）であるならば，結論がどのような内容であっても，全体としての記述は偽（＝誤り）とはならない。これに対し，Eのラベルの記述については，「Dが空箱であるならば」という部分は真（＝正しい）なので，Eが空箱でなければ記述全体が正しい（真），空箱であれば記述全体が誤り（偽）ということになって，どちらの可能性もある。

　以上から，空箱であると確実にいえるのはDであり，正答は**4**である。

No.7 の解説　虚偽の発言と推論　　　　　→問題はP.164　**正答 1**

　最初に，**B宛の封筒の付せん紙の記載内容が正しくない**と気づくことである。付せん紙の記載内容が正しいのは，封筒の宛名と同じ宛名の礼状が入っている場合である。そうすると，B宛の封筒にB宛の礼状が入っている場合，その付せん紙に「この封筒には，礼状が1枚も入っていません」と記載されることはない。つまり，B宛の封筒の付せん紙に記載されている内容は正しくないことになる。したがって，B宛の封筒にはB宛の礼状は入っておらず，また，礼状が1枚も入っていないということもないので，B以外に宛てた礼状が入っていることになる。このことから，**C宛の封筒の付せん紙の記載内容も正しくない**ことになり，C宛の封筒にC宛の礼状は入っていない。

　次に，**D宛の封筒の付せん紙の記載内容も正しくない**。D宛の封筒にD宛の礼状が入っているならば，「E宛の封筒には，D宛の礼状が入っています」と記載されることはないからである。つまり，D宛の封筒の付せん紙に「E宛の封筒には，D宛の礼状が入っています」と記載されているならば，その記載内容は正しくないので，D宛の封筒にも，E宛の封筒にも，D宛の礼状は入っていないことになる。ここから，**A宛の封筒の付せん紙の記載内容も正しくない**ことになり，A宛の封筒にA宛の礼状は入っていない。この結果，**E宛の封筒の付せん紙の記載内容も正しくない**ことになるので，E宛の封筒にはE宛の礼状は入っていない。

　以上から，A〜E宛のいずれの封筒にも，封筒の宛名と同じ宛名の礼状は入っていないことは確実であるが，どの封筒に誰宛の礼状が入っているか，また，複数の礼状が入っている封筒があるのか，あるいは礼状が1枚も入っていない封筒があるのかどうかは確定することができない。

　したがって，正答は**1**である。

No.8 の解説　虚偽の発言と推論

　Cが全員の帽子の色を判断できるのはどのような場合であるかを考えてみる。Cが全員の帽子の色を判断できるのは，A〜C3人が白い帽子をかぶっている場合，および，A〜C3人のうち2人が黒い帽子をかぶっている場合である。

　A〜C3人のうち2人が黒い帽子をかぶっている場合については，A〜Cのうちの誰が白い帽子をかぶっているかで3通りが考えられる。

①A〜C3人が白い帽子をかぶっている場合，Cは必ず正しいことを述べるので，Cの発言は条件と矛盾しない。しかし，Dは黒い帽子をかぶっているので，その発言は「Bの帽子の色は黒である」でなければならず，矛盾が生じる。

②BおよびCが黒い帽子をかぶっている場合，Cは必ず正しくないことを述べるので，「Dの帽子の色は黒である」は条件と矛盾しない。しかし，Dは白い帽子をかぶっているので，その発言は「Bの帽子の色は黒である」でなければならず，これも矛盾が生じる。

③AおよびCが黒い帽子をかぶっている場合，Cの発言は「Dの帽子の色は黒である」，Dの発言は「Bの帽子の色は白である」となり，両者とも矛盾は生じない。

④AおよびBが黒い帽子をかぶっている場合，Cの発言は「Dの帽子の色は白である」，Dの発言は「Bの帽子の色は黒である」でなければならず，両者とも矛盾が生じる。

　したがって，矛盾のない帽子の色の組合せは③だけである。ここから，A，B，Eがかぶっている帽子の色の組合せは「A＝黒，B＝白，E＝白」となり，正答は**3**である。

	A	B	C	D	E	
①	白	白	白	黒	黒	
②	白	黒	黒	白	白	
③	黒	白	黒	白	白	矛盾なし
④	黒	黒	白	白	白	

No.9 の解説　状況および発言からの判断　　→問題はP.165　**正答4**

　まず，Fのメモより，A～Eの5人が付けているゼッケンの数字は3～7のいずれかである（Fが付けているゼッケンの数字は1または2）。そして，Eのメモより，A，B，C，D，Fの5人が付けているゼッケンの数字のうち，奇数は2つだけなので，偶数は2，4，6のすべてがあることになる。これにより，Fが付けているゼッケンの数字は2である（使用されていない数字は1）。そうすると，Cのメモより，Dが付けているゼッケンの数字は4となる。次に，C－E＞0，より，C＞E，であるから，Cが付けているゼッケンの数字は3ではなく，Eが付けているゼッケンの数字は7ではない。また，偶数は2がF，4がDなので，CとEの差が偶数であるためには，C，Eが付けているゼッケンの数字はどちらも奇数でなければならない。そして，Aが付けているゼッケンの数字は素数なので，6は可能性がない。つまり，6はBが付けているゼッケンの数字と決まる。ここまでで，表のようになる。A，C，Eのゼッケンは確定しないが，CとEが付けているゼッケンの数字の和は，DとFが付けているゼッケンの数字の和より大きいことは確実である。以上から，正答は**4**である。

	1	2	3	4	5	6	7
A	×	×		×		×	
B	×	×	×	×	×	○	×
C	×	×	×	×		×	
D	×	×	×	○	×	×	×
E	×	×		×		×	×
F	×	○	×	×	×	×	×

第3章

数量条件からの推理

テーマ **8** **数量相互の関係**
テーマ **9** **操作の手順**

第3章 数量条件からの推理

試験別出題傾向と対策

	試験名	国家総合職					国家一般職					国家専門職				
頻出度	年度	21-23	24-26	27-29	30-2	3-5	21-23	24-26	27-29	30-2	3-4	21-23	24-26	27-29	30-2	3-4
	テーマ　出題数	7	7	3	1	4	6	1	3	1	3	2	1	6	3	3
A	8 数量相互の関係	3	5	3	1	4	5		2	1	3	1	1	5	3	
B	9 操作の手順	4	2				1	1	1			1		1		3

　数量条件からの推理に関する出題は，おおむね次のような4つの類型に分けて考えることができる。第1は，本来の判断推理的問題，特に第2章「文章条件推理」に分類される問題に数量的条件を加えた問題である。第2は，カードや物の配布・分配に関する問題のように，数や数量の組合せの中で矛盾を排除しながら場合を確定させていく，というように数量的条件あるいは数量的変化を推論的に考える問題である。第3は，整数や数的規則性，あるいは関数といった要素を土台としながら，このような本来分析的要素が強い数的推理の内容に，推論を中心とする判断推理的な視点が加味された問題である（第2の類型に比べてより数的推理的要素が強い）。そして第4は，操作の手順やその最適化，あるいはゲームの必勝法等に関する問題である。

　第1および第3の類型に明確な境界線を設けることは難しく，判断推理的要素がどの程度強いかによるともいえる。そのため，第3の類型では数的推理に分類されている問題もあり，第2の類型も本書では適宜それぞれのテーマに振り分けてある。いずれにしても判断推理，数的推理といった明確な分類のしにくい問題が増加しており，一層の注意が必要である。

●国家総合職

　他の試験種と比べて数量条件推理の出題が多いが，単にそれだけとはいえない。最近の出題は，文章条件推理に分類されるような問題でも，数量的条件を伴っていることが非常に多い。それだけに，数量的条件をどのように扱うかという点から考えても，類型は多様である。難解とはいえない問題でも，条件が複雑で分析と推論に手間のかかる問題が多い。また，数的推理に分類されることが多いが，「線形計画法」の出題も見られるので，必ず準備しておきたい。

●国家一般職

　整数や確率といった内容を扱いながら，判断推理的な要素と融合された問題が増加してきている。複雑で難易度の高い問題も出題されており，今後もこの分野からの出題に関しては要注意である。

地方上級（全国型）					地方上級（東京都）					地方上級（特別区）					市役所（C日程）				
21-23	24-26	27-29	30-2	3-4	21-23	24-26	27-29	30-2	3-5	21-23	24-26	27-29	30-2	3-5	21-23	24-26	27-29	30-2	3-4
4	4	4	4	3	0	3	0	2	1	1	1	3	2	1	2	1	3	2	1
2	2	2	2	3		3		1			1	1	2	1			3	1		テーマ8
2	2	2	2			1	1	1				2			2	1		1	1	テーマ9

● 国家専門職

　国家一般職と同様，整数論的内容と判断推理的な要素とが融合された出題が多く見られる。以前ほど奇抜な内容を伴う出題は多くないが，国家総合職と同様，「線形計画法」の出題が見られる。また，数量的条件が付加された文章条件推理問題も出題されており，今後も注意が必要である。

● 地方上級

　出題数そのものは安定化傾向にあるが，類型の多様化が認められる。さらに，内容的にも複雑な構造をした問題が見られるようになっている。文章条件推理との融合型が多く，また，「操作手順」に関する出題が比較的多いという特徴がある。

● 東京都Ⅰ類

　判断推理で数量的条件を伴う問題は，「集合の要素の個数」（テーマ１）がほとんどである。「数量相互の関係」からの出題はそれほど多くない。ただし，「集合の要素の個数」については，今後も引き続き出題される可能性は高く，ほぼ必出と考えておいたほうがよい。これに対し，現在までのところ「操作手順」からの出題は少ない。

● 特別区Ⅰ類

　他の試験種と比べると，「操作手順」からの出題が多い，という特徴がある。「ハノイの塔」や「油分け」といった手順に関する有名問題は繰り返し出題されており，「油分け」だけでもすでに５回程度の出題がある。過去の出題例には確実に目を通しておくべきである。

● 市役所

　複雑で難しい問題はそれほど見られないが，例年ほぼ確実に出題されている。ある時期，「数量相互の関係」から「操作手順」へと出題傾向がシフトしていたが，この点は流動的でもあるので，全体を通して準備しておく必要がある。

必修問題

　あるテストでは，問1～問8の8問が出題され，各問は選択肢「ア」，「イ」のいずれかを選択して解答することとされている。また，問ごとに，「ア」，「イ」は，一方が正解で，もう一方は不正解の選択肢となっている。A～Dの4人がこのテストを受験し，それぞれの解答と正解数は次の表のとおりだった。このとき，Cの正解数はどれか。

【地方上級（特別区）・令和4年度】

	問1	問2	問3	問4	問5	問6	問7	問8	正解数
A	ア	ア	イ	イ	イ	ア	ア	イ	6
B	ア	イ	イ	イ	ア	ア	ア	イ	4
C	イ	ア	ア	ア	ア	イ	イ	ア	
D	イ	イ	ア	イ	ア	イ	ア	イ	5

1　2

2　3

3　4

4　5

5　6

難易度　＊＊

必修問題の解説

　正解数が最も多いAと2番目に多いDとで考えてみると，問4，問7，問8で解答が一致している。解答が一致していない5問ではどちらかが正解しているので，その5問で2人の正解数は5である。2人の正解数の合計は11なので，解答が一致している問4，問7，問8が正解していないと，正解数の合計が11とならない。したがって，問4の正解はイ，問7の正解はア，問8の正解はイである。次に，AとBで考える。AとBでは，問1，問3，問4，問6，問7，問8で解答が一致している。問4，問7，問8は正解なので，2人の正解数は6，解答が一致しない問

頻出度	国家総合職 ★★★	地上東京都 ★★	**8** 数量相互の関係
A	国家一般職 ★★★	地上特別区 ★★	
	国家専門職 ★★★	市役所Ｃ ★★	
	地上全国型 ★★★		

2，問5はどちらかが正解なので，ここまでで正解数が8となる。2人の正解数の合計は10なので，問1，問3，問6，のうちの1問を正解していることになる。問1が正解である場合，Bは問2，問3，問5，問6が不正解で，結果は**表Ⅰ**のようになり，Cの正解数は3である。問3が正解である場合は**表Ⅱ**，問6が正解である場合は**表Ⅲ**となり，Cの正解数はいずれも3である。したがって，正答は**2**である。

表Ⅰ

	問1	問2	問3	問4	問5	問6	問7	問8	正解数
A	ア	ア	イ	イ	イ	ア	ア	イ	6
B	ア	イ	イ	イ	ア	ア	ア	イ	4
C	イ	ア	ア	ア	ア	イ	イ	ア	3
D	イ	イ	ア	イ	ア	イ	ア	イ	5
正解	ア	ア	ア	イ	イ	イ	ア	イ	

表Ⅱ

	問1	問2	問3	問4	問5	問6	問7	問8	正解数
A	ア	ア	イ	イ	イ	ア	ア	イ	6
B	ア	イ	イ	イ	ア	ア	ア	イ	4
C	イ	ア	ア	ア	ア	イ	イ	ア	3
D	イ	イ	ア	イ	ア	イ	ア	イ	5
正解	イ	ア	イ	イ	イ	イ	ア	イ	

表Ⅲ

	問1	問2	問3	問4	問5	問6	問7	問8	正解数
A	ア	ア	イ	イ	イ	ア	ア	イ	6
B	ア	イ	イ	イ	ア	ア	ア	イ	4
C	イ	ア	ア	ア	ア	イ	イ	ア	3
D	イ	イ	ア	イ	ア	イ	ア	イ	5
正解	イ	ア	ア	イ	イ	ア	ア	イ	

正答 **2**

FOCUS

　数量関係の問題は，数的推理と関連するような問題でも，純粋な数的推理の問題とは様相が異なっている。ここでは計算作業を行うというより，数の組合せを考えたり場合分けをしたりという，推論的要素が強い。また，数量的条件の意味そのものから考えなければならない問題も多い。そのため，問題文中にある数量条件を正確に把握することがまず必要であり，図や表，あるいはグラフを活用して，数量どうしの関係を目に見える形にしてみるといった工夫がより重要になってくる。

第3章 数量条件からの推理

重要ポイント 1 数量関係

　数量関係に関する出題においては，数および数量の関係や組合せを考えていくことが中心になるが，その際には，数，特に整数に関する性質論が問題となることが多い。その場合，一般的に数的推理において問われる内容とは異なった視点からの考察も必要になってくる。また，数的推理の出題ではほとんど見られない関数を利用した問題，あるいは文章条件からの推理（第2章）に場合の数，確率を関連させた問題もある。

重要ポイント 2 整数に関する基本事項

（1）偶数と奇数

　2つの整数の和，差，積に関して偶数，奇数には次のような関係がある。

　　偶数±偶数＝偶数　　　　　　　偶数×偶数＝偶数
　　偶数±奇数＝奇数　　　　　　　偶数×奇数＝偶数
　　奇数±偶数＝奇数　　　　　　　奇数×偶数＝偶数
　　奇数±奇数＝偶数　　　　　　　奇数×奇数＝奇数

　したがって，連続する2整数の和は必ず奇数，積は必ず偶数である。また，奇数は必ず連続する2つの整数の和で表すことができるが，偶数では不可能である。

（2）連続する自然数の和

> $1 \sim n$ の自然数の和，$1+2+3+\cdots+n$ は，$\dfrac{n(n+1)}{2}$ である。

　　例：$1+2+3+4+5+6+7+8+9+10 = \dfrac{10 \times (10+1)}{2} = 55$

　一般に，初項をa_1，第n項をa_nとする等差数列の初項から第n項までの和は，$\dfrac{n(a_1+a_n)}{2}$ となる。

（3）a^n型の数列

① $a = 2$ の場合

　2^0, 2^1, 2^2, 2^3, 2^4, $\cdots\cdots 2^n$, すなわち1, 2, 4, 8, 16, $\cdots\cdots 2^n$, においては，1から各項までの和をとると，1, 3, 7, 15, $\cdots$ となり，
　$2^n = (2^0 + 2^1 + 2^2 + \cdots\cdots 2^{n-1}) + 1$ である。

② $a = 3$ の場合

　3^0, 3^1, 3^2, 3^3, 3^4, $\cdots\cdots 3^n$, すなわち1, 3, 9, 27, 81, $\cdots 3^n$, では，
　$3^n = 2 \times (3^0 + 3^1 + 3^2 + \cdots\cdots + 3^{n-1}) + 1$ である。

（4）奇数の和

① 1, 3, 5, 7, $\cdots$という奇数について，最初の1からの和を考えると，
　$1 = 1^2$, $1+3 = 4 = 2^2$, $1+3+5 = 9 = 3^2$, $1+3+5+7 = 16 = 4^2$
のように，第n項までの和はn^2に等しい。

② また，1 から始まる奇数を，1，3＋5，7＋9＋11，13＋15＋17＋19，…のように区切ると，1，8，27，64，…となって，これは 1^3，2^3，3^3，4^3，…という形になる。ここから，たとえば，

$$1^3 + 2^3 + 3^3 + 4^3 = 1 + (3+5) + (7+9+11) + (13+15+17+19)$$
$$= (1+2+3+4)^2 = 10^2 = 100$$

ということがいえる。

(5) フィボナッチ数列

1，1，2，3，5，8，13，21，34，……，と続く数列をフィボナッチ数列という。フィボナッチ数列の第 n 項 a_n は，$n \geqq 3$ のとき，

$a_n = a_{n-2} + a_{n-1}$　である（ただし，$a_1 = a_2 = 1$）。

重要ポイント 3　一次関数

　関数に関しては，一次関数の基本をきちんと理解しておこう。

　一次関数 $y = ax + b$ のグラフは，原点を通る直線 $y = ax$ を b だけ y 軸の正方向に平行移動したグラフである。したがって，b の値が負ならば下の方向に移動する。

　2 本の直線 $y = ax + b$ と $y = cx + d$ のグラフの交点の座標（p, q）は，2 本の直線の式を連立方程式として解く。

例：一次関数 $y = 2x + 3$ と $y = x + 5$ との交点 P の座標は，

$2x + 3 = x + 5$

$x = 2$　∴$y = 7$

より，P（2，7）である。

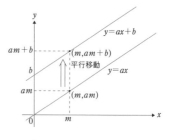

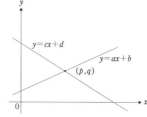

　また，点（m, n）を通り，傾き a の直線の式は，

$y - n = a(x - m)$ である。

　たとえば，上の直線 $y = 2x + 3$ は点（2，7）を通る傾き 2 の直線であり，これは

$y - 7 = 2(x - 2)$ とすることにより，ここから，

$y - 7 = 2x - 4$　→　$y = 2x + 3$ と求めることができる。

(1) 順列

一般に，異なる n 個のものから r 個を選び，その r 個を1列に並べて得られる順列の個数を「$_n\mathrm{P}_r$」で表すと，

$$_n\mathrm{P}_r = \frac{n!}{(n-r)!} \text{ となる。}$$

(2) 組合せ

一般に，異なる n 個のものから r 個を選ぶ組合せの個数を「$_n\mathrm{C}_r$」で表すと，1つの組合せから $r!$ 個の順列ができるから，

$$_n\mathrm{C}_r \times r! = _n\mathrm{P}_r$$

$\therefore _n\mathrm{C}_r = _n\mathrm{P}_r \div r! = \dfrac{_n\mathrm{P}_r}{r!}$ となる。組合せの場合は選ばれない側（残り）を考えても

同じことなので，$_n\mathrm{C}_r = _n\mathrm{C}_{(n-r)}$ となる。

ここで，！は階乗を意味し，$n! = 1 \times 2 \times 3 \times \cdots\cdots \times n$，である（ただし，$0! = 1$）。

〔例題〕A，B，C，D，E の5個の文字の中から3個を取り出して1列に並べる順列は何通りか。

$$_5\mathrm{P}_3 = \frac{5 \times 4 \times 3 \times 2 \times 1}{2 \times 1} = 5 \times 4 \times 3 = 60 \text{〔通り〕}$$

〔例題〕A，B，C，D，E の5個の文字から3個を取り出す組合せは何通りか。

$$_5\mathrm{C}_3 = _5\mathrm{C}_2 = \frac{5 \times 4}{2 \times 1} = 10 \text{〔通り〕}$$

（詳細は数的推理を参照）

実 戦 問 題 **1**　基本 1

No.1 ある住宅展示場の販売員Ａ～Ｅの５人の昨年の販売棟数について調べた
ところ，次のア～エのことがわかった。

　ア．Ａ～Ｅの５人の販売棟数は，それぞれ異なっており，その合計は60棟であ
　　　った。

　イ．Ｂの販売棟数は，Ａの販売棟数より２棟多く，Ｅの販売棟数より６棟多かっ
　　　た。

　ウ．Ｃの販売棟数は，ＢとＤの販売棟数の計から，Ｅの販売棟数を引いた棟数よ
　　　り１棟少なかった。

　エ．Ｄの販売棟数は，Ａ～Ｅの５人のうち３番目に多かった。

　以上から判断して，Ａ～Ｅの５人のうち昨年の販売棟数が最も多かった販売員の
販売棟数として，正しいのはどれか。　　　　　【地方上級（東京都）・平成24年度】

1　15棟

2　16棟

3　17棟

4　18棟

5　19棟

No.2 Ａ，Ｂ，Ｃの３人が，１～４の数字が１つずつ書かれた４枚のカードを
用いて，次のようなゲームを３回行った。

> 　毎回，裏返しにした４枚のカードから，各人が１枚ずつ引いて，カードに
> 書かれた数が最も小さい者をその回の勝者とし，勝者はそのカードに書かれ
> た数を得点とする。

　次のア～オのことがわかっているとき，正しいのはどれか。

【市役所・平成27年度】

　ア．Ａは１回目，Ｂは３回目に勝者となった。

　イ．Ｃは１回目に３のカードを引いた。

　ウ．Ａが２回目に引いたカードと，Ｃが３回目に引いたカードは同じであった。

　エ．Ｂの得点は２点であり，また，Ｂは１回だけ３のカードを引いた。

　オ．Ａ，Ｂの得点は，いずれもＣの得点より高かった。

1　Ａは２回目に３のカードを引いた。

2　各人が引いた３回のカードに書かれた数の総和が，最も小さいのはＡである。

3　Ｂは１回目に２のカードを引いた。

4　３回とも，３のカードと４のカードはどちらも必ず誰かが引いた。

5　Ｃは１回も勝者とならなかった。

No.3 A，B，Cの3人が合わせて72枚のコインを持っている。初めに，A がBとCに，BとCが持っているコインの枚数と同じ枚数のコインをそれぞれに渡した。その後，BがAとCに，その時点でAとCが持っているコインの枚数と同じ枚数のコインをそれぞれに渡した。その結果，3人とも24枚のコインを持っていた。最初にAが持っていたコインの枚数は何枚か。　　　　【市役所・令和4年度】

1　39枚

2　42枚

3　45枚

4　48枚

5　51枚

実戦問題 **1** の解説

No.1 の解説　数量の確定

→問題はP.179　**正答3**

STEP❶　条件から式を立てる

　　条件イより，Bの販売棟数をxとすると，Aの販売棟数は$(x-2)$，Eの販売棟数は$(x-6)$である。また，条件ウより，Dの販売棟数をyとすると，Cの販売棟数は，$|x+y-(x-6)-1|=(y+5)$である。ここから，

　　$(x-2)+x+(y+5)+y+(x-6)=60$，$3x+2y-3=60$，$3x+2y=63$

となる。この「$3x+2y=63$」からx，yの組合せを考えると，

　　$(x, y)=(21, 0)$，$(19, 3)$，$(17, 6)$，$(15, 9)$，$(13, 12)$，$(11, 15)$，……

となる。

STEP❷　条件に合う組合せを求める

　　この中で，条件ア，エを満たせるx，yの組合せは，表に示すように，$(x, y)=(13, 12)$だけで，このとき，A＝11，B＝13，C＝17，D＝12，E＝7，となる。この結果，A〜Eの5人のうち昨年の販売棟数が最も多かった販売員の販売棟数はCの17棟であり，正答は**3**である。

A	B	C	D	E
$x-2$	x	$y+5$	y	$x-6$
19	21	5	0	15
17	19	8	3	13
15	17	11	6	11
13	15	14	9	9
11	13	17	12	7
9	11	20	15	5

No.2 の解説　数値の確定

→問題はP.179　**正答4**

　　各回のゲームで，勝者となる可能性があるのは，1のカードまたは2のカードを引いた者である（3が最も小さい数となることはない）。

　　Bは3回目に勝者となっており，1回目に3のカードを引いたのはCだから，Bが3のカードを引いたのは2回目である。そうすると，Bが勝者となったのは3回目だけということになる。このとき，Bが3回目に引いたカードは2でなければならない。そうでないと，Bの得点が2点とならないからである。ここまでが**表I**である。

　　Aが2回目，Cが3回目に引いたカード（両者は同じ数）を考えると，3回目にBが引いたカードが2（勝者）なので3以上であるが，Bが2回目に3のカードを引いているので，4のカードでなければならない。ここから，2回目の勝者はCとなる。

　　そして，Cの得点はA，Bより低いので，Cが2回目に引いたカードは1，Aが1回目に引いたカードは2でなければならない。さらに，Aが3回目に引いたのは3のカード，Bが1回目に引いたのは4のカードとなる。この結果，**表II**のように3人が引いたカードの数はすべて確定する。

したがって，**1**〜**3**および**5**は誤りで，正答は**4**である。

表Ⅰ

	1回目	2回目	3回目	得点
A				
B		3	2	2
C	3			

表Ⅱ

	1回目	2回目	3回目	得点
A	2	4	3	2
B	4	3	2	2
C	3	1	4	1

No.3 の解説 数量の確定 　　　　　　　　　　　　　　→問題はP.180 **正答2**

　最後の状態からさかのぼって考えればよい。BがAとCにコインを渡すことによって，3人とも24枚ずつとなっている。AとCは自分が持っているコインの枚数と等しい枚数のコインをBから受け取っているので，Bからコインを受け取る前に持っていたコインの枚数は，それぞれ12枚ということになる。BはAとCに12枚ずつのコインを渡して，手持ちが24枚となったのだから，渡す前に持っていたコインの枚数は，12×2＋24＝48，より，48枚である。そうすると，B，Cは自分が持っているコインの枚数と等しい枚数をAから受け取って，Bは48枚，Cは12枚となっている。つまり，AはBに24枚，Cに6枚渡して，手持ちが12枚となったのだから，Aが最初に持っていたコインの枚数は，24＋6＋12＝42，より，42枚である。以上から，正答は**2**である。

	最初	Aが渡した後	Bが渡した後
A	42	12	24
B	24	48	24
C	6	12	24

実 戦 問 題 **2**　　基本２

No.4 ** ９枚の同じ形，同じ大きさの金メダルA～Ｉがある。このうち７枚は純金製で同じ重さであるが，２枚は金メッキをしたもので純金製より軽い。天秤ばかりを使って次のア～エのことがわかっているとき，金メッキのメダルはどれか。
　　ただし，２枚の金メッキのメダルは同じ重さである。

【地方上級（特別区）・令和元年度】

　ア．左にA・C・E，右にD・F・Gのメダルを載せたところつりあった。
　イ．左にA・E・F，右にB・D・Hのメダルを載せたところつりあった。
　ウ．左にA・E・F，右にC・D・Gのメダルを載せたところつりあわなかった。
　エ．左にB・D・H，右にE・F・Iのメダルを載せたところつりあった。

1　A

2　B

3　C

4　D

5　E

No.5 ** 箱の中に，赤，青，白の３色の玉が合計９個入っており，内訳は赤が４個，青が３個，白が２個である。
　　A，B，Cの３人が図のように箱を囲み，次のようなルールでゲームを行った。
　・A，B，Cの順に，各人が箱の中から１個ずつ玉を取り出す。これを１巡とする。一度取り出した玉は箱に戻さない。
　・取り出した玉が赤であれば，その玉を自分から見て右側の人に渡す。
　・取り出した玉が青であれば，その玉を自分から見て左側の人に渡す。
　・取り出した玉が白であれば，その玉を自分のものとする。
　・以上を３巡，箱の中の玉がなくなるまで繰り返し，最後に，獲得した玉の個数の最も多い人が勝者となる。

　１巡終了時には，Bが３個の玉を獲得していたが，３巡終了時には，Aが５個の玉を獲得しており，勝者となった。このとき，確実にいえるのはどれか。

【国家専門職・平成23年度】

1　A，B，Cはそれぞれ，箱から青の玉を１個取り出した。

2　AとCはそれぞれ，箱から赤の玉を２個取り出した。

3　Bは箱から赤，青，白の玉を１個ずつ取り出した。

4　Bは青の玉を２個獲得した。

5　Cが１巡目と３巡目で箱から取り出した玉の色は同じであった。

♦ No.6 あるバスケットボールの試合において，選手A，B，Cが決めたシュートの数および得点について次のことがわかっているとき，確実にいえるのはどれか。なお，シュートには3種類あり，「フリースロー」による得点は1点，「2点シュート」による得点は2点，「3点シュート」による得点は3点とする。

【国家専門職・平成27年度】

- ○ A，B，Cの得点の合計は58点であった。
- ○ A，B，Cが決めたシュートの合計は29本であり，また，フリースローと3点シュートの本数は同じであった。
- ○ AとBが決めたシュートの数は同じであり，Aの得点はBの得点より4点多かった。
- ○ フリースローによる得点の合計は，Aが1点，Bが2点，Cが2点であった。
- ○ Aは2点シュートによる得点の合計と，3点シュートによる得点の合計が同じであった。
- ○ Cは3点シュートによる得点はなかった。

1 Aの合計得点は22点であった。

2 Bが決めた2点シュートの数は5本であった。

3 Cが決めたシュートの数は合計7本であった。

4 Cが決めた2点シュートの数は，Aが決めた2点シュートの数より多かった。

5 2点シュートによる得点は，A，B，Cの3人で合計34点であった。

実戦問題 **2** の 解 説

まず，ア～エを数式化してみる。そうすると以下のようになる。

ア．A + C + E = D + F + G

イ．A + E + F = B + D + H

ウ．A + E + F ≠ C + D + G

エ．B + D + H = E + F + I

　ここで，イの右辺，エの左辺はいずれも，「B + D + H」である。つまり，イおよびエより，A + E + F = B + D + H = E + F + I，なので，A + E + F = E + F + I，より，A = I，である。このAとIが金メッキのメダルだとすると，金メッキのメダルは2枚しかないのだから，「A + C + E < D + F + G」，ア「A + C + E < D + F + G」，イ「A + E + F < B + D + H」，エ「B + D + H > E + F + I」，でなければならず，成り立たないことになる。つまり，AとIは純金製である。

　次に，EまたはFのどちらかが金メッキのメダルと考えてみる（エより，E，Fがどちらも金メッキであるということはない）。Eが金メッキ（Fは純金製）とすると，ア，イ，エより，もう1枚の金メッキはDということになる。ところが，Dが金メッキならば，ウもつりあっていなければならない。つまり，Eは純金製である。Fが金メッキだとすると，アよりCも金メッキ（A，Eは純金製）となるが，この場合もウがつりあっていなければならない。これにより，A，E，F，Iの4枚は純金製と決まったので，イ，エより，B，D，Hも純金製である。したがって，金メッキのメダル2枚はCとGということになる。

　以上から，正答は**3**である。

No.5 の解説　数量の組合せ

→問題はP.183　**正答2**

STEP❶　1巡目の玉の取り出し方

Bは，1巡目で3個の玉を獲得しているが，そのためには，A＝赤，B＝白，C＝青，で玉を取り出していなければならない。

STEP❷　2巡目・3巡目の玉の取り出し方

Aは2巡目と3巡目で計5個の玉を獲得しているが，1巡で獲得できる玉の個数は最大3個なので，2巡目と3巡目の一方で3個，他方で2個の玉を獲得していることになる。1巡で3個獲得できるのは，3人がそれぞれ赤，青，白の玉を1個ずつ取り出した場合だけであり，Aが3個獲得するならば，A＝白，B＝青，C＝赤，で玉を取り出したことになる。残りの玉は赤が2個，青が1個なので，Aが2個獲得するためには，A＝赤，B＝青，C＝赤，でなければならない。

この結果，各人が取り出した玉と獲得した玉の内訳は次表のようになり，正答は**2**である。

		1巡目			2巡目および3巡目					
		A	B	C	A	B	C	A	B	C
取り出した玉		赤	白	青	白	青	赤	赤	青	赤
獲得した玉	赤		○		○			○	○	
	青		○		○			○		
	白		○		○					

No.6 の解説 数量の確定 →問題はP.184 **正答3**

　まず，明らかにされている数値を表にまとめてみる。フリースローによる得点は，Aが1点，B，Cがそれぞれ2点なので，本数もそのままAが1本，B，Cがそれぞれ2本で，合計5本である。3人が決めたシュートの本数は合計29本，得点合計は58点で，3人が決めたフリースローと3点シュートの本数は同じなので，3点シュートの合計も5本（Cは0本）であり，2点シュートの合計は19本となる。Aは2点シュートによる得点の合計と，3点シュートによる得点の合計が同じだったので，2点シュートと3点シュートの本数の比は，（2点シュート）：（3点シュート）＝3：2，でなければならない（逆比の関係になる）。ここまでをまとめると，**表Ⅰ**のようになる。

　ここで，Aの2点シュートと3点シュートの本数を考えてみる。

　Aの2点シュートが3本，3点シュートが2本だとすると，Aの得点合計は，$1×1+2×3+3×2=13$，より13点である。この場合，AとBが決めたシュートの数は同じなので，Bは2点シュートと3点シュートの合計本数が4本でなければならない。そして，2点シュートと3点シュートの合計得点が7点でないと，Aの得点より4点少ない9点とならない。しかし，2点シュートと3点シュートの合計本数が4本だと，フリースローを含めた得点が最少でも10点となってしまうので，これは不可能である。

　Aの2点シュートが6本，3点シュートが4本だと，Aの得点合計は，$1×1+2×6+3×4=25$，より25点となる。このとき，Bの2点シュートが8本，3点シュートが1本であれば，Bの得点合計は，$1×2+2×8+3×1=21$，より，21点となる。そして，Cの2点シュートの本数は5本（Cのシュートは7本，得点は12点）となって，すべての条件を満たすことが可能である（**表Ⅱ**）。

　この**表Ⅱ**から，正答は**3**である。

表Ⅰ

	1点	2点	3点	本数	得点
A	1	③	②		
B	2				
C	2		0		
計	5	19	5	29	58

表Ⅱ

	1点	2点	3点	本数	得点
A	1	6	4	11	25
B	2	8	1	11	21
C	2	5	0	7	12
計	5	19	5	29	58

＊
No.7　旅行先で出会ったA～Fの6人が，互いの連絡先を交換し，旅行後に手
紙のやりとりをした。次のことがわかっているとき，確実にいえるのはどれか。

【国家一般職・平成23年度】

　　　○6人が出した手紙の総数は12通で，1人が同じ者に2通出すことはなかった。
　　　○Aが手紙を出した人数ともらった人数は同じだった。
　　　○Bは1人に手紙を出し，2人から手紙をもらった。
　　　○Bが手紙を出した者は，B以外にも2人から手紙をもらった。
　　　○Dは3人に手紙を出したが，誰からも手紙をもらわなかった。
　　　○Eは手紙を出した人数，もらった人数とも4人だった。
　　　○Fは手紙を出した人数，もらった人数ともAの半数だった。

1　AはBに手紙を出した。

2　BはDから手紙をもらった。

3　CはFから手紙をもらった。

4　DはAに手紙を出した。

5　FはDから手紙をもらった。

＊＊＊
No.8　表に1～10の整数がそれぞれ1つずつ書かれた，表と裏が共に白色の
カード10枚と，同じく表に1～10の整数がそれぞれ1つずつ書かれた，表と裏が
共に黒色のカードが10枚ある。この20枚のカードをよく混ぜて，A～Dの4人
に5枚ずつ配る。

　いま，以下のルールに従って，A～Dがカードを裏にして並べ，一部を表にした
ところ，図Ⅰのようになった。続いて，A～Dが手持ちのカード5枚のうち4枚を
残し，それぞれ1枚だけ他の者と交換し，再度，以下のルールに従ってカードを裏
にして並べ，一部を表にしたところ，図Ⅱのようになった。このとき，A，B，C
が相手に渡したカードの整数の合計はいくらか。　【国家総合職・令和3年度】

ルール
・左から右へ，整数の小さい順に並べる。
・白と黒のカードで同じ整数がある場合は，黒の方が小さいものとする。

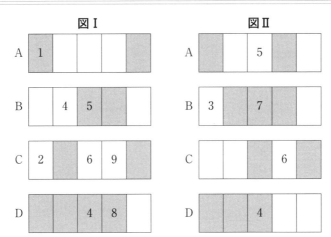

1. 18
2. 19
3. 20
4. 21
5. 22

実 戦 問 題 **3** の 解説

STEP① 条件を図で表す

　Bは1人に手紙を出して2人から手紙をもらい，Dは3人に手紙を出したが誰からももらわず，Eは4人に手紙を出して4人から手紙をもらっている。まず，この状態を**図Ⅰ**のように表してみる。

図Ⅰ

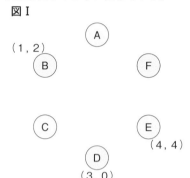

STEP② 手紙の総数を考える

　次に，B，D，Eの3人で手紙を8通出して6通もらっているが，6人が出した手紙の総数は12通である。つまり，A，C，Fの3人で手紙を4通出して6通もらっていることになる。ここで，Aは手紙を出した人数ともらった人数が等しく，Fは手紙を出した人数ももらった人数もAの半数という条件を考えると，Aが2通出して2通もらい，Fは1通出して1通もらったという以外にない。この結果，Cは1通出して3通もらっていることになる（**図Ⅱ**）。

STEP③ 手紙のやりとりを図に示す

　Eは手紙を4通出しているが，Dが1通ももらっていないので，Eが手紙を出した相手はA，B，C，Fである。また，Bが手紙を出した相手はB以外にも2人からもらっているので，Bが手紙を出した相手は3通もらったCである。ここから，Eが手紙をもらった相手（4人）はA，C，D，Fである。また，Aがもらったもう1通はDからということになる。

　ここまでの関係を矢線で示すと**図Ⅲ**のようになる。このように，個々の関係を矢線で示した図をグラフと呼ぶ。ただし，この問題ではAおよびDが出したもう1通ずつの手紙の相手は，どちらがBでどちらがCであるかは決定できない。

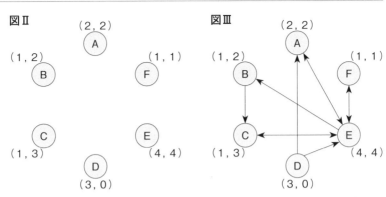

図Ⅱ

図Ⅲ

この結果，**1**，**2**は確実といえず，**3**，**5**は誤りとなり，確実にいえるのは**4**だけで，正答は**4**である。

No.8 の解説 数量の和の組合せ

→問題はP.188 **正答3**

まず，Bは白のカードを手放して黒のカードを受け取っているので，白3のカードは最初から持っている（手放したのは白4)。そして，黒5，黒7は交換の前後を通して持っている。次に，Dが持っている4より小さい黒のカードは，黒2，黒3である（黒1はAが持っている)。そうすると，Cが持っている黒のカード２枚は黒6と黒10であり，黒9はAが持っている。交換前にAが持っていた白のカードは（白1，白5，白7)，（白1，白5，白8）のどちらかである。Aが交換前に（白1，白5，白8）を持っていたとすると，**図１－１**のようになる。この場合，Aが交換したのは白8，Bが交換したのは白4，Cは白9，Dは黒8となる。しかし，これだとBは黒8を受け取ることになってしまい，条件を満たせない（**図２－１**)。交換前にAが持っていた白のカードが（白1，白5，白7）の場合は**図１－２**のようになる。交換したカードは，Aが白7，Bが白4，Cが白9，Dが黒8で，交換後は**図２－２**となる。したがって，A，B，Cが相手に渡したカードの整数の合計は，7+4+9=20，であり，正答は**3**である。

図１－１

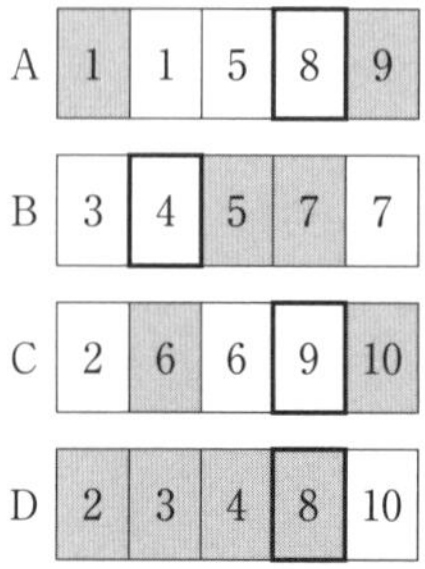
A 1 1 5 8 9
B 3 4 5 7 7
C 2 6 6 9 10
D 2 3 4 8 10

図２－１

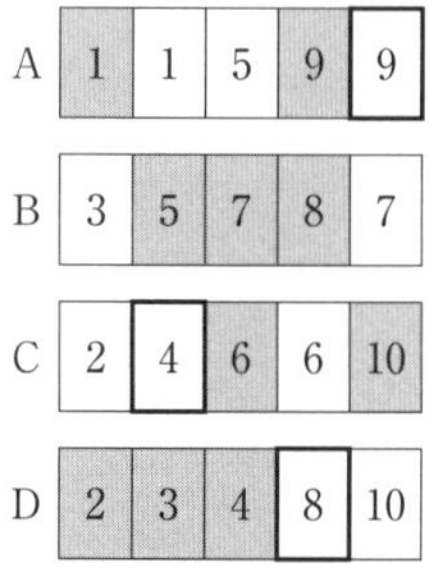
A 1 1 5 9 9
B 3 5 7 8 7
C 2 4 6 6 10
D 2 3 4 8 10

図１－２

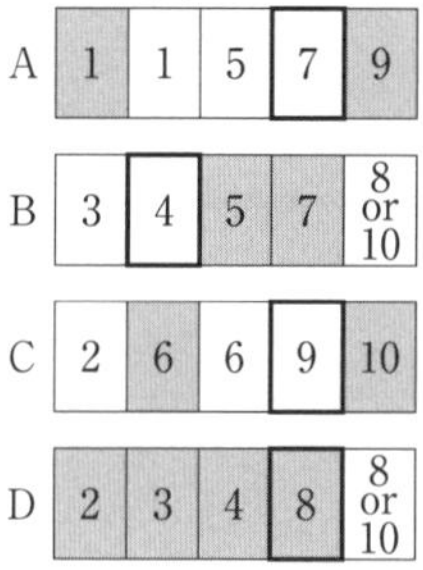
A 1 1 5 7 9
B 3 4 5 7 8 or 10
C 2 6 6 9 10
D 2 3 4 8 8 or 10

図２－２

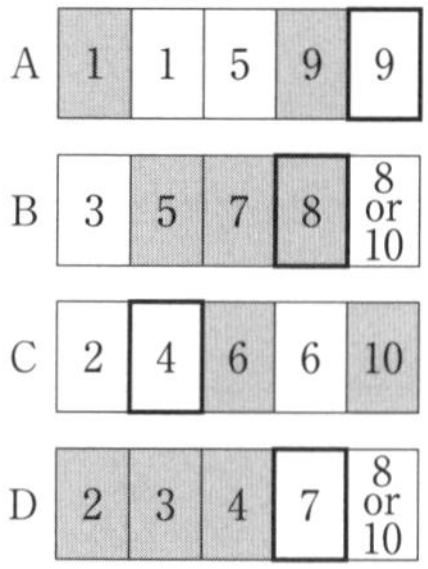
A 1 1 5 9 9
B 3 5 7 8 8 or 10
C 2 4 6 6 10
D 2 3 4 7 8 or 10

実戦問題 **4** 応用2

No.9 ある科目について，試験を実施し成績を決めることとした。試験の実施
方法および成績の決定方法は次のとおりである。

〈試験の実施方法〉

　初めにA，B，Cの3分野について各分野別に学生全員に試験を実施し，分野別
に合格または不合格の判定を行う。3分野すべてで不合格とされた学生を除いた残
りの学生を対象にDの分野の試験を実施する。

〈成績の決定方法〉

　4分野すべてで合格した者：「優」

　合格した分野が3であった者：「良」

　合格した分野が2であった者：「可」

　合格した分野が1または0であった者：「不可」

　A，B，Cの3分野の試験を終了した時点で，その結果は次のとおりであった。

○分野Aの合格者は170人，分野Bの合格者は80人，分野Cの合格者は120人で
　あった。

○3分野すべてで合格した者は30人であった。

○合格した分野数が2であった者は120人であったが，B，Cの2分野のみの合
　格者はいなかった。

○合格した分野数が1であった者は40人であったが，Bの1分野のみの合格者
　はいなかった。

分野Dの試験を終了して，成績等は次のとおりであった。

○「優」となった者は20人，「良」となった者は70人，「可」となった者は80人
　であった。

○分野Dの合格者は，全員分野Cでも合格していた。

このとき，確実にいえるのはどれか。 【国家専門職・平成26年度】

1 分野Aで不合格とされ，成績が「良」または「可」であった者は50人である。

2 分野Bで不合格とされ，成績が「可」であった者は30人である。

3 分野Cで合格した者のうち，成績が「良」であった者は50人である。

4 分野Dの試験の受験者の合格率は5割未満である。

5 成績が「不可」であった者は，少なくとも30人いる。

No.10 A，B，Cの3人が，1～5のうちのいずれか一つの数字が書かれた5枚のカードから1枚ずつ取り，自分はその数字を見ずに，他の2人に見せ，自分の数字を推理して当てるゲームをした。

　このとき，横で全員の数字を見たDが，Aだけに「ある1人のカードの数字は，他の2人のカードの数字の和です。」と教えた。すると，Aは「自分のカードの数字がわかった。」と発言した。このとき，A，B，Cのカードについて確実にいえることはどれか。　　　　　　　　　　　　　　　【国家総合職・平成24年度】

1　Aのカードは1だった。

2　Aのカードは5だった。

3　Aのカードは5ではなかった。

4　いずれか一人は3のカードを持っていた。

5　4のカードを持っている人はいなかった。

No.11　AとBの2人は次の手順に従って数当てゲームを行っている。

①　Aは，1～9の数字を1つずつ使い，4ケタの数（以下「X」という。）を決める。

②　Bは，Xを予想して4ケタの数（以下「Y」という。）を紙に記載してAに渡す。

③　AはXとYの数字を各ケタごとに比較して，ケタおよびその数字の両方が合致した場合は○，ケタは異なるが他のケタにその数字が含まれている場合は△，いずれのケタにもその数字が含まれていない場合には×の欄に，該当した数字の個数を記載してBに返す。

　たとえば，Xが1234でYが1345の場合，

　「○1（1は千のケタであり数字も合致），△2（3と4はそれぞれ十のケタ，一のケタに含まれている），×1（5はいずれのケタにも含まれていない）」

　と記載して返す。

②，③を4回繰り返したとき，Yおよびそれに対するAの返答は以下のとおりであった。

Y	Aの返答
1234	○1，△1，×2
9876	○1，△1，×2
1276	○0，△2，×2
9834	○2，△0，×2

このとき，Xとして考えられる数のうち，最大の数と最小の数の差はいくらか。

【国家総合職・平成25年度】

1　2918　**2**　3968　**3**　4995　**4**　5273　**5**　6895

実 戦 問 題 ❹ の 解 説

No.9 の解説 数量の分配　　　　　　　　　　　　　　→問題はP.193　**正答2**

　　A～D4分野の試験それぞれに合格，不合格があるが，A～C3分野で不合格だと分野Dの試験は受けられないので，その組合せは全部で15通り（＝2^4-1）ある。この15通りを①～⑮として**表Ⅰ**のようにまとめ，それぞれの人数を検討していくことになる。

STEP❶　A～C3分野の合否人数

　　まず，A～C3分野について，その合否を考える。A～C3分野で合格したのは，**表Ⅰ**における①，②で30人である。B，C2分野のみの合格者はいないので，⑨，⑩は0人，また，B分野のみの合格者もいないので，⑪，⑫も0人である。そうすると，分野Bの合格者は80人いるが，①，②で30人，⑨～⑫は0人だから，③，④で50人となる。そして，2分野のみ合格した120人のうち，③，④で50人，⑨，⑩は0人だから，⑤，⑥で70人である。さらに，分野Aの合格者170人のうち，①～⑥に150人いるから，⑦，⑧に20人，1分野のみの合格者は40人だから，残りの20人が⑬，⑭となる。ここまでが**表Ⅰ**である。

表Ⅰ

	A	B	C	D	成績	人数	
①	○	○	○	○	優	30	
②	○	○	○	×	良		
③	○	○	×	○	良	50	
④	○	○	×	×	可		
⑤	○	×	○	○	良	70	
⑥	○	×	○	×	可		
⑦	○	×	×	○	可	20	
⑧	○	×	×	×	不可		
⑨	×	○	○	○	良	0	0
⑩	×	○	○	×	可		0
⑪	×	○	×	○	可	0	0
⑫	×	○	×	×	不可		0
⑬	×	×	○	○	可	20	
⑭	×	×	○	×	不可		
⑮	×	×	×		不可		

STEP❷　分野D試験結果の検討

　　次に，分野Dの試験終了後を考えると，「優」となる①は20人なので，②（「良」）は10人である。「良」の残りは60人だが，③（Cに不合格でDに合格）はいないので，⑤が60人となる。「可」の80人については，④が50人，⑥が10人だから，⑬が20人である。「不可」については，⑧が20人であることは判明するが，⑮については確定できない。ここまでで**表Ⅱ**となる。この**表Ⅱ**から，**1**は20人，**2**は30人，**3**は70人，**4**は190人中100人が合格しているので5割を超えており，**5**は最少で20人の可能性がある，となる。

したがって，正答は**2**である。

表II

	A	B	C	D	成績	人数	
①	○	○	○	○	優	30	20
②	○	○	○	×	良		10
③	○	○	×	○	良	50	0
④	○	○	×	×	可		50
⑤	○	×	○	○	良	70	60
⑥	○	×	○	×	可		10
⑦	○	×	×	○	可	20	0
⑧	○	×	×	×	不可		20
⑨	×	○	○	○	良	0	0
⑩	×	○	○	×	可		0
⑪	×	○	×	○	可	0	0
⑫	×	○	×	×	不可		0
⑬	×	×	○	○	可	20	20
⑭	×	×	○	×	不可		0
⑮	×	×	×		不可		

No.10 の解説　整数の組合せ

→問題はP.194 **正答3**

STEP❶　3人の数字の組合せを考える

　1〜5までの数字の範囲で，「ある1人のカードの数字が，他の2人のカードの数字の和」となるのは，**表I**に示す①〜④の4通りである。このうち，①の場合は，B，Cが持っているカードが1と2であれば，Aは自分の持っているカードが3であるとわかる。②〜④の場合は，B，Cが持っているカードに書かれた数字の和が6以上となっていれば，自分のカードに書かれた数字は5以下なのだから，Aから見える最も大きな数字が他の2人のカードに書かれた数字の和であると判断できる。

STEP❷　Aが自分の数字がわかる組合せを列記する

　このことを，逆の場合から考えれば，

　（1）B，Cが持っているカードが1と3のとき，Aは自分のカードが2，4のどちらなのか判断できない。

　（2）B，Cが持っているカードが1と4のとき，Aは自分のカードが3，5のどちらなのか判断できない。

　（3）B，Cが持っているカードが2と3のとき，Aは自分のカードが1，5のどちらなのか判断できない。

　ということである。

　つまり，**表I**に示した①〜④の4通りの中で，Aが自分のカードに書かれた数字の和がわかるのは**表II**に示した12通りである。この12通りから，Aは1〜4のカードについては持っている可能性があるが，5のカードを持って

いる可能性だけはない。また，だれも３のカードを持っていない場合があり（③），だれかが４のカードを持っている場合もある（②，③）。

以上から，正答は**3**である。

表Ⅰ

①	1	2	3
②	1	3	4
③	1	4	5
④	2	3	5

表Ⅱ

	A	B	C		A	B	C		A	B	C
①−1	3	1	2	③−1	1	4	5	④−1	2	3	5
①−2	3	2	1	③−2	1	5	4	④−2	2	5	3
②−1	1	3	4	③−3	4	1	5	④−3	3	2	5
②−2	1	4	3	③−4	4	5	1	④−4	3	5	2

No.11 の解説　整数の組合せ

→問題はP.194　**正答5**

STEP❶　4つの条件をまとめる

Ｙに対するＡの返答を，

1234（○1，△1，×2）　…①
9876（○1，△1，×2）　…②
1276（○0，△2，×2）　…③
9834（○2，△0，×2）　…④

としてみる。③1276は○0，①1234は○1，②9876も○1，④9834は○2，△0，×2なので，9，8の一方は○で他方は×，3，4の一方は○で他方は×，という関係になる。

そうすると，①，②，③より，1，2の一方は△で他方は×，7，6の一方は△で他方は×である。

STEP❷　最大数と最小数を考える

ここから，Ｘとしては，9□3□，9□□4，□83□，□8□4，という組合せが考えられる。□83□，□8□4だと9が×となるので，Ｘの最大数は9□3□，9□□4のどちらかである。ここに2と7を入れることを考えると，9732＞9724なので，最大数は9732である。最小数については，□83□，□8□4のどちらかとなるが，千のケタに1は使えない（①，③に反する）ので，千のケタには2を入れることになる。この場合，2837（一のケタに6は使えない）と2864が考えられるが，2837＜2864より，最小数は2837となる。

したがって，9732−2837＝6895より，最大数と最小数の差は6895となり，正答は**5**である。

操作の手順

必修問題

　水が満たされている容量18Lの容器と，容量11Lおよび容量7Lの空の容器がそれぞれ1つずつある。3つの容器の間で水を順次移し替え，容量18Lの容器と容量11Lの容器とへ，水をちょうど9Lずつ分けた。各容器は容量分の水しか計れず，1つの容器から別の容器に水を移し替えることを1回と数えるとき，水をちょうど9Lずつに分けるのに必要な移し替えの最少の回数として，正しいのはどれか。　　【地方上級（東京都）・令和4年度】

1　15回　　　**2**　16回　　　**3**　17回　　　**4**　18回　　　**5**　19回

難易度　＊＊

必修問題の解説

　これは，古くから「油分け」と呼ばれる有名問題である。「油分け」問題では，特に明記されていなくても容器に目盛は付いていないものとして考えるのが基本的ルールである。

STEP❶　「油分け」問題の解法　グラフの活用

　油分けの問題では，図Ⅰのようなグラフを利用するのが最も合理的である。ここでは縦軸を11L容器，横軸を7L容器としてある。このグラフを用意してしまえば，その後の作業はかなり単純な内容となる。

STEP❷　最初に11L容器から入れる

　図Ⅱにおいて，最初に11L容器へ水を入れることを太線①で，そこから7L容器に水を移すことを太線②で表している。この②までの状態では，11L容器に4L残り，7L容器に7L入っていることになる。図Ⅱのグラフにおいては，太線は「真上方向（11L容器に水を入れる）」，「右斜め下方向（11L容器から7L容器に水を移す）」，「左真横方向（7L容器を空にする）」，のいずれかの方向にしか進まない。そして，最終的に18L容器と11L容器に9Lずつとなるまで続ければよい。このとき，すでに引いた太線と重複することがないようにする（同じ操作を繰り返すことになってしまう）。このようにすると，17回の操作で11L容器にちょうど9Lの水を入れることができる。③以降の手順を示すと次のようになる。

③　7L容器の水を18L容器に移す。
④　11L容器に入っている水4Lを7L容器に移す。
⑤　18L容器から11L容器へ水を入れる。
⑥　11L容器から7L容器へ水を3L移す。
⑦　7L容器の水を18L容器に移す。

頻出度
B
国家総合職 ★★
国家一般職 ★★
国家専門職 ★★
地上全国型 ★★★
地上東京都 ★
地上特別区 ★★
市役所C ★★

9操作の手順

⑧ 11L容器に入っている水8Lのうち，7Lを7L容器に移す。

⑨ 7L容器の水を18L容器に移す。

⑩ 11L容器に入っている水1Lを7L容器に移す。

⑪ 18L容器から11L容器へ水を入れる。

⑫ 11L容器から7L容器へ水を6L移す。

⑬ 7L容器の水を18L容器に移す。

⑭ 11L容器に入っている水5Lを7L容器に移す。

⑮ 18L容器から11L容器へ水を入れる。

⑯ 11L容器から7L容器へ水を2L移す。

⑰ 7L容器の水を18L容器に移す。

STEP❸ 最初に7L容器から入れると

　最初に7L容器へ水を入れることから始めると，**図Ⅲ**のようになる。この場合は，**図Ⅱ**の場合とグラフの動きが逆になる。つまり，「右真横方向（7L容器に水を入れる）」，「左斜め上方向（7L容器から11L容器に水を移す）」，「真下方向（11L容器を空にする）」，への太線を引いていくことになる。最初に7L容器へ水を入れることから始めた場合は，**図Ⅲ**に示す通りで，全部で18回の操作が必要である。

　したがって，水をちょうど9Lずつに分けるのに必要な移し替えの最少の回数は17回であり，正答は**3**である。

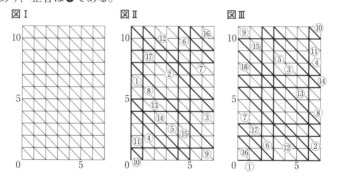

図Ⅰ　　　　図Ⅱ　　　　図Ⅲ

正答 **3**

FOCUS

　操作手順に関する問題では，各回の操作を行ううえでのルールや条件，あるいは規則性を正確に理解することが重要である。特に，反復する操作におけるその手順の回数（最少の手順）を考える問題の場合，そこには必ず数的な規則性が存在する。この規則性を見つけるための手法は，単純な場合から考えてみることである。すなわち，数量（個数）を1個の場合から始めて2個，3個の場合へと順に考えていくのである。ある程度までの考察を行えば，必ずそこにある規則性が明らかになってくる。

重要ポイント 1 ▶ 人や物の移動を考える問題

何人かの人間が川を渡るのに舟が1隻しかなく，全員が渡るまでに舟は最低何回往来しなければならないか，といった状況を考える問題である。この場合1度に舟に乗れる人数といった道具の側の条件，舟を漕ぐことができるか否かといった渡る人間の側の条件の双方を考えなければならない。「子供は1度に2人乗れるが大人は1人しか乗れない」というときに，最初に大人が1人で渡ると，そのままもう1度戻ってくるという無駄な手順を踏まなければならない。このような無駄な循環を行わないことが，舟の利用回数を最少にするための要件である。

たとえば，「**男女2人ずつが1隻の舟で対岸へ渡る。男1人または女2人が1度に渡れる限界である**」という場合を考えてみよう。この場合は最初に女2人で対岸へ渡り，そのうちの1人が戻り，それから男1人が対岸へ渡る，そして対岸にいる女が1人で舟を漕いで戻るという手順にしなければならない。つまり，男1人が対岸へ渡り，舟がもとの岸に戻ってくるまでに，舟は4回川を渡らなければならないことになる。これを2度繰り返せば男2人が対岸に渡れるが，このとき女は2人とも手前岸にいるので，さらにもう1回舟を渡さなければならない。したがって，舟は都合9回川を渡ることになる。ここでは自分1人が渡ることしかできない男2人をどのようにすればよいかがポイントになっているのである。

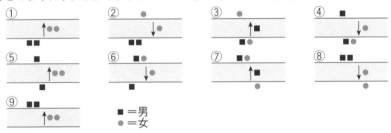

■＝男
●＝女

重要ポイント 2 ▶ 物の選別を行う問題

通常，天びんばかりを用いて，外見から区別のできないいくつかの物の中から1個だけ軽い（重い）物を見つけ出すという形式で出題される。

天びんの使用回数をできるだけ少なくするためには，**全体を3つのグループに分け，そのうちの2つを天びんの左右に乗せて重さを比べる**のが最も効率的である。全体を2等分

9個のうち1個だけ軽い場合
釣り合わなければ上に上がったほうの中に，
釣り合えばG，H，Iの中に軽い1個がある

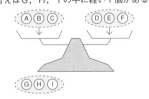

して天びんの左右に乗せてしまうと，1回の計量で$\frac{1}{2}$にしか候補を絞れないが，

3等分すれば $\frac{1}{3}$ に絞ることができる。7個や8個のように3等分できないときでも，2，2，3個，または2，3，3個に分ければよい。

　一般に，1個だけ他の物と重さが異なる場合，その1個が他より重いか軽いかわかっているならば，全体の個数をNとすると $3^{n-1}+1\leqq N\leqq 3^{n}$ であれば n 回の操作で重さの異なる1個を選び出すことができる。

重要ポイント **3**　ゲームの必勝法

　あるゲームの必勝法を考える場合には，その必勝となる最終形から逆算して初手を考えればよい。

　たとえば，「**50個の碁石から2人で交互に毎回1個〜5個の任意の個数を取っていき，最後の碁石を取ったほうが勝ち**」とするゲームでは，先手必勝である。最後に6個残った状態で相手に取らせるようにすれば，相手が1個〜5個の間で何

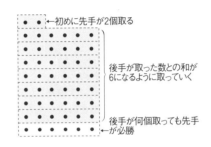

←初めに先手が2個取る

後手が取った数との和が6になるように取っていく

後手が何個取っても先手が必勝→

個取っても，次に自分が残りを全部取ることができるからである。そこで，相手の手番のときに常に6の倍数個の碁石が残るようにしていけば，最後の相手の手番でも6個残すことができる。つまり，先手は最初に2個取ることによって必勝となる。

重要ポイント **4**　不都合を修正する問題

　現在ある不都合や誤りを修正する問題では，まず現在の状況を把握することである。そのうえで，どの部分を修正すればよいかを考えることになる。この場合は修正そのものの規則的手順ではなく，どこを直せばよいかを考える問題が多く，試行錯誤は必要だが，複雑な手順を伴う問題は少ない。したがって，現状と修正後のあるべき状況との双方を図表に表して対比させてみるとわかりやすい。

実戦問題 ❶ 最少の手順

No.1 大人3人，子ども2人が1隻のボートを使って，船着き場から川の対岸にあるキャンプ場に移動する。ボートには大人なら1人，子どもなら2人までしか乗れず，また，大人と子どもが同時に乗ることはできない。船着き場からキャンプ場，キャンプ場から船着き場への移動をそれぞれ1回と数えると，全員が船着き場からキャンプ場へ移動するのに必要な最少回数はどれか。

【地方上級（特別区）・平成16年度】

1 11回
2 13回
3 15回
4 17回
5 19回

No.2 12個の物体がある。これらは同じ形，大きさをしており，見た目では区別をつけられないが，1個だけ他と比べて軽いものが紛れこんでいる。今，上皿天びんを使い，その重さの違う1個を見つけ出したい。上皿天びんを最低何回使えばよいか。ただし，偶然わかった場合は最低回数にしないものとする。

【地方上級・平成元年度】

1 2回
2 3回
3 4回
4 5回
5 6回

No.3 次の図のようにA～Cの3本の容器がある。Aの容器には，Ⅰ～Ⅳの数字が書かれた4個のボールが下から数字の大きい順に入っており，BとCの容器は空である。Aの容器の4個のボールをCの容器に図のように移すには，最低何回の移動が必要か。ただし，ボールは1回の移動につき1個ずつ他の容器に動かし，小さい数字のボールの上に大きい数字のボールを載せないものとする。

【地方上級（特別区）・平成17年度】

1　7回
2　9回
3　11回
4　13回
5　15回

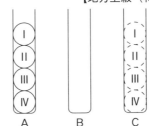

No.4 11枚のコインを，すべて表にした状態で図のような円状に等間隔で並べ，次のような操作を行う。まず，1枚のコインを選び，その両隣のコインをひっくり返す。最初に選んだコインから時計回りに1枚ずつ見ていき，そのコインが表であれば両隣のコインをひっくり返し，そのコインが裏であれば何もせず次のコインへ移る。このようにして順次操作を行っていくとき，11枚のコインが再びすべて表となるのは，何回の操作を行ったときか。ただし，両隣のコインをひっくり返すことを1回の操作と数える。

【市役所・平成26年度】

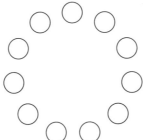

1　8回
2　10回
3　12回
4　20回
5　24回

実戦問題 **1** の 解説

→問題はP.202
　　　　正答2

STEP❶ 　渡り方の手順を考える

　　まず，子ども2人でキャンプ場へ渡る（1回）。子ども1人はキャンプ場
で待ち，もう1人の子どもが船着き場へ戻ってくる（2回）。大人1人がキ
ャンプ場へ渡る（3回）。キャンプ場に残っていた子どもが船着き場へ戻っ
てくる（4回）。

STEP❷ 　回数を考える

　　これで大人1人がキャンプ場へ渡ったことになるから，4×3＝12〔回〕
で，大人3人がキャンプ場へ渡ったことになる。12回の時点で子ども2人が
船着き場にいることになるから，最後に子ども2人でキャンプ場に渡ればよ
く，全部で13回必要である。

　　よって，正答は**2**である。

No.2 の解説 　最少の手順（偽コイン探し）　　　　→問題はP.202　**正答2**

STEP❶ 　偽コイン探しとは

　　いわゆる「偽コイン探し」という有名な問題である。ここでの最低回数と
は，確実に他と異なる1個を見つけ出せる最低回数を意味する。つまり，こ
れだけの回数があれば必ず他と異なる1個を見つけ出せる，という回数であ
る。

　　天びんを使う場合，どうしても天びんの両側に物を載せることだけを考え
がちである。もっとも両側に1個ずつ載せようとはしないだろう。これだと
12個を6組に分けるので，6回の計量が必要になる。

　　それでは，両側にそれぞれ6個ずつ載せるのはどうだろうか。こうすれば
軽い1個の載っている側が必ずつりあわずに上に上がるので，1回の操作で
確実に$\frac{1}{2}$に絞り込んでいける。

　　これを繰り返すと，12個→6個→3個となって，天びんを2回使うことに
よって3個にまで絞れる。3回目はこの3個の中から2個を選んで天びんの
左右に乗せると，つりあえば残った1個，つりあわなければその軽いほうが
探している1個となる。

　　したがって，天びんを最低3回使えば軽い1個を確実に見つけ出すことが
できる。

STEP❷ 　より適切な解法

　　12個の場合はこれでも正答は導ける。しかし，実はこれでは最も効率的な
天びんの利用法とはいえないのである。たとえば，物体が8個の場合を考え
てみる。今の方法だと，1回目に4個ずつ載せて，2回目は軽かったほうの
4個を2個ずつに分けて載せ，3回目に軽かったほうの2個を左右に分けて

載せる，というようにやはり3回かかる。ところが，8個の物体を2，3，3個に分け，1回目は両側に3個ずつ載せると，これがつりあわなければ軽かったほうの3個の中から2個を選んで載せ，1回目がつりあっていれば2回目は残っていた2個を左右に載せるようにすれば2回の計量で済む。

これは，①天びんの左側に載せる，②右側に載せる，③天びんに載せない，という3つのグループに分けることにより，1回の操作で $\frac{1}{3}$ に絞り込んでいるからである。つまり重さの違う1個を見つけ出そうとするならば，1回に $\frac{1}{2}$ ずつにするより $\frac{1}{3}$ ずつに絞るほうが最後の1個にたどりつく回数は少なくて済むのである。

12個の場合だと，1回目は4個ずつ3グループに分けて，左右に4個ずつ載せる。2回目は，1回目につりあわなければその軽いほうの4個，1回目につりあっていれば残っていた4個を1，1，2個に分け，左右に1個ずつ載せる。これでつりあわなければ残った2個を左右に載せれば都合3回で見つけ出せることになる。よって，正答は**2**である。

12個の場合にどちらの方法でも最低回数に差がないのは，次のように分類してみると明らかになる。

毎回 $\frac{1}{2}$ ずつにしていく場合だと，2～3個のときは1回，4～7個は2回，8～15個は3回，16～31個は4回というように，2^n個ごとに1回ずつ必要な計量回数が増えていく。

毎回 $\frac{1}{3}$ ずつにしていくと，2～3個は1回，4～9個は2回，10～27個は3回，28～81個までは4回，というように3^n個を超えるごとに必要な計量回数が増えていく。

このように，個数が少ない場合にはどちらでも同じ回数が必要なこともあるが，32個を超えると確実に必要な計量回数に差が生じてくる。

	2 3 4 5 6 7 8 9 10 11 12 13 14 15 16 17	26 27 28 29 30 31 32 33
$\frac{1}{2}$ずつ	1回 2回 ～～ 3回 ～～	4回 ～～ 5回
$\frac{1}{3}$ずつ	1回 2回 ～～ 3回 ～～	4回

STEP❶ ハノイの塔とは

　この問題はもともと「ハノイの塔」と呼ばれるもので，それは以下のようなものである。

　A，B，C 3本の柱のうちの A の柱に何枚かの穴のあいた円盤が刺してあり，円盤は下から上に行くにつれて小さくなっている。この円盤をすべて C の柱に移したいのだが，その条件は，①1回に1枚の円盤しか移せない，②A，B，Cの3本の柱以外の場所に置いてはいけない，③円盤の上にはそれより大きい円盤を置くことはできない，というものであり，この条件のもとで何回の操作ですべての円盤をCに移すことができるかを考えるものである。原題ではAの柱に64枚の円盤が刺してある。

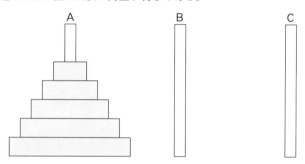

STEP❷ 本問の考え方

　ここでは円盤をボールに，柱を容器に変え，円盤の大きさの代わりにボールに番号を付しただけで，手順は「ハノイの塔」とまったく同様である。

　このような問題の考え方は，簡単な場合から考え始め，段階を踏むことによりどのような規則性があるかを見つけ出すことである。ハノイの塔のような問題は操作手順を考える問題ではあるが，そこにある規則性を考えるという側面が強い。

　ボールが1個のときは，その1個をCの容器に移せばよいから，手順は1回である。

　ボールが2個のとき，①上の1個を1度Bに移す，②下のボールをCに移す，③BからCへ小さいボールを移す，以上3回かかる。

　ボールが3個になると，①1番上のボールをCに移す，②2番目のボールをBに移す，③Cに移したボールをBに移す，④1番下にあったボールをCに移す，⑤Bにある上のボールをAに移す，⑥Bに残ったボールをCに移す，⑦Aに戻した1番上のボールをCに移す，以上合計7回かかる。

　ボールが1個から3個までの手順をまとめてみると次のようになる。まず，1番下にあるボールは，1回だけAからCに直接移動する。したがって，

その上にあるボールを1度全部Bに移さなければならない。すなわち，ボールが n 個あるとき，1番下の1個を除く（$n-1$）個をCに移すときと同じだけの手順を使ってBに移した後，1番下のボールを直接Cに移し，さらに（$n-1$）個分の手順を使ってBからCに移すことになる。ここから，n個のボールを移動するのにかかる手順は，それより1個少ない（$n-1$）個のときの手順の2倍より1回多くなることがわかる。

つまりボールが4個になれば，$7 \times 2 + 1 = 15$〔回〕必要になる。また，それぞれのボールが動く回数を考えると，1番下のボールは1回，下から2番目のボールは2回，下から3番目のボールは4回というように，下から順に1回，2回，2^2回，2^3回，…，となっており，その規則性は 2^0, 2^1, 2^2, 2^3, …で，ボールが n 個あるとき，1番上のボールが動く回数は 2^{n-1} 回である。$2^0 \sim 2^{n-1}$ までの総和は $2^n - 1$ であり，ここから，ボールが4個あるなら，必要な移動回数は $2^4 - 1 = 15$〔回〕となる。

以上から，正答は **5** である。

　条件に従って操作を行った場合の，コインの裏表に関する規則性を考えてみることである。実際に，初回から2～3回目位までの操作を行ってみるとよい。設問の条件に従って操作を行っていくと，裏になっているコインは常に2枚だけで，3枚以上のコインが同時に裏になることはない，ということがわかる。そうすると，裏になっているコインが1枚置きの状態になった段階で，その間のコインが選ばれれば，その選んだコインは表なので，両隣のコインがひっくり返されることで，すべて表となる。実際に操作を行ってみると，次に示す図のように，表を白，裏を黒として，中央にある1番上側のコインから操作を始めれば，10回の操作を行ったとき，コインは再びすべて表となる。

　したがって，正答は**2**である。

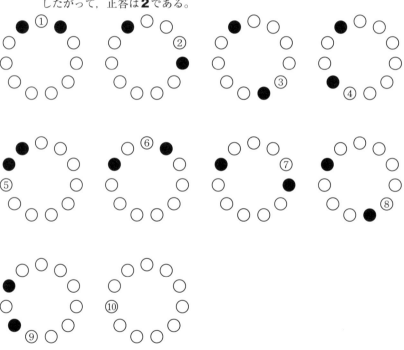

実 戦 問 題 ❷   手順の判定　基本

No.5 片側の端に火を付けると4分で燃えつきるロープが3本ある。これらの
ロープを使って時間を計るとき，計ることができない時間の長さとして，妥当なの
はどれか。ただし，火を付けるのはロープの端に限り，ロープの両端や複数のロー
プの端に同時に火を付けることもできるが，途中で消したり，ロープを切ったり，
折ったり，印を付けたりすることはできない。【地方上級（東京都）・令和2年度】

1　3分

2　5分

3　7分

4　9分

5　10分

No.6 次のような6×6のマス目があり，このゲームのプレイヤーは●を，現
在の位置から右方向，上方向にそれぞれ最大2マス分の範囲で動かすことができる
一方，左方向，下方向およびマス目の外に動かすことはできず，また，現在の位置
にとどまることもできない。たとえば，C5の位置に●があったとすると，次はC
3，C4，D3，D4，D5，E3，E4，E5のいずれかに動かすことが可能で
ある。

　このゲームを2人で行うこととし，2人は1つの●を交互に動かす。●をA6か
ら動かし始めて，F1に先に到達させたほうが勝ちとなる。このゲームの必勝法に
関する記述として最も妥当なのはどれか。

　なお，最初に●を動かす人を先手といい，次に動かす人を後手という。

【国家総合職・平成22年度】

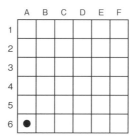

1　最初にA5またはB6に動かせば先手必勝である。

2　最初にB4またはC5に動かせば先手必勝である。

3　最初にB5に動かせば先手必勝である。

4　最初にC4に動かせば先手必勝である。

5　最初に先手がどこに動かしても後手必勝である。

実戦問題❷の解説

→問題はP.209

No.5 の解説　手順の確定　　　　　　　　　　　正答 4

　3本のロープをそれぞれA，B，C
とする。たとえば，3分を計測する場
合，Aの両端，およびBの片端に同時
に火を付ける。Aは2分で燃えつきる
ので，Aが燃えつきると同時に，Bの
火が付いていない端に火を付ければ，
3分で燃えつきることになる。5分の
場合は，3分は計測できるので，3分
経過したところで，Cの両端に火を付
ければ，2分で燃えつきるので，計5
分となる。7分の場合は，3分経過し
たところでCの片端に火を付ければ，
3分と4分で計7分となる。10分の場
合は，Aの両端に火を付けて2分，B
の片端に火を付けて計6分，Bが燃え
つきると同時にCの片端に火を付けれ
ば，計10分となる。9分については，
1分を計測できないこと，1本で3分
を計測することができないことから，
計測不可能である。以上から，正答は
4である。

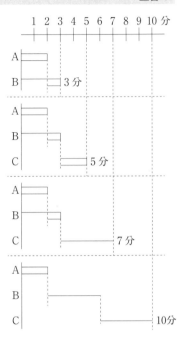

No.6 の解説　ゲームの必勝法　　　　　　　　　正答 4

→問題はP.209

STEP❶　**ルールを把握する**

　このゲームのルールでは，自分の手番のときには●を現在の位置にとどめ
ることはできず，右方向，上方向の少なくとも一方について1マスあるいは
2マス動かさなければならない。

　これを逆に考えれば，1度に動かせるのは右方向，上方向とも2マスまで
なので，相手に手番を渡すときに右方向，上方向の少なくとも一方がF1ま
で3マスの位置であれば，相手はその手番でF1に到達させることはできな
いことになる。

STEP❷　**先手がC4に動かした場合**

　先手が最初にA6から動かせる最も遠い位置はC4であるが，●がC4の
位置にある状態で後手の番とすれば，F1まで右方向，上方向とも3マスの
位置なので，後手はその手番では●をF1の位置に動かすことはできない。

　このとき，後手が●を図Ⅰの斜線部分であるD2，D3，E2，E3の位
置に動かしたとすると，次の先手番でF1へ動かすことが可能である。

また，後手が上方向のみでC2，C3へ動かした場合，右方向のみでD4，E4へ動かした場合（**図Ⅱ**の斜線部分）は，次の先手番でそれぞれC1，F4（**図Ⅱ**のグレーの部分）へ動かせばよい。C1，F4からだと，後手は一手でF1へ到達させることができず，その次の先手は必ずF1へ到達させることが可能である。

つまり，先手が●をC4へ動かした後は，右方向，上方向のそれぞれについて，後手が1マス動かしたら次の先手は2マス，後手が2マス動かしたら次の先手は1マス動かし，後手が動かさなかった方向へは先手も動かさない，という対応をすればよいのである。

このように，先手は最初に●をC4へ動かせば必ず勝つことができる。

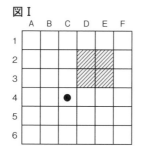

図Ⅰ

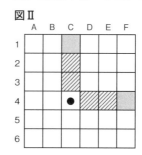

図Ⅱ

STEP❸ 選択肢を検討する

先手が最初にA4，A5，B4，B5，B6，C5，C6のいずれかに動かした場合，次の後手はC4に動かすことによって後手必勝となるので，**1**～**3**は誤りで，先手が最初にC4に動かすことによって先手必勝であるから**5**も誤りである。

以上から，正答は**4**である。

No.7
**
1～9の異なる数字が1つずつ書かれた9枚のカードがある。この9枚のカードを使って，A，B，Cの3人で次のようなゲームを行う。

> 9枚のカードを3人にそれぞれ3枚ずつ配る。まず，5のカードを配られた者が，その5のカードをテーブルの上に出す。そこから，順にカードを1枚ずつテーブルに出していくが，各回ともテーブルに出せるカードは，そのときテーブルに出ているカードの最大数より1大きいカード，または最小数より1小さいカードに限られる。自分の手番のときに出せるカードがあれば必ず出し，出せるカードがない場合は「パス」をする。

　A→B→C→A→，の順でカードを出していくことになり，途中までの経過は以下のようになった。このとき，各人に配られたカードについて，確実にいえるのはどれか。　　　　　　　　　　　　　　　　　　　　　　　　　　【市役所・平成25年度】

① Aはパスをした。
② Bは4のカードを出した。
③ Cはカードを1枚出した。
④ Aは出せるカードが2枚あり，その中から数の小さいほうのカードを出した。
⑤ Bはパスをした。
⑥ Cはパスをした。
⑦ Aは④で出さなかったカードを出した。
⑧ Bはパスをした。

1　Aには3，Bには8のカードが配られた。

2　最初に5のカードをテーブルに出したのはAである。

3　Bには1，Cには6のカードが配られた。

4　最初に5のカードをテーブルに出したのはBである。

5　Aには2，Cには8のカードが配られた。

💎 **No.8** ^{***} 「0」の入力に対して正常な出力が得られて，「1」の入力に対してエラーが出力される回路と，「1」の入力に対して正常な出力が得られて，「0」の入力に対してエラーが出力される回路がある。回路はA〜Eの全部で5つあり，各回路を4回操作し，そのときの入力が表のとおりであったとき，1回目は4つ，2回目は2つ，3回目は2つ，4回目は2つの正常な出力が得られた。このとき，確実にいえるのはどれか。 【国家専門職・令和3年度】

	A 回路	B 回路	C 回路	D 回路	E 回路
1 回目	0	0	1	0	1
2 回目	1	1	1	0	1
3 回目	1	1	0	1	1
4 回目	1	1	0	0	0

1 「1」の入力に対して正常な出力が得られる回路は，3つ以上ある。

2 「0」の入力に対して正常な出力が得られる回路は，3つのみである。

3 A回路とD回路は，「0」の入力に対して正常な出力が得られる。

4 C回路とE回路は，「1」の入力に対して正常な出力が得られる。

5 B回路は「0」の入力に対して，D回路は「1」の入力に対して正常な出力が得られる。

A，Bの2人が下のような5×5のマス目の図が書かれた紙を1枚ずつ持ち，次のようなゲームを行う。

① Aは，自分の図の中の任意の2つのマス目に丸印を記入する。
② Bは，相手の図を見ずに任意の1つのマス目を指定する。
③ Aは，Bが指定したマス目およびその周囲のマス目にある丸印の個数を回答する。

　なお，Bが指定したマス目に対する「周囲のマス目」とは，たとえばBが「イ2」を指定した場合には，ア1，ア2，ア3，イ1，イ3，ウ1，ウ2，ウ3をさし，「ア4」を指定した場合にはア3，ア5，イ3，イ4，イ5をさす。
④ Aがどのマス目に丸印を付けたかをBが当てるまで②，③を繰り返す。

Bが指定したマス目およびそれに対するAの回答が表のとおりであったとき，確実にいえるのはどれか。 【国家一般職・平成25年度】

Bが指定したマス目	Aの回答
「イ2」	「1個」
「エ4」	「1個」
「イ4」	「2個」

1 Bが「ウ3」を指定しAの回答が「2個」であれば，丸印が付いた2つのマス目は特定される。

2 Bが「ウ3」を指定しAの回答が「1個」であれば，ア3に丸印がある可能性はない。

3 Bが「イ5」を指定した場合，Aの回答は必ず「1個」である。

4 Bが「ウ2」を指定した場合，Aの回答は必ず「1個」である。

5 Bが「エ2」を指定した場合，Aの回答は必ず「0個」である。

実 戦 問 題 **3** の 解 説

→問題はP.212

No.7 の解説 手順からの判断 　　　　　　　　　　　**正答5**

STEP❶ ①～③からわかること

　　Aは①ではパスをしているので，Aは4のカードも6のカードも持っていないことになる。Bが②で4のカードを出し，③でCがカードを1枚出している。

　　③でCが出したカードは3または6であるが，Cが3のカードを出したとすると，④の段階でAが出せる2枚は2と6のカードということになる。しかし，①でAは6のカードを持っていないことが判明しているので，これは矛盾する（**表Ⅰ**）。したがって，③でCが出したカードは6である（**表Ⅱ**）。

STEP❷ ④～⑧からわかること

　　そうすると，④の段階でAは3と7のカードを持っていることがわかり，そのうちの3のカードを出したことになる。⑤，⑥でBとCは続けてパスをしているので，BもCも2のカードを持っていない（7のカードはAが持っている）。ここから，Aが2のカードを持っていることになる。この時点で，Aに配られた3枚のカードは2，3，7と確定する。

　　⑦でAは7のカードを出したが，⑧でBがパスをしているので，Bは8のカードを持っていない。したがって8のカードを持っているのはCである。ここまでで**表Ⅲ**のようになるが，1，5，9のカードがB，Cのどちらに配られたのかは確定できない。

　　以上から，正答は**5**である。

表Ⅰ

	1	2	3	4	5	6	7	8	9
A		◌	×	×		×			
B		×	×	○					
C		×	◌	×					

表Ⅱ

	①	②	③	④	⑤	⑥	⑦	⑧
	A	B	C	A	B	C	A	B
出したカード	パス	4	6	3	パス	パス	7	パス

表Ⅲ

	1	2	3	4	5	6	7	8	9
A	×	○	○	×	×	×	○	×	×
B		×	×	○		×	×	×	
C		×	×	×		○	×	○	

　1回目と2回目の操作を見ると，C回路，D回路，E回路は結果が一致している。つまり，C回路，D回路，E回路でいずれもエラーが出力されていないならば，2回目の操作において，正常な出力は3つ以上なければならないことになる。したがって，1回目に出力されたエラーは，C回路，D回路，E回路のいずれか1つである（A回路，B回路は正常な出力）。1回目にE回路でエラーが出力されたとすると，3回目の操作ではすべての回路でエラーが出力されることになる。また，1回目にD回路でエラーが出力されたとすると，4回目の操作ではすべての回路でエラーが出力されることになる。これにより，1回目の操作でエラーが出力されたのはC回路ということになる。以上から，A回路，B回路，C回路，D回路は，「0」の入力に対して正常な出力が得られる回路であり，E回路は「1」の入力に対して正常な出力が得られる回路である，ということになる。以上から，正答は**3**である。

→問題はP.214 **正答3**

No.9 の解説　手順からの判断

STEP❶　条件を整理する

　Aが記入した丸印は2個なので，まず，Aが記入した丸印が存在する範囲を考えてみる。Bが「イ2」を指定したとき，Aの回答は1個である。したがって，図Ⅰで示した範囲の中に丸印が1個記入されている。また，Bが「エ4」を指定したときも，Aの回答は1個だから，図Ⅱで示した範囲の中に丸印が1個記入されている。ところが，Bが「イ4」を指定したとき，Aの回答は2個なので，丸印は図Ⅲで示した範囲の中に2個記入されていなければならない。ここから，図Ⅰで1列目と2列目に丸印が記入されている可能性はなく，図Ⅱでエ行目とオ行目に丸印が記入されている可能性はないことになる。

図Ⅰ 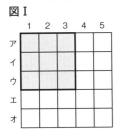　図Ⅱ 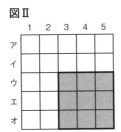　図Ⅲ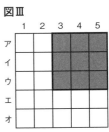

　そうすると，Aが記入した2個の丸印の位置について，次の2通りが考えられることになる。つまり，

(1)「ア3」,「イ3」のうちのどちらかに1個と，「ウ4」,「ウ5」のどちらかに1個となる場合（図Ⅳ）

(2)「ウ3」に1個記入され，「ア4」,「ア5」,「イ4」,「イ5」のうちのいずれかのマス目に1個記入される場合（図Ⅴ）

である。

図Ⅳ　　　　図Ⅴ
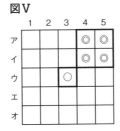

STEP❷　選択肢を検討する

1 ✕　図Ⅳおよび図Ⅴから考えると，Bが「ウ3」を指定し，Aの回答が「2個」であったとき，「イ3」,「ウ4」に丸印が記入されている場合（図Ⅳ－2）と，「イ4」,「ウ3」に丸印が記入されている場合（図Ⅴ－2）との2通り

の可能性があるので，丸印が書かれた２つのマス目は特定されない。

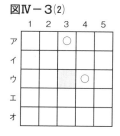

図Ⅳ－２　　　　　　　図Ⅴ－２

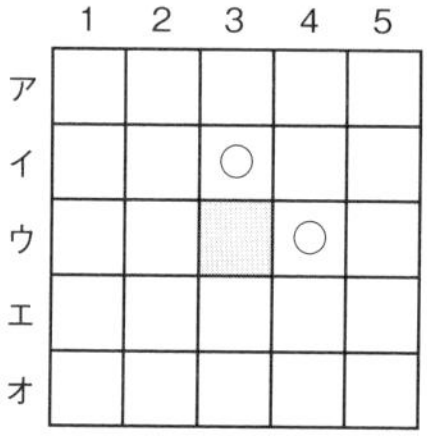

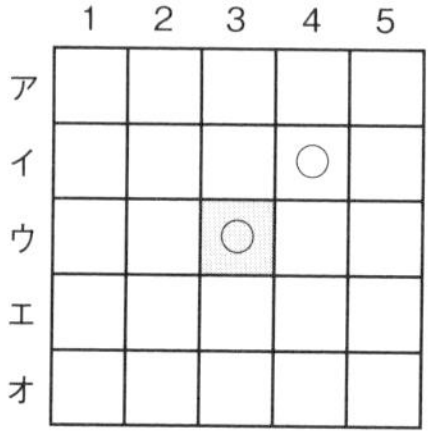

2 ✕　Ｂが「ウ３」を指定し，Ａの回答が「１個」であったとき，**図Ⅳ－３**(1)，**図Ⅳ－３**(2)，**図Ⅴ－３**（△印のいずれかに１個）の３通りが考えられ，特定されない。

図Ⅳ－３(1)　　　　　図Ⅳ－３(2)　　　　　図Ⅴ－３

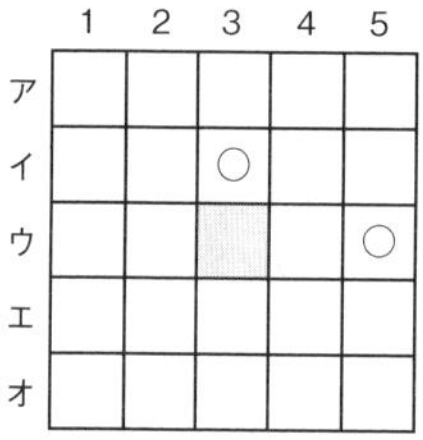

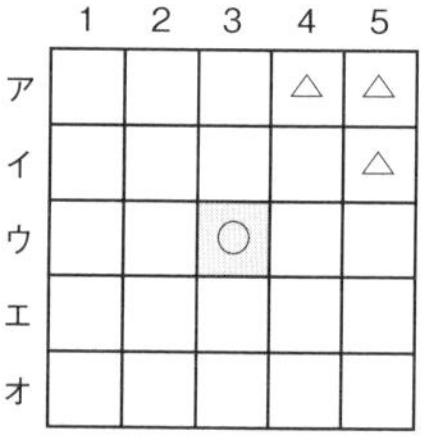

3 ◎　Ｂが「イ５」を指定した場合，**図Ⅳ**および**図Ⅴ**のいずれにおいても，「◎」印のマス目のうち１個に記入されている。したがって，Ａの回答は必ず「１個」であり，**3**は確実である。

4 ✕　Ｂが「ウ２」を指定した場合，**図Ⅳ**で「ア３」，「ウ５」に丸印が記入されていれば，Ａの回答は「０個」となるので，**4**は誤りである。

5 ✕　Ｂが「エ２」を指定した場合，**図Ⅴ**ならＡの回答は「１個」となるので，**5**も誤りである。

第4章

暗号と規則性

テーマ 🔟 暗号
テーマ 🔢 規則性

試験別出題傾向と対策

試験名	国家総合職					国家一般職					国家専門職				
年度	21〜23	24〜26	27〜29	30〜2	3〜5	21〜23	24〜26	27〜29	30〜2	3〜4	21〜23	24〜26	27〜29	30〜2	3〜4
出題数	0	0	1	0	0	1	1	0	0	0	2	0	0	0	0
B 10 暗号											1				
C 11 規則性			1			1	1				1				

　特別区Ⅰ類を除き、ここのところ、この分野からの出題は減少傾向にある。したがって、この分野の学習に多くの時間を割くのは得策とはいえないであろう。ただし、「暗号」問題の特徴、「規則性」についての基本的考え方、といった点は理解しておくことである。

　注意しておきたいのは、単純な文字の置き換えによる「暗号」問題よりも、「記数法」等の整数、あるいは「数列」に関する分野、「平面構成」や「位相」といった図形分野で規則性を考えさせる問題が出題されていることである。それぞれの分野においてこの種の出題はかなり見られる。むしろ、「規則性」というテーマで集約されるよりも、「記数法」、「数列」、「平面構成」、「立体構成」、「位相」といった種々の分野において、「規則性」を伴う問題が出題されていると考えたほうがよい。したがって、各分野における基本構造を正確に把握し、それぞれに内在する規則性を理解しておく必要があるといえる。

●国家総合職

　過去20年以上にわたり、「暗号」固有の問題が出題された例はない。出題はいずれも「暗号」以外の「規則性」に関する問題であるが、こちらも出題頻度が高いとはいえない。ただし、「規則性」に関する事項に関しては、数量条件推理や図形に関連しての出題はされているので、確実に学習しておくべきである。

●国家一般職

　国家総合職と同様で、「暗号」に関しては、20年以上にわたって出題されていない。一方、「規則性」に関しては、数年に1回という割合で出題されているが、数量条件推理や図形と関連した出題となっている。今後の出題の可能性は未知数であるが、少なくとも、基本的事項については押さえておきたい。

●国家専門職

　10年以上にわたって出題が途絶えていたが、平成22年度には「暗号」と「規則性」から1問ずつ、計2問が出題されている。「暗号」に関しては数の性質や代数的処理といった数的推理系の要素と融合された内容、「規則性」では形式論理と関

地方上級 （全国型）					地方上級 （東京都）					地方上級 （特別区）					市役所 （C日程）					
21-23	24-26	27-29	30-2	3-4	21-23	24-26	27-29	30-2	3-5	21-23	24-26	27-29	30-2	3-5	21-23	24-26	27-29	30-2	3-4	
0	0	0	0	0	1	0	0	0	0	3	3	3	3	3	1	0	0	0	0	
										2	3	3	3	3						テーマ**10**
					1					1					1					テーマ**11**

連する内容で出題されている。また，試験制度変更により出題数が増加していることからすると，頻出となるかどうかは流動的であるにしても，今後も出題の可能性はあると考えておいたほうがよいであろう。

● 地方上級

「暗号」に関する問題は20年以上にわたり出題されていない。ただし，「規則性」に関する問題は，過去に複数出題された年があり，今後も出題の可能性はあると思われる。

● 東京都Ⅰ類

「暗号」はほぼ毎年度出題されていた時期があったが，出題が途絶えてから10年以上経過している。「規則性」に関しても出題は少なく，実際に出題された問題も，数的推理的要素の強い整数の配列という内容であった。今後もこの傾向が続きそうであるが，図形分野で「規則性」を考えるといった出題には注意しておきたい。

● 特別区Ⅰ類

「暗号」に関しては，20年以上にわたり，頻出というよりもほぼ必出という状態で出題されている。「規則性」に関する出題も内容的には「暗号」に近い。難易度の幅はかなり大きく，数年に一度は難問であることが多い。16進法を用いた「暗号」といったかなり厳しい内容の出題もされており，十分な対策が必要である。

● 市役所

「暗号」は，20年以上の間，出題されたことはない。「規則性」に関する出題は一度あるが，図形的要素の強い内容である。この傾向が突然大きく変化することはなさそうである。

暗　号

必修問題

　ある暗号で「ヒラメハウミノサカナ」が「徒厨稚厚机堀絵仮付侍」で表されるとき，同じ暗号の法則で「ヘコアユ」を表したのはどれか。

【地方上級（特別区）・令和２年度】

1　「役縦働咲」

2　「材縦紙叶」

3　「書町縮培」

4　「兵児亜湯」

5　「裕紅仏暗」

難易度　＊＊

必修問題の解説

STEP❶　暗号問題の本質

　暗号はもとの文（平文）を一定の規則に従って暗号化したものである。そこで暗号問題とは，結局平文をどのような規則に従って暗号化したか，その**規則性**を考えることになる。規則性を考えなければならないのであるから，そこにはどうしても推測と当てはめ，いわゆる試行錯誤が必要であり，その意味で推論的要素が強い。

STEP❷　暗号問題の基本構造

　暗号問題は，平文と暗号文との間にある規則を考えるものであるが，その際の基

準となるのが，平文と暗号文との文字数の関係である。通常，平文に用いられる文字は，漢字，仮名，アルファベットの３種類であるから，暗号文との文字数の関係を考えるに当たっては，この３種類のうち，どれが暗号文の文字数と対応するかを考えるのである。具体的には，暗号文の文字数と一致するか，暗号文の文字数の約数，またはそれに近い数になるものが平文として使われているはずである。一般的には，平文より暗号文の文字数が少なくなることはまれであると考えてよいであろう。なお，アルファベットが用いられる場合，ローマ字表記のほかに基本的な名詞程度ならば英単語が用いられる可能性もある。

STEP❸　平文と暗号文との対応

　平文の文字数と暗号文の文字数が一致していることから，平文の仮名１文字に暗号文の漢字１文字が対応していると考えられる。しかし，「ヒ」と「徒」，「ラ」と「厨」のように対応させても，漢字の読みでは関連性が見られない。このような場合，漢字の画数がポイントになることが多い。部首とそれ以外の部分に分けると，「徒」は部首が「ぎょうにんべん」で３画，「走」が７画である。これを，「ヒ」＝「徒」＝3+7，としてみると，「ラ」＝「厨」＝2+10，「メ」＝「稚」＝5+8，「ハ」＝「厚」＝2+7，「ウ」＝「机」＝4+2，「ミ」＝「堀」＝3+8，「ノ」＝「絵」＝6+6，「サ」＝「仮」＝2+4，「カ」＝「付」＝2+3，「ナ」＝「侍」＝2+6，となる。「ヒ」＝「徒」＝3+7と「ハ」＝「厚」＝2+7，「メ」＝「稚」＝5+8と「ミ」＝「堀」＝3+8，「ノ」＝「絵」＝6+6と「ナ」＝「侍」＝2+6，で比べると，部首以外の部分の画数が五十音表の行を表していると考えられる。そして，部首部分の画数が五十音表の段を表していると考えると，五十音表に次のような数字を割り当てれば矛盾しないことがわかる。

2	3	4	5	6	7	8	9	10	11	12	
あ	か	さ	た	な	は	ま	や	ら	わ	ん	2
い	き	し	ち	に	ひ	み		り	ゐ		3
う	く	す	つ	ぬ	ふ	む	ゆ	る	う		4
え	け	せ	て	ね	へ	め		れ	ゑ		5
お	こ	そ	と	の	ほ	も	よ	ろ	を		6

　この表から，「ヘコアユ」は，「5+7，6+3，2+2，4+9」となる。これと画数で一致しているのは「裕紅仏暗」であり，正答は**5**である。

正答 **5**

FOCUS

　暗号問題の基本は，①平文の種類，②平文と暗号文との文字数の比較，③両者間の対応の規則性，を考えることである。対応の規則性を考えるには推測と試行錯誤を伴うので，標準的な暗号化規則を理解しておき，なるべく短時間で処理できるようにしておきたい。

第4章　暗号と規則性

—— POINT ————

重要ポイント 1　暗号とその種類

　暗号の問題は，どのような規則によって通常の文（平文）が暗号化されているか を考えさせるものである。平文と暗号との規則性がわかれば，あとはその規則に従 って対応させれば正答が判明する。したがって，まずこの規則性に関する基本的事 項を理解しておくことが必要である。

　暗号の種類には，他の文字，記号，数字に置き換える**換字式**，文字の順序を変え る**転置式**，余分な文字や語を挟み込む**挿入式**などがあるが，公務員試験で出題され る暗号問題はほとんどが換字式である。転置式や挿入式が用いられる場合は，換字 式と組み合わされることが多い。

重要ポイント 2　平文と暗号文との関係

　規則性を考えるには，まず平文の種類を考える必要がある。ある語を表すには， 一般に漢字，仮名，アルファベットが考えられ，アルファベットでは，ローマ字表 記が中心だが，英単語の場合もある。たとえば，「犬」を暗号化するのに「犬」， 「いぬ」，「ＩＮＵ」，「ＤＯＧ」のどれを用いているかを見極めなければならない。 漢字は番号を付けたり対応表を作成したりするのが難しいので，平文に用いられる のは通常仮名またはアルファベット（特にローマ字表記）である。

　平文の種類を確定させる決め手となるのは，**平文と暗号文の文字数**である。通常 平文の文字数が暗号の文字数より多いことは考えにくく，暗号の文字数は平文と同 一かあるいはその倍数またはそれに近い数である。

　ある暗号で「犬」という語を「1253」と表すとすると，「犬」は仮名で「いぬ」 の 2 文字，ローマ字で「ＩＮＵ」の 3 文字，英語で「ＤＯＧ」の 3 文字であるが， 暗号が 4 つの数字列であることから，4 の約数である 2 文字の「いぬ」ではないか とまず考える。そうすると，い＝12，ぬ＝53と対応する。仮名 1 文字に 2 ケタの数 字が割り当てられているが，それぞれ 1，5 がア行，カ行…の行，2，3 がア段， イ段…の段を表していると考えれば，仮名の50音表を用いた暗号と判断できる。

　また，暗号の中に特徴的な部分があれば，平文は仮名であると通常考えられる。 濁音や促音，拗音があってもローマ字表記の場合は影響を受けないが，平文が仮名 ならば，暗号にもそれを表すことが必要になるからである。

例

　「名古屋」や「京都」を仮名を平文として暗号化しようとすれば，「なごや」の「ご（濁音）」 「きょうと」の「ょ（拗音）」をどのように表すかが問題となる。無視してもよい場合，50音 表を拡大する場合（たとえば，こ＝B5に対してご＝B10とする）もあるが，「名古屋」＝ 「E1（B5）H1」，「京都」＝「B2h5A3D5」のようになっていれば，（　）や小文字のような 変則的な部分から平文は仮名であることが推測できる。

224

重要ポイント 3 　暗号表

　暗号表としてまず考えられるのは**50音表**である。この場合，行および段に数字やアルファベットを割り振って暗号化する。仮名の場合には7×7の表の中にいろは48文字を入れた表も考えられる。さらに，5×5の表の中にアルファベットを入れた暗号表もある（この場合は1文字が入らないことになる）。

50音表例

	1	2	3	4	5
A	あ	い	う	え	お
B	か	き	く	け	こ
C	さ	し	す	せ	そ
D	た	ち	つ	て	と
E	な	に	ぬ	ね	の
F	は	ひ	ふ	へ	ほ
G	ま	み	む	め	も
H	や		ゆ		よ
I	ら	り	る	れ	ろ
J	わ				を
K	ん				

7×7対応表例

	1	2	3	4	5	6	7
A	い	ろ	は	に	ほ	へ	と
B	う	ゐ	の	お	く	や	ち
C	む	め	み	し	ゑ	ま	り
D	ら	ゆ	ん	×	ひ	け	ぬ
E	な	き	す	せ	も	ふ	る
F	ね	さ	あ	て	え	こ	を
G	つ	そ	れ	た	よ	か	わ

5×5対応表例

	か	き	く	け	こ
あ	U	T	K	J	A
い	V	S	L	I	B
う	W	R	M	H	C
え	X	Q	N	G	D
お	Y	P	O	F	E

重要ポイント 4 　アルファベットの置き換え

　平文がアルファベットの場合は，上のような対応表のほかに，アルファベット順に番号で表したり，アルファベットをスライドさせたりする方法もある。

「アルファベット→数字」逆順対応例

A	B	C	D	E	F	G	H	I	J	K	L	M	N	O	P	Q	R	S	T	U	V	W	X	Y	Z
↓	↓	↓	↓	↓	↓	↓	↓	↓	↓	↓	↓	↓	↓	↓	↓	↓	↓	↓	↓	↓	↓	↓	↓	↓	↓
26	25	24	23	22	21	20	19	18	17	16	15	14	13	12	11	10	9	8	7	6	5	4	3	2	1

「アルファベット→アルファベット」スライド対応例

A	B	C	D	E	F	G	H	I	J	K	L	M	N	O	P	Q	R	S	T	U	V	W	X	Y	Z
↓	↓	↓	↓	↓	↓	↓	↓	↓	↓	↓	↓	↓	↓	↓	↓	↓	↓	↓	↓	↓	↓	↓	↓	↓	↓
N	O	P	Q	R	S	T	U	V	W	X	Y	Z	A	B	C	D	E	F	G	H	I	J	K	L	M

重要ポイント 5 　その他の着眼点

(1) 暗号に漢字が使われている場合は，部首や画数がカギになるかどうか考える。

(2) 暗号に使われている文字，数字，記号の種類が少ない場合は n 進法が使われている可能性も考えてみる。

(3) 換字式暗号に転置式が組み合わされている場合もある。文字数が一致しても規則性が見つからないときは，逆順にしてみる。

No.1 ある暗号で「ししまい」が「◎822△221□416☆072」,「てまり」が「□543☆691◎782」と表されるときに,同じ暗号の法則で表される言葉「□611◎891☆495□214△618◎704」に関係する語として,妥当なのはどれか。　【地方上級（特別区）・平成16年度】

1 バラ

2 隅田川

3 富士山

4 飛行機

5 ケーキ

No.2 ある暗号で「晴海」が「1033　1236　1143」,「上野」が「1201　2210　0505」で表されるとき,同じ暗号の法則で「2223　1118　0116」と表されるのはどれか。　【地方上級（特別区）・平成24年度】

1 「大田」

2 「豊島」

3 「中野」

4 「練馬」

5 「港」

No.3 ある暗号で「福島」が「$8\frac{4}{4}$, $10\frac{8}{1}$, $8\frac{4}{2}$, $10\frac{1}{4}$」,「滋賀」が「$16\frac{12}{1}$, $\left(16\frac{6}{1}\right)$」で表されるとき,同じ暗号の法則で「$10\frac{2}{4}$, $16\frac{4}{3}$, $\left(8\frac{3}{2}\right)$, $8\frac{7}{1}$」と表されるのはどれか。　【地方上級（特別区）・平成29年度】

1 「茨城」

2 「沖縄」

3 「徳島」

4 「宮崎」

5 「山形」

実 戦 問 題 ❶ の 解 説

STEP❶　「かな」を変換した暗号と推測

　「ししまい」→「◎822，△221，□416，☆072」，「てまり」→「□543，☆691，◎782」としてみれば，平文の「かな」を変換した暗号と推測するのが合理的である。そうすると，

という形で対応しているはずである。ここで，２回ずつ使われている「し」と「ま」について考えてみると，「し」では「◎822」と「△221」で2がそれぞれ2個，「ま」では「□416」と「☆691」でどちらも1と6が使われている（ただし，配置が一致していない）。この段階で考えてみると，「ま」は50音表でア段（1段目），「し」はイ段（2段目）で，「ま」で使われている1，「し」で使われている2の一方は50音表の段を表すと予測される。そこで「て」（エ段＝4段目），「り」（イ段＝2段目）を見てみると，それぞれ4と2という数字が使われている。ここまでで50音表におけるア段〜オ段に1〜5の数字が対応していると考えてよさそうである。

　次に50音表の行について考えると，ア行〜ワ行までを1〜10で対応させるとサ行＝3，マ行＝7となるが，「し」にも「ま」にも該当する数字がなく，それぞれ1ずつ違う2と6が存在する。そこで，ア行〜ワ行までを0〜9で対応させると，サ行＝2，マ行＝6，さらにタ行＝3，ラ行＝8となって，どの文字にもそれぞれ該当する数字が存在することになる。つまり，この問題では50音表に次のような数字を対応させているのである。

9	8	7	6	5	4	3	2	1	0	
わ	ら	や	ま	は	な	た	さ	か	あ	1
	り		み	ひ	に	ち	し	き	い	2
	る	ゆ	む	ふ	ぬ	つ	す	く	う	3
	れ		め	へ	ね	て	せ	け	え	4
を	ろ	よ	も	ほ	の	と	そ	こ	お	5

STEP❷　記号と数字の配列を考える

　次に数字の配列を考えてみる。ここではそれぞれの冒頭に置かれた記号に着目する（他に手掛かりはなさそうであるから）。

◎822＝し	◎782＝り
△221＝し	
□416＝ま	□543＝て
☆072＝い	☆691＝ま

　よく見ると，◎の場合は数字の左から「＊行段」，△は「行段＊」または

「段行＊」，□は「＊段行」，☆は「行＊段」となっている。つまり，記号ごとに3個の数字について行と段の位置が決められており，使われている数字のうちの1個はダミー（無意味な数字）ということである。

　これらを前提にして「□611◎891☆495□214△618◎704」を考えてみると，「かわのなまえ」となる。△に関しては「行段＊」または「段行＊」のいずれかとなるが，△618とあるから「行段＊」と考えることになる（段は1〜5までしかない）。

　以上から，正答は「隅田川」の**2**である。

No.2 の解説　50音表による変換　　→問題はP.226　**正答4**

STEP❶　50音表との対応を考える

　文字数の関係から考えて，「は」＝「1033」，「る」＝「1236」，「み」＝「1143」，「う」＝「1201」，「え」＝「2210」，「の」＝「0505」，のように，平仮名1文字について4個の数字が対応していると考えるのが合理的である。そこで，50音表に数字を記入してみると，4個の数字のうち，左側2個の数字の和が「段」に，右側2個の数字の和が「行」に一致する。「は」の場合は，1＋0＝1が「あ段」であること，3＋3＝6が「は行」であることを示している。

STEP❷　暗号の数字を変換する

　したがって，2223は，2＋2＝4，2＋3＝5より，「な行え段」の「ね」，1118は，1＋1＝2，1＋8＝9より，「ら行い段」の「り」，0116は，0＋1＝1，1＋6＝7より，「ま行あ段」の「ま」で，「ねりま」＝「練馬」を表しており，正答は**4**である。

11	10	9	8	7	6	5	4	3	2	1	
ん	わ	ら	や	ま	は	な	た	さ	か	あ	1
				0116	1033						
		り		み	ひ	に	ち	し	き	い	2
		1118		1143							
		る	ゆ	む	ふ	つ	す	く		う	3
		1236								1201	
		れ		め	へ	ね	て	せ	け	え	4
						2223				2210	
	を	ろ	よ	も	ほ	の	と	そ	こ	お	5
						0505					

No.3 の解説　50音順による変換

→問題はP.226　**正答4**

　「福島」に4個の帯分数が対応し,「滋賀」に2個の帯分数が対応している。ここから,「ふくしま」,「しが」という仮名を暗号化したと考えてよさそうである。また,平文を仮名と考えれば,「が」という濁音を（　）で表していると判断して矛盾しない。ところが,仮名であるとしても,たとえば五十音表の「行」と「列」に対応するような関係が,並んでいる分数との間には存在しない。しかし,下の表のように,五十音順に1から数字を割り当ててみると,「く」$=10\frac{8}{1}$,「し」$=16\frac{12}{1}$,「か」$=16\frac{6}{1}$,となって,分母が1である分数の場合,その分子が五十音順の数に一致している。そこで,「し」を表すもう1つの分数$8\frac{4}{2}$を考えてみる。ここでは,整数部分の8と分子の4との和が12となっていることがわかる。このことから推論すると,帯分数の整数部分をa,分母をb,分子をcとすれば,$a\times(b-1)+c$が五十音順の数ということになる。

　したがって,「$10\frac{2}{4}$, $16\frac{4}{3}$, $\left(8\frac{3}{2}\right)$, $8\frac{7}{1}$」=「みやざき」=「宮崎」,となり,正答は**4**である。

あ	1	か	6	さ	11	た	16	な	21	は	26	ま	31	や	36	ら	41	わ	46	ん	51
い	2	き	7	し	12	ち	17	に	22	ひ	27	み	32		37	り	42		47		
う	3	く	8	す	13	つ	18	ぬ	23	ふ	28	む	33	ゆ	38	る	43		48		
え	4	け	9	せ	14	て	19	ね	24	へ	29	め	34		39	れ	44		49		
お	5	こ	10	そ	15	と	20	の	25	ほ	30	も	35	よ	40	ろ	45	を	50		

第4章　暗号と規則性

No.4　ある暗号で「DOG」が「100000，10101，11101」，「FOX」が「11110，10101，1100」で表されるとき，同じ暗号の法則で「100001，100011，10000」と表されるのはどれか。

【地方上級（特別区）・平成25年度】

1　「ANT」

2　「BEE」

3　「CAT」

4　「COW」

5　「PIG」

No.5　ある暗号で，「CLUB」が「上上下，中上下，下上下，上上中」，「DAWN」が「上中上，上上上，下中々，中中中」で表されるとき，同じ暗号の法則で，「下上上，上下中，中中下，中下上」と表されるのはどれか。

【地方上級（特別区）・令和元年度】

1　「SORT」

2　「SHOP」

3　「SHIP」

4　「PORT」

5　「MIST」

実戦問題❷の解説

No.4 の解説　2進法によるアルファベットの変換　　　→問題はP.230　**正答3**

STEP❶　平文と暗号文との対応

　「ＤＯＧ」＝「100000，10101，11101」，「ＦＯＸ」＝「11110，10101，1100」なので，アルファベット1文字に1つの数が対応していると考えれば，同じ文字には同じ数（Ｏ＝10101）が使われていることからも矛盾は生じない。ここで，Ｆ，Ｇという連続するアルファベットに対応する数が，Ｆ＝11110，Ｇ＝11101であることから，暗号で用いられている数の表記は2進法と考えられる。そこで，Ｄ，Ｆ，Ｇ，Ｏ，Ｘにそれぞれ対応している，2進法で表された数である100000，11110，11101，10101，1100を10進法に変換してみると，Ｄ＝100000＝32，Ｆ＝11110＝30，Ｇ＝11101＝29，Ｏ＝10101＝21，Ｘ＝1100＝12となる（**表Ⅰ**）。

表Ⅰ

A	B	C	D	E	F	G	H	I	J	K	L	M
			100000		11110	11101						
			32		30	29						

N	O	P	Q	R	S	T	U	V	W	X	Y	Z
	10101									1100		
	21									12		

　ここから，Ａ～Ｚまでに数を割り振ってみると**表Ⅱ**のようになる。

表Ⅱ

A	B	C	D	E	F	G	H	I	J	K	L	M
100011	100010	100001	100000	11111	11110	11101	11100	11011	11010	11001	11000	10111
35	34	33	32	31	30	29	28	27	26	25	24	23

N	O	P	Q	R	S	T	U	V	W	X	Y	Z
10110	10101	10100	10011	10010	10001	10000	1111	1110	1101	1100	1011	1010
22	21	20	19	18	17	16	15	14	13	12	11	10

　この**表Ⅱ**から，「100001，100011，10000」を読み取ると，「ＣＡＴ」となり，正答は**3**である。

　この問題では，アルファベットを暗号化したと考えてよさそうである。そこで，**表Ⅰ**を作成してみる。これは，3進法の3ケタの数と同様の規則と考えればよい。つまり，上＝0，中＝1，下＝2，とすれば，A＝上上上＝000，B＝上上中＝001，C＝上上下＝002，D＝上中上＝010，ということである。そうすると，A～Zまでが**表Ⅱ**のようになる。この**表Ⅱ**より，「下上上，上下中，中中下，中下上」＝「ＳＨＯＰ」，となり，正答は**2**である。

表Ⅰ

A	上	上	上	J				S			
B	上	上	中	K				T			
C	上	上	下	L	中	上	下	U	下	上	下
D	上	中	上	M				V			
E				N	中	中	中	W	下	中	中
F				O				X			
G				P				Y			
H				Q				Z			
I				R							

表Ⅱ

A	上	上	上	J	中	上	上	S	下	上	上
B	上	上	中	K	中	上	中	T	下	上	中
C	上	上	下	L	中	上	下	U	下	上	下
D	上	中	上	M	中	中	上	V	下	中	上
E	上	中	中	N	中	中	中	W	下	中	中
F	上	中	下	O	中	中	下	X	下	中	下
G	上	下	上	P	中	下	上	Y	下	下	上
H	上	下	中	Q	中	下	中	Z	下	下	中
I	上	下	下	R	中	下	下				

実戦問題 3 アルファベットの変換 応用レベル

🔶 **No.6** ある暗号で，「oboe」が「ＣドミＤソソＣレファＧララ」，「flute」が「ＡララＧドレＢレファＡファラＧシシ」，「harp」が「ＣミファＣファファＦミソＤラド」で表されるとき，同じ暗号の法則で「ＡラドＤＤドレＡミファＤソシＣララＢドレＤミファ」と表されるのはどれか。 【地方上級（特別区）・令和４年度】

1 「piccolo」

2 「bassoon」

3 「trumpet」

4 「timpani」

5 「cymbals」

🔶 **No.7** ある暗号で「いしかわ」が「02，0Ｅ，14，42」，「わかやま」が「2Ｅ，34，58，77」と表されるとき，同じ暗号の法則で「1Ｃ，24，30，4Ｆ」と表されるのはどれか。 【地方上級（特別区）・平成22年度】

1 「おおいた」

2 「おおさか」

3 「おきなわ」

4 「ふくおか」

5 「ふくしま」

No.8 ある暗号で「ＤＯＧ」が「○Ｂe●Ｈ○Ｎ」，「ＪＦＫ」が「◎Ｌi○Ｃ◎Ｂe」で表されるとき，同じ暗号の法則で「◎Ｃ●Ｈ○Ｎ●Ｃ●Ｂe○Ｂ○Ｈ○Ｂ」と表されるのはどれか。 【地方上級（特別区）・令和３年度】

1 「ＣＯＭＰＵＴＥＲ」

2 「ＨＯＳＰＩＴＡＬ」

3 「ＭＯＮＴＲＥＡＬ」

4 「ＳＯＣＲＡＴＥＳ」

5 「ＳＯＦＴＢＡＬＬ」

実戦問題 ❸ の 解説

No.6 の解説　アルファベットの変換

→問題はP.233　**正答4**

「oboe」が「CドミDソソCレファGララ」であることから，o＝Cドミ，b＝Dソソ，のように，アルファベット小文字1文字にアルファベット大文字1文字と仮名2文字が対応していると考えられる。「flute」が「AララGドレBレファAファラGシシ」，「harp」が「CミファCファファFミソDラド」まで含めてまとめると，**表I**のようになる。この**表I**から，アルファベット大文字は，「C，D，E，F，G，A，B」の順で循環していると考えてよさそうである。仮名文字は音階と考えてよさそうであるが，同じoでもドミ，レファとなっており，eもララ，シシとなっていて文字による関連性が見られない。ここでは，1巡目のC〜B（a〜g）はドド，レレのように同文字，2巡目のC〜B（h〜n）はドレ，ミファのように1文字のずれ，3巡目のC〜B（o〜u）はドミ，ソシのように2文字のずれ，と考えればよい（v〜zに関しては厳密には不明）。これにより，Aラドは3巡目のAなのでt，Dドレは2巡目のDでi，となり，この段階で「timpani」と確定する。一応確認すると，Aミファ＝m，Dソシ＝p，Cララ＝a，Bドレ＝n，Dミファ＝i，となる。以上から，正答は**4**である。

表I

a	b	c	d	e	f	g
C	D			G	A	
ファファ	ソソ			ララ	ララ	
				シシ		

h	i	j	k	l	m	n
C				G		
ミファ				ドレ		

o	p	q	r	s	t	u
C	D		F		A	B
ドミ	ラド		ミソ		ファラ	レファ
レファ						

v	w	x	y	z		

表II

a	b	c	d	e	f	g
C	D	E	F	G	A	B
ファファ	ソソ			ララ	ララ	
ララ				シシ		

h	i	j	k	l	m	n
C	D	E	F	G	A	B
ミファ	ドレ			ドレ	ミファ	ドレ
	ミファ					

o	p	q	r	s	t	u
C	D	E	F	G	A	B
ドミ	ラド		ミソ		ファラ	レファ
レファ	ソシ				ラド	

v	w	x	y	z		
C	D	E	F	G		

No.7 の解説　16進法によるアルファベットの変換　→問題はP.233　正答５

STEP❶　16進法であることに気づく

　この問題では，平文がいずれも平仮名で，「い＝02，し＝0E，か＝14，わ＝42」，「わ＝2E，か＝34，や＝58，ま＝77」と対応させれば形式的には矛盾がないので，平文で用いられているのは平仮名で，それに２ケタの数，または数字とアルファベット１つずつの組合せが対応していると考えてよさそうである。

　い＝02 についても，「い」が50音順で「あ」に次いで２番目と考えれば矛盾しない。しかし，その後については，「1C，24，30，4F」を含めて考えても，２ケタの数と数字とアルファベット１つずつの組合せとの規則性がなかなか見えてこないのである。

16進法表記とは

　一般にはあまりなじみがないが，実はここで使われているのは，0E，2E，1C，4F も含めて，すべて２ケタの数なのである。

　10進法では０～９までの10種類の数字を用いてすべての数を表している。また，２進法では０，１の２種類の数字だけですべての数を表す。これに対して，16種類の数字を用いて数を表すのが16進法である。

　アラビア数字では０～９までの10種類の数字しかないので，これにA～Fの６種類のアルファベットを加え，10＝A，11＝B，12＝C，13＝D，14＝E，15＝Fと対応させ，０～15を１ケタで表すのである。つまり，16進法で10と表すと，それは10進法の16に対応する。以下に０～47まで，10進法と16進法との対応表を示しておく。

10進法	0	1	2	3	4	5	6	7	8	9	10	11	12	13	14	15
16進法	0	1	2	3	4	5	6	7	8	9	A	B	C	D	E	F

10進法	16	17	18	19	20	21	22	23	24	25	26	27	28	29	30	31
16進法	10	11	12	13	14	15	16	17	18	19	1A	1B	1C	1D	1E	1F

10進法	32	33	34	35	36	37	38	39	40	41	42	43	44	45	46	47
16進法	20	21	22	23	24	25	26	27	28	29	2A	2B	2C	2D	2E	2F

STEP❷　10進法への変換

　10進法以外の記数法を用いている場合，そのままでは数を判別しにくいので，10進法に変換して考えるのが基本である。16進法の場合，１ケタ目は１の位（16^0の位），２ケタ目は16^1の位を意味する。３ケタ目があれば，それは16^2の位である。この点は，10進法で１ケタ目が10^0の位，２ケタ目が10^1の位，３ケタ目が$10^2＝100$の位を意味するのと同じ構造である。

　暗号で使われている16進法の数を10進法に変換してみると，

　02＝2，0E＝14，14＝$1×16^1+4＝20$，42＝$4×16^1+2＝66$

　2E＝$2×16^1+14＝46$，34＝$3×16^1+4＝52$，58＝$5×16^1+8＝88$，77＝$7×16^1+7＝119$

となる。また，$1\mathrm{C}=1\times16^1+12=28$，$24=2\times16^1+4=36$，$30=3\times16^1+0=48$，$4\mathrm{F}=4\times16^1+15=79$である。

　しかし，「い＝2，し＝14，か＝20，わ＝66」，「わ＝46，か＝52，や＝88，ま＝119」としても，平仮名と数との関連性が直ちに明らかとはならない。同じ文字に対して，「か」では20と52，「わ」では66と46というように異なる数が用いられている。

STEP❸　規則性を探す

　ただし，「いしかわ」にしても「わかやま」にしても，最初の文字である「い＝02」，「わ＝46」は次表のような50音に対する数の対応に一致しており，また，どちらの場合も2文字目，3文字目，4文字目と数が大きくなっている点も特徴として認められる。そこで，同じ文字に対して異なる数が対応している「か」と「わ」でもう一度考えてみると，「か」については「いしかわ」の場合は，「か＝20」とその1文字前の「し＝14」との差が6，「わかやま」の場合は「か＝52」とその1文字前の「わ＝46」との差がやはり6で，両者に一致する点が存在する。そして，この6は下の50音表で「か」に対応している。「わ」で考えると，「いしかわ」の場合は「わ＝66」で1文字前の「か＝20」との差が46，「わかやま」では最初の文字なのでそのまま46で，これも下の50音表の「わ」に対応する数である。

　つまり，この暗号では数の表記に16進法を用いており，平仮名1文字に下の50音表のように数（これは10進法である）が対応しているが，さらに2文字目以降は1つ前の文字に使われた数との和で表されているのである。したがって，2文字目以降では，1つ前の文字に使われている数との差を考えればよいことになる。

STEP❹　暗号を変換する

　「$1\mathrm{C}$，24，30，$4\mathrm{F}$」を10進法に変換したのが「28，36，48，79」であるが，ここから1つ前の文字に対応する数との差を考えると，「28，8，12，31」となり，これは下の50音表から「ふくしま」を意味することになる。

あ	い	う	え	お	か	き	く	け	こ	さ	し	す	せ	そ	た	ち	つ	て	と
1	2	3	4	5	6	7	8	9	10	11	12	13	14	15	16	17	18	19	20

な	に	ぬ	ね	の	は	ひ	ふ	へ	ほ	ま	み	む	め	も	や		ゆ		よ
21	22	23	24	25	26	27	28	29	30	31	32	33	34	35	36	37	38	39	40

ら	り	る	れ	ろ	わ	ゐ		ゑ	を	ん
41	42	43	44	45	46	47	48	49	50	51

　以上から，正答は**5**である。

No.8 の解説　元素周期表利用によるアルファベットの変換　→問題はP.233　正答3

　この暗号では，アルファベット1文字に，丸記号およびアルファベット1文字又は2文字が対応していると考えてよさそうである。D，O，G，J，F，Kについて，その対応を取ると，表Iのようになる。このままではわかりにくいが，J＝◎Li，K＝◎Be，と連続しているLiとBeについて考えると，この順で連続しているのは，原子番号3のリチウム（Li），原子番号4のベリリウム（Be）である。そうすると，原子番号6の炭素（C），原子番号7の窒素（N）がそれぞれF，Gに対応していることも，矛盾せずに説明がつく。そして，DとKがどちらもBeであることから，原子番号1～7（表II）を当てはめ，丸記号については，A～Gが○，H～Nが◎，O～Uが●，とすればよい。但し，V～Zについては不明である（表III）。

表I

A			N		
B			O	●	H
C			P		
D	○	Be	Q		
E			R		
F	○	C	S		
G	○	N	T		
H			U		
I			V		
J	◎	Li	W		
K	◎	Be	X		
L			Y		
M			Z		

表II

原子番号	元素記号	名
1	H	水素
2	He	ヘリウム
3	Li	リチウム
4	Be	ベリリウム
5	B	ホウ素
6	C	炭素
7	N	窒素

表III

A	○	H	N	◎	N
B	○	He	O	●	H
C	○	Li	P	●	He
D	○	Be	Q	●	Li
E	○	B	R	●	Be
F	○	C	S	●	B
G	○	N	T	●	C
H	◎	H	U	●	N
I	◎	He	V		
J	◎	Li	W		
K	◎	Be	X		
L	◎	B	Y		
M	◎	C	Z		

　この表IIIより，「◎C●H○N●C●Be○B○H◎B」＝「MONTREAL」となり，正答は**3**である。

必修問題

　図のように，まっすぐな1本の紙テープを右端が左端の上に来るように半分に折り返す操作を繰り返し，その後，すべての折り目の内側の角度が直角となるように紙テープを平面上に展開する。真上から見る図では，展開した紙テープを折り返す前に左端であった位置から右端までたどるとき，Lは左向きに，Rは右向きに折れることを表している。このようにたどると，3回目に折り返した後は，LLRLLRRという列が得られることから，左向きに折れる回数は4回，右向きに折れる回数は3回である。今，折り返す操作を5回行った後に展開した紙テープを，最初に左端であった位置から右端までたどるとき，右向きに何回折れるか。

　ただし，紙テープの展開は，左端から始めて最初の折り目が左向きに折れるようにするものとする。　　　　　　　　　　　【国家一般職・平成22年度】

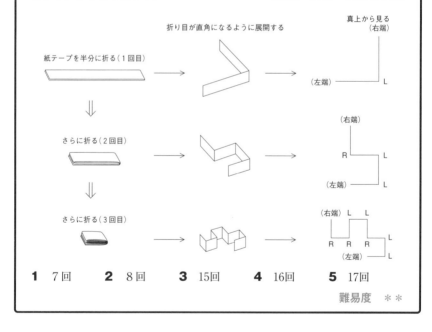

| **1**　7回 | **2**　8回 | **3**　15回 | **4**　16回 | **5**　17回 |

難易度　＊＊

必修問題の解説

STEP❶　折返しにおける法則

　問題の条件に従ってテープを折ると，1回目は1か所で折り返すのでテープは二重になり，2回目は二重のテープを折るので，2か所で折り返してテープは四重に

頻出度
C
国家総合職 ★
国家一般職 ★
国家専門職 ★
地上全国型 ─
地上東京都 ★
地上特別区 ★
市役所C ★

11 規則性

なる。そうすると，3回目は4か所で折り返すことになり，この結果として，テープは八重になる。この場合，折返しの回数とその折返し数に関しては，1回目は1 $=2^0$，2回目は $2=2^1$，3回目は $4=2^2$，……，となっている。つまり，n 目には $2^{(n-1)}$ 回折るということである。

STEP❷ テープを折返すことに関する規則性

この3回目までの折返しに関してその規則性を考えると，図Iのように，2回目以降は常に偶数か所で折られ，LとRが必ず対になるように折られる。図Iに破線で示すように，たとえば3回目の折返しでは，左から1番目と7番目，3番目と5番目が対になり，必ずLとRが同数となるように折り返されるのである。

図I

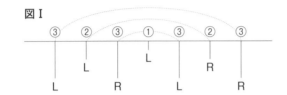

折り返す操作を5回行った場合，図Ⅱのように折目の総数は，$2^0+2^1+2^2+2^3+2^4$ $=2^5-1=32-1=31$ となり，「紙テープの展開は，左端から始めて最初の折り目が左向きに折れるようにする」という条件で行うと，1回目に折った部分は必ずLとなるが，それ以外の30か所についてはLとRが同数の15回ずつになる。つまり，左向きに折れるのが16回，右向きに折れるのが15回となるのである。

したがって，正答は **3** である。

図Ⅱ

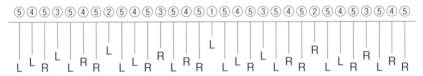

注：2^0+2^n までの総和に関しては，$2^0+2^1+……+2^n=2^{(n+1)}-1$，が成り立つ。

正答 **3**

FOCUS

　規則性の問題では，まず規則変化の結果を書き出してみることである。規則そのものが明らかな場合は，書き出してしまえばその結果がそのまま結論となる。規則が明らかでない場合は，書き出した結果から一定の規則を見つけ出せば，その後の変化も一定であり，結論を出すのは難しくない。

重要ポイント 1 ▶ 暗号以外の規則性の問題

（1）**問題文に一定の規則が提示され，毎回の変化はその規則に従って行われるが，その結果を並べても規則的とはいえない場合**：この場合には規則に従って毎回の結果を順次検討していくことになる。それほど多数回の変化を考えさせるものはなく，多くても10回程度繰り返せば結論に到達できるはずである。毎回の結果を考えるには，表や樹形図を利用して書き出すとわかりやすい。

（2）**毎回の変化が一定で，その変化の規則そのものを考えさせる場合**：毎回の変化が規則的なので，かなり多数回の変化の結果を問われることが多い。この種の問題では，最初から数回目までの変化を調べ，そこに存在する変化の規則を見つけて，後の変化にその規則を及ぼしていけばよい。

重要ポイント 2 ▶ 規則変化

（1）**n 進法**

　数の表記は10進法も含めて一定の規則に従っている。10進法ならばそう迷うことはないが，それ以外の場合は慣れていないと混乱することが多い。2進法（0，1，10，11，100…），3進法（0，1，2，10，11…），といった数の表し方を身につけておきたい。また，n 進法の数を図によって表した問題もある。

●図を用いた3進法の例

1	2	3	10	32

（2）**数列**

　数列を考える場合は単純な等差数列や等比数列が使われることは少ないので，各項の差の数列（階差数列）も考えてみることである。1，2，4，7，11，16…の場合，各項の差が1，2，3，4，5…という等差数列になっている。

（3）**場合の数**

　たとえば n 個の中から2個取る組合せを考えると，$_nC_2 = \dfrac{n(n-1)}{2 \times 1}$ より，$n = 2$，3，4，5，6…となるにつれて，1，3，6，10，15…となる。この場合も階差数列が2，3，4，5…という等差数列になっている。同様に n 個の中から2個取って並べる順列の場合は，$_nP_2 = n(n-1)$ だから，$n = 2$，3，4，5，6…となるにつれて，2，6，12，20，30…となって，この場合は階差数列が4，6，8，10…という等差数列になる。

実 戦 問 題

No.1 図のように，空中に浮かんだ立方体の箱の外側の縁を次の①，②のルールに従って小さな虫が移動する。

①この虫は必ず辺の上をまっすぐに前進する。後退したり，Uターンをすることはない。

②この虫は頂点に来ると，図Ⅰのように進行方向に向かって「右」または「左」のいずれかに曲がる。

この虫が，図Ⅱの位置および方向で移動を開始し，右，左，右，左の順で交互に40回曲がった直後に移動しているのは，辺ア〜オのどの辺の上か。

【国家一般職・平成18年度】

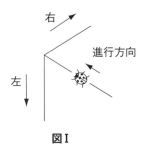

図Ⅰ

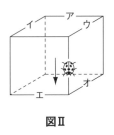

図Ⅱ

1 ア

2 イ

3 ウ

4 エ

5 オ

** 3種類の記号□，△，×からなる記号列を考える。次の①～④の規則に従って得られるもののみを「整列した記号列」と定義するとき，A～Gの7つの記号列のうち，「整列した記号列」であるのはいくつか。

【国家専門職・平成22年度】

① □は単独で「整列した記号列」である。

② 「整列した記号列」の最も右にある記号が□であるとき，その右に△を1つ付け加えたものは「整列した記号列」である。

③ 「整列した記号列」の最も右にある記号が△であるとき，その右に×を1つ付け加えたものは「整列した記号列」である。

④ 「整列した記号列」の右に「整列した記号列」を続けたものは「整列した記号列」である。

A．□□△×

B．□□□△□

C．□△×□△

D．□△□△△×

E．□△×□□△

F．□△□△×□

G．□△△××□

1 2つ

2 3つ

3 4つ

4 5つ

5 6つ

💎 **No.3** ** 碁石を使って，次のような操作を行うことを考える。

① 正方形の枠に沿って枠内に碁石を並べる（並べた碁石の内側には碁石を置かない）。

② 並べた碁石の4つの辺のうち，左側の一辺を残して碁石を取り除き，取り除いた碁石を，残した一辺の右側にそろえて並べていく。一辺の数に満たない数の碁石が残った場合，残した一辺の右側に下からそろえて並べ，これを最後の列の碁石とする。

以上の操作を，たとえば一辺に5個の碁石を用いて行うと，下図のようになる。

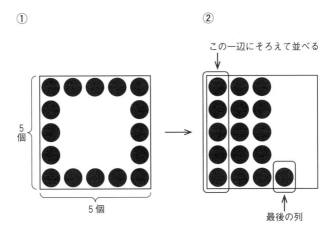

① ②

この一辺にそろえて並べる

5個

5個

最後の列

A，B，Cの3人が，それぞれ操作を行った結果，3人が使用した碁石の総数は96個となり，最後の列の碁石の個数を見ると，Aは5個，Bは3個となった。このとき，Cが並べた正方形の一辺当たりの碁石の個数はいくつか。

【国家一般職・平成26年度】

1 8個

2 9個

3 10個

4 11個

5 12個

◆ **No.4** 1〜10の数字が1つずつ書かれた10枚のカードを，数字の小さいほうから順に，左から1列に並べた。その後，図のように，このカードの右側の5枚と左側の5枚を1枚ずつ交互に並べ替えた。この並べ替えを図中の「初め」の状態から2,016回繰り返したとき，「10」の数字が書かれたカードは左から何枚目にあるか。

【国家総合職・平成28年度】

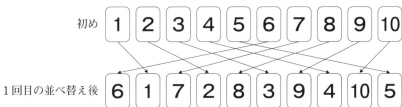

1 左から 2枚目
2 左から 4枚目
3 左から 6枚目
4 左から 8枚目
5 左から10枚目

実 戦 問 題 の 解 説

No.1 の解説 回転角における規則性 →問題はP.241 正答 1

　各頂点において，「右」，「左」，「右」，「左」の順に曲がるというのだから，その動き自体が規則的である。したがって，図の上でその動きをまず追ってみればよい。最初の位置に戻ってくれば，あとは同じ動きの繰返しとなる。ただし，立体図形の上での動きなので，「右」と「左」の方向を見誤らないよう，注意しなければならない。

STEP❶　動きの規則性を見極める

　図Ⅱの状態から条件に従って右，左，右，左，の順に曲がっていくと，下の図のように**6回曲がった時点で最初の辺上に戻ってくる**ことになり，以後はこれの繰返しである。

STEP❷　最終位置の確認

　この結果，イとオの辺上にいる可能性はない。そして，$6 \times 6 = 36$〔回〕曲がった時点でまた最初の辺上にいることになるから，40回曲がった直後には，最初にいた辺より4本先の辺である辺アの上にいることになる。

　したがって，正答は**1**である。

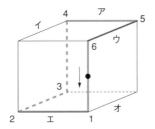

STEP① 規則について整理する

定義が多少曖昧であるが，①～③より，□は単独で「整列した記号列」となるが，△および×は単独で「整列した記号列」となることはない。

そして，「整列した記号列」の右端が□であるときに△を1個，「整列した記号列」の右端が△であるときに×を1個付け加えることができる，とあるので，左端から1個以上の□が並ぶときその右側に△を1個付け加えてもよく，□△，□□△，□～□△，はいずれも「整列した記号列」である。また，□△×，□□△×，□～□△×，も「整列した記号列」である。

さらに，④よりこのいずれについてもその右側に□を付け加えることが可能で，再び同様の規則が適用される。

これに対し，□△△，□△××，□×，のような配列は定義に当てはまらないので，「整列した記号列」ではない。

STEP② 7つの記号列について検討する

以上を前提とすると，A，B，C，E，Fは「整列した記号列」である。これに対し，Dは□△□△△×で，△△が連続しているから「整列した記号列」ではなく，Gも□△△××□で，△△が連続している（さらに××も連続している）から「整列した記号列」ではない。したがって，「整列した記号列」の定義に合致するのは5つであり，正答は**4**となる。

No.3 の解説 方陣における規則性

→問題はP.243 **正答4**

STEP❶ 中空方陣の個数

　　碁石等を正方形状に配置したものを一般に「方陣」と呼び，この問題のように外側1列だけに配置（内側には配置しない）した場合を「中空方陣」と呼ぶ。

　　中空方陣の場合，配置する個数は以下のようになる。1辺に並ぶ碁石の個数をn個とすると，図に示すように，$(n-1)$個が4組で構成されるので，碁石の総数は，$4(n-1)=4n-4$である。

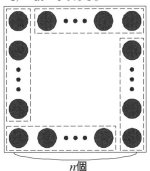

n個

STEP❷ 条件に従った配列とその規則性

　　この碁石を問題の条件に従って並べ替えると，$n \geqq 4$のときに3列並び，最後の列ができることになる（$n=3$のときは3個ずつ2列並んで，最後の3列目が2個となる）。このとき，3列で$3n$個の碁石が並ぶので，最後の列は，$(4n-4)-3n=n-4$，となる。つまり，$n \geqq 4$のとき，最後の列に並ぶ個数は，$(n-4)$で一定である。最後の列にある碁石の個数をpとすると，

　$(n, p) = (4, 0), (5, 1), (6, 2), (7, 3), (8, 4), \cdots$

となる（下表参照）。

1辺の個数	3	4	5	6	7	8	9	10	11	12	13	14	15	16	17	18	19	20
総数	8	12	16	20	24	28	32	36	40	44	48	52	56	60	64	68	72	76
最後の個数	2	0	1	2	3	4	5	6	7	8	9	10	11	12	13	14	15	16

STEP❸ A，B，Cが並べた個数

　　最後の列にある碁石の個数は，Aが5個，Bは3個だから，Aが並べた碁石の総数は32個（$n-4=5$より，$n=9$，$9 \times 4-4=32$），Bは24個である。3人が並べた碁石の総数は96個だから，Cが並べた碁石の総数は40個（$=96-32-24$）であり，$4n-4=40$より，$n=11$となる。

　　したがって，正答は**4**である。

　問題に示された図に従い，「10」の数字が書かれたカードを順次移動させていけばよい。「10」の数字が書かれたカードは，１回目の並べ替え後は右から２番目の位置となる。右から２番目のカードは，毎回右から４番目に（問題図で「９」の数字が書かれたカードの動き）移動する。そして，右から４番目のカードは，毎回右から８番目（問題図で「７」の数字が書かれたカードの動き）に移動する。この並べ替えによる移動を，その後の移動も含めて，問題図において初めの位置にあるカードに書かれた数字に対応させてみると，「10→9→7→3→6→1→2→4→8→5→10→……」となっている。すなわち，10か所すべての位置を経由して，10回の並べ替えで一巡するのである。したがって，2,016回の並べ替えでは，2,016÷10＝201…6，より，201巡した後，さらに６回の移動を行うことになる。この結果，2,016回の並べ替えを繰り返したとき，「10」の数字が書かれたカードの位置は左から２枚目ということになる。

　したがって，正答は**1**である。

第5章

平面図形

試験別出題傾向と対策

試験名	国家総合職					国家一般職					国家専門職				
頻出度 / 年度	21-23	24-26	27-29	30-2	3-5	21-23	24-26	27-29	30-2	3-4	21-23	24-26	27-29	30-2	3-4
出題数	2	3	4	4	4	8	3	2	3	2	2	2	3	4	3
A ⑫平面構成			1	2	1	5	1		1		2	1	2		3
C ⑬平面分割															
A ⑭移動・回転・軌跡	1	3	2			1	1	1	2				1		3
B ⑮折り紙と重ね合わせ			1	1	2	1	1	2	1						
B ⑯位相と経路	1						1			1	1				
C ⑰方位と位置			1												1

判断推理における図形分野の問題は，定理や公式の利用を中心とする分析的な数的推理における図形問題とは様相が異なっている。図形の構成や分割，あるいは図形の移動や軌跡を考えたりする推論的内容が中心となっており，一般的に学校数学で学習してきた図形の問題とはかなり趣を異にする。それだけに，図形の構成や分割，移動や軌跡に関する基本事項をまずしっかりと把握することが重要である。平面の構成や軌跡に関して頻出となっている事項は，確実に理解しておく必要がある。軌跡に関する問題などでは，数的推理と関連させて軌跡の長さを求める，あるいは領域の面積を求める，といった問題もあるので，両者を併せて学習しておくとよい。

位相に関しては，図形の区別の基準，点と線の結びつきの関係をしっかりと理解しておくことである。

平面図形に関する出題は，それほど偏りなくいずれの試験種においても見られる。国家総合職，国家一般職，国家専門職といった国家公務員系においては，以前は「平面構成」や「平面分割」といった分野の出題が目立っていたが，最近は「軌跡」や「折り紙」といった分野からの出題も増加してきている。

● 国家総合職

おおむね毎年1問というペースで出題されている。全体を通して見ると，平易な問題は少なく，「平面構成」や「位相」に関して正確な理解が必要で，分析力も要求される内容が出題の中心となっている。最近出題が増加している，「軌跡」や「折り紙」といった内容の問題でも難易度は高い。

● 国家一般職

試験制度変更後，出題数がやや減少しているが，この傾向が続くかどうかは流動的である。「平面構成」や「平面分割」，および「軌跡」が出題の中心となっていたが，「折り紙」に関する出題が見られるようになった。以前はそれほど難度の

	地方上級 (全国型)					地方上級 (東京都)					地方上級 (特別区)					市役所 (C日程)					
	21～23	24～26	27～29	30～2	3～4	21～23	24～26	27～29	30～2	3～5	21～23	24～26	27～29	30～2	3～5	21～23	24～26	27～29	30～2	3～4	
	7	4	5	6	5	7	8	10	9	9	8	7	9	6	8	5	4	5	7	3	
	4	3	3	2		4	4	2	1	1	3	4	1	2	1	2	1	2	2	1	テーマ12
										1					1				1	1	テーマ13
	1		2	2	3	3	3	4	5	4	3	3	3	3	3	2	2	3	1	1	テーマ14
	1	1		1	1		1	2	1	1		1	1	1	1	1	1	1	1		テーマ15
	1			1	1		1	1	3	1	1		2		1				2		テーマ16
										1		1		2		1					テーマ17

高い問題は見られなかったが，ここのところ全体的に難易度が上昇傾向にある。基本的事項に関する理解を深めたうえで，しっかりと演習を重ねておく必要がある。

● 国家専門職

ここのところ，平面図形に関する出題は数的推理系が中心となっており，判断推理系の出題はそれほど多くない。出題数が多くない中で，その内容は多岐にわたっており，「平面構成」を出題の中心としながらも，「位相と経路」といった分野からの出題もなされる。それぞれの基本事項は確実に理解しておく必要がある。いずれも易しい部類の問題とはいえ，確実な理解力と対応力が要求されている。

● 地方上級

出題内容に偏りは見られず，平面図形全般から出題されている。「平面構成」から1問，「移動・回転・軌跡」，「折り紙」，「位相と経路」から1問，という構成が多い。

● 東京都Ⅰ類

判断推理に属する図形分野を独立の科目として扱っており，空間図形との合計で例年4～5問の出題となっている。「平面構成」，「軌跡」が頻出で，どちらもほぼ毎年出題されている。

● 特別区Ⅰ類

東京都Ⅰ類と同様に，判断推理に属する図形分野を独立の分野として扱い，やはり，空間図形との合計で例年4～5問が出題されている。「平面構成」「軌跡」が頻出なのも東京都Ⅰ類と共通している。

● 市役所

出題の中心は「平面構成」，「軌跡」，「折り紙」で，「折り紙」に関する出題が他の試験種に比べると多い。難問はそれほどなく，基本事項の理解を問う内容が多い。

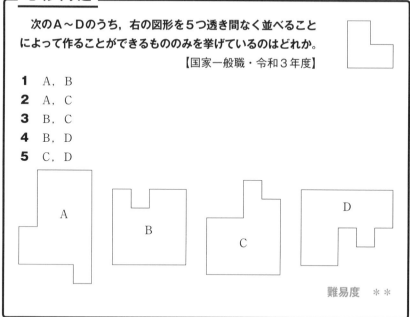

必修問題

次のＡ～Ｄのうち，右の図形を５つ透き間なく並べること
によって作ることができるもののみを挙げているのはどれか。

【国家一般職・令和３年度】

1　Ａ，Ｂ
2　Ａ，Ｃ
3　Ｂ，Ｃ
4　Ｂ，Ｄ
5　Ｃ，Ｄ

難易度　＊＊

必修問題の解説

　判断推理における図形を扱った出題は非常に多く，平面図形，空間図形を含めた
図形分野からの出題は，判断推理全体の約４割を占めている。したがって，教養試
験合格のためには図形分野の攻略がどうしても必要となる。判断推理における図形
分野の出題は，数的推理で扱う図形問題のような定理と計算を用いるものとは異な
り，基本的には図形の成り立ちや組合せ，回転や移動といった内容が中心である。
そのためパズルやクイズといった性格の問題と受け取られがちである。

　しかし，図形のパズルやクイズならば試行錯誤で解決することになるが，判断推
理という推論によって解決する分野での出題である以上，試行錯誤が必要な場合で
も，視点と着眼点が存在し，そこから合理的に推論していくという過程が必ずあ
る。どこに着眼し，どのように推論すればよいのかを，それぞれのテーマごとに確
実にしておくことである。

STEP❶　面積の検討

　Ｌ字型の図形５枚で敷き詰められるかが問われているので，まずは面積を考えて
みるべきである。そこで，Ｌ字型の図形の面積を３としてみる。これを基準として
Ａ～Ｄの面積を考えると，**図Ⅰ**のようになる。Ｂ～Ｄの面積はいずれも15なので，
Ｌ字型の図形５枚で敷き詰められる可能性がある。しかし，Ａに関してはその面積

が18であり，敷き詰められるとしても，L字型の図形が6枚必要であり，条件を満たせない。

図Ⅰ

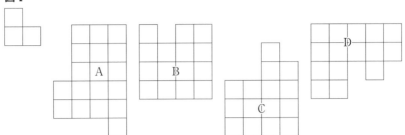

STEP❷ 図形の敷き詰め

図形を敷き詰める場合，どうしても試行錯誤を伴うことになるが，この問題はそれほど難しくはないであろう。すでにAは除外されており，選択肢を見れば3択となっている。残るB〜Dのうち2枚が可能であることが判明すればよい。

図Ⅱのように，B，CはL字型の図形5枚を透き間なく並べることにより，作成することが可能である。Dについては，右側下部の突起を，右向き，左向き2通りのどちらで構成しても不可能である。以上から，正答は**3**である。

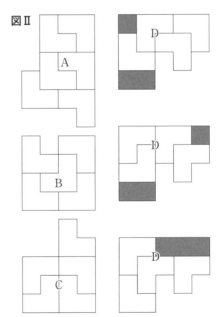

正答 **3**

FOCUS

平面図形の構成では，図形の個数を数える問題，図形の配置を考える問題，条件を満たす形状の図形を考える問題等が出題の中心となる。これらの問題では，思いつくままに数え上げる，あるいは並べるといった単純な試行錯誤を繰り返すのではなく，何をどのように数えるか，または条件を満たすための基準は何なのかを考えることが要求されている。

POINT

重要ポイント 1 図形の個数

（1） 1辺4の正三角形の中の正三角形

　図Iの正三角形の中には，1辺1から4まで4種
類の大きさの正三角形があり，さらに上に頂点を持
つ△型と下に頂点を持つ▽型の2種類がある。この
程度なら丹念に数えていっても正解に達するのはそ
う難しくはないが，それでも中央にある1辺2の▽
型の正三角形は見落としがちであり，これがさらに
複雑な図形だとなおさら大変である。

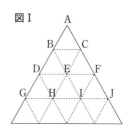

図I

　そこで数え方を工夫する必要が生じる。

　ここではまず，△型の正三角形だけを先に数えてしまうのである。A〜Jの点に
注目すると，点Aを上部の頂点とする正三角形は1辺1〜4まで4種類，点B，C
では1辺1〜3まで3種類，同様に点D〜Fは2種類，点G〜Jは1辺1の1種類
で，合計すると，$4×1+3×2+2×3+1×4=20$〔個〕ある。

　次に▽型の正三角形を考えると，1辺2の△型の中に1辺1の▽型が必ず1個含
まれており，1辺4の△型の中に1辺2の▽型が必ず1個含まれている。つまり，
1辺の長さが偶数の△型正三角形の中に必ず▽型正三角形が1個含まれているので
ある。1辺の長さが偶数の△型正三角形は，点Aについて1辺2と1辺4の2個，
点B〜Fの中に1辺2の正三角形が各1個の計5個で，ここから▽型正三角形は全
部で7個ある。

　よって，正三角形の個数は合計で27個あることがわかる。

（2） 1辺4の正三角形の中の平行四辺形

　それでは，同じ1辺4の正三角形の中に平行四辺
形は何個あるだろうか。

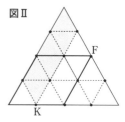

図II

　平行四辺形の場合は，**図II**のように辺上に9個の
点を考え，その点を頂点とする最大の平行四辺形を
考える。たとえば点Fでは太枠の平行四辺形，点Kで
は色部分の平行四辺形である。この考え方で，1辺
4の正三角形の場合は9個の平行四辺形を考えるこ
とができる。同様に1辺3の正三角形の場合を考えると6個の点があるので平行四
辺形も6個，1辺2の正三角形だと3個の点が考えられるので3個の平行四辺形を
考えることができる。

　問題の正三角形の中に1辺4の正三角形は1個，1辺3の正三角形は3個，1辺
2の正三角形で△型は6個あったので，平行四辺形の個数は，$9×1+6×3+3×6=$
45〔個〕である。

　この場合，1辺2の正三角形を▽型も含めて7個とすると，平行四辺形を重複し
て数えてしまうので注意が必要である。

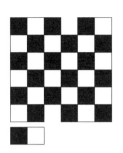

重要ポイント 2 　図形の敷き詰め

　図形の敷き詰めとは，1つの図形をいくつか
の小さな図形を使って透き間なく敷き詰めると
いうタイプの問題である。敷き詰めに使う小さ
な図形は合同の場合もそうでない場合もある。
ここでは，正方形を交互に2色に塗り分けたい
わゆる市松模様がよく使われる。

　図のような1辺6の正方形の2か所を切り取
った図形を1×2の長方形で透き間なく敷き詰められるかどうかは，図形を市松模様
に塗り分けてみればわかる。1×2の長方形は黒と白の正方形1個ずつの組合せと
考えられるから，この長方形で透き間なく敷き詰められるためには，問題の図形に
おいて黒い部分と白い部分が同数なければならない。ところが実際に塗り分けてみ
ると，黒が18に対して白が16しかないので，不可能であることがわかる。

重要ポイント 3 　合同図形による構成

　ある図形がそれと相似ないくつかの図形によって構成されていることがある。代
表的なものに次のような図形がある。

 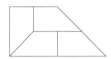 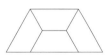

　上の4種類の図形は，すべて合同な4つの図形で構成さ
れ，しかも出来上がった図形はそれを構成する図形と相似で
ある。また，右端の図形はこれを2つ組み合わせることによ
り，右のような正六角形を8つの合同な図形で構成すること
が可能である。

実戦問題 ❶　平面の構成　基本

No.1 図のような，3種類の三角形A〜Cが1つずつある。AおよびCの三角形を，Bの三角形に等しい長さの辺で重ならないようにつなぎ合わせるとき，何通りのつなぎ方があるか。ただし，回転させたり裏返したりして同一になるものは1通りとする。　【市役所・平成27年度】

A　　　　　　　　　B　　　　　　　　C

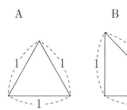
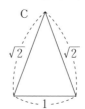

1　2通り
2　3通り
3　4通り
4　5通り
5　6通り

No.2 図Ⅰのような正三角形のタイル1枚とそれを3個くっつけてできた台形のタイルが5枚ある。これらを図Ⅱのように正三角形16枚でできた正三角形に透き間なく並べる。このとき，図ⅢのA，B，Cのうち正三角形のタイルを置くことができない箇所をすべて挙げているものはどれか。

【地方上級（全国型）・平成29年度】

図Ⅰ　　　　　　　　図Ⅱ　　　　　　　　図Ⅲ

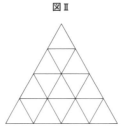
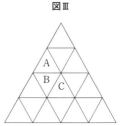

1　A
2　A，B
3　A，B，C
4　B，C
5　C

256

No.3 **赤，青，白の絵の具がある。また，赤と青を混ぜて紫色，青と白を混ぜて水色，赤と白を混ぜて桃色の混色を，それぞれ作る。今，図のように描かれた9つの区画に，次の条件で色を塗りたい。**

○赤，青，白はそれぞれ2区画に，紫色，水色，桃色はそれぞれ1区画に塗る。

○同じ色は，隣り合う区画に塗らない。

○混色は，その色を作るのに用いた基本色とは，隣り合う区画に塗らない。

（例：紫色は，赤，青の隣に塗らない。）

図のように，3つの区画に赤，白，桃色を塗る場合，Aの区画に塗ることとなる色はどれか。【国家一般職・平成23年度】

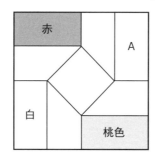

1 赤

2 青

3 白

4 紫色

5 水色

実戦問題 **1** の解説

No.1 の解説　平面図形の構成

→問題はP.256　**正答2**

　この種の問題では，回転させたり裏返したりして同一になるものは1通り
と数えるのが一般的である。したがって，数え漏れのないようにするのと同
時に，重複して数えることのないようにすることも必要で，注意深く検討す
ることが要求される。

　「AおよびCの三角形を，Bの三角形に等しい長さの辺で重ならないよう
につなぎ合わせる」のだから，A，Cの三角形はどちらもそれぞれがBの三
角形とつながっていなければならない（AとCの三角形を直接つなげてはい
けない）。そこで，まずBの三角形を置き，その左側にAの三角形をつなげ
る。回転させたり裏返したりして同一になるものは1通りと数えるので，こ
の2枚の三角形はこのまま固定しておけばよい。この状態でCの三角形をB
の三角形につなぎ合わせると，**図Ⅰ**のように3通りが可能である。**図Ⅱ**のよ
うにつなげても，裏返して回転させるとすべて**図Ⅰ**と一致する。

　したがって，つなぎ方は3通りで，正答は**2**である。

図Ⅰ

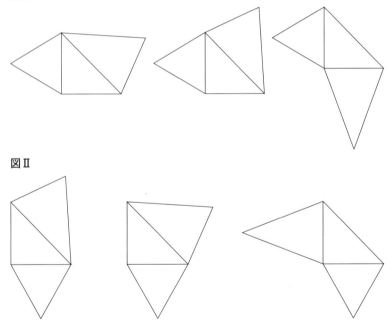

図Ⅱ

No.2 の解説 平面図形の構成 → 問題はP.256 **正答5**

　実際に試してみれば，それほど難しくない。次図に示すように，A，Bには正三角形のタイルを置くことが可能である。16枚の正三角形について考えると，外周部分では1辺に7枚の正三角形が並んでいるので，その1辺を，正三角形3枚で構成する等脚台形だけですべて敷き詰めることは不可能である。つまり，1枚しかない正三角形のタイルは必ず外周部分に使用しなければならず，Cの部分には置くことができない。

　したがって，正答は**5**である。

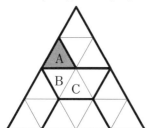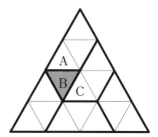

No.3 の解説　図形の適正配置

→問題はP.257　正答4

STEP❶　方針の決定

まず，配置を考える基準となる色を基本色（赤，青，白）にするか，混色（紫色，水色，桃色）にするかを考える。混色を塗るのは1か所だけであり，しかもその基本色である2色は2か所ずつ塗らなければならない。これらの点からすると，混色の位置から考えたほうがよさそうである。そこで，混色である紫色をどこに塗るかを検討してみる。

STEP❷　配置の検討

図Ⅰのように，空白となっている残りの5か所をB～Fとしてみる。紫色を中央のFに塗ると，赤のもう1か所はA以外にないことになる。しかし，これだと，B,C,D,Eは紫色と隣り合うことになるので，青を塗ることができない（**図Ⅱ－1**）。

B～Dのうち，B，Cには紫色を塗れない（赤と隣り合う）。また，Eを紫色にすると赤でもう1か所を塗ることができない。さらに，Dを紫色に塗るとすると，赤のもう1か所はAとなるが，これだと青2か所と水色1か所を塗ることが不可能である（**図Ⅱ－2**）。

B～Fのいずれの区画にも紫色を塗ることができないので，紫色を塗ることができるのはAしかないことになる。Aを紫色として他の色の配置を考えると，**図Ⅲ**のように配置すればすべての色を条件と矛盾することなく塗ることが可能である。つまり，紫色で塗ることが可能なのはAだけであり，ここから正答は**4**となる。

図Ⅰ

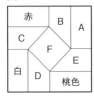

図Ⅱ－1

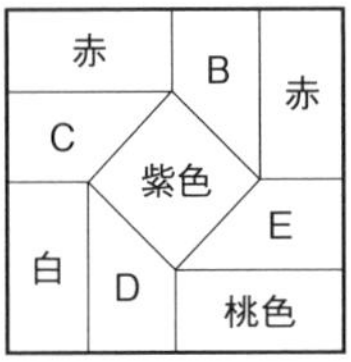

図Ⅱ－2

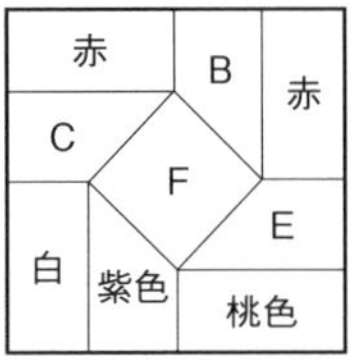

図Ⅲ

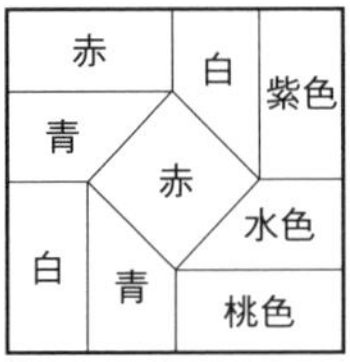

実戦問題❷　平面の構成　応用

No.4 1辺の長さ1cmの正方形を縦横に透き間なく並べて長方形を作り，その長方形の中にあるいろいろな大きさの正方形の個数を数えることとする。たとえば，正方形を縦に2個，横に3個並べてできる長方形の場合，この長方形の中にある正方形の個数は，図Ⅰに示すとおり，1辺1cmの正方形が6個，1辺2cmの正方形が2個で合計8個となる。

今，図Ⅱに示すとおり，1辺1cmの正方形を縦に5個，横にa個並べて長方形を作ったところ，この長方形の中にある正方形の個数は，合計250個だった。aの値として正しいのはどれか。　【国家専門職・平成25年度】

図Ⅰ

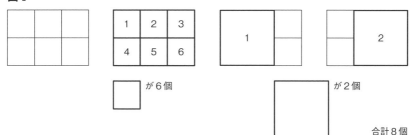

図Ⅱ

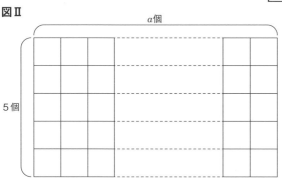

1　18

2　20

3　22

4　24

5　26

No.5 図1のような五角形の将棋の駒を，図2の実線部分のように3枚を1組として，角どうしが接するように並べ続けたとき，環状になるために必要な駒の枚数として，正しいのはどれか。　　　　　【地方上級（東京都）・平成29年度】

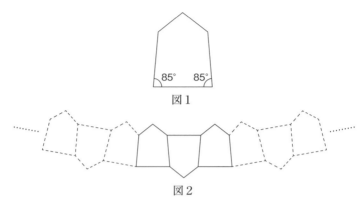

図1

図2

1　60枚
2　72枚
3　108枚
4　120枚
5　135枚

No.6 下図の中にある三角形の個数として，正しいのはどれか。

【地方上級（東京都）・平成28年度】

1　20
2　25
3　30
4　35
5　40

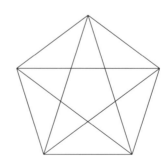

実戦問題 2 の解説

→問題はP.261

No.4 の解説 図形の個数 　　　　　　　　　　　　　　　　　　**正答 1**

STEP❶　本問の考え方

　　1×1〜5×5の正方形がそれぞれ何個あるかを数えるより，次のように考えたほうがわかりやすい。1×1の正方形は全部で5 a 個あるが，そのそれぞれの正方形を左上端に含む正方形が何個あるかを考えるのである。次の**図Ⅰ**において，Aの正方形を左上端に含む正方形は1×1〜5×5までの5個である。Bの正方形では1×1〜4×4の4個，Cでは1×1〜3×3の3個，同様に，Dでは2個，Eは1個で，計15個の正方形がある。

STEP❷　図Ⅱについて数え上げる

　　このことを**図Ⅱ**で考えると，

・左端の列から（$a-4$）列目まではそれぞれ5，4，3，2，1個の計15個ずつとなる。

・右端から4列目では4，4，3，2，1個で計14個

・右端から3列目では3，3，3，2，1個で計12個

・右から2列目では2，2，2，2，1個の計9個

・右端の列では1，1，1，1，1個の計5個

となる。

　　そうすると，

$$15（a-4）+14+12+9+5=250$$

となり，ここから，

$$15a-60+14+12+9+5=15a-20=250,\ 15a=270,\ a=18$$

である。

　　したがって，正答は**1**である。

図Ⅰ　　　　　　　　　　**図Ⅱ**

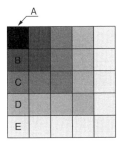

　問題図のように，将棋の駒3枚を1組として並べていくと，図のように，中央のグレーの3枚，その両側にある斜線の3枚がそれぞれ1組となって環状に配置される。このとき，隣の組との境界部分では図に示すように，駒の底部が170°（＝85×2）の角度で並ぶことになる。

　ここで，3枚1組の駒の外側2枚の底辺に沿って色線を引くと，駒は環状に配置されているので，この太線は全体で1内角170°の正多角形となる。

　正多角形の外角の総和は360°で，この正多角形の1外角は10°（＝180－170）である。したがって，360÷10＝36，より，正三十六角形ができることになる。1辺について3枚の将棋の駒が配置されているので，環状に並ぶ（正多角形となる）のに必要な枚数は，36×3＝108〔枚〕であり，正答は**3**である。

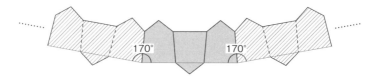

No.6 の解説　図形の個数

→問題はP.262　**正答 4**

STEP❶　正五角形およびその対角線によって構成される三角形

　　特に示されていないが，問題で与えられた図は正五角形およびその対角線と考えてよい。正五角形には5本の対角線が引けるが，その場合，正五角形の内部には，①「頂角108°，両底角36°」の二等辺三角形（次の図のA，E，F），②「頂角36°，両底角72°」の二等辺三角形（B，C，D）という2種類の二等辺三角形が存在する（これ以外にはない）。

STEP❷　A～Fのそれぞれについて三角形の個数を考える

　　A：正五角形の各辺に1個ずつ存在するので，5個ある。

　　B：正五角形の各辺に2個ずつ存在することになるので，10個である。

　　C：正五角形の各頂点に1個ずつ存在するので，5個ある。

　　D：Cと同様に，正五角形の各頂点に1個ずつ存在するので，5個ある。このDについては，正五角形の各辺に1個ずつ存在すると考えてもよい。

　　E：正五角形の2辺と，1本の対角線で構成され，各対角線に1個ずつ存在するので，5個である。

　　F：各対角線に対して，Eの二等辺三角形と反対側の位置に1個ずつ存在するので，やはり5個である。

　　EとFについては，1本の対角線に対して2個ずつ存在するとして，一緒に数えてもよい。

　　A，C，D，E，Fはそれぞれ5個ずつで，Bは10個あるので，合計で35個となり，正答は**4**である。

　　図形の個数を考える場合には，このように，点（頂点）や直線（辺）と対応させて考えるようにするとよい。

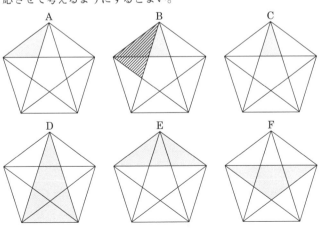

No.7 図1のような，大きさの等しい3枚の正方形を繋ぎ合わせ，そのうちの1枚に穴を開けたA，B2種類の図形がある。この2種類の図形A，Bを合計8枚用いて，重ねることなく敷き詰めて図2のような長方形を作成した。このとき，使用した図形Aの枚数として正しいのはどれか。ただし，A，Bのどちらも，回転させても裏返してもよいものとする。 【市役所・平成26年度】

図1

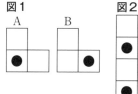

図2

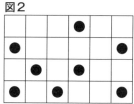

1 2枚

2 3枚

3 4枚

4 5枚

5 6枚

No.8 次に示すア〜カの図形は，いずれも正方形を組み合わせた図形である。これら6つの図形のうち5つの図形を透き間なく，かつ，重ねることなく並べて，図1のような5×6の長方形の枠を埋めていく。カの図形を図1の灰色の箇所に置くとすると，使用しない図形はどれか。ただし，図形は回転させてもよいが，裏返さずに使用するものとする。

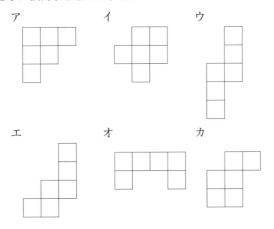

図1

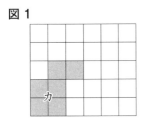

1 ア

2 イ

3 ウ

4 エ

5 オ

No.9 次の図Ⅰのような3種類の型紙A，B，Cを透き間なく，かつ，重ねることなく並べて図Ⅱのような六角形を作るとき，型紙Aの使用枚数として正しいのはどれか。ただし，型紙は裏返して使用しないものとする。

【地方上級（特別区）・令和4年度】

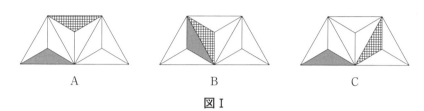

図Ⅰ

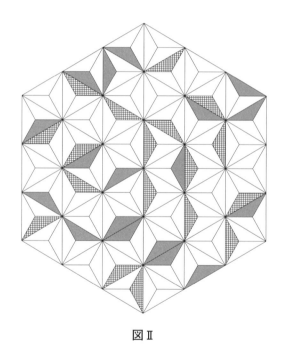

図Ⅱ

1　2枚

2　3枚

3　4枚

4　5枚

5　6枚

実戦問題 ❸ の解説

No.7 の解説 図形の敷き詰め → 問題はP.266 **正答3**

図Ⅰのように，開いている穴に①～⑧と番号を振って検討していく。

①については，④との位置関係から図形Aでなければならない。②についても，④，⑤との位置関係からやはり図形Aでなければならない。そうすると，④は図形Bでなければならず，さらに⑥も図形Bでなければならない（**図Ⅱ**）。

この結果，⑧の部分は図形Aでなければならないので，⑤，⑦はいずれも図形Bとなる。そして，残る③は図形Aである（**図Ⅲ**）。

したがって，使用した図形Aは4枚であり，正答は**3**である。

図Ⅰ

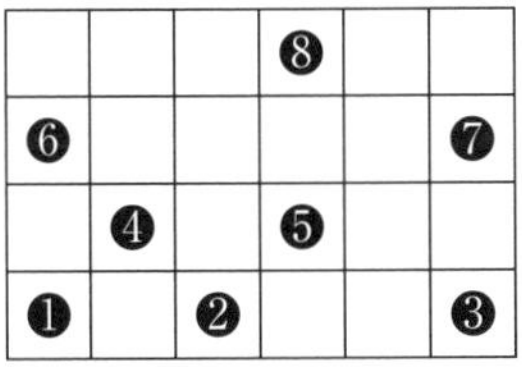

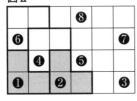

図Ⅱ

図Ⅲ

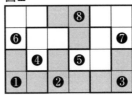

　試行錯誤を伴うので，まずはア〜カから1枚選んで配置してみる。ここでは，その1枚をオとして，**図Ⅰ〜図Ⅳ**とする。他の配置も考えられるが，一目で無理とわかる配置は省略する（最上段で横に配置する場合）。ここで，**図Ⅰ**はオの上部がデッドスペースとなってしまう。**図Ⅲ**，**図Ⅳ**ではオとカの間を埋めることが不可能である。そこで，**図Ⅱ**について検討すると，カの上部にア，オの上部にエとすれば，残る1枚はイとなって，**図Ⅴ**のように確定する。したがって，使用しない図形はウである。

　ウの図形は長いので，配置できる位置が限られる。したがって，ウの図形から検討してもよい。以上から，正答は**3**である。

図Ⅰ	図Ⅱ	図Ⅲ	図Ⅳ
		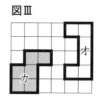	

図Ⅴ

No.9 の解説　図形の敷き詰め

→問題はP.268　**正答3**

　問われているのは型紙Aの使用枚数であるが，ここでは，型紙Aだけを探すのではなく，型紙Bおよび型紙Cも確定させていくのがよい。型紙A，B，Cのいずれも異なる色2枚の三角形が含まれているので，同じ色の2枚は別々の型紙となる。これを基準にして確定させていけば，見落としがなくなるだけでなく，むしろ処理速度を上げることができる。そうすると，図のように18枚の型紙がすべて確定し，そのうち型紙Aは4枚使われている。したがって，正答は**3**である。

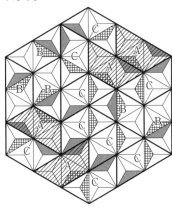

　　1辺が4mの正方形の壁に，縦8cm，横5cmの長方形のタイルを同じ向きに透き間なく張り付けた。今，この正方形の壁の対角線上にペンキで1本の直線を引いたとき，このペンキの直線が通過するタイルは何枚か。ただし，ペンキで引いた直線は，正方形の壁のある頂点から対角線上の反対側の頂点まで途切れることなく引いたものとし，その幅は考えないものとする。

【地方上級（特別区）・平成26年度】

1　100枚

2　120枚

3　140枚

4　144枚

5　150枚

難易度　＊＊

必修問題の解説

STEP❶　最小の正方形

　　1辺4mの正方形全体で考えるよりも，まずは縦8cm，横5cmのタイルで作ることのできる最小の正方形で考えてみよう。

STEP❷　1辺40cmの正方形

　　縦8cm，横5cmのタイルで作ることのできる最小の正方形は，1辺が40cmで

頻出度
C
国家総合職 ―
国家一般職 ―
国家専門職 ―
地上全国型 ―
地上東京都 ★
地上特別区 ★
市 役 所 C ★

13 平面分割

ある。この場合，長方形を縦5段，横8列に敷き詰めることになる。この場合，図のように，対角線が通過するタイルの枚数は12枚である。

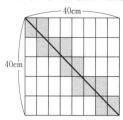

STEP❸　数える対象

上の図のように描けば，対角線が12個のタイルを通過することはわかるが，ここではそれをどのように数えればよいかを考えてみる。

上の図で，1辺40cmの正方形の左上の頂点から右下の頂点に向かって対角線を引いていくと，対角線がタイルの辺を通過するごとに，通過するタイルの枚数が1個ずつ増えていく。つまり，対角線が通過するタイルの枚数と対角線が通過するタイルの辺数とは1対1で対応しているのである。1辺40cmの正方形だと，タイルは縦に5段，横に8列並ぶので，タイルの辺の本数は，縦の辺8本，横の辺5本がそれぞれつながった状態になっており，対角線が通過するタイルの辺は，8+5=13より，13本である。ところが，通過するタイルの枚数は12枚であり，通過する辺の本数と一致しない。これは，対角線が右下の頂点ではタイルの縦の辺，横の辺を同時に通過することになるからである（このような点を格子点という）。したがって，厳密には対角線が辺を通過する回数と，通過するタイルの枚数が対応しているのである。この格子点の数は，縦の枚数と横の枚数の最大公約数になる。縦に5枚，横に8枚並べれば，5と8の最大公約数は1なので，通過するタイルの枚数は，5+8−1=12より，12枚となる。

縦にm枚，横にn枚のタイルを並べ，これに対角線を引いたときに通過するタイルの枚数は，mとnの最大公約数をgとすれば，$(m+n-g)$枚である。

STEP❹　1辺4mの正方形では

1辺4mの正方形の壁に，縦8cm，横5cmの長方形のタイルを敷き並べると，縦に50枚，横に80枚並べることになる。50と80の最大公約数は10だから，対角線が通過するタイルの枚数は，50+80−10=120より，120枚であり，正答は**2**である。

正答 2

FOCUS

平面を分割する問題においても，「何をどのように規則的に考えるか」が問われている。やみくもな作業を行うのではなく，基準となるべき事項（考え方の方針）をきちんと設定する必要がある。複雑な問題の場合には，他の分野と同様に単純化した状態から順に考えてみるとわかりやすい。

第5章

平面図形

重要ポイント 1 平面分割

平面分割に関する問題は，分割の規則性を考えさせる問題が多い。そこで，問題となっている場面で，どのような規則的変化が存在するかを見つけることが必要である。

重要ポイント 2 直線による分割個数

1つの閉じた平面を考えたとき，この平面を1本の直線で2つの平面に分割することができる。このときの規則性は次のようなものである。1つの平面を直線が横切ると，直線が反対側の縁に到達したときに平面が分割されて，その数が1個増える。そして，その直線以外にも直線が存在すれば，他の直線と交わるときにも平面が1個増える。下の図で，直線 l は平面を横切った後，反対側の縁に到達することによって平面を2個に分割する。さらに直線 m は，直線 l と交わったときと反対側の縁に到達したときに，それぞれ1回ずつ平面を分割するので，2直線 l，m が平面内で交点を持つとき，2直線 l，m によって平面は4個に分割される。

したがって，新たに直線を加えたとき，それまでにある直線と最も多く交点を持つようにすれば分割される個数が多くなる。それまでにある直線と最も多く交点を持つようにするためには，それまでにできた直線の交点以外の場所で交点を持つようにすればよい。つまり，3本以上の直線が1点で交わることのないようにするのである。

直線による平面の最多分割個数

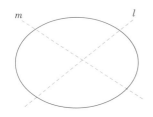

平面を通過する直線の本数	0	1	2	3	4	5	6	7	8	9	10	n
新たに増える直線の交点	0	0	1	2	3	4	5	6	7	8	9	$n-1$
交点の合計数	0	0	1	3	6	10	15	21	28	36	45	$\dfrac{n(n-1)}{2}$
新たに分割される平面の個数	0	1	2	3	4	5	6	7	8	9	10	n
平面の合計数	1	2	4	7	11	16	22	29	37	46	56	$\dfrac{n(n+1)}{2}+1$

反対に，直線が他の直線と交わらないようにすれば，分割される個数は少なくなる。上の表のように直線を5本引いたとき，分割される平面の最大個数は16個であるが，5本の直線を平行に引けば平面は6個にしか分割されず，これが5本の直線による平面分割の最少個数である。

一般に，平面上に n 本の直線を引いたとき，この直線によって，平面は最多で $\left(\dfrac{n(n+1)}{2}+1\right)$ 個に分割され，最少で $(n+1)$ 個に分割される。

重要ポイント **3** 対角線が通過する図形の個数

同じ大きさの正方形を縦にm段，横にn列敷き並べて長方形を作る。この長方形に対角線を1本引いたとき，この対角線が通過する（この対角線によって2つに分割される）正方形の個数を考える。たとえば，**図I**のように，正方形を縦に6段，横に9列並べた長方形に対角線を1本引くと，この対角線によって12個の正方形が分割される。つまり，対角線が通過する正方形の個数は12個である。

この場合，対角線が通過する正方形の個数は，対角線が通過する正方形の辺の数と対応している。**図I**においては，対角線が12個の黒点の位置で正方形の辺を通過しており，これが通過する正方形の個数を示しているのである。正方形は，縦に6段，横に9列並んでいるので，対角線が通過する正方形の辺は，6＋9＝15であるが，④，⑧，⑫の位置では正方形の縦と横の辺を同時に通過している。このような点を**格子点**と呼ぶが，格子点を通過するときは，通過する正方形の個数は1個しか増えない。正しくいえば，対角線が通過する辺の本数というより，対角線が正方形の辺を通過する回数と対応しているのである。正方形を縦に6段，横に9列並べた長方形に対角線を引くと，**図I**のように対角線は格子点を3回（④，⑧，⑫）通過する。この格子点の数である3は，6と9の最大公約数となっている。つまり，6÷3＝2，9÷3＝3より，縦2段，横3列に正方形を並べた長方形の対角線を考えれば，それを3回繰り返せばよいことを示している。一般に，正方形を縦にm段，横にn列敷き並べて長方形を作り，その対角線を引いたときに通過する正方形の個数は，mとnの最大公約数をgとすれば，$(m+n-g)$個である。

図I

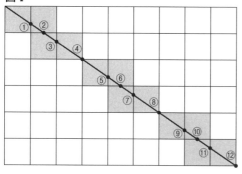

図II

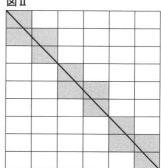

上に示したことは，**図II**のように，たとえば縦と横の長さの比が2：3である長方形を縦に9段，横に6列並べて正方形を作り，この正方形の対角線を1本引いたときに通過する長方形の個数においても成り立つ。

No.1 下の図のように，円を 1 本の直線で仕切ると，円が分割される数は 2 である。円を 7 本の直線で仕切るとき，円が分割される最大の数として，正しいのはどれか。 【地方上級（東京都）・令和 2 年度】

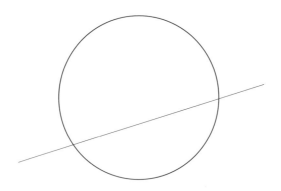

1 20

2 23

3 26

4 29

5 32

No.2 縦の長さが6m，横の長さが8mの床に，一辺10cmの正方形の形を
したタイルを透き間なく敷き詰めた。敷き詰めた後，床の対角線上にマジックイン
キで1本の直線を引いた。この直線は何枚のタイルを通過するか。

ただし，引いた直線の幅は考えないものとする。 【国家一般職・平成13年度】

1 80枚

2 100枚

3 120枚

4 140枚

5 160枚

実戦問題 ❶ の解説

円の場合に限らず，平面図形を直線で区切ると，直線が1本のときは2個の平面に分割されるが，2本以上のときは直線の引き方によって分割される個数が異なることになる。そこで，直線による平面の分割について，その法則性を考えてみよう。

この場合，平面に対して「直線を引く」という動的な作業として考えたほうがわかりやすい。円が1個ある場合，直線が引かれていなければその内部にある平面の個数は1である。ここに1本の直線を引くことを考えたとき，**図Ⅰ－1**のように直線が円内に進入した段階では，円内の平面の個数は依然として1である（平面はいまだに分割されていない）。この直線が再び円周と交差して円外まで到達したとき，初めて円内の平面は分割されて（平面の個数が1増える）その個数は2となるのである。このことは2本目以降の直線についても同様で，円内に進入した直線が円周と再び交差して円外に到達することにより，必ず円内部の平面の個数は1増えることになる。

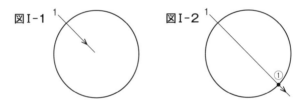

ただし，2本目以降の直線の場合，それ以前に引いた直線と交差することによっても，内部の平面の個数は増えることになる。そのために，2本以上の直線を引く場合，直線の引き方によって分割される個数が異なるのである。直線を2本引く場合，**図Ⅱ－1**のように1本目の直線と交差しなければ，それぞれの直線によって平面が1ずつ増えて平面の個数は合計3である。しかし，**図Ⅱ－2**のように1本目の直線と交差するように引くと，その段階で平面の個数は1増えることになり，その後に**図Ⅱ－3**で円外に到達する（円周と再度交差する）ことでさらに1増える。つまり，2本目の直線を1本目と交差するように引くことで，平面は2増える。この結果，最初にある平面の個数1から，1本目で1，2本目で2増えることになり，結局，平面の個数は4となる。

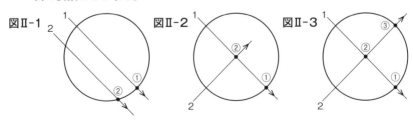

このことから，分割される平面の個数を最小にするためには，直線どうしが交差しないように引けばよく，この場合，n本の直線を引いたときの分割された平面の個数は$(n+1)$である。そして，分割される平面の個数を最大にするには，新たな直線を引くときに，それまでに引いたすべての直線と交差するように引けばよい。ところが，例えば3本の直線で平面を分割することを考えた場合，**図Ⅲ−1**，**図Ⅲ−2**のいずれにおいても，3本目の直線は1本目および2本目の直線と交差しているが，**図Ⅲ−1**だと平面は5増えて6，**図Ⅲ−2**では平面が6増えて7となっている。この違いは，**図Ⅲ−1**では3本目の直線が1本目と2本目の直線の交点で同時に交差しているのに対して，**図Ⅲ−2**では3本目の直線が1本目，2本目の直線と異なる位置で別々に交差していることによる。このことから，平面の数を最大にするには，他の直線のすべてと交差すればよいだけでなく，他の直線と異なる位置で交差する必要があることがわかる。要するに，3本以上の直線が同時に交差することがないように直線を引けばよい。n本の直線を引く場合を考えれば，どの直線も他の$(n-1)$本と異なる点で交わるように引けば分割される個数が最大となるのである。

そうすると，1本目の直線は円内に進入した後，再び円周と交差して円外に到達することで平面が1増える，2本目の直線は他の1本と交差した後，円周と交差することで平面が2増える，3本目の直線は他の2本と異なる位置で交差した後，円周と交差することにより平面が3増える，ということになり，3本の直線を引いた場合，分割された平面の最大数は，$1+1+2+3=7$，というように考えればよい。

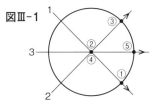

図Ⅲ-1

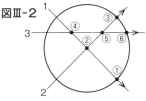

図Ⅲ-2

直線の本数が0〜7本までの場合を表にまとめると，分割される平面の最大個数と最小個数は下の表のようになる。

直線の本数	0	1	2	3	4	5	6	7
平面の最大個数	1	1+1	1+1+2	1+1+2+3	1+1+2+3+4	1+1+2+3+4+5	1+1+2+3+4+5+6	1+1+2+3+4+5+6+7
	1	2	4	7	11	16	22	29
平面の最小個数	1	2	3	4	5	6	7	8

これを一般化すると，n本の直線で平面を最大分割する場合，その平面の個数は，$1+(1+2+\cdots\cdots+n)=1+$（$1$〜$n$の自然数和）ということになる。「$1$〜$n$の自然数和」は$\dfrac{n(n+1)}{2}$だから，分割される平面の最大個数は

$\left(\dfrac{n(n+1)}{2} + 1 \right)$ である。

1個の円を7本の直線で内部を分割するとき，その最大個数は29個であり，正答は**4**である。

なお，このことは，円や多角形といった閉じた平面の場合だけでなく，無限平面を直線で分割する場合にも同様に成り立つ。分割する直線も無限の長さを持つからである。つまり，無限平面を7本の直線で分割する場合，分割される最大数はやはり29である。

> **注**：単に「直線」という場合，概念的には始点も終点もない無限の長さを持つ
> ものとして考える。始点と終点がある（両端がある）場合は「線分」という。

No.2 の解説　分割される図形の個数

→問題はP.277　**正答3**

縦6m，横8mの長方形に1辺10cmのタイルを敷き詰めるのだから，縦に60枚，横に80枚の全部で4800枚のタイルが必要ということになるが，4800枚全部で考えなければならないということではない。つまり，できるだけ簡単な場合から考えればよい。そうすると，縦に3枚，横に4枚敷き詰めた状態を考えれば，これが最小単位ということになる。これなら実際に図を描いてもそれほどの手間がかかることもないであろう。

ここで，このような問題での個数の数え方を確認しておく。直線が1個のタイルを通過する場合，必ずそのタイルを通過し終わるときにそのタイルの辺を通過することになる。つまり，通過するタイルの枚数は，直線がタイルの辺を横切る回数と1対1で対応するのである。縦3枚，横4枚なら辺を横切る回数は，3＋4−1＝6で6回だから，このとき通過するタイルの枚数も**6枚**とわかる。縦3枚，横4枚で対角線を引けば縦に4本，横に3本の辺を通過するが，最後は格子点となるので1回で2本の辺を通過することになり，回数としては3＋4−1となる（最後に引く1は格子点の個数で，3と4の最大公約数である）。

改めて縦6m，横8mの長方形で対角線を引くことを考えると，1辺10cmのタイルを敷き詰めれば，縦30センチ（3枚），横40cm（4枚）の長方形に対角線を引くことを20回繰り返すことになる。縦3枚，横4枚並べた状態で対角線を引くと6枚のタイルを通ることになるのだから，これを20回繰り返せば，6×20＝120〔枚〕になる。図形の個数を数える問題では，何を数えればよいか，数えなければならない図形と1対1で対応するものは何かを考えてみることである。

以上を前提として，ストレートに縦6m，横8mの長方形に1辺10cmのタイルを敷き詰めた状態で考えると，縦に60枚，横に80枚だから，60＋80−

20＝120，より，120枚となる（20は格子点の個数で，60と80の最大公約数）。
したがって，正答は**3**である。

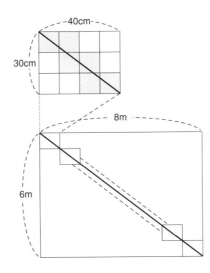

実戦問題 ②

◆ No.3 ある町には100軒の家があり，それぞれの家には子どもが１人ずついる。ある日，100人の子ども全員が自分の家から最も近い家にホームステイすることになった。あらゆる家の配置を考えた場合に，最も多くの子どもがホームステイすることになる家では，最大で何人までの子どもを預かることになるか。ただし，この町は平面上にあり，家どうしの距離はすべて異なっている。また，家および敷地の大きさは考えないものとする。　【地方上級（全国型）・平成15年度】

1　3人　　**2**　5人　　**3**　7人　　**4**　9人　　**5**　11人

No.4 次の文の[ ]に当てはまるものとして最も妥当なのはどれか。

【国家一般職・平成16年度】

「図Ⅰに示すように，円の中心を通る互いに120度の角度を有する直線a，b，cとそれぞれ垂直な，円に接する3本の直線A，B，Cがある。

今，直線A，B，Cがそれぞれ一定の速度v，$2v$，$2v$で直線a，b，c上を図に示す方向に動くとき，図Ⅱに示すように円は直線A，B，Cによって複数の領域に分割される。円内の領域の数を数字で，領域の数の変化を矢印で表すと，図Ⅰの状態から図Ⅱの状態への領域の変化は，

　　　　$1 \rightarrow 4$

と表される。また，直線A，B，Cが同時に動き始め，すべての直線が円を通り過ぎて再び1つの領域に戻るまでの円内の領域の数の変化をすべて表すと，

　　　　$1 \rightarrow 4 \rightarrow 5 \rightarrow$ [ ] $\rightarrow 2 \rightarrow 1$

になる。」

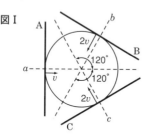

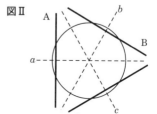

1　$6 \rightarrow 7 \rightarrow 5$

2　$7 \rightarrow 6 \rightarrow 5 \rightarrow 4$

3　$6 \rightarrow 7 \rightarrow 6 \rightarrow 5$

4　$7 \rightarrow 6 \rightarrow 7 \rightarrow 6 \rightarrow 4$

5　$7 \rightarrow 6 \rightarrow 8 \rightarrow 4 \rightarrow 5$

No.5 図のような正方形の紙に，10個の○と5個の●の合計15個からなる模様が付いている。今，次の条件①〜③に従ってこの紙に4本の直線を引く。

① 正方形の周囲にある8個の点**a**〜**h**を2つずつ選んで組とし，各組の点どうしを直線で結ぶ。

② 直線はいずれの模様とも重ならない。

③ 直線に沿って紙を切ると，紙片が11枚になり，どの紙片にも少なくとも1つの模様が入る。

このとき，●が1つだけ入り，○が入らない紙片が1つできるが，その●として最も妥当なのはア〜オのうちどれか。
【国家一般職・平成18年度】

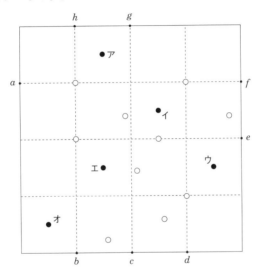

1 ア

2 イ

3 ウ

4 エ

5 オ

実戦問題❷の解説

No.3 の解説　最近接点の数

→問題はP.282　**正答2**

STEP❶　3軒の家について考える

　まず，3軒の家A，B，Cについて考えてみる。**図Ⅰ**において，Aの家がB
の家からもCの家からも最も近い家であるとする。このとき，三角形の辺の
長さと内角の関係を考えると，

　①AB＜BCだから∠BAC＞∠ACB

　②AC＜BCだから∠BAC＞∠ABC

である。三角形の内角の和は180°なので，∠BACが他の2角より大きいな
らば，180°の$\frac{1}{3}$より大きいことになり，必ず∠BAC＞60°でなければならな
い。

STEP❷　家の軒数を増やして考える

　ここで，**図Ⅱ**において，仮にB～Gの6軒の家から最も近い家がAの家だ
とすると，

　∠BAC＋∠CAD＋∠DAE＋∠EAF＋∠FAG＋∠GAB＞360°

ということになるが（6つの角はいずれも60°より大きいことになるので），
A～G7点が平面上にあるならば上の6つの角の和は最大360°にしかならな
い。つまり，B～G6軒の家が同一の1軒の家（A）を最も近い家であると
することは不可能で，ここから同一の1軒の家を最も近い家とすることがで
きるのは最大5軒までである。

　したがって，最も多くの子どもがホームステイすることになる家で預かる
ことができる子どもの人数は最大でも5人であり，正答は**2**である。

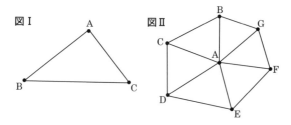

No.4 の解説　分割の変化

→問題はP.282　**正答4**

STEP❶　3本の直線の動きを把握する

　　まず，3本の直線A，B，Cの動きを把握しておこう。問題の**図Ⅰ**の状態
で，3本の直線A，B，Cが構成する三角形は，円に外接する正三角形であ
る。このとき直線A，B，Cの交点は直線a，b，c上にある。ここから直線
BおよびCは直線Aの2倍の速さで動くことになるが，B，Cは速さが同じな
のでその交点Pは常に直線a上にあることになる。直線B，Cが直線Aの2倍
の速さで動くと，直線Aが円の中心Oに達したとき，直線B，Cは円を通り
抜け，**図1**における直線a上の点P′で交わっている。正三角形においては，
内心と重心（および外心も）は一致するので，**図1**で直線Aと円Oとの接点
をQとすれば，PO：OQ＝2：1であり，PとP′はOについて対称なので，
P′O：OQ＝2：1である。したがって，PP′：OQ＝4：1となり，直線a上で
直線A，および直線BとCの交点Pの動きを考えると，その速さの比は1：4と
なる。

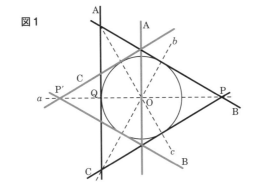

図1

STEP❷　平面の分割について考える

　　次に，平面を3本の直線で複数の領域に分割することを考える。理論的に
は平面が閉じている場合（有限平面）と閉じていない場合（無限平面）で異
なるものではないが，平面が閉じている場合のほうがイメージしやすいの
で，問題のように円内に3本の直線を引く場合を考えよう。

　　円の内部に3本の直線を引くと，その引き方によって内部の領域は4つ〜
7つに分割される。この場合，直線の交点に注目すると，直線の交点が0個
（3本の直線は互いに交わらない）の場合は内部を4つの領域に分割する
（**図2**）。

　　直線の交点が1個の場合はさらに2通りに分かれ，3本のうち2本だけが
1点で交わる場合は5つの領域に（**図3**），3本の直線が1点で交わるとき
は6つの領域に分割される（**図4**）。

　　交点が2個（1本の直線に対して他の2本が別々に交わる）の場合も6つ

第5章

平面図形

の領域に分割される（**図5**）。

交点が3個（3本の直線がそれぞれ別々の点で交わる）の場合は円内を7つの領域に分割することになる（**図6**）。

3本の直線で8つ以上の領域に分割することは不可能である（この点で**5**は誤りとわかる）。

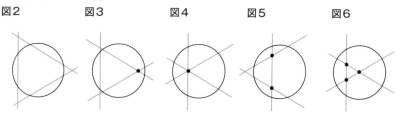

図2　　　図3　　　図4　　　図5　　　図6

以上を前提にして，3本の直線A，B，Cの動きと内部の領域の数の変化を考えると，最初は3本の直線が交点を持たない状態から，2本の直線B，Cだけが内部で交点を持つ状態へと変化する（**図7**〜**図9**。**図8**はB，Cが円周上で交わっている状態）。ここまでが「1→4→5」である。その次の状態は3本の直線がそれぞれ別々に交わる（交点は3個）ことになるので，領域は7つとなる（**図10**）。**図9**の状態からいきなり**図11**の状態（3本の直線が1点で交わる）にすることは不可能であり，そのことに気づけば**1**や**3**のように「1→4→5→6」となることはないと判断できる。

この後は**図10**〜**図12**の変化となり，「1→4→5→7→6→7」まで判明すれば正答は**4**と決まる。

さらに**図13**，**図14**と続き，「1→4→5→7→6→7→6→4→2→1」が正しい変化のすべてである。

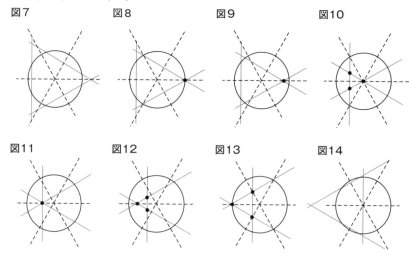

図7　　　図8　　　図9　　　図10

図11　　　図12　　　図13　　　図14

No.5 の解説　条件付平面の分割

→問題はP.283　**正答 1**

　　最初に，正方形を 4 本の直線で11分割するための条件を考えてみることである。

STEP❶　直線による分割個数

　　平面図形を 4 本の直線で分割することのできる最多個数は11個である（**重要ポイント 2**）。すなわち，正方形を 4 本の直線によって切ることで11枚の紙片にするためには，**それぞれの直線が他の 3 本の直線と別々の場所で交わっている**ことが必要である。したがって， 2 点を結ぶ直線を考える場合には，できるだけ向かい合った辺にある点と結ぶようにするべきである。

STEP❷　4 本の直線の選択

　　そこでまず，a と f は結べない（模様と重なってしまう）ので，a と e を結んでみる。次に g，h については（h と b は模様と重なってしまうので結べない），g と d，h と c を結ぶと，この 2 本は交わらない。g と b，h と c を結ぶと，残りの 1 本は d と f を結ぶことになって，これは他の 3 本と交わるという条件を満たせない。そこで，g と c，h と d，b と f を結ぶと，下の図のように正方形は11枚に切断され，どの紙片にも少なくとも 1 個の模様が入っているようにすることが可能である。このとき，●が 1 つだけ入り，○が入らない紙片はアを含む紙片となるから，正答は **1** である。

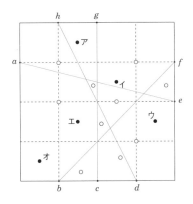

必修問題

　下の図のように，同一平面上で直径 $3a$ の大きい円に，「Ａ」の文字が描かれた直径 a の円盤Ａが外接し，「Ｂ」の文字が描かれた直径 a の円盤Ｂが内接している。円盤Ａと円盤Ｂがそれぞれ，アの位置から大きい円の外側と内側に接しながら，かつ，接している部分が滑ることなく矢印の方向に回転し，大きい円を半周してイの位置に来たときの円盤Ａおよび円盤Ｂのそれぞれの状態を描いた図の組合せとして，妥当なのはどれか。

【地方上級（東京都）・令和元年度】

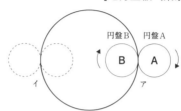

	円盤A	円盤B
1	A	B
2	A	ᗺ
3	Ɐ	ᗺ
4	Ɐ	B
5	Ɐ	ᗺ

難易度　＊＊

必修問題の解説

円の軌跡を考える場合，ポイントになるのは円の移動距離である。具体的には，円の中心がどれだけの距離を動くのかを考えることになる。

STEP❶　円盤Aが動く距離と回転数

図のように，円盤Aの中心が描く軌跡は，直径$4a$の半円になる。したがって，円盤Aの中心が動く距離は，$4\pi a \times \dfrac{1}{2} = 2\pi a$，である。円盤Aの円周は$\pi a$だから，円盤Aはアの位置からイの位置まで動く間に2回転（$= 2\pi a \div \pi a$）することになる。

STEP❷　円盤Bが動く距離と回転数

一方，円盤Bの中心が描く軌跡は，直径$2a$の半円になり，円盤Bの中心が動く距離は，$2\pi a \times \dfrac{1}{2} = \pi a$，である。円盤Bの円周も$\pi a$だから，円盤Bはアの位置からイの位置まで動く間に1回転（$= \pi a \div \pi a$）する。

STEP❸　結論

したがって，イの位置に来たときの円盤A（＝2回転）および円盤B（＝1回転）のそれぞれの状態は，アの位置と同じであり，正答は**1**である。

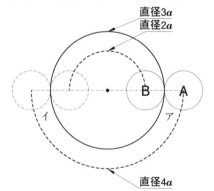

直径3a
直径2a
直径4a
B　A
イ　ア

正答 **1**

FOCUS

図形の回転移動と軌跡を考える場合，円の移動距離，または回転数については円の中心の移動距離を考えればよい。多角形内の1点の軌跡では，①回転の中心，②回転の半径，③回転の角度が考えるポイントである。また，円が直線上を回転するときの円周上の1点の軌跡はサイクロイド曲線となる。

重要ポイント 1 ▶ 図形の移動・回転・軌跡

　図形の移動・回転・軌跡に関する問題の中心は，図形が移動・回転するときに，図形上にある点がどのような軌跡を描くかを考えさせるものである。ここでは軌跡に関する基本事項をまとめておこう。

重要ポイント 2 ▶ 軌跡

　軌跡とは，一定の条件を満足する点の集合である。軌跡の問題の多くは，図形が滑らずに回転していくときに，その図形上の１点がどのように動くかを考えさせるものである。図形の移動や回転の様子を図に描いて考えることも必要だが，軌跡全体を把握しようとするよりも，むしろ，

(1) 位置の確定しやすい点をとってみる。

(2) いくつかの点をとってつなげてみて軌跡の概略をつかむ。

(3) 特徴のある部分の軌跡を考える。

などの工夫をしたうえで，選択肢を消去法により着実に絞っていくほうが効率がよい。

重要ポイント 3 ▶ 多角形の軌跡

　多角形が回転するときの，その図形内の点の軌跡を考える場合は，①回転の中心，②回転半径（回転の中心と点との距離），③回転角，の３つの要素を考えればよい。多角形が平面上を滑ることなく転がるとき，その回転角は回転の中心になる頂点の外角に等しくなる。

重要ポイント 4 ▶ 円の軌跡

(1) 直線上の移動，多角形周上の移動

　円の軌跡として問題となるのは，円の中心の軌跡と円周上の点の軌跡についてである。円が直線上を回転していくとき，円の中心はその直線と平行な軌跡を描く。円周上の点の軌跡はいわゆる**サイクロイド曲線**となる（**図Ⅰ**）。円が多角形の頂点のような角度のある部分を回転していくとき，円の通る側の角度が180°より小さい場合は円の中心の軌跡もその角と等しい角をなし，180°より大きい場合は円自体が多角形の頂点において弧を描くように回転するので円の中心も弧を描く。この場合の回転角は，円が通過する部分の角度から180°を引いた大きさになる。

図I

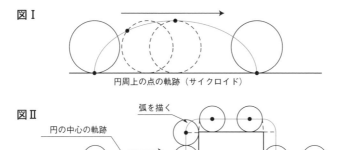

円周上の点の軌跡（サイクロイド）

図II

弧を描く

円の中心の軌跡

角度が等しい

（2）円の内周回転

　円が他の円の周に沿って回転する場合，他の円の内周に沿って回転するときは，たとえば外側の円と内部の円との半径の比が4：1ならば，内部の円は外側の円に沿って1周する間に自ら3回転し，その円周上の1点の軌跡は下の左図のようになる。半径の比が3：1ならば2回転，2：1ならば1回転することになる。この場合の回転する円周上にある点の軌跡である曲線を，内サイクロイドと呼ぶ。また，半径の比が2：1のとき，内部の円の円周上にある点の軌跡は，外側の円の直径に一致する直線となる。

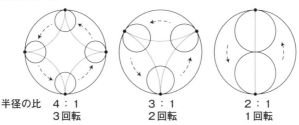

半径の比	4：1	3：1	2：1
	3回転	2回転	1回転

（3）円の外周回転

　円が他の円の外周に沿って回転する場合，回転する円と他の円の半径の比が1：1ならば2回転，1：2ならば3回転，1：3ならば4回転する。この場合の回転する円周上にある点の軌跡である曲線を，外サイクロイドと呼ぶ。半径の比が1：1のとき回転する円の円周上の点の軌跡は右の図のようになる。いずれにしても，円が他の円の円周に沿って回転する場合は，回転する円の中心の移動距離を考えれば，1周する間に何回転するかがわかる。

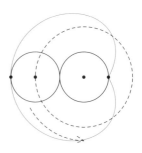

◆◆ **No.1** 下の図の正五角形が，直線 l 上を滑ることなく右方向に 1 回転すると
き，点 P の描く軌跡として，正しいのはどれか。ただし，点 P は正五角形の辺の中
点である。 【市役所・平成28年度】

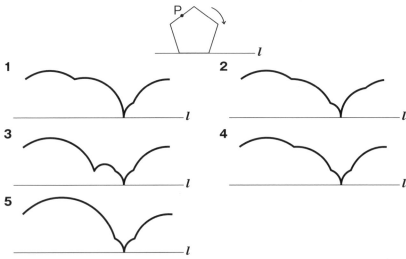

1

2

3

4

5

◆◆ **No.2** 次の図のように，半径 r，中心角60°の扇形 A と，半径 r，中心角120°
の扇形 B がある。今，扇形 A は左から右へ，扇形 B は右から左へ，矢印の方向に，
直線 l に沿って滑ることなくそれぞれ 1 回転したとき，扇形 A，B それぞれの中心
P，P′が描く軌跡と直線 l で囲まれた面積の和として妥当なのはどれか。

【地方上級（特別区）・令和 4 年度】

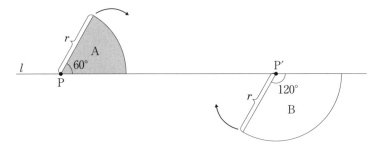

1 $\dfrac{1}{3}\pi r^{2}$　　**2** πr^{2}　　**3** $\dfrac{3}{2}\pi r^{2}$

4 $2\pi r^{2}$　　**5** $\dfrac{7}{3}\pi r^{2}$

No.3 下図のように，斜辺の長さ2*a*の直角三角形が，Aの位置からBの位置まで線上を滑ることなく矢印の方向に回転するとき，頂点Pが描く軌跡の長さとして，正しいのはどれか。ただし，円周率はπとする。

【地方上級（東京都）・平成23年度】

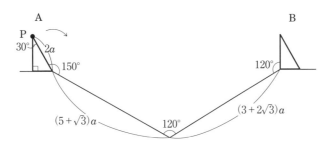

1 $\left(\dfrac{13}{6}+\dfrac{5\sqrt{3}}{6}\right)\pi a$ **2** $\left(\dfrac{5}{3}+2\sqrt{3}\right)\pi a$

3 $\left(\dfrac{13}{3}+\dfrac{5\sqrt{3}}{3}\right)\pi a$ **4** $\left(\dfrac{17}{3}+\dfrac{11\sqrt{3}}{6}\right)\pi a$

5 $\left(\dfrac{14}{3}+2\sqrt{3}\right)\pi a$

No.4 次の図のような，二等辺三角形が，Aの位置からBの位置まで線上を滑ることなく矢印の方向に回転するとき，頂点Pが描く軌跡の長さはどれか。
ただし，円周率はπとする。　【地方上級（特別区）・令和元年度】

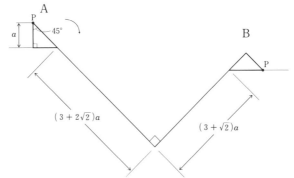

1 $\left(1+\dfrac{11\sqrt{2}}{4}\right)\pi a$ **2** $\dfrac{7\sqrt{2}}{2}\pi a$

3 $(1+3\sqrt{2})\pi a$ **4** $\left(1+\dfrac{7\sqrt{2}}{2}\right)\pi a$ **5** $(2+3\sqrt{2})\pi a$

No.5 下の図のように，1辺の長さ3cmの正六角形の各辺を延長し，得られた交点を結んで作った図形がある。この図形が，直線と接しながら，かつ，直線に接している部分が滑ることなく矢印の方向に1回転したとき，この図形の頂点Pが描く軌跡の長さとして，正しいのはどれか。ただし，円周率はπとする。

【地方上級（東京都）・令和4年度】

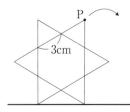

1 $(6+3\sqrt{3})\,\pi$ cm

2 $(6+4\sqrt{3})\,\pi$ cm

3 $(9+2\sqrt{3})\,\pi$ cm

4 $(9+3\sqrt{3})\,\pi$ cm

5 $(9+4\sqrt{3})\,\pi$ cm

実戦問題 **1** の解説

→問題はP.292　**正答4**

No.1 の解説　多角形の辺上点の軌跡

　点Pは正五角形の辺の中点である。したがって，点Pの軌跡を考えると，回転の中心は正五角形の各頂点となるので，5種類の弧で構成されることになる。この5種類の弧について，問題図で最初の回転中心は点Pと向かい合う頂点なので，回転半径が最も大きく（直線lから最も高い位置の軌跡となる），2番目と5番目，3番目と4番目の弧は，それぞれ対称形となる。これを示すと下の図のようになる。

　選択肢の図では，**1**および**5**はどちらも弧が4種類しかなく，**2**では2番目と5番目，3番目と4番目の弧が対称形になっていない。また，2番目の弧の終点は始点より低く（直線lに近く）ならなければならないので，**3**も誤りとなる。**4**は下の図と一致しており，正答は**4**である。

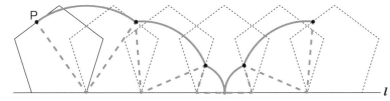

扇形A，Bの軌跡は図のようになる。点P，P′が描く軌跡と直線lで囲まれた図形は，図の灰色部分である。点P，P′とも，最初に半径が直線lに対して垂直になるまで回転移動し，そこから扇形の弧の部分が直線lに沿って動く間は直線lと平行に移動する。そして，他方の半径が直線lに対して垂直になると，そこから再び回転移動する。したがって，図のように半径rの4分円が4枚と長方形2枚で構成されることになる。長方形は，縦の長さがr，横の長さは扇形の弧の長さである。まず，4分円4枚の面積は，半径rの円の面積に等しい。つまり，πr^2である。扇形Aの弧の長さは，$2\pi r \times \dfrac{60}{360} = 2\pi r \times \dfrac{1}{6} = \dfrac{1}{3}\pi r$，したがって，長方形の面積は，$\dfrac{1}{3}\pi r^2$，である。扇形Bの弧の長さは扇形Aの弧の長さの2倍だから，扇形Bの側の長方形の面積は，$\dfrac{2}{3}\pi r^2$，となる。これにより，図の灰色部分の面積は，

$\pi r^2 + \dfrac{1}{3}\pi r^2 + \dfrac{2}{3}\pi r^2 = 2\pi r^2$，であり，正答は**4**である。

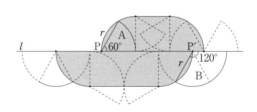

STEP① 直角三角形の辺の長さ

Aの位置からBまで回転移動する直角三角形を**図Ⅰ**のように△PQRとする。この△PQRは，∠QPR＝30°，∠PRQ＝60°である。したがって，この直角三角形の3辺の長さの比は，QR：PQ：PR＝1：$\sqrt{3}$：2であり，ここから，QR＝a，PQ＝$\sqrt{3}a$となる。

図Ⅰ

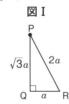

STEP❷ 弧の長さを１つずつ計算する

　この△ＰＱＲが回転移動していくＶ字型の部分の長さは，左側が $(5+\sqrt{3}a)$，右側が $(3+2\sqrt{3}a)$ なので，△ＰＱＲの動きは**図Ⅱ**のようになる。つまり，頂点Ｐは①〜⑥までの弧を描くことになる。この①〜⑥までの弧の長さは，それぞれ，

① 半径 $2a$，中心角150°より，$4\pi a \times \dfrac{150}{360} = 4\pi a \times \dfrac{5}{12} = \dfrac{5}{3}\pi a$

② 半径 $\sqrt{3}a$，中心角90°より，$2\sqrt{3}\pi a \times \dfrac{90}{360} = 2\sqrt{3}\pi a \times \dfrac{1}{4} = \dfrac{\sqrt{3}}{2}\pi a$

③ 半径 $2a$，中心角120°より，$4\pi a \times \dfrac{120}{360} = 4\pi a \times \dfrac{1}{3} = \dfrac{4}{3}\pi a$

④ 半径 $\sqrt{3}a$，中心角90°より，$2\sqrt{3}\pi a \times \dfrac{90}{360} = 2\sqrt{3}\pi a \times \dfrac{1}{4} = \dfrac{\sqrt{3}}{2}\pi a$

⑤ 半径 $2a$，中心角120°より，$4\pi a \times \dfrac{120}{360} = 4\pi a \times \dfrac{1}{3} = \dfrac{4}{3}\pi a$

⑥ 半径 $\sqrt{3}a$，中心角120°より，$2\sqrt{3}\pi a \times \dfrac{120}{360} = 2\sqrt{3}\pi a \times \dfrac{1}{3} = \dfrac{2\sqrt{3}}{3}\pi a$

である。したがって，頂点Ｐが描く軌跡の長さは，

$\dfrac{5}{3}\pi a + \dfrac{\sqrt{3}}{2}\pi a + \dfrac{4}{3}\pi a + \dfrac{\sqrt{3}}{2}\pi a + \dfrac{4}{3}\pi a + \dfrac{2\sqrt{3}}{3}\pi a = \dfrac{13}{3}\pi a + \dfrac{5\sqrt{3}}{3}\pi a$

$= \left(\dfrac{13}{3} + \dfrac{5\sqrt{3}}{3}\right)\pi a$ となり，正答は**3**である。

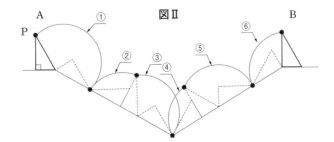

図Ⅱ

　直角二等辺三角形がAからBの位置まで回転移動するとき，頂点Pが描く軌跡は図に示すⅠ～Ⅵの弧となる。軌跡Ⅰおよび軌跡Ⅵの弧は，半径$\sqrt{2}a$，中心角180°，軌跡Ⅱおよび軌跡Ⅴの弧は，半径a，中心角90°，軌跡Ⅲおよび軌跡Ⅳの弧は，半径$\sqrt{2}a$，中心角135°，である。つまり，軌跡Ⅰと軌跡Ⅵ，軌跡Ⅱと軌跡Ⅴ，軌跡Ⅲと軌跡Ⅳは，それぞれ半径と中心角が等しい弧となっている。したがって，これらの弧の長さの総和は，$2\sqrt{2}\pi a \times \dfrac{180}{360} \times 2 + 2\pi a \times \dfrac{90}{360} \times 2 + 2\sqrt{2}\pi a \times \dfrac{135}{360} \times 2 = 2\pi a \times \dfrac{180}{360} + 2\sqrt{2}\pi a \times \dfrac{630}{360} = 2\pi a \times \dfrac{1}{2} + 2\sqrt{2}\pi a \times \dfrac{7}{4} = \pi a + \dfrac{7}{2}\sqrt{2}\pi a = \left(1 + \dfrac{7\sqrt{2}}{2}\right)\pi a$となる。

　以上から，正答は**4**である。

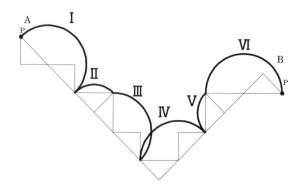

No.5 の解説 多角形の頂点の軌跡　　　　　　→問題はP.294　**正答2**

　問題で示された図形を，六芒星（等辺六芒星）という。この等辺六芒星を
1回転させたときに，頂点Pが描く軌跡を考えるのであるから，これは**図I**
の正六角形ABCDEPを1回転させたときに頂点Pが描く軌跡を考えれば
よいことになる。**図I**の正六角形ABCDEPは，D，E，P，A，B，C
の順に回転の中心となり，それぞれ60°ずつ回転する。したがって，頂点P
は，DP，EP，AP，BP，CPを順次回転半径として60°ずつ回転して
いく。そこで，この回転半径を求めることが必要になる。この等辺六芒星
は，1辺の長さ3cmの正六角形の各辺を延長して作られているので，DP
=BP=9，である。正六角形ABCDEPの中にある，二等辺三角形PA
E（**図II**）は頂角APE=120°なので，∠PAE=∠PEA=30°である。
頂点Pから底辺AEに垂線PHを引くと，△PAHは「30，60，90」型の直
角三角形なので，AP=EP=AH×$\frac{2}{\sqrt{3}}$，である。AH=$\frac{1}{2}$AE=$\frac{9}{2}$，だか

ら，AP=EP=$\frac{9}{2}×\frac{2}{\sqrt{3}}=3\sqrt{3}$，となる。また，正六角形は正三角形6枚で
構成されているので，CP=$3\sqrt{3}×2=6\sqrt{3}$，である。点Pの軌跡は**図III**の
ようになり，その軌跡の長さは，$9×2×π×\frac{60}{360}+3\sqrt{3}×2×π×\frac{60}{360}+3\sqrt{3}$

$×2×π×\frac{60}{360}+9×2×π×\frac{60}{360}+6\sqrt{3}×2×π×\frac{60}{360}=3π+\sqrt{3}π+\sqrt{3}π+$

$3π+2\sqrt{3}π=6π+4\sqrt{3}π$，より，$(6+4\sqrt{3})π$ cmとなる。したがって，正
答は**2**である。

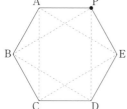

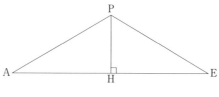

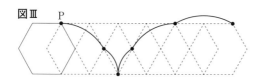

実戦問題❷　周回する図形の軌跡

＊＊

No.6 　図のように，Oを中心とする半径3の円に，O′を中心とする半径1の円が点Pで内接している。円Oの円周に沿って，円O′を滑らないように矢印の向きに回転させ，元の位置に戻ったとき，円O′の円周上の点Pの軌跡として最も妥当なのはどれか。　　　　　　　　　　　　　　　　　　　　　　【国家専門職・平成27年度】

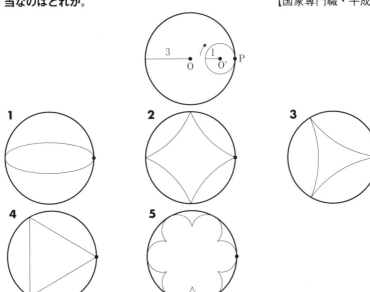

次の図のように，大円の半径を直径とする円Aと大円の半径の$\frac{1}{2}$を直径とする円Bがあり，大円と円Aが内接する点をP，大円と円Bが内接する点をQとする。今，円Aと円Bが大円の内側を円周に沿って滑ることなく矢印の方向に回転したとき，元の位置に戻るまでに点Pと点Qが描く軌跡はどれか。

【地方上級（特別区）・平成29年度】

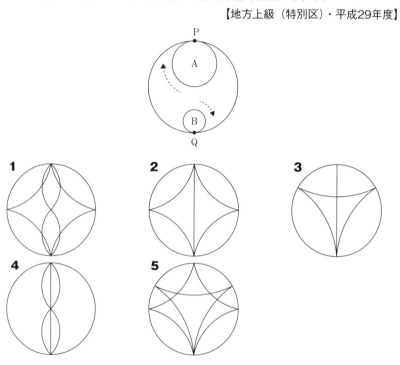

◆◆ **No.8** 下の図のように，半径3の円板A～Fを並べて，円板の中心が1辺の長さが6の正六角形の頂点となるように固定する。半径3の円板Gが，固定した円板A～Fと接しながら，かつ接している部分が滑ることなく，矢印の方向に回転し，1周して元の位置に戻るとき，円板Gの回転数として，正しいのはどれか。

【地方上級（東京都）・令和2年度】

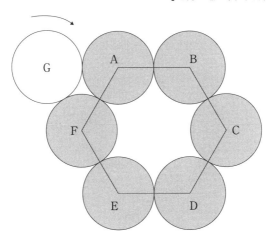

1　2回転

2　4回転

3　6回転

4　8回転

5　10回転

実戦問題 **2** の解説

STEP①　円の軌跡

　　円の軌跡を考える場合，ポイントになるのは円の移動距離である。具体的には，円の中心がどれだけの距離を動くのかを考えることになる。

STEP②　円O′の移動距離

　　円Oの半径が3，円O′の半径が1なので，**図Ⅰ**のように，円Oの円周に沿って円O′が1周すると，円O′の中心は半径2の円周上を動く。半径2の円周は，$2 \times 2 \times \pi = 4\pi$，半径1である円O′の円周は，$2 \times 1 \times \pi = 2\pi$だから，円O′は$4\pi$の距離を進む間に2回転（$= 4\pi \div 2\pi$）することになる。

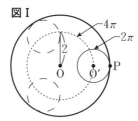

図Ⅰ

STEP③　点Pの軌跡

　　円O′は1周する間に2回転するので，円O′が180°動いたときにちょうど1回転することになり，点Pは再び円O′の右側の位置となる。つまり，円O′が円Oの周に沿って1回転すると，点Pは円Oの周と3回の接点を持つことになる。そして，この場合の点Pの軌跡は内サイクロイドと呼ばれる曲線となる（**図Ⅱ**）。

　　したがって，正答は**3**である。

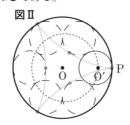

図Ⅱ

No.7 の解説　軌跡の外周　内サイクロイド
→問題はP.302　**正答2**

STEP❶　3つの円の半径

大円の半径を$4r$とすると，円Aは大円の半径を直径とするので，その半径は$2r$，円Bは大円の半径の$\frac{1}{2}$を直径とするので，その半径はrとなる。

STEP❷　円Aの動きと点Pの軌跡

大円と円Aの半径の比は$2:1$であり，円Aが大円の円周に沿ってその内側を回転すると，円Aの中心は半径$2r$の円Cの周上を動くことになる。円Cの円周は$4\pi r$，円Aの円周も$4\pi r$なので，円Aの中心が円Cの円周上を1周すると1回転することになる。このとき，点Pは大円の直径上を往復する（**図Ⅰ**）。

STEP❸　円Bの動きと点Qの軌跡

大円と円Bの半径の比は$4:1$であり，円Bが大円の円周に沿ってその内側を回転すると，円Bの中心は半径$3r$の円Dの周上を動くことになる。円Dの円周は$6\pi r$，円Bの円周は$2\pi r$なので，円Bの中心が円Dの円周上を1周すると3回転することになる。円Bが3回転するので，点Qは120°ごとに円の最下端の位置となり，90°ごとに大円と接することになる（**図Ⅱ**）。

この**図Ⅰ**および**図Ⅱ**より，正答は**2**である。

図Ⅰ

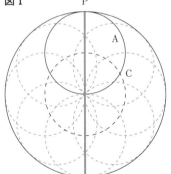

図Ⅱ

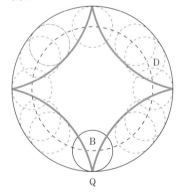

　円板Gが円板Aの外周に沿ってHの位置まで回転したとき，回転角は120°である（正六角形の1内角に等しい＝対頂角）。円板Gの中心が回転する回転半径は6（＝3×2）となるので，円板Gの中心がHの位置まで移動すると，その距離は，$6 \times 2 \times \pi \times \dfrac{120}{360} = 12\pi \times \dfrac{1}{3} = 4\pi$，となる。円板A～Fは正六角形状に配置されているので，すべての円板の外周に沿って回転するごとに，4πずつ移動する。つまり，1周する間に円板Gの中心が移動する距離は，$4\pi \times 6 = 24\pi$，である。円板Gの外周は，$3 \times 2 \times \pi = 6\pi$，なので，$24\pi$の距離を回転移動すると，$24\pi \div 6\pi = 4$，より，4回転することになる。したがって，正答は**2**である。

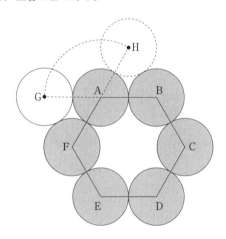

実戦問題 ❸　軌跡の範囲及び領域

No.9 1辺の長さが8cmの正方形がある。半径1cmの円Aがこの正方形の外側を辺に接しながら移動し、半径2cmの円Bがこの正方形の内側を辺に接しながら移動する。このとき、円Aが動くことができる範囲の面積と、円Bが動くことのできる範囲の面積との差として、正しいのはどれか。

【地方上級（全国型）・平成26年度】

1　$16\ \mathrm{cm}^2$

2　$(16+2\pi)\ \mathrm{cm}^2$

3　$24\ \mathrm{cm}^2$

4　$(24+2\pi)\ \mathrm{cm}^2$

5　$48\ \mathrm{cm}^2$

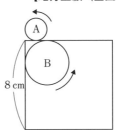

No.10 下の図のように、半径$3a$の円があり、長辺の長さ$3a$、短辺の長さaの長方形が、一方の長辺の両端で円の内側に接しながら円の内側を1周するとき、長方形が通過する部分の面積として、正しいのはどれか。ただし、円周率をπとする。

【地方上級（東京都）・令和4年度】

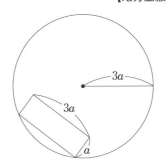

1　$\left(\dfrac{1}{4}+3\sqrt{3}\right)\pi a^2$

2　$\left(\dfrac{1}{2}+3\sqrt{3}\right)\pi a^2$

3　$\left(\dfrac{3}{4}+3\sqrt{3}\right)\pi a^2$

4　$(1+3\sqrt{3})\pi a^2$

5　$\left(\dfrac{5}{4}+3\sqrt{3}\right)\pi a^2$

実 戦 問 題 **3** の 解 説

→問題はP.307

No.9 の解説 円の可動領域比較　　　　　　　　　　→問題はP.307　**正答 1**

　円Aが動く範囲は**図Ⅰ**の斜線部分および灰色部分，円Bが動く範囲は**図Ⅱ**の斜線部分および灰色部分である。**図Ⅰ**において，四隅の扇形（＝中心角90°，灰色部分）は，直径2cmの円が正方形の頂点を中心として90°回転移動するので，半径2cmの扇形となる。これは**図Ⅱ**における四隅の扇形（＝半径2cm，中心角90°）と面積が等しいので，可動範囲の面積の差は，**図Ⅰ**，**図Ⅱ**における斜線部分の面積の差ということになる。**図Ⅰ**における斜線部分の面積は，$8 \times 2 \times 4 = 64$〔cm^2〕である。一方，**図Ⅱ**における斜線部分の面積は，$4 \times 2 \times 4 + 4 \times 4 = 48$〔$\text{cm}^2$〕である。**図Ⅱ**の斜線部分については，1辺8cmの正方形から四隅にある1辺2cmの正方形4個を取り除くと考えてもよい。

　したがって，その面積の差は，$64 - 48 = 16$より，16cm^2で，正答は**1**である。

図Ⅰ

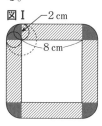

図Ⅱ

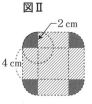

No.10 の解説　軌跡の領域

→問題はP.307　**正答5**

　長方形が通過する範囲は，円の中心Oからの距離が最も遠い点が描く円と，最も近い点が描く円との間にできる，ドーナツ部分である。これは，図の灰色部分になる。中心Oからの距離が最も遠い点は円の周に接している2個の頂点（図の頂点AおよびB）であり，その距離は$3a$である。中心Oから最も近い点は，長方形の内側の辺の中点Qになる。△OABは辺の長さ$3a$の正三角形で，OPはその高さに当たる。正三角形の高さは1辺の長さの$\dfrac{\sqrt{3}}{2}$倍だから，$\mathrm{OP}=3a\times\dfrac{\sqrt{3}}{2}=\dfrac{3\sqrt{3}}{2}a$，$\mathrm{OQ}=\dfrac{3\sqrt{3}}{2}a-a=\left(\dfrac{3\sqrt{3}}{2}-1\right)a$，である。これにより，長方形が通過する部分の面積は，$(3a)^2\pi-\left\{\left(\dfrac{3\sqrt{3}}{2}-1\right)a\right\}^2\pi$

$=\left(9-\dfrac{27}{4}+3\sqrt{3}-1\right)\pi a^2=\left(\dfrac{5}{4}+3\sqrt{3}\right)\pi a^2$，となる。したがって，正答は**5**である。

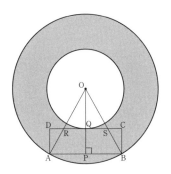

折り紙と重ね合わせ

必修問題

　正方形の紙を対角線に沿って２つ折りにした。さらに，できた直角三角形の直角の頂点から斜辺に下ろした垂線に沿って２つ折りにする操作を２回繰り返した。これによりできた直角三角形に切り込みを入れ，紙を広げると，図のような形になった。この直角三角形に入れた切り込みを破線で表した図として，最も妥当なのはどれか。

【国家総合職・令和５年度】

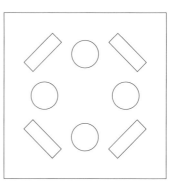

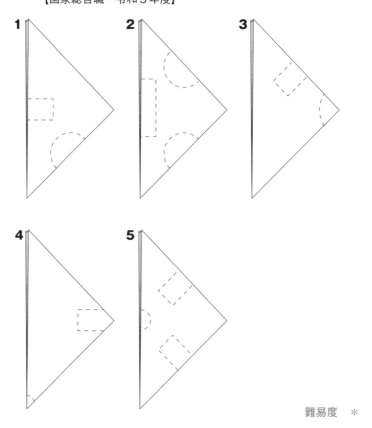

難易度　＊

必修問題の 解説

　開いた正方形の状態から，条件に従って折ってみればよい。手順としては**図Ⅰ**のようになる。また，ここでは開いた状態から最後の折った状態を考えるので，**図Ⅱ**のように，条件に従って開いた正方形に折り目となる線を引いてみてもよい。対角線の1本が1回目の折り目，もう1本の対角線が2回目の折り目，対辺の中点を結ぶ2本の線が3回目の折り目（この段階で4枚が重なっているので）となって，8等分割された直角二等辺三角形になる。この**図Ⅰ**，**図Ⅱ**より，正答は**1**である。

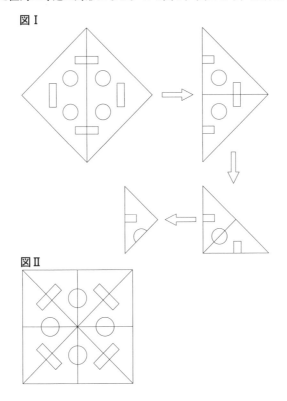

図Ⅰ

図Ⅱ

正答 **1**

FOCUS

　図形の折返しや折り畳みに関する問題は，線対称についての基本的な知識の応用である。この点を踏まえ，順序立てて着実に図を描いて考えていくのが最良の解法といえる。それ以上に特別な解法を要求される問題は少ないので，丹念に段階を追って確認しながら考えていこう。

重要ポイント 1 **折り紙の問題**

折り紙の問題の代表的な例は，正方形等の紙を順次折っていき，折った状態で一部分を切り取ったり彩色したりという図形的処理をした後，再びもとの状態に広げたとき，切り取られたり彩色されたりした部分がどのように現れるかを考える問題である。

重要ポイント 2 **面積の変化**

1回ずつ半分になるように折っていくと，1回折るごとに面積はその前の$\frac{1}{2}$になっていく。n回折ったときの面積は，もとの状態の$\frac{1}{2^n}$である。

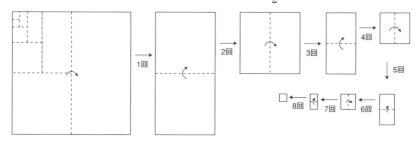

重要ポイント 3 **図形的処理の基本的解法**

紙を折った状態で一部分を切り取ったり彩色したりした場合に，もとの状態に広げたとき，その部分がどう現れるかは，折った手順を1回ずつ前に戻しながら，その切り取ったり彩色したりした部分がどうなっているかを順番に考えていけばよい。

たとえば，正方形の紙を下図のように折っていき，その折った状態で右端の図のグレーの部分を切り取ったとする。

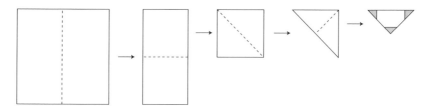

切り取った紙をもとのように広げたとき，切り取った部分がどうなっているかを考える場合は，折った手順の逆に紙を広げながら，どのように切り取られているかを確認していく。

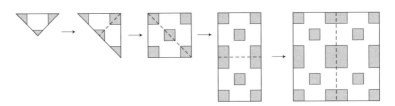

　上の図のように書き込んでいけば，それほど迷うことなく1番右側，つまり紙をもとのように広げた状態まで到達できるはずである。

　ただし，非対称形に切り取った場合は，どちらの方向に折ったかによって差異が生じるので，折った方向にも注意する必要がある。また，彩色した場合には，折り畳んだ状態によって色を塗られた部分が表であったり裏であったりするので，その点の確認も必要である。

重要ポイント 4　不規則な折り方の場合

　折り方が不規則である場合は，1回ごとの折り方を丹念に検討しなければならない。特に，切り取るのではなくて彩色した場合には，表から見た場合と裏から見た場合とで当然結果が異なるので，表裏，上下，左右の区別を明確にしなければならない。

　また，不規則な折り方をしたうえで一部分を切り取ったような場合は，折り目の部分で切り取っていれば，折り目に対して対称な形で切り取られているはずであり，その折り目が対称の軸になる。

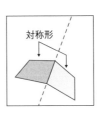

*

No.1　次の図のように，正方形の紙を点線に従って矢印の方向に谷折りをし，出来上がった三角形の斜線部分を切り落として，残った紙をもとのように広げたときにできる図形はどれか。　【地方上級（特別区）・令和5年度】

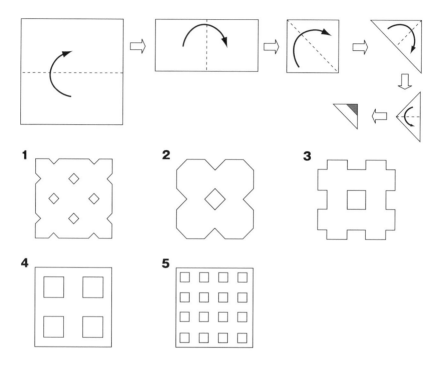

1

2

3

4

5

◆ **No.2** 下図のように，正方形の紙を点線を谷にして矢印の方向に折り畳み，出来上がった三角形の黒い部分を切り取ったとき，残った紙を広げた形として，正しいのはどれか。　　　　　　　　　　　　　　　　　　　　【地方上級（東京都）・平成26年度】

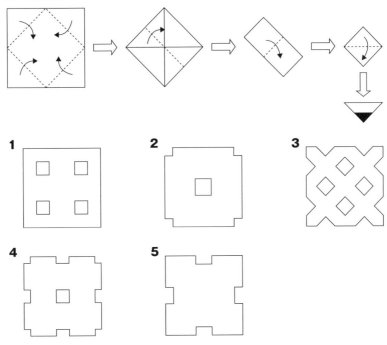

No.3 図は，長方形の紙テープに等間隔でア〜キの破線を書き，できた区画に左からA〜Hのアルファベットを記入したものである。この紙テープを，ア〜キのうちの2か所を選んで2回折ったところ，BとF，DとHがそれぞれ重なったが，CとFは重ならなかった。ただし，2回目に折るときには，選んだ部分に重なりがある場合は，その重なっている部分も同時に折ったものとする。このとき，次のうちで正しいのはどれか。　　　　　　　　　　　【地方上級（全国型）・平成24年度】

ア	イ	ウ	エ	オ	カ	キ
A	B	C	D	E	F	G	H

1 AとEは重なった。　　**2** CとGは重なった。
3 EとGは重なった。　　**4** イは1回目に折った。
5 カは2回目に折った。

実戦問題 **1** の解説

No.1 の解説　折り畳みと切り取り →問題はP.314　正答 1

　　正方形を折り畳んだ状態で一部を切り落としているので，もとのように開いた場合にどのようになるかは，折り畳んだ状態から逆順で開いていけばよい。その際，切り落とした部分は，毎回の折り目の線を軸として線対称の位置となる。広げていくと，下の図のようになる。なお，切り落とした部分は，もとの正方形の辺の部分の位置にもあるので，**4**および**5**は可能性がない。以上から，正答は**1**である。

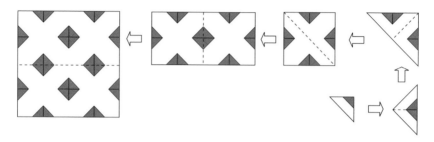

No.2 の解説　折り畳みと切り取り →問題はP.315　正答 1

　　折り畳んで黒い部分を切り取った状態から，図形を順次もとのとおりに開いていけばよい。最終形から開いていくと図のようになる。残った紙を広げた形は，正方形の穴が4か所に開いた状態となる。
　　したがって，正答は**1**である。

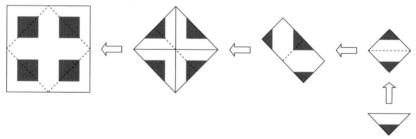

No.3 の解説 折り畳みと重ね合わせ →問題はP.315 **正答2**

STEP❶ 1回目の折り方

　BとFはその間にC，D，Eの3か所，DとHはその間にE，F，Gの3か所があるので，どちらも1回目に折って重なることはない。そのため，1回目にBとD，あるいはFとHが移動するように折る必要がある。その条件を満たすのはエまたはオであるが，1回目にエで折ると，CとFが重なってしまう（**図Ⅰ**）。そこで，**図Ⅱ**のように1回目はオで折ることになる。

図Ⅰ

ア	イ	ウ	エ
A	B	C	D
H	G	F	E

図Ⅱ

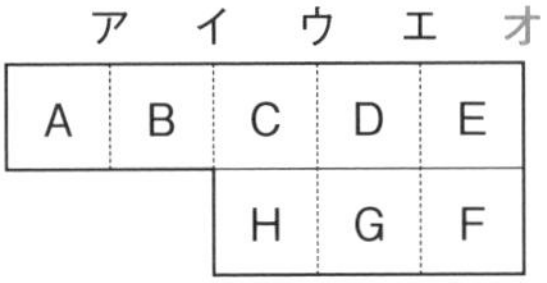

ア	イ	ウ	エ	オ
A	B	C	D	E
		H	G	F

STEP❷ 2回目の折り方

　この状態から2回目は**図Ⅲ**のようにウで折れば（このときキも折ることになる），BとF，DとHは重なるが，CとFは重ならない。このとき，AとE，EとGは重ならないが，CとGは重なることになる。

　したがって，正答は**2**である。

図Ⅲ

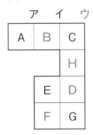

ア	イ	ウ
A	B	C
		H
	E	D
	F	G

第5章

平面図形

317

No.4　次の図のような正方形の紙がある。この紙を続けて5回折ってから元のように開いたところ，図の点線のような折り目ができた。このとき，4回目にできた折り目はどれか。　　　　　　　【地方上級（特別区）・平成28年度】

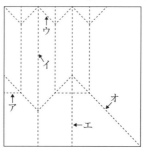

1　ア

2　イ

3　ウ

4　エ

5　オ

No.5 図Ⅰのような正方形の紙がある。この正方形の紙を，縦，横を４等分する破線の位置で，左から順に山折りにした後，下から順に山折りにし，図Ⅰの頂点Ａが前面の右上の位置となるように折り畳んだ。この折りたたんだ正方形について，図Ⅱのように頂点Ａを含む２辺の中点を結ぶ直線に沿ってグレーの部分を切り落としたとき，切り落とされる図形の形状と枚数の組合せとして正しいものはどれか。

【地方上級（全国型）・平成23年度】

1 三角形８枚

2 三角形９枚

3 三角形４枚と四角形５枚

4 三角形５枚と四角形４枚

5 三角形８枚と四角形１枚

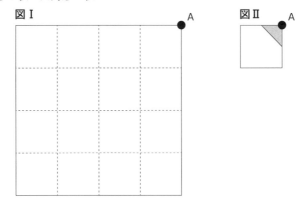

No.6 図Ⅰのように表裏に同じ模様の描かれた５つの正方形をつなぎ合わせて作った紙片がある。これを点線で山折りまたは谷折りにして折り重ね，出来上がった正方形の並び順を模様の並び順で表現する。たとえば図Ⅱのように折り重ねた場合，模様の並び順（矢印①）は，○□●●■となり，反対側（矢印②）から見れば，■●●□○となる。

次のうち，紙片をどのように折り重ねても現れない模様の並び順はどれか。

【国家総合職・平成17年度】

図Ⅰ

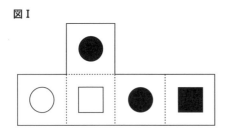

図Ⅱ

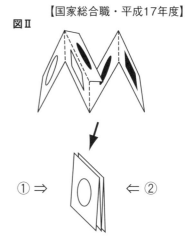

① ⇒   ⇐ ②

1 ○●□●■
2 ○●■□●
3 ○●●□■
4 □■●○○
5 □●■●○

実戦問題❷の解説

No.4 の解説　折り畳みの順序

→問題はP.318　**正答 1**

　5回折ってから元のように開いたことにより，ア～オの折り目ができている。この場合，1本の折り目Aを軸として線対称となる折り目Bがあれば，折り目Bは折り目Aを折った後に折っていることになる。

　そうすると，**図Ⅰ**において，折り目オ（色太線の折り目）は折り目エについて線対称となっていて，さらにその左側で折り目イについて線対称となっているので，**折り目オは折り目イと折り目エを折った後**に折られていることがわかる。

　同様に，**図Ⅱ**より，**折り目アは折り目イ，折り目エおよび折り目オより後**に折られている。

　そして，**図Ⅲ**より，**折り目ウは折り目イ，折り目エ，折り目ア（および折り目オ）より後**に折られている。

　したがって，折られた順序は，イまたはエ→オ→ア→ウであり，4回目にできた折り目はアである。

　この図では，折り目イと折り目エは互いに干渉していないので，両者についてはどちらを先に折っても成り立つ。

　以上から，正答は**1**である。

第5章

平面図形

図Ⅰ

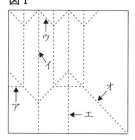

図Ⅱ

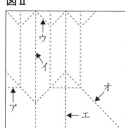

図Ⅲ

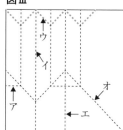

STEP❶ 基本的解法

　　この問題のような場合，基本的には折った状態から切り取った部分が線対称となるように，図形を順次広げていけばよい。

STEP❷ 山折りという条件を踏まえて図を開いていく

　　正方形を縦，横に4等分する位置で左から，その後に下から順次山折りにして，右上側を切り落としたのだから，折り畳んだときと逆の手順で開いていけばよい。

　　図のように開いていくと，切り落とされた部分は折り目の線に対して対称な位置に現れる。

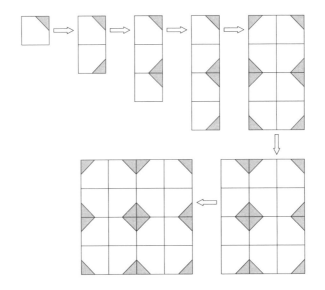

　　最終的には三角形8枚と四角形1枚が切り落とされた部分の図形である。

以上から，正答は**5**である。

No.6 の解説　折り重ねによる配置

→問題はP.320　**正答3**

STEP①　横に並んだ4枚に注目する

　　要点をしっかりとつかんで検討しないと苦労する問題となりそうである。まず，横に並んだ4枚の正方形の上に1枚だけ出ている●をどう考えるかである。5枚の正方形はつなぎ合わせた部分で山折りにも谷折りにもできるのだから，実は上にある1枚●をどこに配置することも可能なのである。問題中の**図Ⅱ**で示されている折りかけの図で考えてみればわかるはずである。つまり，横に4枚並んだ正方形を折り重ねた後に上にある1枚をどこにでも折り込めばよい。そうだとすると，横に並んだ4枚の正方形の配列だけを考えればよく，

1　○□●■または○●□■
2　○■□●または○●■□
3　○●□■
4　□■○●または□■●○
5　□■●○または□●■○

が可能かどうかを検討すればよいことになる。

STEP②　模式図で考える

　　次のような模式図で考えてみると，**1**，**2**，**4**，**5**はすべて可能だが**3**だけは不可能であることがわかる。よって，正答は**3**である。

　　次図では上下にある弧の部分が折り目を表しており，したがって線分の上部と下部をつなぐ図は不可能な折り方となる。**1**，**2**，**4**，**5**の図については，もう1枚の●を任意の位置に配置すればよい。

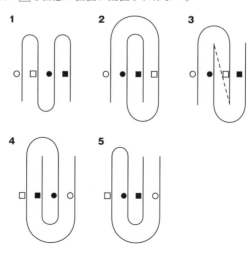

　下図は，ゴムひもの結び目を平板にピンで留めて作った図形であり，線は
ゴムひもを，点は結び目を表している。結び目とピンをともに動かしたとき
にできる図形として，妥当なのはどれか。ただし，ピンは他のピンと同じ位
置またはゴムひも上に動かさず，ゴムひもは他のゴムひもと交差しない。

【地方上級（東京都）・平成27年度】

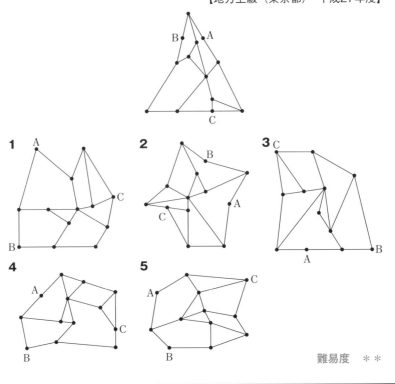

難易度　＊＊

必修問題 の 解説

　位相という言葉は種々の意味に用いられるが，ここではいわゆる位相幾何学（ト
ポロジー）と呼ばれるものを扱う。一般に幾何学というと「ユークリッド幾何学」
をさし，図形の合同や相似というものを考える。ユークリッド幾何学では，2つの
図形が等しいかどうかを考える場合に，辺の長さや角度を考えるのである。そこで
は円と三角形，あるいは四角形は明らかに異なるものとして考えている。これに対
し，トポロジーにおいては，2つの図形を連続的に変化させてその形を一致させる

頻出度

B

国家総合職 ★
国家一般職 ★
国家専門職 ★
地上全国型 ★★

地上東京都 ★★
地上特別区 ★★
市 役 所 C ★

16 経路と位相

ことができる場合，その２つの図形は等しい（同相である）と考える。たとえば，輪ゴムを用意してこれを伸び縮みさせて形を変化させれば，切ったり貼ったりということなしに，円にも三角形にも四角形にもできる。この輪ゴムの伸び縮みによる変化を「連続的変化」と考えればよい。つまり，トポロジーにおいては円も三角形も四角形も，同じ図形として扱うのである。時刻表などにある鉄道路線図は，距離と方角は必ずしも正しくないが，それでも違和感がないのはトポロジー的に一致しているからである。

　もう１つの経路に関する問題は，位相の問題というよりは「場合の数」に類する問題であるが，本書ではここにまとめて扱うことにする。

STEP❶ トポロジー的一致（同相図形）の検討

　トポロジーにおいては，点と線の結びつきだけを考えればよい（図形が三角形であるか四角形であるか，あるいは円であるかといった図形の形状は問題にしない）。

　まず，問題図の点A，B，C以外に，点D，E，Fを決める。次に，選択肢の図においても，位置的に対応するように点D，E，Fを記入する。そうすると，**2**では点Fから出ている線が３本となり，問題図と一致しない。また，**3**，**4**は点Fと点Cが隣り合ってしまい，これも一致しない。さらに点Hを決めると，**5**では点Hと点Aが隣り合う点となるので，これも一致しない。これに対して，**1**については点Aから点Mまでのすべての点の結びつきが，問題図と一致している。

　したがって，正答は**1**である。

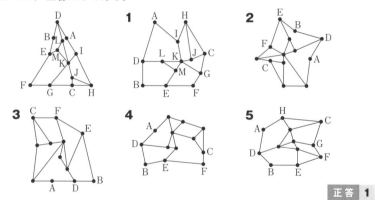

FOCUS

　位相（トポロジー）の問題では，図形が等しいかどうかを，辺の長さや角度によるのではなく，点と線の結びつき方で考える。連続的変化によって一致させることができれば，その図形は等しいものと考えるのである。これは空間図形でも同様である。トポロジーの代表的問題である一筆書きの可否も点と線の結びつきで決まり，奇点が０または２個のときだけ可能である。

重要ポイント 1 ▶ **位相（トポロジー）**

　位相（トポロジー）とは，図形を辺の長さや角度によって区別せず，連続的な変化によって一致させられるかどうかによって区別するものである。点と線のつながり方が一致していれば，線分（辺）の長さや直線か曲線かなどは問わない。

　つまり，トポロジーにおいては図形をゴムのようなもので作ったと考えてみればよい。図形を切ったり貼ったりせずに一致させられればよいのである。下の円や多角形は位相的にはすべて同一である。

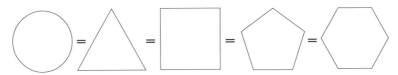

　空間図形においても同様で，球や平面で囲まれた角錐や円錐も同一なものと考える。粘土細工のようなものを考えてみればよい。

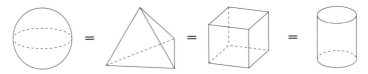

　ただし，球とドーナツのように穴のあいた図形は位相的に異なる。これらは，図形を連続的に変化させても互いに一致させることはできないからである。さらに，穴が 2 個になれば穴が 1 個の場合と位相的に異なると考えることになる。

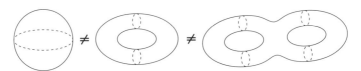

　同様に，取っ手の付いていないコップと取っ手の付いているカップは位相的に別の図形である。

重要ポイント 2 ▶ **一筆書き**

　一筆書きとは，すべての線を 1 回ずつたどることで図形を完成させるものである。これには明確な法則があり，点と線のつながり方さえ考えれば，一筆書きが可能かどうかが決定できる。点と線をつないだ図形を考えたとき，偶数本の線が集まっている点を偶点，奇数本の線が集まっている点を**奇点**というが，一筆書きが可能な図形は**奇点が 0 または 2 個**のものだけである。

(1)	(2)	(3)

上の図で，（1）と（2）はそれぞれ奇点が２個と０個（偶点のみ）でできているので一筆書きが可能だが，（3）は奇点が４個でできており，一筆書きは不可能である。

奇点が２個の場合の一筆書きは，必ず一方の奇点から出発して他方の奇点で終了し，偶点だけの場合は，出発した点に戻って終了する。 偶点だけの場合はどの点から出発しても一筆書きが可能である。

重要ポイント 3 最短経路

最短経路を考える問題は，基本的には場合の数における組合せを考えるものである。

右図のような街路においてAからBまで行く最短経路を考えてみよう。Aを出発して合計で右に５回，上に３回進めばBに到達でき

1	4	10	20	35	B 56
1	3 P	6 R	10	15	21
1	2	3 Q	4	5	6
A	1	1	1	1	1

るが，右に５回，上に３回進みさえすれば，その組合せの順序はどのようであっても最短経路であることに変わりはない。そうすると，全部で８回のうち３回上に進めばよいのだから，８個の中から３個取る組合せで，

$$_8C_3 = \frac{8 \times 7 \times 6}{3 \times 2 \times 1} = 56 〔通り〕となる。$$

図のような単純な場合ならこれでよいが，実際の出題では途中に通行できない部分があったり，１方向にしか進めない部分があったりすることが多く，この解き方だとかえって煩雑になってしまう。そこで，最短経路を考える場合は，Aを出発してから各点までの経路数を順次加算して記入する解法を身につけておきたい。これは単純に可能な経路数を加えていきさえすればよいので，各点における経路の和を間違えなければ容易に正解に到達できるのである。

上の図ではAからPに至る最短経路が６通り，AからQに至る最短経路が４通りあるので，Aから点Rに至る最短経路はPを経由する６通りとQを経由する４通りの和で計10通りとなる。このような足し算をAの隣の点から順次行っていけばよい。

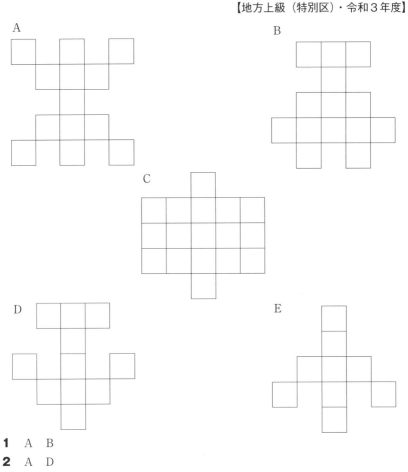

No.1　次の図形A～Eのうち，一筆書きができるものを選んだ組合せはどれか。

【地方上級（特別区）・令和3年度】

A

B

C

D

E

1　A　B
2　A　D
3　B　E
4　C　D
5　C　E

No.2　次の図のように，4つの島ア～エの間に6本の橋がかかっている。この6本の橋を，同じ橋を2度渡ることがないようにして，すべての橋を1回ずつ渡る。次のことがわかっているとき，3本目に渡る橋が到達する島として，正しいものはどれか。

【地方上級（全国型）・平成23年度】

① 最初にA島から出発する。

② 最後にC島からD島へ渡る。

③ B島からD島へ渡ることがある。

④ C島からB島へ渡ることがある。

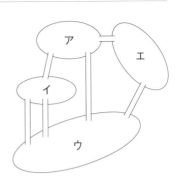

1 アの島で，C島

2 アの島で，D島

3 イの島で，A島

4 イの島で，B島

5 ウの島で，D島

No.3 下の図A～Eのうち，始点と終点が一致する一筆書きとして，妥当なのはどれか。ただし，1度描いた線はなぞれないが，複数の線が交わる点は何度通ってもよい。

【地方上級（東京都）・令和4年度】

1 A

2 B

3 C

4 D

5 E

A

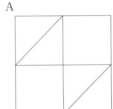

B

C

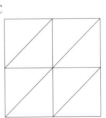

D

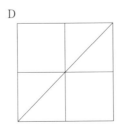

E

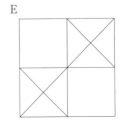

実戦問題 **1** の 解説

→問題はP.328 **正答 1**

No.1 の解説　一筆書き可能な図形

　一筆書きが可能であるかどうかは，奇点（奇数本の線が伸びている点）の個数を数えてみればよい。一筆書きが可能である図形は，奇点が0個（偶点のみ），または2個の2通りの場合だけである。図形A〜Eでは，Aは奇点が0個（偶点のみ），Bは奇点が2個なので，A，Bは一筆書きが可能である。これに対し，Cは奇点が8個，Dは奇点が4個，Eも奇点が4個あり，C〜Eはいずれも一筆書きが不可能である。

　以上から，正答は**1**である。

奇点＝奇数本の線が伸びている点

偶点＝偶数本の線が伸びている点

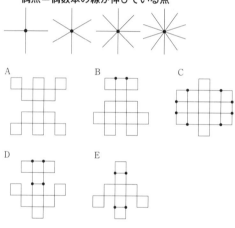

No.2 の解説　一筆書きの応用

→問題はP.328 **正答2**

STEP❶　島と橋の関係

　すべての橋を1回ずつ渡るということは，一筆書きを考えるということである。ア〜エの島と6本の橋を点と線で模式的に表してみたほうが考えやすい。一筆書きが可能な図形は，①偶点（偶数本の線が出ている点）だけで構成されているか，②奇点（奇数本の線が出ている点）が2個あるかのどちらかしかない。そして，奇点が2個ある図形では，一方の奇点が始点，他方の奇点が終点となる。アの島とイの島にはそれぞれ3本（奇数），ウの島には4本，エの島には2本で，この両者には偶数本の橋がかかっているので，図形的にはアとイが奇点，ウとエが偶点である。したがって，A島，D島はア

とイのいずれか，B島，C島はウとエのいずれかに対応する。その組合せを模式的に表すと，**図Ⅰ〜図Ⅳ**までの4通りである。

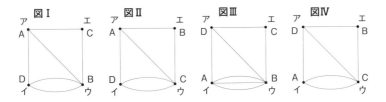

STEP❷ 一筆書きの完成

　この**図Ⅰ〜図Ⅳ**までの4通りについて，①〜④の条件を満たせるかどうかを考えてみる。そうすると，**図Ⅰ**では条件②を満たせず，**図Ⅱ**では条件③を満たせない。また，**図Ⅲ**では条件②と④を同時に満たすことができない。**図Ⅳ**においては，イ（A）→ウ（C）→エ（B）→ア（D）→イ（A）→ウ（C）→ア（D）の順に渡ることにより，①〜④の条件を満たすことが可能である。したがって，3本目に渡る橋が到達する島は「アの島で，D島」であり，正答は**2**である。

No.3 の解説　始点と終点が一致する一筆書き　　→問題はP.329　正答1

　一筆書きが可能な図形は，その図形の中にある奇点の個数が0個または2個の場合であり，この2通りだけである。奇点の個数が0個というのは偶点のみということである。この奇点が0個（偶点のみ）の場合，一筆書きの始点と終点が一致する（どの地点から始めてもよい）。奇点が2個の場合は，一方の奇点が始点，他方の奇点が終点となる。Aは奇点が0個なので，始点と終点が一致する。CとEは奇点が2個なので，一方の奇点が始点，他方の奇点が終点となる。Bは奇点が4個，Dは奇点が6個あるので，いずれも一筆書きは不可能な図形である。したがって，正答は**1**である。

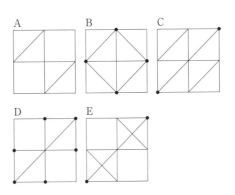

No.4 点と線の関係が，下図と同じものは次のうちどれか。

【地方上級・平成3年度】

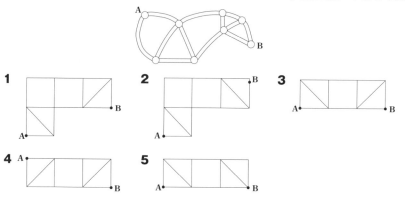

No.5 A〜E市の5都市には，都市間をつなぐ高速バスの直行便が結ばれており，各都市の位置と直行便ルートの概略は，下の図のとおりである。また，都市間をつなぐ高速バスの直行便について，次のことがわかっている。

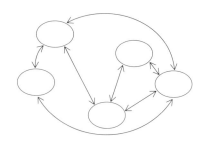

ア．A市とC市は，高速バスの直行便で結ばれている。

イ．A市からD市への高速バスの直行便はない。

ウ．C市からD市への高速バスの直行便はない。

エ．C市からE市への高速バスの直行便はない。

以上から判断して，確実にいえるのはどれか。

【地方上級（東京都）・令和元年度】

1 A市からB市への高速バスの直行便はない。

2 B市からC市への高速バスの直行便はない。

3 C市と3つの市は，高速バスの直行便で結ばれている。

4 D市からE市への高速バスの直行便はない。

5 E市と3つの市は，高速バスの直行便で結ばれている。

No.6 正四面体と正六面体が骨組み，すなわち頂点と辺のみからできていると考え，頂点は小さな黒い球，辺は長さが自由に伸縮する柔らかいゴムでできているとする。正四面体と正六面体を頂点の配置や辺の長さを変えて，平らな板の上に置き平面図形とすると，頂点の配置や辺の長さは自由であるので，この図形の形が1つに確定することはない。たとえば，正六面体であれば図Ⅰのような平面図形を考えることができる。

図Ⅰ

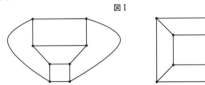

次に，平面図形とした正四面体・正六面体の辺の数か所をはさみで切断し，その後，この平面図形をそれぞれ正四面体・正六面体の形に戻す。このとき，辺が切断されたことで複数の部分に分離してしまった図形は，正四面体・正六面体の形に戻すことができないものとする。

以下の図は正六面体の例である。図Ⅱの状態はつながっている辺があるため正六面体の形に戻すことができるが，図Ⅲの状態は2つの部分に分離してしまっているため正六面体の形に戻すことができない。ここで，正四面体と正六面体の形に戻すことができる状態を保ったまま，正四面体と正六面体の辺をはさみで切断することができる最大の回数の組合せとして，正しいのはどれか。

【国家総合職・令和3年度】

図Ⅱ

図Ⅲ

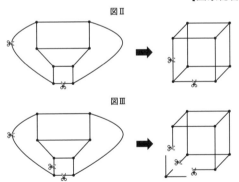

	正四面体	正六面体
1	3回	4回
2	3回	5回
3	3回	6回
4	4回	5回
5	4回	6回

第5章

平面図形

実戦問題**2**の解説

　この問題は点と線のつながり方が一致するかどうかを考えるもので，トポロジーにおける基本的な問題である。点と線のつながり方だけを問題とする，つまり連続的に変化させれば形が一致するという条件が理解できれば，難しいものではないだろう。

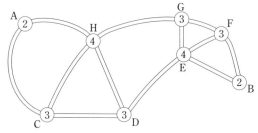

　問題の図のA，B以外の点にC〜Hの記号を振ると上のようになる。この図には8個の点と12本の線と内部に5個の面があるが，**1**および**2**はこの点と線と面の個数が一致しない。

　また，この図でAからC→D→E→B，AからH→G→F→Bという経路でBまでのつながり方を考えてみると，どちらの経路を取ってもA，Bの間に3個の点がある。**3**と**5**ではどちらもこの点の個数が一致しない。問題の図の点と線の関係が一致するのは**4**だけである。

　もう1つは，各点から伸びている線分の本数と，その線分の到達先を考えてみることである。この場合は，最初の図の各点に記入した線分の本数およびその到達先と，選択肢にある図で対応する位置にある点から伸びている線分の本数とその到達先が一致するか否かを考えることになる。**4**の場合は，各点から伸びている線分の本数およびその到達先も一致している。

　以上から，点と線の関係が問題の図と一致するのは**4**だけである。

4

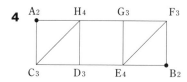

No.5 の解説　位相的変換

→問題はP.332　**正答5**

　　この問題では，トポロジー的に点と線のつながりとして図を考えると見通しがよくなる。

　　図Ⅰのように，5つの都市をP〜Tとしてみる。Tは他の4都市とすべて直行便で結ばれている。条件イ〜エより，A，C，D，Eの4都市は直行便で結ばれていない都市があるので，T＝B市である。次に，C市はD市，E市と直行便で結ばれておらず，D市はA，C市と直行便で結ばれていない。つまり，C市，D市は，いずれも最大で他の2都市と結ばれているだけである。概略図から，どの都市も少なくとも他の2都市と結ばれているが，他の2都市とだけ結ばれているのは，QおよびSである。ここから，（Q，S）＝（C，D）となる。Q＝C市，S＝D市とすると**図Ⅱ**のようになる。また，Q＝D市，S＝C市とすると**図Ⅲ**となる。この**図Ⅱ**および**図Ⅲ**より，確実にいえるのは「E市と3つの市は，高速バスの直行便で結ばれている」だけであり，正答は**5**である。

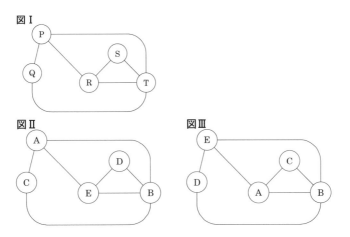

No.6 の解説　立体における位相

→問題はP.333　**正答2**

「辺が切断されたことで複数の部分に分離してしまった図形」では，１つの頂点から辺を辿った場合に，到達することができない頂点が生じてしまうことになる。逆に考えれば，１つの頂点から辺を辿って他のすべての頂点に到達することができれば，その図形は分割されていないということである。**図Ⅰ**のように，正四面体で３か所，正六面体で５か所の辺を切断しても，孤立する頂点が生じないようにすることが可能である。正四面体ＡＢＣＤでは頂点Ａ→Ｃ→Ｄ→Ｂ，正六面体では頂点Ａ→Ｅ→Ｆ，頂点Ａ→Ｅ→Ｈ→Ｇ→Ｃ→Ｂ，および頂点Ａ→Ｅ→Ｈ→Ｇ→Ｃ→Ｄ，のように，どちらの立体も頂点Ａから辺を辿って他の全ての頂点に到達できるので，図形は分割されていない。ところが，正四面体，正六面体とも，辺をもう１か所切断すると，到達できない頂点が必ず生じる。**図Ⅱ**のように，正四面体で辺ＣＤを切断すると，頂点Ａ，Ｃを含む立体と頂点Ｂ，Ｄを含む立体に分割され，正六面体で辺ＣＧを切断すると，頂点Ａ，Ｅ，Ｆ，Ｇ，Ｈを含む立体と頂点Ｂ，Ｃ，Ｄを含む立体に分割される。切断する辺を別の辺にしても，結論は変わらない。つまり，正四面体で切断できる最大回数は３回（３か所），正六面体で切断できる最大回数は５回（５か所）である。以上から，正答は**2**である。

図Ⅰ

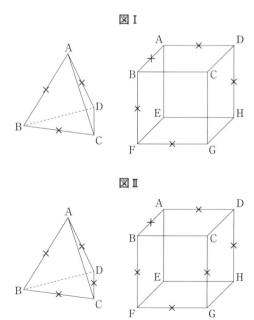

図Ⅱ

実 戦 問 題 **3** 経路

No.7 図のような経路で，点Aを出発して点Pを通り点Bへ行く最短経路は何通りあるか。　【国家一般職・平成22年度】

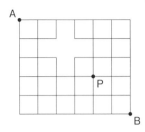

1 40通り

2 48通り

3 54通り

4 60通り

5 72通り

No.8 下の図のように，縦方向と横方向に平行な道路が，土地を直角に区画しているとき，最短ルートで，地点Aから地点Xを通って地点Bまで行く経路は何通りあるか。　【地方上級（東京都）・令和4年度】

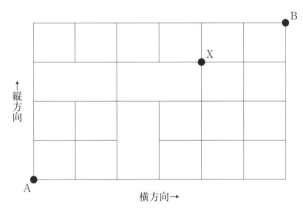

1 48通り

2 49通り

3 50通り

4 51通り

5 52通り

実 戦 問 題 ❸ の 解 説

No.7 の解説 最短経路 →問題はP.337 **正答3**

　点Aを出発して点Bへ行く最短経路を考えるので，図において右と下へし
か進むことはできない。その場合，きちんと碁盤の目状になっていれば，場
合の数における組合せ計算を利用すれば済むが，このように変則的な経路の
場合は，むしろ順番に数えてしまったほうがよい。数え方は，出発点である
点Aから最初の分岐点，次の分岐点というように，順次点Aからの経路数を
加算していけばよい。最短経路で点Aから点Bへ行く場合，右か下へしか進
めないのだから，ある分岐点での経路数は，その直前の左と上の分岐点まで
の経路数の和となる。まず，点Aから点Pまでの最短経路数を数えると，**図
Ⅰ**のように全部で9通りある。点Pから点Bまでの最短経路数は全部で6通
りある（**図Ⅱ**）ので，点Aから点Pを経由して点Bへ行く最短経路数は，9
×6＝54より，54通りあることになり，正答は**3**である。

　図Ⅱにおいて，点Pから点Bまで最短距離で行く場合は単純な碁盤の目な
ので，右へ2回，下へ2回進むことになる。これは4回のうち2回下へ進め
ばよいので，$_4C_2 = \dfrac{4 \times 3}{2 \times 1} = 6$ より，6通りとしてもよい。

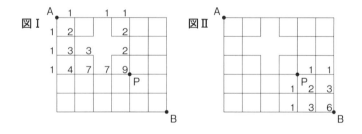

No.8 の解説　最短経路

→問題はP.337　正答 1

　地点Aから地点Xを通って地点Bまで行く最短経路であるから，不要な部分を取り除き，必要な部分だけを取り出してみれば，図のようになる。地点Aから地点Xまでの最短経路は，地点Aから各交点までの経路数を順次加算していけばよい。そうすると，図に示すように16通りとなる。地点Xから地点Bまでの最短経路は，3本ある縦方向のどれを利用するかで3通りある。したがって，地点Aから地点Xを通って地点Bまで行く最短経路は，$16 \times 3 = 48$，より，48通りある。以上から，正答は **1** である。

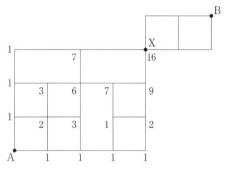

必修問題

　東京のある地域の地点Ａ～Ｆの位置関係について調べたところ，次のア～オのことがわかった。

　ア　地点Ａは，地点Ｆの真北にあり，かつ，地点Ｅから真北に向かって45°の右前方にある。

　イ　地点Ｂと地点Ｃの間の直線距離と，地点Ｅと地点Ｆの間の直線距離の比は，３：１である。

　ウ　地点Ｃは，地点Ｅの真南にあり，かつ，地点Ｂから真南に向かって45°の左前方にある。

　エ　地点Ｄは，地点Ｃから真北に向かって45°の右前方にあり，かつ，地点Ｂの真東にある。

　オ　地点Ｆは，地点Ｂの真東にあり，かつ，地点Ｅから真南に向かって45°の左前方にある。

　以上から判断して，確実にいえるのはどれか。ただし，地点Ａ～Ｆは平坦な地形上にある。　　　　【地方上級（東京都）・平成27年度】

1　地点Ａは，地点Ｂの真東にある。

2　地点Ａは，地点Ｃの真南にある。

3　地点Ａは，地点Ｄから真北に向かって45°の左前方にある。

4　地点Ｆは，地点Ｃから真北に向かって45°の右前方にある。

5　地点Ｆは，地点Ｄから真東に向かって45°の右前方にある。

難易度　＊＊

必修問題の 解説

　方位と距離に関する問題では，基本的に示されている条件から「自分で地図を作成する」という作業が必要になる。その場合，この問題におけるア～エの条件のように，方位・方角は示されるが距離が示されていないということが多く，距離についての関係をどのようにして決めるかがポイントになる。

STEP①　方位問題の基本事項

　方位に関する問題では，たとえば南東という場合は真南から45°東（真東から45°南）というように，基本的に8方位（東，西，南，北，北東，北西，南東，南西）を正確に処理する必要がある。また，この問題のように具体的な距離に関する条件が与えられていない場合は，距離に関して複数の可能性があることになり，この点に注意しながら地図を作成して検討していくことになる。

STEP②　3地点間の位置関係

　条件ア，ウ，エ，オについて，それぞれに示されている3地点についての位置の関係を個別の図にしてみる。ここで，真北に向かって45°左前方なら「北西」，真南に向かって45°右前方なら「南西」の方角である。ただし，ここでいう「北西」，「南西」は八方位としての「北西」，「南西」であり，曖昧な概念としての「北西の方（面）」，「南西の方（面）」ではない（**図Ⅰ**）。

図Ⅰ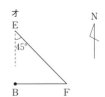

STEP③　B，C，D，Eの位置関係

　次に，条件ウおよびエについての図から，B，Dは東西方向にあり，CはBの南東，かつ，Dの南西となるので，3地点B，C，Dの位置関係は直角二等辺三角形の頂点に当たる。そして，Cの真北にあるEはFの北西（条件オ参照）だから，EはCの真北でB，Dを結ぶ線分よりさらに北となる（**図Ⅱ**）。このとき，B，Dを結ぶ線分とC，Eを結ぶ線分は直交しており，その交点をGとしておく。

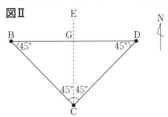

第5章　平面図形

　A，E，Fの位置関係については，AはFの真北でEの北東，EはFの北西（条件アおよびオ）だから，3地点A，E，Fも直角二等辺三角形の頂点という位置関係である。ここで，BC：EF＝3：1という条件イを考えてみる。次の**図Ⅲ**において，検討しやすいようにBC＝$3\sqrt{2}$，EF＝$\sqrt{2}$とすると，三平方の定理により，BD＝6，したがって，BG＝GD＝3，GE＝GF＝1，AF＝2となる。

（直角二等辺三角形の3辺の比は1：1：$\sqrt{2}$）

GD＝3だからFD＝2となり，FA＝FDである。AFは南北方向，BDは東西方向だから，AF⊥BDであり，ここから3地点F，A，Dも直角二等辺三角形の頂点に位置することになる。つまり，地点Aは地点Dの北西になるので，「地点Aは，地点Dから真北に向かって45°の左前方にある」という**3**が正しい。**1**，**2**，**4**，**5**は図Ⅲの位置関係にはなっておらず，これらは誤りである。

図Ⅲ

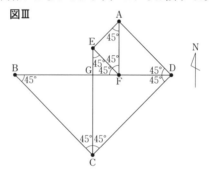

以上から，正答は**3**である。

正答　**3**

FOCUS

　方位と距離に関する問題は，与えられた条件をもとに自分で地図を作成しながら考えていく。その際に，方位または距離，あるいはその双方に関する条件が与えられていない場合には，確定した位置関係を定めることはできないので，条件全体を検討しながらある程度融通性を持たせて検討していく必要がある。

重要ポイント 1 　方位と距離

　方位と距離に関する問題は,
(1) 方位・方角から複数の場所の位置的関係を考える問題
(2) 等距離にある物を組み合わせてそれらの位置的関係を考える問題
という2通りが中心である。どちらも絶対的な距離に関する条件の少ないことが多く, そのため複数の条件を組み合わせることで相互の位置的関係を決めていくことになる。

　どちらの場合も, 与えられた条件をもとに図を作成しながら考えていくことになるが, 図形的な処理を伴うことになるので, 図形に関する基本的事項を確認しておく必要がある。

重要ポイント 2 　方位を考える場合

　方位に関する問題で最も基本になるのは, 東, 西, 南, 北, 北東, 北西, 南東, 南西の8方位である。全方位を8等分することで, $360°$ の $\frac{1}{8}$, つまり$45°$の角度が利用できることになり, 地図上で三平方の定理を用いた距離の計算が可能になる。方位は位置の関係を表すので,「南東」というときは漠然と南東のほうをさすのではなく, 正確に南北および東西方向に対し$45°$の方角を意味する。

　ただし, 方位だけが示されていても距離が与えられていなければ, 正確な位置関係は判断できないことに注意しなければならない。「Aの北東にBがあり, Bの真南にCがある」といっても, AB間およびBC間の距離がわからなければ, AとCの位置関係はわからない。また,「Aの北東にB, Bの真南にC, Cの真西にA」があることがわかっても, 三者間の距離を決定することはできない。

　三平方の定理による代表的な3点間の距離の関係には(1)〜(5)のようなものがある。(1)および(2)は三角定規型で, 1鋭角と1辺の長さがわかれば他の2辺の長さを求めることができる。(3)〜(5)は方位に関する問題で使われることがそれほど多いとはいえないが, 距離の大小を比較する際に付随的に使われる可能性があるので, 併せて挙げておく。最もよく使われるのは$45°$の角を持つ(1)である。
また, (2)と(4)の長さの比を混同しないように注意してほしい。

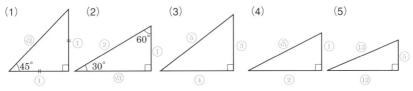

343

8方位からさらに16方位に分けた場合の距離の関係にも注意しておきたい。「B はAの真東，CはAの北東でBの真北，DがAの東北東でBCを結ぶ線上にある」とい う場合，(6)のようになり，DはBとCの中間点にならない。この場合は角の二等分 線の性質から，BD：CD＝AB：AC＝1：$\sqrt{2}$ となる。「BがAの真東，CがAの北東， DがAの東北東」という位置関係でB，DとC，Dが等距離になるのは，(7)のように B，CがAを中心とする同一円周上にある場合である。

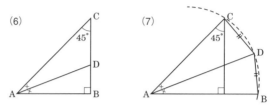

重要ポイント 3 　等しい距離を考える場合

　等しい距離を考える場合については，以下の3点を挙げておく。
(1)　2点A，Bから等しい距離にある点Cは，線分ABの垂直二等分線上にある。
(2)　点Oから等しい距離にある複数の点は，点Oを中心とする同一円周上にある。
(3)　3点A，B，C間の距離がすべて等しければ，3点は正三角形を形成する。

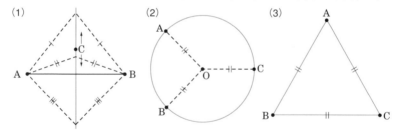

実 戦 問 題

No.1 ある区にはA～Fの6か所の施設がある。今，A～Fの位置関係について，次のア～エのことがわかっているとき，確実にいえるのはどれか。

【地方上級（特別区）・平成23年度】

ア　Aは，Bの南東，Cの東に位置している。
イ　Dは，Cの北，Eの西に位置している。
ウ　Eは，Aの北，Fの南東に位置している。
エ　Fは，Bの北，Dの北東に位置している。

1 Aは，Dの南東に位置している。
2 Bは，Cの北東に位置している。
3 Cは，Eの南西に位置している。
4 Dは，Bの西に位置している。
5 Fは，Aの北西に位置している。

No.2 ある市の都市計画で，A～Jの10の病院を次の条件を満たすように配置したとき，確実にいえるのはどれか。

ただし，A～Jは，平坦な土地の互いに異なる場所に配置されるものとする。

【国家総合職・令和2年度】

○ Aと，B・E・Fそれぞれとの直線距離は等しい。
○ Bと，A・C・E・F・G・Iそれぞれとの直線距離は等しい。
○ Cと，B・G・Iそれぞれとの直線距離は等しい。
○ Gと，A・Iそれぞれとの直線距離は等しく，かつ，Gと，C・Eそれぞれとの直線距離も等しい。
○ A，B，J，Cは，この順で同一直線上にあり，AとJとの直線距離は，BとJとの直線距離の3倍である。
○ D，H，Jは，互いに直線距離が等しく，かつ，いずれもBとの直線距離が等しい。

1 CとJとの直線距離は，DとFとの直線距離に等しい。
2 DとHとの直線距離は，GとJとの直線距離に等しい。
3 DとIとの直線距離は，FとGとの直線距離に等しい。
4 DとJとの直線距離は，GとHとの直線距離に等しい。
5 FとHとの直線距離は，CとJとの直線距離に等しい。

No.3 A～Fの6人はそれぞれの自宅の位置関係について次のように述べたが，これらの発言から確実にいえるのはどれか。　【国家一般職・平成6年度】

　　A：私の家から900m真北にFの家がある。

　　B：Aの家は私の家の南西にあり，Dの家は私の家に最も近い。

　　C：私の家はBの家の北東にある。

　　D：私の家はFの家の真東に，Eの家の真西にある。

　　E：私の家はCの家から450m真南にある。

　　F：私の家はBの家の北西にある。

1　Aの家からCの家までの距離は1,350mである。

2　Bの家は，A，E，Fのそれぞれの家から等距離にある。

3　Cの家からDの家までの距離と，Bの家からEの家までの距離は同じである。

4　Dの家は，Bの家の真北にある。

5　Eの家からFの家までの距離は，Cの家からEの家までの距離の3倍である。

実戦問題の解説

No.1 の解説　距離条件からの位置関係

→問題はP.345　**正答2**

STEP❶　位置関係の確認

　　まず，条件アよりA，B，Cを，Aから真西に向かう線上にC，Aから北西に向かう線上にBとなるように仮に配置する。次に，条件イ，条件ウから，D，Eの位置を考えると，A，C，D，Eが長方形の頂点となる位置ということになる（Cの真北にD，Aの真北にE）。FはEの北西，Dの北東なので，F，D，Eは直角二等辺三角形の頂点に位置し（Fが直角の頂点である），BはそのFの真南となる。そうすると，A，E，F，Bは平行四辺形の頂点に位置することになり，ここから，C，D，F，Bも平行四辺形の頂点に位置することになって，BはCの北東に位置していることは確実である。

STEP❷　距離の不確実性

　　ただし，距離に関する条件が与えられていないので，次のような図Ⅰ，図Ⅱのいずれも可能性がある（どちらにしてもBはCの北東である）。以上から，**1**，**3**，**4**は確実といえず，**5**は誤りで，確実にいえるのは**2**だけであり，正答は**2**である。

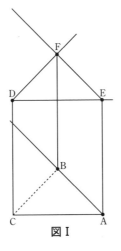

図Ⅰ

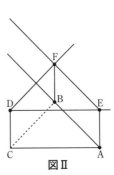

図Ⅱ

　まず，A，B，E，Fの位置関係から検討する。AとB，E，Fそれぞれ
との直線距離は等しく，BとA，E，Fそれぞれとの直線距離は等しい。こ
のことから，E，FはAを中心とする半径ABの円と，Bを中心とする半径
ABの円との交点に存在していることがわかる。それぞれ異なる場所に配置
されるので，A，B，E，Fの位置関係は，たとえば**図Ⅰ**のようになる。こ
の問題では方位等の条件は与えられていないので，**図Ⅰ**を利用して検討を進
めていく。AとBの位置関係，EとFの位置関係が逆であっても成り立つ。
この**図Ⅰ**において，△ABEと△ABFは正三角形である。

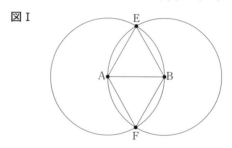

図Ⅰ

　次に，B，C，G，Iの位置関係を考える。BとC，G，Iそれぞれとの
直線距離は等しく，CとB，G，Iとの直線距離は等しい。つまり，B，
C，G，Iの位置関係は，**図Ⅰ**における，A，B，E，Fの位置関係と同様
になる。そして，A，B，（J），Cは，この順で同一直線上にあり，さら
に，Gと，A・Iそれぞれとの直線距離は等しく，かつ，Gと，C・Eそれ
ぞれとの直線距離も等しいことから，A，B，C，E，F，G，Iの位置関
係については，**図Ⅱ**のようになる。この**図Ⅱ**において，六角形AFICGE
は正六角形であり，その内部にある6個の三角形は，すべて合同な正三角形
である。

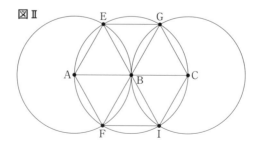

図Ⅱ

　そして，A，B，J，Cは，この順で同一直線上にあり，AとJとの直線
距離は，BとJとの直線距離の3倍，D，H，Jは，互いに直線距離が等し

く，かつ，いずれもＢとの直線距離が等しいことから，Ｊの位置はＢＣの中点であり，これにＤ，Ｈも含めた位置関係は**図Ⅲ**となる。Ｄ，ＨはＢＥ，ＢＦの中点となるが，ＢＥ，ＢＦの中点のどちらがＤあるいはＨであるのかは確定しない。また，ＪはＢＣの中点なので，ＪはＧとＩを結ぶ直線の中点である。また，DH∥EF，$DH = \frac{1}{2}EF$(中点連結定理)$= \frac{1}{2}GI$，$GJ = \frac{1}{2}GI$，となり，ＤとＨとの直線距離は，ＧとＪとの直線距離に等しい。ＤとＨの位置は確定しないので，**1**，**3**，**4**，**5**は確実とはいえない。

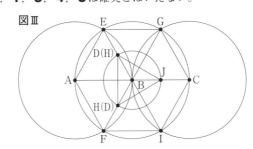

図Ⅲ

以上から，正答は**2**である。

No.3 の解説　**方位と距離条件からの位置関係**　→問題はP.346　**正答5**

STEP❶　発言からわかることを図にする

　　まず，Ａの発言から，ＡとＦの家の位置関係は南北方向で，Ｆの家がＡの家の真北900mのところにあることがわかる。次にＢとＣの発言より，Ａの家から北東方向にＢ，Ｃの順に家があることがわかるが，3者の家の距離関係はこれだけでは不明である。また，Ｂの家とＤの家の関係もこれだけではわからない。

　　さらにＤ，Ｅ，Ｆの発言を加えると，西からＦ－Ｄ－Ｃの順に東西方向，ＣとＥは南北方向でＥの家がＣの450m真南，Ｂの家はＦの家の東南にあることがわかる。

　　ここまでの位置関係を地図に表すと次図のようになる。

STEP❷　計算でわかることを考える

　　そしてＢの家とＡ，Ｆの家は，三平方の定理により，それぞれ$900 \times \frac{\sqrt{2}}{2}$で$450\sqrt{2}$ m離れていることがわかる。Ｂの家と最も近いのはＤの家で，Ｄの家はＥ－Ｆを結ぶ線分上にあるのだから，Ｄの家は図のＢを中心とする半径$450\sqrt{2}$ mの円の内部でかつ線分EF上という条件を満たすFG間にあることが判明する。

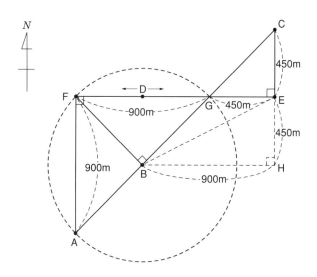

STEP❸ 選択肢を検討する

1❌ Aの家からCの家までの距離は，AG間が$900\sqrt{2}$m，GC間が$450\sqrt{2}$mで，合計$1,350\sqrt{2}$mとなる。

2❌ Bの家からA，Fの家は等距離であるが，Eの家はそれよりも遠い。計算すると$450\sqrt{5}$mとなる。

　　注：△BEHは，EH：BH＝1：2より，EH：BH：BE＝1：2：$\sqrt{5}$の直角三角形である。

3❌ Dの家はFG上のどこだか確定できないので，確実とはいえない。これがいえるのは，Dの家がBの家の真北にあることが明らかな場合だけである。

4❌ **3**でも述べたように，Dの家はFG間のどこだか確定できない。

5◎ Eの家からFの家までの距離は図より1,350mで，Cの家からEの家までの距離の3倍である。

第6章

空間図形

第6章 空間図形

試験別出題傾向と対策

頻出度	試験名 / テーマ	国家総合職					国家一般職					国家専門職				
	年度	21～23	24～26	27～29	30～2	3～5	21～23	24～26	27～29	30～2	3～4	21～23	24～26	27～29	30～2	3～4
	出題数	3	0	3	3	3	5	1	4	3	2	6	3	3	3	2
A	⑱ 立体構成	1		1	1	1	1		1	1	2	1	1	1	1	1
A	⑲ 正多面体	1					1		1	1		2				
A	⑳ 展開図			2	1		1	1				3		1	1	
B	㉑ 投影図	1					1		1				1	1		
A	㉒ 立体の切断·回転·結合				1	2	1		1	1			1		1	1

　空間図形は，正多面体を題材とする問題を中心に，各試験種とも出題数が多い分野である。多くの試験種において，空間図形に関する出題は平面図形に関する出題数に匹敵する。数的推理系の図形分野との大きな違いである。

　空間図形に関しては，なによりもまず正多面体の性質および特徴を正確に知識として定着させることである。そのうえで正多面体の変形である切頂多面体およびその他の多面体も含めて，面，辺，頂点の関係，平面による切断や，展開図などにおける性質や法則を確実に理解しておく。地方上級では投影図に関する事項も必ず押さえておくことである。空間図形の分野は，基本知識の有無が正答に直結する傾向があるので，幅広く確実に基本事項をまとめておくことである。特に，頻出である正六面体，正八面体については，展開図との関係で必要事項を理解しておけば，確実に解決できる問題がほとんどである。

　また，数的推理分野との関連問題も十分考えられるので，正多面体を中心に体積や表面積といった事項にも目を配っておく必要がある。

● 国家総合職

　試験制度変更後，図形分野からの出題は数的推理系が中心となっており，判断推理系では特に空間図形の出題が減少している。ただし，この傾向でそのまま推移するとは考えにくく，十分な対策を取っておく必要がある。最近の判断推理，数的推理の内容から見ると，出題されるとすれば難易度の高い問題である可能性は大きい。実際に切頂多面体の展開図といった題材も出題されている。

● 国家一般職

　空間図形に関する出題は，偏りなく幅広い分野からなされている。国家総合職と同様で，試験制度変更後の出題数は減少しているが，今後再び出題が増加することは十分考えられる。問題の難易度は全体的に以前より上がってきている。国家総合職と同様で，切頂多面体に関する出題も見られる。基本事項は確実に理解しておく必要がある。

地方上級 （全国型）					地方上級 （東京都）					地方上級 （特別区）					市役所 （C日程）					
21 - 23	24 - 26	27 - 29	30 - 2	3 - 4	21 - 23	24 - 26	27 - 29	30 - 2	3 - 5	21 - 23	24 - 26	27 - 29	30 - 2	3 - 5	21 - 23	24 - 26	27 - 29	30 - 2	3 - 4	
8	5	6	7	3	5	5	7	6	6	4	3	5	6	4	7	3	6	3	4	
2	2	3		1	2		1		1		1			1	1	1	1		2	テーマ18
1		1		1	2	2	1	1	1	1	1	1		1	1	2	1	1		テーマ19
1		1	3		1	1	1	2	3	1	1	1	2					1		テーマ20
	2		3	1		1	2	1	1		2	2	1	2		2			1	テーマ21
4	1	1	1			1	2	2		2		1	1	1	2	1	2	1	2	テーマ22

● 国家専門職

平面図形に比べると出題数が多い。「立体構成」や「展開図」、「立体の切断・回転」が出題の中心となっている。ここのところ出題数が減少傾向にあるが、この点は流動的と考えたほうがよい。着実に準備しておきたい。

● 地方上級

例年、出題数は多く、平均すると2問程度となっている。出題内容としては、「立体の切断・回転」、「投影図」に関する出題の多いことが特徴となっており、かなり難しい内容も出題されている。地方上級における空間図形の問題は、他の単元に比べて問題の難易度が高い傾向にあるので、基本事項の理解とともに演習量も必要である。

● 東京都 I 類

平面図形とほぼ同数の出題が見られる。内容的には、「正多面体」、および「展開図」を中心に広い範囲から満遍なく出題されている。平面図形における「軌跡」は頻出であるが、立体図形を題材とした「軌跡」に関する出題もされている。迷わずに対応できるようにしておきたい。

● 特別区 I 類

以前は、平面図形に比べて出題数は少なく、平面図形の半数程度であったが、ここのところ増加傾向にあり、平面図形とほぼ同数の出題となっている。基本的に、「立体構成」に関する出題は少なく、出題の中心は「正多面体」、「展開図」、「立体の切断・回転」となっている。

● 市役所

「立体構成」、「正多面体」、「立体の切断・回転」を中心に出題されており、「投影図」の出題頻度も比較的高い。これまでのところ、「展開図」に関する出題が少ないという特徴があるが、今後の出題可能性に関しては要注意と考えておいたほうがよい。

必修問題

1個の立方体の表面を，これと同じ大きさの立方体で埋め尽くすには，少なくとも前後，左右，上下に計6個の立方体が必要となる。今，下の図のように，同じ大きさの立方体Aを2個並べてできた六面体の表面を，立方体Aを10個使って埋め尽くした立体をつくった。この立体の表面を，さらに立方体Aで埋め尽くすとき，新たに最小限必要となる立方体Aの個数として，正しいのはどれか。　　　　　【地方上級（東京都）・平成29年度】

1 24個
2 26個
3 28個
4 30個
5 32個

難易度　＊＊

必修問題の解説

STEP❶　立体Aを10個使って埋め尽くした立体

　問題図のように立方体Aを2個並べると，この2個の立方体Aの表面を埋め尽くすには，全部で10面を覆わなければならない。これを示すと**図Ⅰ**のようになり，上面と底面にそれぞれ2個，側面に6個で計10個の立方体Aが必要になる（上段2個，中段6個，下段2個の3段構造になる）。

STEP❷　3段構造の上段と下段の表面を埋め尽くす

　この**図Ⅰ**の立体をさらに立方体Aで埋め尽くすことを考えるのだが，**図Ⅰ**における立体の上段2個，および下段2個の立方体Aは，問題図で示された立方体Aを2個並べた立体と同様である（**図Ⅱ**のグレー部分）。

図Ⅰ

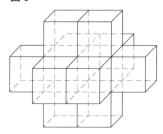

図Ⅱ

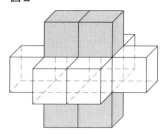

　そうすると，上段の２個を埋め尽くすには，**図Ⅰ**の上段と中段部分と同様にすればよく（底面については必要ない。**図Ⅲ**），下段の２個を埋め尽くすには，**図Ⅰ**の中段と下段部分と同様にすればよい（上面については必要ない。**図Ⅳ**）。この**図Ⅲ**，**図Ⅳ**において，新たな立方体Ａはそれぞれ８個，計16個必要である。

図Ⅲ

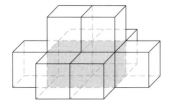

図Ⅳ

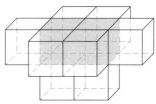

STEP❸　中段の表面を埋め尽くす

　図Ⅰにおける中段部分を埋め尽くすには側面だけを考えればよいから（上面および底面は**図Ⅲ**，**図Ⅳ**ですでに埋まっている），**図Ⅴ**のように新たに10個必要となる。

図Ⅴ

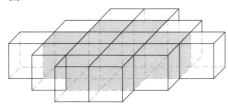

　以上から，新たに最小限必要となる立方体Ａの個数は，8×2＋10＝26〔個〕であり，正答は**2**である。

正答 **2**

FOCUS

　小さな立体を組み立てて大きな立体とし，その中で一定の条件を満たす小さな立体の個数を考える場合，組み立てた立体のままでは内部を考えにくく大変である。１段ずつスライスしてみれば，それぞれ平面的に見ればよいだけなので，見通しがよくなる。

POINT

重要ポイント **1** 立体構成に関する問題

　立方体や直方体をいくつも組み合わせて作られた大きな立体について，その組合せや構成を考える問題である。大きな立体を構成している小さな立体の個数を考えてみるのが第一のポイント。さらに，立体図形を考える場合に広く使われる，問題となる部分についての「立体の平面図形的処理」がここでも有効であることが多い。具体的には立体を各段ごとに分けて（スライスして）考える，平面で切断してその断面を考える，等の方法をとることになる。

重要ポイント **2** 立体の組合せ

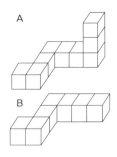

　小さな立体を組み合わせて大きな立体を構成する場合には，その小さな立体の個数に着目してみることである。

　たとえば，立方体を9個組み合わせて構成された立体Aと同一の立体を下の**1**〜**5**の中から探す場合，全体を考えるのではなくて，Bのような同一平面上に並んでいる7個の立方体について考えてみればよい。この部分と同一になるのは，**1**〜**5**の中では**3**しかない。**1**では8個になり，**2**および**4**，**5**では同一平面上に置くことのできる立方体は6個しかない。この部分の個数を考えれば，それだけで結論が出せるのである。　　　　　　　　　　　　　　　　　　　　　　（正答　**3**）

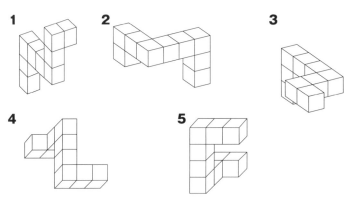

重要ポイント❸ 立体の平面図形的処理

　3次元立体図形を立体のまま考えるのはなかなか難しいので，2次元の平面図形の問題として考えたほうがわかりやすい場合が多い。立体構成の問題でよく用いられるのは，**立体を各段ごとに分割（スライス）して考える方法**である。

　たとえば，上の図は27個の小立方体を組み合わせて作られた立方体で，小立方体の各面は黒または白で塗られていて，相対する面（向かい合う面）および接する面どうしは同じ色に塗られている。ここで小立方体の白い面の総数を求める場合，まず，27個の小立方体で構成された大きな立方体を，上から3段に分けてみるとわかりやすい。

　下の図のように3段に分けてみると，上段，中段，下段のいずれもその上面は黒と白の配置が同じであることが確認できる。相対する面の色は同じであるから底面も同じ配置であり，大きな立方体の上面と同じように白が4個ある面は合計6面あることになる。

　これと同様に考えれば，1番手前の面と同じ配置の面も6面，右側面と同じ配置の面も6面ある。つまり，大きな立方体の見取り図にある13個の白い面の6倍が白い面の総数であるから，(4+4+5)×6で合計78個であることがわかる。

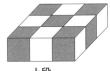
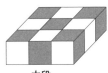
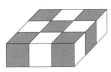

上段　　　　　　　　中段　　　　　　　　下段

　この方法は，立体構成に関する問題では非常によく使われるものであり，大きな立体を構成する小立体の形状が立方体でない場合や，数種類の形状の異なる立体で構成されている場合でも活用することが可能である。

No.1 下の図のように，同じ大きさの小立方体27個を組み合わせた大立方体に8つの丸印をつけ，8つの丸印から大立方体の反対側の面まで垂直に穴をあけたとき，穴があいた小立方体の個数として，正しいのはどれか。

【地方上級（東京都）・令和4年度】

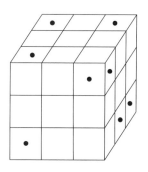

1	16個
2	17個
3	18個
4	19個
5	20個

No.2 *** 次の図のように，3個の立方体を組み合わせて作った立体がある。今，この立体を透き間なく組み合わせて立方体を作るとき，必要となるこの立体の最少個数はどれか。ただし，この立体は回転させて使うことができるものとする。

【地方上級（特別区）・平成26年度】

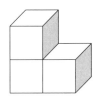

1	9個
2	72個
3	243個
4	576個
5	1,125個

第6章

空間図形

実戦問題 **1** の解説

　大立方体を上段，中段，下段に区切り，各段それぞれについて，穴があい
た小立方体の個数を数えればよい。つまり，立体図形を平面化して見ていく
のである。図のように，上段では6個，中段では3個，下段では7個の小立
方体に穴があいており，合計で16個ある。したがって，正答は**1**である。

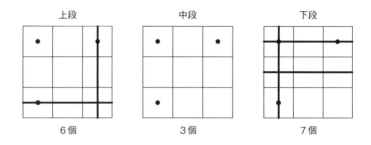

No.2 の解説　立体の組合せ

→問題はP.359 **正答 1**

　問題図で示された, 小立方体3個を組み合わせた立体で大立方体を構成するので, 大立方体を組み立てると, 小立方体の個数は3の倍数となる。ここから, 大立方体の1辺に並ぶ小立方体の個数も3の倍数でなければならない。たとえば, 大立方体の1辺に並ぶ小立方体が4個の場合, 4×4×4＝64, 64÷3＝21…1, となるので, 問題図の立体だけで4×4×4の立方体とすることは不可能である。そうすると, 3×3×3＝27（使用する問題図の立体は9個）が最小ということになる。そこで, 問題図の立体9個で大立方体を構成することが可能かどうかを考えてみる。

　図Ⅰのように, 小立方体を3×3に並べた9個で1段とすることができれば, これを3段重ねることで大立方体とすることができる。しかし, 問題図の立体3個で図Ⅰのような1段を構成することは不可能である。

図Ⅰ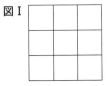

　そこで, 次のように考えてみる。まず, 図Ⅱのように, 問題図の立体4個を用い立体を用意する。次に, 問題図の立体5個を図Ⅱの上に図Ⅲのように組み合わせる。このように組み合わせることで, 問題図の立体9個で大立方体とすることが可能である。

図Ⅱ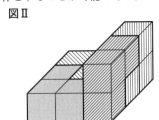

図Ⅲ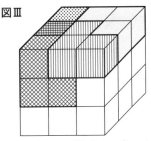

　図Ⅲの大立方体を, 下段, 中断, 上段に分けて示すと, 図Ⅳのようになる。

図Ⅳ

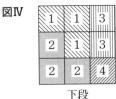

下段

中段

上段

　以上から, 必要な立体の個数は9個であり, 正答は**1**である。

★
No.3　図のような，合計125個の黒い小立方体と白い小立方体を積み上げて
作った大立方体がある。黒い小立方体が見えているところは，反対の面まで連続し
て黒い小立方体が並んでいるものとする。このとき，白い小立方体の数はいくらか。

【国家専門職・平成22年度】

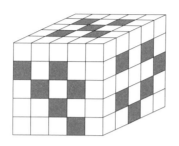

1　51個

2　55個

3　57個

4　61個

5　66個

★
No.4　1×1×1の黒い立方体と1×1×2の白い直方体を組み合わせて，3
×3×3の透き間のない大きな立方体を作った。この大きな立方体が図のように見
えるとき，黒い立方体の数の最小値はいくらか。　【国家一般職・平成19年度】

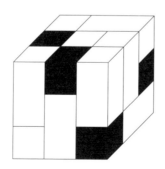

1　5 個

2　6 個

3　7 個

4　8 個

5　9 個

❖ No.5 ** 下図のような1辺の長さ a の立方体を36個透き間なく積み重ねてできた直方体の頂点Aと点Bを直線で結んだとき，直線が貫いた立方体の数として，正しいのはどれか。 【地方上級（東京都）・平成21年度】

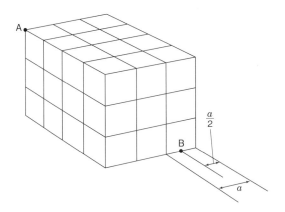

1 6個

2 7個

3 8個

4 9個

5 10個

実戦問題 **2** の解説

No.3 の解説 立体の個数

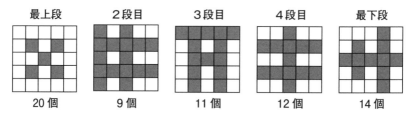

→問題はP.362　**正答5**

　下の図のように1段ずつ区切って見ていけばよい。白い小立方体の個数は，図のように最上段から順に，20個，9個，11個，12個，14個で，合計で66個ある。したがって，正答は**5**である。

最上段	2段目	3段目	4段目	最下段
20個	9個	11個	12個	14個

No.4 の解説　立体の最少個数

→問題はP.362　**正答3**

STEP❶　各段ごとにスライスして考える

　この問題は，1×3×3の形で各段を順次検討していけばよい。ここでは上段，中段，下段に分けてみる。

STEP❷　上段

　上段に関しては右の図のようになる。黒い正方形が1×1×1の黒い立方体，白い長方形は1×1×2の白い直方体が横になっている部分，斜線の正方形は1×1×2の直方体が縦になっていて中段と共通する部分である。つまり，上段に黒い立方体は2個あることがわかる（これは問題の見取図からも明らかである）。

上段

STEP❸　下段

　この問題では中段を最後に考えたほうがわかりやすそうなので，先に下段を考えてみる。黒い立方体の個数が最も少なくなるように組むには，次のように2通りが考えられるが，いずれにしても黒い立方体は2個あれば足りる。

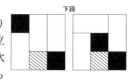

下段

STEP❹　中段

　最後に中段を考えてみる。白い直方体が縦になって上段あるいは下段と共通している部分を考えれば，図のように黒い立方体が3個必要である。問題図からAの部分が黒い立方体なのでBの部分も黒い立方体となる。Bの部分に下段と共通するように1×1×2の白い直方体を縦に配置することも可能だが，その場合は下段で3個の黒い立方体が必要になるので，黒い立方体の必要最少個数は変わらない。

中段

　以上から，黒い立方体は最も少なくて7個必要であり，正答は**3**である。

No.5 の解説 立体の個数　　　　　　　　　　　　→問題はP.363　**正答3**

　この問題もやはり各段ごとに考えればよいのであるが, 直線が立体を縦, 横, 高さの3方向のいずれにも斜めに貫いている点が特徴的である。

　そこで, まず立体を真上から見た状態で考えてみる。

　立体の2点A, Bを結ぶ直線を真上から見た状態は, **図Ⅰ**のようになる。

　この立体では小立方体が3段に積まれているので, A, Bを結ぶ線分ABについて考えるとA側の$\frac{1}{3}$は上段, 中央の$\frac{1}{3}$は中段, B側の$\frac{1}{3}$は下段の小立方体を貫いていることになる。**図Ⅰ**について, この上段, 中段, 下段の区別を加えると**図Ⅱ**のようになり, APが上段で2個, PQが中段で3個, QBが下段で3個の小立方体を貫いていることがわかる。

　したがって, 直線ABが貫いた小立方体の個数は8個である。

　図Ⅱを上段, 中段, 下段のそれぞれについて表してみると**図Ⅲ**のようになるが, この問題なら**図Ⅱ**で考えれば十分であろう。

　以上から, 正答は**3**である。

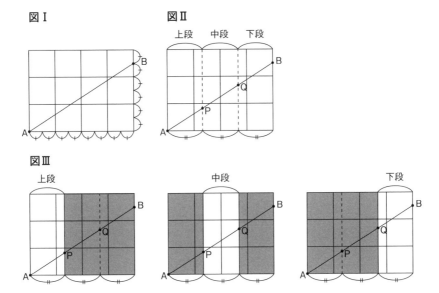

図Ⅰ

図Ⅱ

図Ⅲ

実 戦 問 題 ❸　立体の構成　応用

＊＊

💎 No.6 同じ大きさの立方体27個を積み重ねて大きな立方体を作った後，上段の中央にある立方体を1個取り除いた。ここから，図のように4点A，B，C，Dを通る平面でこの立体を切断したとき，切断面として現れる図形として正しいものは次のうちどれか。　　　　　　　　　　　　　【地方上級（全国型）・平成25年度】

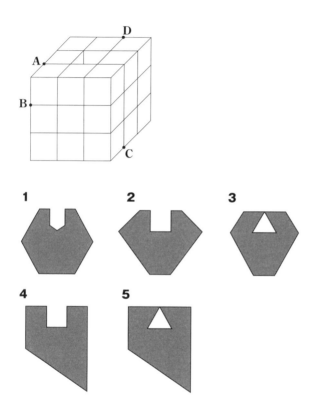

No.7 図Ⅰのように，同じ大きさの22個の立方体を組み合わせて作られた立体図形がある。この立体図形の正面図，背面図，上面図および下面図は，それぞれ図Ⅱ，Ⅲ，ⅣおよびⅤのようになっている。

図Ⅰの点A，B，Cを含む平面により，この立体図形を切断するとき，立体図形を構成する立方体のうち切断されるのはいくつか。

ただし，この平面が立方体の頂点のみを通る場合は，その立方体は切断されていないものとする。　　　　【国家総合職・平成14年度】

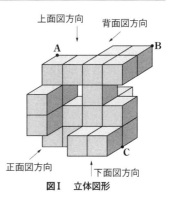

図Ⅰ　立体図形

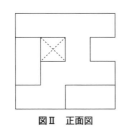

図Ⅱ　正面図

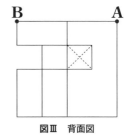

図Ⅲ　背面図

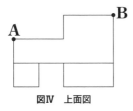

図Ⅳ　上面図

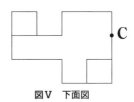

図Ⅴ　下面図

1 　12個

2 　15個

3 　17個

4 　19個

5 　20個

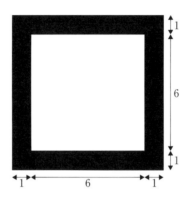

No.8 1辺の長さが1で黒色の複数の小立方体を面と面とが合わさるように組み合わせてできる1つの立体に，十分遠くにある光源からの光を当てて，光に垂直な平面にできる影を観察したところ，立体を構成するいずれかの面に垂直な向きであればどの向きからの光であっても，図のような影ができることがわかった。このとき，A～Dのうち，確実にいえるもののみをすべて挙げているのはどれか。

【国家一般職・平成29年度】

A：条件を満たす立体のうち，少なくとも一つは，42個の小立方体を組み合わせて作ることができる。

B：条件を満たす立体のうち，少なくとも一つは，82個の小立方体を組み合わせて作ることができる。

C：条件を満たす立体のうち，少なくとも一つは，ある素数個の小立方体を組み合わせて作ることができる。

D：条件を満たす立体は，どの立体も，偶数個の小立方体を組み合わせて作る必要がある。

1 A

2 A，C

3 B

4 B，D

5 D

実戦問題❸の解説

No.6 の解説　立体の切断面と個数

→問題はP.366 **正答3**

STEP❶　切断面を考える

　立体を平面で切断する場合の切断面については，

①同一平面上の2点を結ぶ直線分がその平面の切り口になる，

②平行な平面には平行な切り口ができる，

という2点から考えるのが基本である。

　そこでまず，①より，同一平面上にある点Aと点B，点Aと点Dをそれぞれ直線で結ぶと，各平面における切り口となる。次に，②より，点Cを通り，線分ABに平行な直線と線分ADに平行な直線を考えると，それぞれ図Ⅰにおける線分CF，線分CEとなる。そうすると，点Bと点E，点Dと点Fはそれぞれ同一平面上にあるので，再び①よりこれらを結ぶと，切断面である六角形ABECFDとなる。

STEP❷　取り除かれた立方体について考える

　大立方体の上段中央は立方体が1個抜けているので，この部分を確認するために，切断面を大立方体の各段に区切って考えてみると，図Ⅱのようになる。この図Ⅱの上段～下段を合成すると図Ⅲのようになり，切断面の図形としては六角形の上部中央で正三角形（図Ⅲでは直角二等辺三角形であるが立体の切断面としては正三角形である）を抜いた形状となる。

　したがって，正答は**3**である。

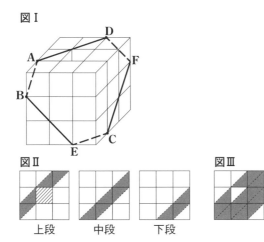

図Ⅰ

図Ⅱ　　　上段　　中段　　下段

図Ⅲ

STEP①　直方体で切断面を考える

　　積木の切断に関する問題であるが，オーソドックスに直方体状に積み上げた立体ではない点に出題の工夫が見られる。このような問題では，まず基本に戻って立方体を直方体状に積み上げた状態から考えてみることである。そうすれば，その後も基本手順そのままに各段ごとに区切って考え，その段階で実際には積まれていない立方体を除外して個数を数えればよいだけである。

　　まず，単純に立方体を $4 \times 3 \times 4$ で積み重ねた直方体で考えてみる。切断面の切り口としてAB，BCを結ぶと，平行な面の切り口はやはり平行になることから，この切断面は**図①**の点Dを通ることがわかる。

STEP②　上から順に各段ごとに考える

　　図②の白い正方形は立方体がある部分，灰色の正方形は立方体がない部分である。ここに切断面を入れて各段ごとに切断される立方体を数えると，上から順に1段目は4個，2段目は2個，3段目は5個，4段目は4個となり，合計15個で**2**が正答である。

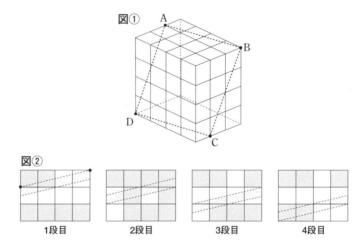

図①

図②

1段目　　　　　　2段目　　　　　　3段目　　　　　　4段目

No.8 の解説　立体の同一性　　　　　　　　　　　　→問題はP.368　正答2

　立体を構成するいずれかの面に垂直な向きであれば，どの向きからの光であっても問題図のような影ができる立体としては，**図 I** のように組んだ立体（立方体の各辺の部分に小立方体を並べる）が最も一般的である。このとき，用いる小立方体の個数は最多となる。立方体の辺は12本あり，その各辺の頂点以外の部分に小立方体はそれぞれ 6 個ずつ，頂点部分にそれぞれ 1 個ずつあることになる。したがって，$6 \times 12 + 8 = 80$，より，小立方体の個数は最多で80個となる。つまり，82個の小立方体を組み合わせて作ることはできないので，Bは誤りである。しかし，問題図のような影ができるためには，影として重なる辺はなくても可能である。そこで，たとえば，**図 II** のような立体でもよい。このときの小立方体の個数は，$6 \times 6 + 6 = 42$，より，42個である。したがって，Aは正しい。この42個が条件を満たす小立方体の最少個数である。**図 III** のように，図 II の状態に小立方体Aを 1 個加えて43個としても，影の見え方は変わらない。43は奇数であり，そして，素数である。したがって，Cは正しく，Dは誤りである。

　以上から，正答は **2** となる。

図 I

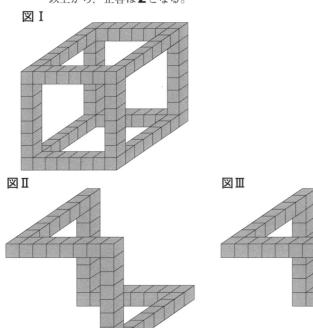

図 II　　　　　　　　　　　　　　　　　　　　**図 III**

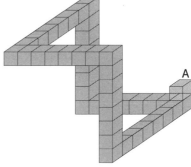

必修問題

　図Ⅰのような底面にのみ模様のある正四面体があり，また，図Ⅱのような正四面体の1面と同じ大きさのタイルが敷き詰められた床がある。この床のA～Eのいずれかの場所に，模様のある面を底面としてタイルと底面とが合わさるように正四面体を置いた。正四面体の辺を軸として床の上を滑ることなく回転させ，これを繰り返すと，Ｘで正四面体の模様のある面が底面となった。このとき，最初に正四面体を置いた場所として最も妥当なのはどれか。

【国家一般職・平成28年度】

図Ⅰ 　　　図Ⅱ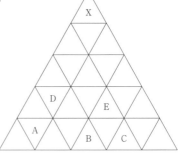

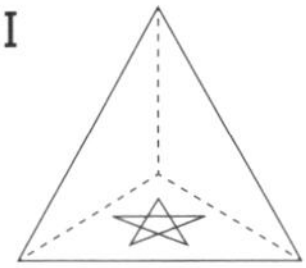

1　A
2　B
3　C
4　D
5　E

難易度　＊＊

必修問題の解説

　正多面体には，正四面体，正六面体，正八面体，正十二面体，正二十面体の5種類がある。この正多面体については，5種類のそれぞれについて，頂点の数，辺の数，1頂点に集まる面（辺）の数といった特徴を正しく理解しておく必要がある。

STEP❶　正四面体の転回と面の関係

　正四面体を平面に置いた状態で，各辺を軸として滑ることなく回転移動させた場合，どの辺を軸とする回転から始めても，その経路にかかわらず，同じ位置にきたときに平面に接する面は同一である。つまり，問題図のように平面が正三角形で区切られていれば，経路がどのようであっても，正四面体のどの面が接するかは，各正三角形について決まっていることになる。

STEP❷　辺を軸とする回転移動

　図Ⅰの正四面体PQRSについて，その辺を軸とする回転移動を考えると，図Ⅱのように1列状態に回転移動させると，辺に沿ってその延長上に2個の頂点が交互に並ぶことになる。このことを利用すると，図Ⅲのように正四面体PQRSの面QRSをXの位置とすれば，それぞれの位置に対応する面がすべて決まる。A〜Eのうち，面QRSが接しているのはBであり，このBの位置が最初に正四面体を置いた位置である。

　したがって，正答は**2**である。

図Ⅰ

図Ⅱ

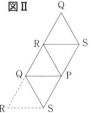
図Ⅲ

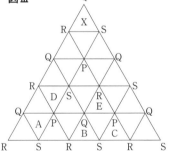

正答 2

第6章

空間図形

FOCUS

　正多面体の構造である，頂点の数，辺の数，面の数，面の形，および1つの頂点に集まる面の数についてはしっかりと理解しておこう。正多面体間の関係や正多面体の切断を考える際にも非常に重要な事項である。

正多面体

平面だけで囲まれた立体を多面体といい，多面体のうちで，どの面もすべて合同な正多角形で，どの頂点にも面が同じ数だけ集まっており，へこみのないものを正多面体という。

正多面体の種類

正多面体には，正四面体，正六面体，正八面体，正十二面体，正二十面体の5種類しかない。正六面体はいわゆる立方体である。

| 正四面体 | 正六面体 | 正八面体 | 正十二面体 | 正二十面体 |

多面体を作るには，多面体の各頂点に少なくとも3つの面が集まっていなければならない。そうすると，たとえば正六角形は1内角が120°だから，これを1つの頂点に3つ集めると，それだけで360°になってしまい立体とすることができない。そこで，正多面体を構成する面の形は正三角形，正四角形（正方形），正五角形の3種類だけとなり，1つの頂点に集まる面の数は，正三角形の場合は3〜5，正四角形と正五角形の場合は3までとなり，結局上の5種類しか存在しえないことになる。正多面体の面，頂点，辺の数を表にまとめると次のようになる。

●**正多面体の面，頂点，辺の数**

	面の形	頂点に集まる面の数	面の数(f)	頂点の数(v)	辺の数(e)
正四面体	正三角形	3	4	4	6
正六面体	正四角形	3	6	8	12
正八面体	正三角形	4	8	6	12
正十二面体	正五角形	3	12	20	30
正二十面体	正三角形	5	20	12	30

重要ポイント 3 　正多面体における平行面

　正四面体は平行面を持たないが，それ以外の正六面体，正八面体，正十二面体，正二十面体はいずれも平行面を持つ。つまり，正六面体は3組の平行面，正八面体は4組の平行面，正十二面体は6組の平行面，正二十面体は10組の平行面で構成されている。図において，たとえば正六面体では面ABCDと面EFGH，正八面体では面ABCと面DEF，正十二面体では面ABCDEと面PQRST，正二十面体では面ABCと面JKLがそれぞれ互いに平行な面となっている。

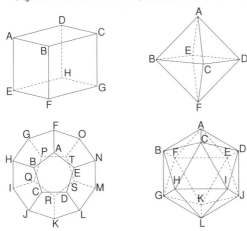

重要ポイント 4 　オイラーの多面体定理

　正多面体に限らず，すべての凸多面体において，面の数をf，頂点の数をv，辺の数をeとすると，$f + v - e = 2$ が成り立つ。

　頂点の数については，正多面体の面の形と面の数，および各頂点に集まる面の数を考えてみる。たとえば，正四面体においては，正三角形4つで構成されているから，各面ごとに数えれば頂点は全部で12あり，これが3個ずつ集まって正四面体の各頂点を構成するのだから，12を3で割れば正四面体の頂点は4つとわかる。

　辺の数についても同様で，正四面体は正三角形4個で，各面ごとに辺を数えると全部で12となり，これが2本ずつ集まって正四面体の辺を構成しているから12を2で割って6本である。

重要ポイント 5 正多面体の双対性

正六面体と正八面体を比較すると，正六面体は
面の数が6で頂点の数が8，正八面体は面の数が
8で頂点の数が6で，面の数と頂点の数が入れ替
わっている。ここから，正六面体の各面の重心を
結んで立体を作ると，すべての面が合同で6つの
頂点を持つ立体，すなわち正八面体ができる。正
八面体に同じ作業を行うと8つの頂点を持つ正多
面体，すなわち正六面体ができる。これを**正多面
体の双対性**という。

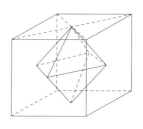

　したがって，順次入れ子のように内部に立体を作っていくと，正六面体→正八面
体→正六面体→正八面体→…となる。これは初めが正八面体でも成り立つし，また
内側でなく外側に向かって広げていっても同様である。

　この正多面体の双対性は正十二面体（面＝12，頂点＝20）と正二十面体（面＝
20，頂点＝12）との間でも成り立ち，正十二面体→正二十面体→正十二面体→正二
十面体→…となる。なお，正四面体は面の数も頂点の数も4なので，正四面体は正
四面体と双対の関係になる。

重要ポイント 6 正多面体の表面積および体積

（1）正多面体の表面積

　1辺aの正三角形の面積は$\dfrac{\sqrt{3}}{4}a^2$だから，正四

面体，正八面体，正二十面体の表面積は，それぞ
れ$\sqrt{3}a^2$，$2\sqrt{3}a^2$，$5\sqrt{3}a^2$であり，正六面体は各面
が正方形であるから，1辺aの正六面体の表面積
は$6a^2$である。

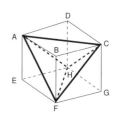

（2）正四面体の体積

　正四面体の体積は，正三角錐として考えるよりも以下のように考えたほうがわか
りやすい。

　正六面体（立方体）ABCD－EFGHの平行な2面に図のように対角線ACおよび
FHを取り，AとF，AとH，CとF，CとHを結んでできる立体ACFHは正四面体で
ある（4つの面はすべて合同な正三角形）。この正四面体ACFHは，正六面体
ABCD－EFGHから三角錐ABCFおよびこれと合同なほかの3つの三角錐，
AEFH，ADCH，CGFHを切り落とすことによって作ることができる。

　柱体と底面積および高さの等しい錐体の体積は柱体の$\dfrac{1}{3}$であるが，三角錐

ABCFは底面積がもとの正六面体ABCD－EFGHの$\dfrac{1}{2}$だから，結局体積は$\dfrac{1}{6}$である。これを4つ切り落とした残りが正四面体ACFHだから，その体積は$1-\dfrac{1}{6}\times4$で，もとの正六面体の$\dfrac{1}{3}$ということになる。

正四面体ACFHの1辺の長さをaとすると，正六面体の1辺の長さは$\dfrac{\sqrt{2}}{2}a$だから，その体積は$\left(\dfrac{\sqrt{2}}{2}a\right)^{3}=\dfrac{\sqrt{2}}{4}a^{3}$となり，正四面体ACFHの体積はその$\dfrac{1}{3}$で$\dfrac{\sqrt{2}}{12}a^{3}$である。

（3）正六面体の体積

1辺aの正六面体の体積はa^{3}である。

（4）正八面体の体積

正八面体の体積を考えるときには，次の性質を利用するとわかりやすい。

正八面体の見取り図を見ると上下が決まっている印象を受けやすいが，正多面体には本来上下左右

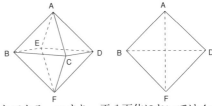

はなく，どの頂点を上にしても同じことである。つまり，正八面体においては4つの辺で作られる3つの四角形ABFD，ACFE，BCDEはどれも合同な正方形である。

したがって，正八面体ABCDEFの体積は，正方形BCDEを底面積とし高さをAFの$\dfrac{1}{2}$とする正四角錐が2つ組み合わされたものと考えればよい。1辺をaとすると，正方形BCDEの面積はa^{2}で，AFは1辺aの正方形の対角線に当たり$\sqrt{2}a$となるから，その体積は，

$$a^{2}\times\dfrac{\sqrt{2}}{2}a\times\dfrac{1}{3}\times2=\dfrac{\sqrt{2}}{3}a^{3} \quad である。$$

参考：

正十二面体の表面積　$3\sqrt{25+10\sqrt{5}a^{2}}$　　　正十二面体の体積　$\dfrac{1}{4}\left(15+7\sqrt{5}\right)a^{2}$

正二十面体の体積　$\dfrac{5}{12}\left(3+\sqrt{5}\right)a^{3}$

No.1　正六面体，正八面体，正十二面体のそれぞれについて，各面の中心を頂点として隣り合う頂点どうしを直線で順に結んでいくと，その内部に立体ができる。このようにしてできる立体の組合せとして正しいのはどれか。

【国家一般職・平成13年度】

	正六面体	正八面体	正十二面体
1	正六面体	正六面体	正二十面体
2	正六面体	正八面体	正八面体
3	正八面体	正六面体	正十二面体
4	正八面体	正八面体	正十二面体
5	正八面体	正六面体	正二十面体

No.2　図のように，正四面体の2面に線を引き，その後に異なる面を底面として置いた状態でこの正四面体を見たとき，ありえる図は次のうちどれか。

【市役所・平成22年度】

1 　**2** 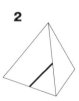　**3**

4 　**5**

No.3 図のように，正三角形が描かれた盤があり，その一端にこの正三角形と1面の大きさが等しい正四面体ABCDが置かれている。この盤の斜線部分には赤いインクが塗られており，正四面体を転がすと，接した面がインクで着色され，その後に着色された面が接した部分も赤い色で塗られるようになっている。

今，正四面体ABCDを滑ることなく盤上で転がしたところ，面ABCおよび面ACDの2面だけが赤で着色され，7回目に転がったところで初めて直線lを越えて盤外に出た。このとき，図の正三角形ア〜キのうちで，赤い色で塗られた部分が2か所あったとすると，その組合せとして正しいものはどれか。

【地方上級（全国型）・平成22年度】

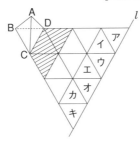

1 アとイ

2 イとウ

3 エとオ

4 オとカ

5 カとキ

第6章

空間図形

実 戦 問 題 **1** の 解 説

No.1 の解説 　正多面体の双対性 　　　　　　　　　　→問題はP.378 **正答5**

　　いわゆる正多面体の双対性に関して正面から問う問題である。なお，正確には円と異なり多角形には厳密な中心という概念はないが，正多面体の場合の面はすべて正多角形なので，ここでいう中心とは重心と置き換えて考えておけばよい。

　　正多面体の各面の中心（重心）を頂点とする立体は，もとの正多面体の対称性からやはり正多面体となる。したがって，正六面体からは頂点を6個持つ正多面体ができるから正八面体，正八面体からは頂点を8個持つ正多面体ができるから正六面体，正十二面体からは頂点を12個持つ正多面体ができるから正二十面体となる。

　　正多面体の各面の中心を頂点とする立体を順次考えると，それぞれ，

　　正四面体→正四面体→正四面体→正四面体→…
　　正六面体→正八面体→正六面体→正八面体→…
　　正八面体→正六面体→正八面体→正六面体→…
　　正十二面体→正二十面体→正十二面体→正二十面体→…
　　正二十面体→正十二面体→正二十面体→正十二面体→…

のようになり，これを正多面体の双対性と呼ぶ。正四面体は正四面体と双対であり，正六面体と正八面体，正十二面体と正二十面体がそれぞれ双対である。

　　よって正答は**5**である。

図のように，正四面体の各頂点をA～Dとしてみる。

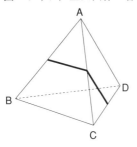

　この正四面体ABCDについて，各選択肢の図が一致するかどうかを検討してみればよい。**1**では線の引かれている面をACDとするしかない（面ABCとすることはできない）。しかし，これだと右側にある面ABCにも線が引かれていなければならない。これに対し，**2**も線の引かれている面をACDとすることになるが，このとき，線が引かれているもう1つの面ABCは底面となっており，正四面体ABCDとして矛盾しない。**3**～**5**については，線の交点となるのは辺AC上なので，この辺ACを中心に考えればよい。そうすると，いずれも少なくとも線の引かれている面の一方がもとの図と一致しない（**5**では2面とも一致していない）。なお，**1**についても，2面に引いた線の交点が辺AC上になければならない，という点から矛盾すると考えてもよい。
　以上から，この正四面体の図としてありうるのは**2**だけであり，正答は**2**である。

1

2

3

4

5

STEP❶ 　正四面体の転回と面の関係

　　正四面体を平面に置いた状態で，各辺を軸として滑ることなく回転移動させた場合，どの辺を軸とする回転からでも，その経路にかかわらず，同じ位置にきたときに平面に接する面は同一である。つまり，問題図のように平面が正三角形で区切られていれば，経路がどのようであっても，正四面体のどの面が接するかは，各正三角形について決まっていることになる。

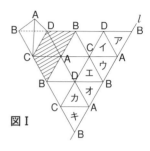

図Ⅰ

　　実際に各辺を軸として正四面体を回転させてみれば明らかであるが，これを示したのが**図Ⅰ**である。この**図Ⅰ**から，正三角形ア〜キのうちで面ABCが接するのはウおよびキ，面ACDが接するのはイおよびカである。

STEP❷ 　正四面体の転回経路1

　　正四面体ABCDの面ABCおよび面ACDの2面だけが赤で着色されているので，正四面体ABCDが**図Ⅱ**のような経路を転がっていくと（斜線部分で面ABDが接する面は通過しない），カとキの2か所が赤く塗られ，7回転がって直線*l*を越える。

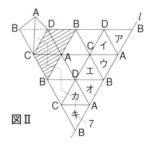

図Ⅱ

STEP❸ 　正四面体の転回経路2

　　正四面体ABCDがイとウを転がった場合もこの2か所が赤く塗られることになる。しかしこの場合は，たとえば**図Ⅲ**のように，最短で9回転がらないと直線*l*を越えることができない。

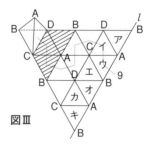

図Ⅲ

　　したがって，正三角形ア〜キのうちで，赤い色で塗られた部分が2か所あり，正四面体ABCDが7回転がって直線*l*を越えたのであれば，赤く塗られた2か所の組合せはカとキであり，正答は**5**である。

実戦問題 ❷ 正多面体 応用

＊＊

💎 **No.4** 図Ⅰのように，中空の正四面体は3つの辺をカッターで切ると平面図形に展開できる。図Ⅱのような中空の正十二面体を1つの平面図形に展開するために切る必要がある辺の数として正しいのはどれか。 【国家一般職・平成20年度】

図Ⅰ

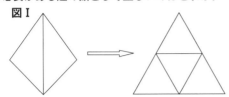

図Ⅱ

1 14辺

2 15辺

3 16辺

4 19辺

5 20辺

＊＊

💎 **No.5** ある正多面体から図Ⅰの展開図で示される立体を複数個切り落とすと，図Ⅱの，面が正方形と正三角形で構成されている立体になる。もとの正多面体の種類と切り落とした立体の数の組合せとして，最も妥当なのは，次のうちではどれか。

【国家専門職・令和3年度】

図Ⅰ

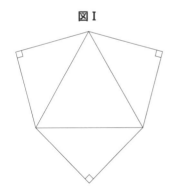

図Ⅱ

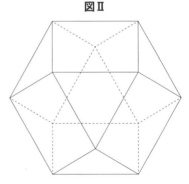

	もとの正多面体	切り落とした立体の数
1	正六面体	6個
2	正六面体	8個
3	正八面体	4個
4	正八面体	6個
5	正八面体	8個

◆ **No.6** 図Ⅰの正二十面体の各辺を３等分して，図Ⅱのように灰色で塗られた各
頂点を含む部分（正五角錐）をすべて取り除くと，図Ⅲのような多面体ができる。
　　正二十面体の面は20個，頂点は12個，辺は30本である。このとき，図Ⅲの多
面体の面，頂点，辺の数の組合せとして妥当なのはどれか。

【国家一般職・令和３年度】

図Ⅰ　　　　　　　　　　図Ⅱ　　　　　　　　　図Ⅲ

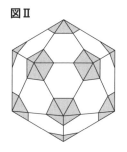

	面（個）	頂点（個）	辺（本）
1	32	50	80
2	32	60	90
3	32	72	100
4	36	48	90
5	36	60	100

No.7 図Ⅰに示すように，正八面体と立方体は，正八面体の隣り合う面（１辺
で接する面）の中心を結んでできる立体は立方体に，また，立方体の隣り合う面の
中心を結んでできる立体は正八面体になるという関係にある。
　　このとき，図Ⅱのような切頂二十面体（いわゆるサッカーボール型の立体）の隣
り合う面の中心を結んでできる立体として最も妥当なのはどれか。

【国家一般職・平成30年度】

図Ⅰ　　　　　　　　　　　　　　　　図Ⅱ

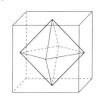

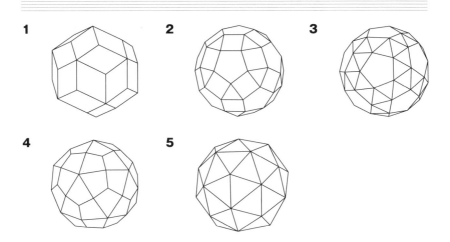

No.8 *＊＊＊* 6つの正方形および8つの正六角形からなる図のような展開図を組み立てて十四面体とした。この十四面体の点Oを含む面に対して垂直に，点Oから穴を開け，十四面体を貫通させた。このとき開いた穴の位置として最も妥当なのは，展開図中に示した点A〜Eのうちのどれか。 【国家総合職・令和元年度】

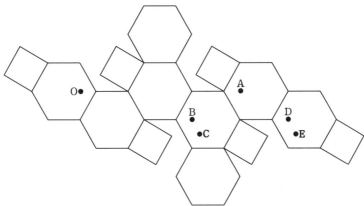

1 A

2 B

3 C

4 D

5 E

実戦問題 ❷ の解説

→問題はP.383

No.4 の解説　正多面体の面と辺の構成　　　→問題はP.383　**正答 4**

STEP❶　多面体の展開図

　　問題文では明確ではないが，一般に，多面体を展開して展開図として表す場合，面と面どうしは辺でつながっていることが必要であり，この問題でもそれを前提としている（展開図に関しての詳細は**テーマ20**を参照のこと）。

　　この問題では展開図そのものよりも，展開をするために必要な正多面体の構成に関する理解が問われているので，本テーマで取り上げる。

STEP❷　正四面体の展開図

　　正四面体を展開する場合，4つの面が辺で接してつながっているためには，面どうしの接する辺は必ず3本必要になる。正四面体の展開図としては，**図Ⅰ**のように「正三角形型」と「平行四辺形型」の2通りしかないが，いずれにしても4つの面を辺でつなぐためには3本の辺が必要である。逆に，それ以外の辺はすべて切り開かなければ，展開図とすることはできない。

　　正四面体の辺は全部で6本あり，そのうちの3本は面どうしをつなぐために切り開けないので，切り開く辺は3本である。

図Ⅰ

 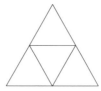 

STEP❸　正十二面体の展開図

　　正十二面体においても同様で，12の面を辺でつないで展開図とするのであれば，面どうしをつなぐ辺は11本必要で，この11本の辺は切り開くことができず，反対に，それ以外の辺はすべて切り開かなければ展開図とすることができない。

　　正十二面体は，正五角形12面でできているので，辺の数は30本である。これは，正五角形12枚で辺の総数は，$5 \times 12 = 60$あり，この60本の辺を2本ずつ合わせることで立体としての正十二面体を構成するのだから，$5 \times 12 \times \dfrac{1}{2}$ $= 30$より，30本と求めることができる。

　　図Ⅱにおける正十二面体の見取り図では，この30本の辺がすべて表されている。正十二面体の展開図は，たとえば**図Ⅱ**に示したようなものがあるが（これだけに限られない），いずれにしても11本の辺で12面がつながることになる。

　　正十二面体の30本の辺のうち11本は面どうしをつなぐために必要で，それ以外の辺はすべて切り開かなければ展開図とすることはできないので，切り

開く辺の本数は，30－11＝19より，19本となる。

図Ⅱ

以上から，正答は**4**である。

No.5 の解説 立方八面体 →問題はP.383 **正答2**

　問題**図Ⅰ**の展開図を組み立てると，底面が正三角形で，側面が合同な直角二等辺三角形3枚で構成される正三角錐になる。ここで問題**図Ⅱ**と比較すると，問題**図Ⅱ**における正三角形の面が8か所あり，これが切断面と考えられる。正八面体を切断して切断面を三角形とすることはできない。つまり，問題**図Ⅱ**の立体は，正六面体にある8個の頂点部分を切断したものである。正六面体の状態から考えると，**図1**のように，正六面体の頂点について，頂点から伸びる辺の中点を結ぶ正三角形で切断すると，切断される立体の展開図は問題**図Ⅰ**となる（正三角形1面，直角二等辺三角形3面）。この作業を，正六面体の8頂点すべてで行えば**図2**の立体となる。この**図2**の立体は問題**図Ⅱ**の立体である。**図2**の立体は「立方八面体」と呼ばれ，正八面体の頂点を切り落とすことでも可能である。しかし，正八面体の頂点を切り落として「立方八面体」とする場合，切り落とす立体は正四角錐6個となる。以上から，正答は**2**である。

図1

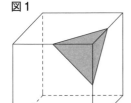

図2

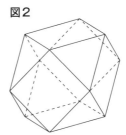

　図Ⅲの立体は，正二十面体におけるすべての頂点を切り落としているので，「切頂二十面体（切頭二十面体）」と呼ばれる。正二十面体の頂点は12個あり，図Ⅲではその12個の頂点がすべて正五角形の面に置き換わっている。そして，もとの正二十面体の面は「正三角形→正六角形」となって，すべて残っている。つまり，図Ⅲにおける面の数は，20 + 12 = 32，より，32枚である。頂点は，もとの正二十面体の頂点12個がなくなり，12枚の正五角形面ができているので，5 × 12 = 60，より，60個である。辺の数は，$(6 × 20 + 5 × 12) ÷ 2 = 90$，より，90本であり，正答は**2**である。

　図Ⅰにおける，正八面体と正六面体（立方体）の関係を，正多面体の双対性という。同じことは，正十二面体と正二十面体との間でも成り立つ。正四面体は正四面体と双対であり，つまり，自己双対である。

　図Ⅱの切頂二十面体は，正二十面体にある12個の頂点について，各頂点に集まる5本の辺を，頂点からの距離が辺の長さの$\frac{1}{3}$となる点を通る平面で切断してできる立体であり，正六角形20枚，正五角形12枚で構成されている。正六角形20枚は，元の正二十面体の各面である正三角形の面が，切断によりすべて正六角形となったものであり，正五角形12枚は，頂点部分を切断したことによって現れた面である。切頂二十面体は，13種類ある半正多面体（頂点形状が合同で，2種類以上の正多角形で構成される凸多面体）のうちの1つで，すべての半正多面体にそれぞれ双対となる多面体が存在する。切頂二十面体の各頂点には，正五角形1枚と正六角形2枚が集まっている。この正五角形1枚と正六角形2枚の重心を結んで作られるのは，二等辺三角形である。つまり，切頂二十面体と双対になる立体は，1種類の合同な二等辺三角形で構成されており，選択肢**5**の立体が該当する。これは，正十二面体の各面の重心を持ち上げて，各面を5つの二等辺三角形に分けて（全部で60枚）できた立体であり，五方十二面体と呼ばれる（ただし，五方十二面体は半正多面体ではない）。したがって，正答は**5**である。

No.8 の解説　切頂多面体の平行面

→問題はP.385　**正答2**

　問題図の正六角形8枚，正方形6枚で構成される立体は，半正多面体に属する切頂八面体と呼ばれる立体である。この切頂八面体は，**図Ⅰ**の正八面体に対して，各頂点から伸びる4本の辺の，頂点からの長さが$\frac{1}{3}$となる平面で切断することによって出来上がっている（**図Ⅱ**）。正八面体の各面は正三角形であるが，頂点部分をすべて切断することにより，正六角形の面として残る。また，頂点部分をすべて切断することにより，切断面として6枚の正方形が現れるのである。

　この切頂八面体の展開図において，正六角形の面は，**図Ⅲ**における面Pと面S，正方形の面は面Tと面Uが平行面となっている。これは，いずれも間に正六角形の面を2枚挟む位置関係にある。そして，面Pを天井面としたとき，その頂点Xの垂直下方にあるのは頂点Yとなる。この頂点Xと頂点Yとの位置関係から，問題図における点Oの垂直下方にあるのは点Bとなる。

　したがって，正答は**2**である。

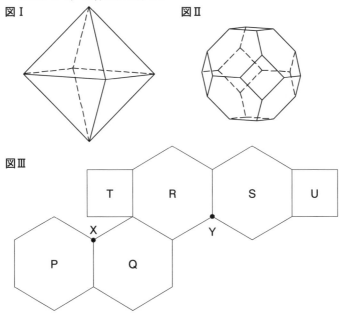

図Ⅰ

図Ⅱ

図Ⅲ

展開図

必修問題

　次の図は，正八面体の展開図のうちの1つの面に●印，3つの面に矢印を描いたものであるが，この展開図を各印が描かれた面を外側にして組み立てたとき，正八面体の見え方として，ありえるのはどれか。

【地方上級（特別区）・令和元年度】

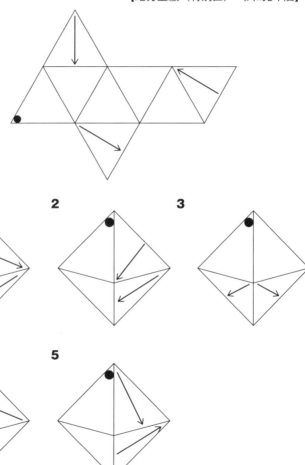

1　　　　　　　　2　　　　　　　　3

4　　　　　　　　5

難易度　*

必修問題の解説

STEP❶　正八面体の展開図は，A-F，B-D，C-E

　この種の正八面体の展開図に関する問題では，頂点記号を決めると非常にわかりやすくなる。**図Ⅰ**の正八面体ABCDEFの展開図を考えると，**図Ⅱ**のように，展開図上ではAとF，BとD，CとEが，必ず2面をつなげたひし形の長対角線方向で向かい合う。つまり，任意の1面を面ABCとすれば，すべての頂点が自動的に決定できる。

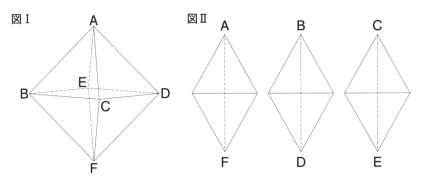

STEP❷　展開図における頂点を決める

　そこで，**図Ⅲ**のように，●印のついた面の●印がある頂点をAとして，この面を面ABCとしてみれば，展開図のすべての面の頂点が決まる。

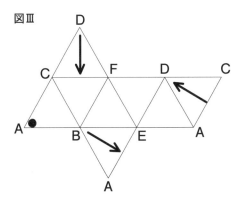

　この**図Ⅲ**の展開図を元に各選択肢の図を検討していく。そうすると，**図Ⅳ**に示すとおり，**図Ⅲ**の展開図と各頂点が一致するのは**1**だけである。
　したがって，正答は**1**である。

第6章

空間図形

図Ⅳ

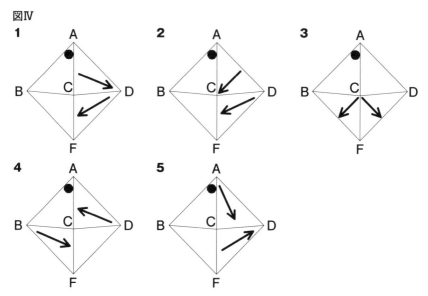

また，この問題では，面ＡＢＣの左側に面ＡＣＤを移動させてみてもよい。要するに辺ＡＣをはり合わせるのである。この場合，展開図は**図Ⅴ**のようになる。これだと，面ＡＢＣと面ＡＣＤとの関係から，正答が**1**であることがすぐにわかる。

図Ⅴ

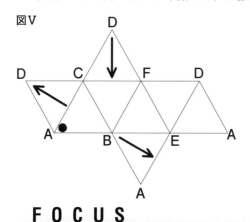

正答 **1**

FOCUS

正多面体を題材とした展開図では，各面の立体上での位置関係を問われることが多い。出題の中心は正六面体と正八面体であるが，正十二面体，正二十面体も含めて，立体として組み立てたときの同一頂点，同一辺，平行面といった位置関係を把握し，展開図の中で面の移動ができるようにしておくことが必要である。

重要ポイント 1 ▶ 正多面体の展開図

立体の展開図に関する問題は，正多面体に関するものが中心である。特に正六面体，正八面体の展開図については出題頻度も高く，十分に学習しておく必要がある。正四面体，正六面体，正八面体については，展開図のパターンを把握しておくとよい。

重要ポイント 2 ▶ 正四面体の展開図

正四面体の展開図は以下の 2 通りだけである。

正三角形型 　　　　1 列型

重要ポイント 3 ▶ 正六面体の展開図

正六面体の展開図は全部で11種類あるが，分類すると次のようになる。

（1）4面が1列に並んだ場合の展開図（6種類）

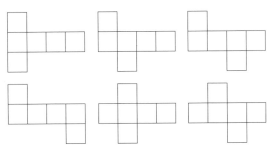

（2）3面が1列に並んだ場合の展開図（4種類）

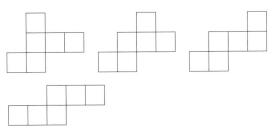

（3）2面が1列に並んだ場合の展開図（1種類）

正八面体の展開図

正八面体の展開図も全部で11種類である。

（1）6面が1列に並んだ場合の展開図（6種類）

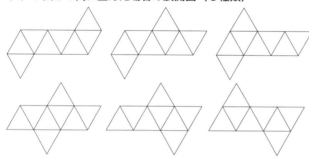

（2）5面が1列に並んだ場合の展開図（3種類）

（3）4面が1列に並んだ場合の展開図（2種類）

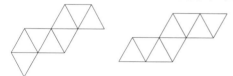

重要ポイント 5 正十二面体，正二十面体の展開図

　正十二面体および正二十面体の展開図は，それぞれ43,380種類ある。ここでは，正十二面体，正二十面体についての基本的な展開図例を挙げておく。

(1) 正十二面体展開図例

(2) 正二十面体展開図例

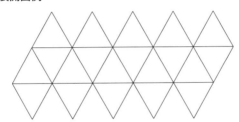

重要ポイント 6 正多面体の展開図における頂点

(1) 正四面体の展開図における頂点

　図のような正四面体ABCDを展開すると，正三角形型の展開図では外側の3頂点はすべて同一の頂点である。また，1列型の展開図では頂点AとD，頂点BとCという組合せで上段と下段に分かれる。

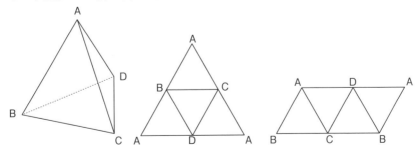

(2) 正六面体の展開図における頂点

　正六面体ABCDEFGHを展開すると，連続する2面で構成される長方形の対角線方向の2点は，必ずA-G，B-H，C-E，D-Fという組合せとなる。

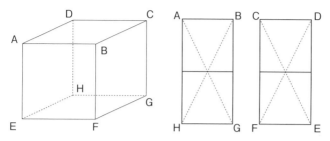

　したがって，たとえば，図のような展開図において，ある1面を面ABCDと決めてやれば，残りの頂点もすべて簡単に把握することができる。逆に，頂点Gの位置から考えれば，2面の対角線方向は3通りあるので，それらはすべて頂点Aであることが確認できる。

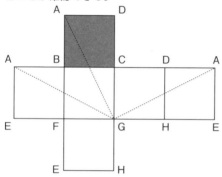

(3) 正八面体の展開図における頂点

　正八面体ABCDEFを展開すると，連続する2面で構成されるひし形の長対角線方向の2点は，必ずA－F，B－D，C－Eという組合せとなる。

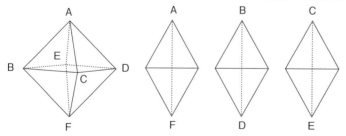

　したがって，図のような展開図において，ある1面を面ABCと決めると，正六面体の展開図の場合と同様に，残りの頂点もすべて確定する。ここでも，たとえば頂点Fの位置から考えれば，2面の対角線方向は2通りあり，どちらも頂点Aであると確認できる。

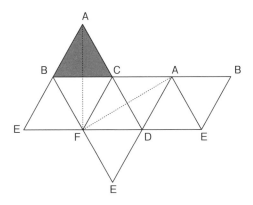

（4）正十二面体，正二十面体の展開図における頂点

正十二面体，正二十面体については，先に示した基本形に関して，見取り図とともに挙げておく。

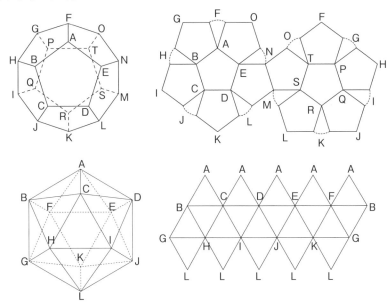

重要ポイント 7 正多面体の展開図における平行面

正四面体を除く，4種類の正多面体はいずれも平行な面で構成されている。平行面の位置関係は，展開図では次のようになる。

（1）正六面体の平行面

1列に並んだ3面における両端の面が平行面である（1つおいた隣の面）。

（2）正八面体の平行面

1列に並んだ4面における両端の面が平行面である（2つおいた隣の面）。

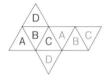

（3）正十二面体の平行面

1列に並んだ4面における両端の面が平行面である（2つおいた隣の面）。

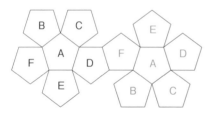

（4）正二十面体の平行面

1列に並んだ6面における両端の面が平行面である（4つおいた隣の面）。

重要ポイント 8 面の回転移動

　展開図では，立体上で同一となる辺を合わせるように，面を回転移動させること
が可能である。展開図は，もとの立体のどの辺に沿って切り開いたかによって形が
決まるのだから，切り開く辺を変えたと考えればよいのである。正多面体の展開図
では，2辺の作る角が最小となる部分で切り開かれており，その2辺は立体におい
ては同一の辺である。したがって，その部分を貼り合わせる（他の辺を切り開く）
ように回転移動させることができる。平行面の位置関係を問題にするだけならば，
その位置関係さえ把握しておけば，各頂点に記号を付すという作業を行わなくても
済む。

（1）正四面体における回転移動

　正四面体の展開図では，2辺が作る最小角は180°であり，この部分で回転移動が
可能である。

（2）正六面体における回転移動

　正六面体の展開図においては，2辺が作る最小角は90°である。

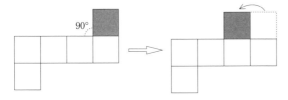

（3）正八面体における回転移動

　正八面体の展開図においては，2辺が作る最小角は120°である。

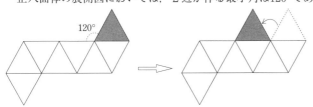

第6章

空間図形

（4）正十二面体における回転移動

正十二面体の展開図においては，2辺が作る最小角は36°である。

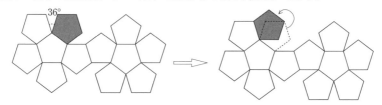

（5）正二十面体における回転移動

正二十面体の展開図においては，2辺が作る最小角は60°である。

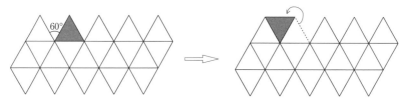

重要ポイント 9 立体表面上の最短距離

　立体の表面上における最短距離を考える問題も，展開図で考えるとわかりやすい。平面上での2点間の最短距離はその2点を結ぶ直線分の長さであり，立体表面上での最短距離を考える場合も，展開して平面にしてしまえばその平面上で最短距離を考えればよい。

　これは，平面で囲まれた立体でも，円錐のように曲面を持つ立体でも異ならない。円錐の母線の下端から側面を1周する最短距離も，展開図上で見れば直線分となる。実際に計算を行なう場合は，図を利用して三平方の定理を用いればよい。したがって，円錐の側面図の場合は扇形の中心角の大きさがわかる必要がある。

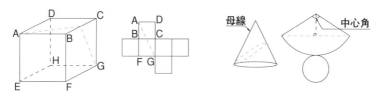

重要ポイント ⑩　サイコロの問題

　正六面体に関連して，サイコロを扱った問題がある。サイコロの問題では，通常の見取り図では3つの面しか描けないので，各面の目の数を考えるには不自由である。また，展開図ではサイコロを回転させたり，何個かのサイコロを並べた状態を考えるのには適切な図とはいえない。そこで，サイコロを扱った問題では下の右端に示した図のように，5つの面の目の数を表せるように工夫するとわかりやすい。

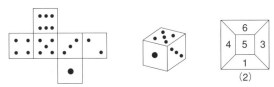

　たとえば，上のサイコロを平面上に置いて，右に2回，上に1回，さらに右に1回転がしたとすると，下のように順次表していけばよい。

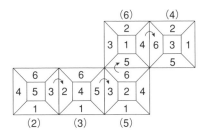

No.1 下の図のように，1～8の数字が書かれた展開図について，点線部分を
山折りかつ直角に曲げて立方体を作るとき，重なり合う面に書かれた数字の組合せ
として，妥当なのはどれか。　　　　　　　　　　【地方上級（東京都）・令和2年度】

1　1と7，3と8
2　1と7，4と8
3　3と7，4と8
4　4と7，1と8
5　4と7，3と8

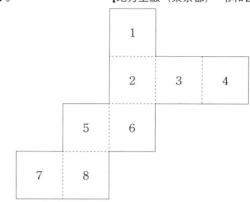

No.2 同じ大きさの正方形のマス目が12個描かれた紙があり，うち2個の正
方形が下の図のように黒く塗りつぶされている。この紙から，立方体の展開図とな
るよう6個の正方形を選び，それらが描かれた紙片を切り取る。このとき，切り取
った展開図となる紙片に黒く塗りつぶされた正方形が2個含まれるような選び方は
何通りあるか。　　　　　　　　　　　　　　　　【国家総合職・平成24年度】

1　10　**2**　14　**3**　18　**4**　22　**5**　26

No.3 次の図Ⅰのような展開図のサイコロがある。このサイコロを図Ⅱのとお
り，互いに接する面の目の数が同じになるように4個床に並べたとき，床に接した
4面の目の数の積はどれか。　　　　　　　　　　【地方上級（特別区）・令和3年度】

1　8
2　12
3　20
4　48
5　120

図Ⅰ　　　　　　　　　　　　　　　図Ⅱ

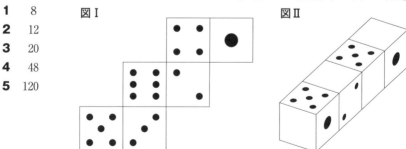

実戦問題 **1** の解説

→問題はP.402 **正答 2**

No.1 の解説　正六面体の展開図

正六面体の展開図においては，間に1面おいた両側の面（連続する3面の両端面）が平行面になる。**図Ⅰ**において，同じアルファベットが書かれた面同士が平行面である。Cの面に関しては，**図Ⅰ**のように，1面を回転移動してみればよい。

図Ⅰ

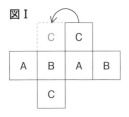

ここでは，**図Ⅱ**のように，7と8の面を回転移動させてみるとよい。これにより，6の面に対して平行となる面が1と7の面，2の面に対して平行となる面が4と8の面であることがわかる。つまり，組み立てることによって正六面体（立方体）としたとき，1と7の面，および4と8の面が重なり合う面である。以上から，正答は**2**である。

図Ⅱ

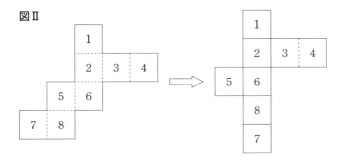

No.2 の解説　正六面体の展開図

→問題はP.402 **正答 4**

立方体（正六面体）の展開図は，全部で11通りある（**→重要ポイント3**）。このうち，問題図に示す黒く塗りつぶされた正方形を2個含む展開図は，1列に4個の正方形が並ぶ6通り，および1列に3個の正方形が並んで3段になる3通りである。残りの2通りは条件を満たさない。

STEP❶　1列に4個の正方形が並ぶ展開図

図Ⅰのように，黒く塗りつぶされた2個の正方形を含む中段の4個と，上段のA〜Dのうちから1個，下段のE〜Hのうちから1個を選ぶことになり，4×4=16〔通り〕ある。

STEP❷　1列に3個の正方形が並んで3段になる展開図

図Ⅱおよび**図Ⅲ**のように，中段で黒く塗りつぶされた正方形2個を含む3個と上段のC，Dを選べば下段からE～Gのうちの1個，中段の3個と下段のG，Hを選べば上段からA～Cのうちの1個，のいずれかとなり，3×2＝6〔通り〕ある。

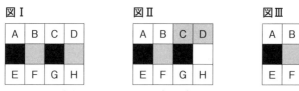

図Ⅰ

図Ⅱ

図Ⅲ

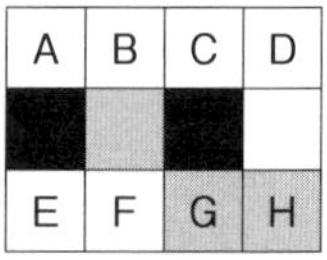

よって，全部で，16＋6＝22〔通り〕あることになり，正答は**4**である。

No.3 の解説　サイコロの目の配置

→問題はP.402　**正答3**

まず，**図Ⅰ**の展開図を5面図で表してみる。6を天面，5を左側面とすると，目の配置は**図1**のようになる。次に，**図Ⅱ**のサイコロ4個も5面図で表し（**図2**），**図1**を利用して，反対側の面の目も記入する（**図3**）。これにより，左端のサイコロの1，5，6の目の配置から，隣のサイコロと接している面の目は3でなければならないことがわかる。このことから，すべてのサイコロの目の配置が確定する（**図4**）。以上から，床に接した面の目の積は，2×1×2×5＝20，であり，正答は**3**である。

図1

図2

図3

図4

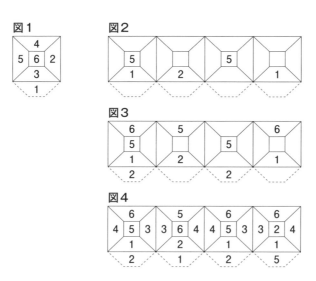

実戦問題❷ 正六面体２

**
🔶 **No.4** 次の図のような展開図を立方体に組み立てて，その立方体をあらためて
展開したとき，同一の展開図となるのはどれか。

【地方上級（特別区）・令和４年度】

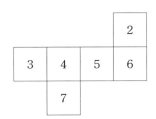

1

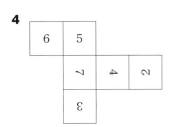

2

3

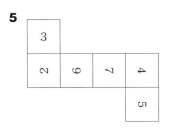

4

5

No.5 下の図のように，側面に2か所の穴がある木箱に9個の同じ立方体が収められている。1つの立方体の各面には，1～6の異なる数字が1つずつ書かれており，数字の位置関係は9個の立方体で同一である。この状態において，木箱の底面側に接している各立方体の面の9つの数字の和が32であるとき，この立方体の2の数字が書かれている面の反対側の面に書かれている数字として，正しいのはどれか。

【地方上級（東京都）・平成30年度】

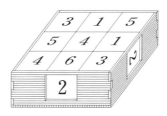

1 1 **2** 3 **3** 4 **4** 5 **5** 6

No.6 次の図のように，点線が描かれた型紙がある。この型紙の点線部分を折り，組み立てて作った立体を見た図として，ありえるのはどれか。ただし，型紙は重ねないものとし，型紙の各辺は他の辺と接して組み立てるものとする。

【地方上級（特別区）・平成28年度】

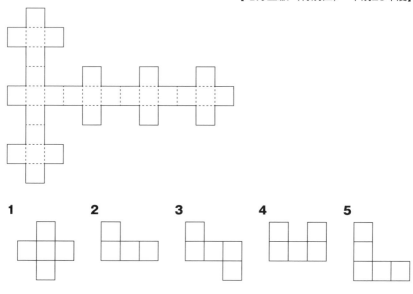

実戦問題❷の解説

No.4 の解説　正六面体の展開図

→問題はP.405　**正答3**

　図Ⅰの正六面体ＡＢＣＤ－ＥＦＧＨの展開図においては，**図Ⅱ**のように，2面並んだ長方形の対角線方向の頂点は，必ずＡ－Ｇ，Ｂ－Ｈ，Ｃ－Ｅ，Ｄ－Ｆが対応する。つまり，**図Ⅲ**のように，正六面体展開図の1面をＡＢＣＤの面と決めてしまえば，それだけですべての頂点が判明する。そこで，問題図の2と書かれた面について，2の左上から時計回りにＡ，Ｂ，Ｃ，Ｄと頂点を決めると，すべての頂点が決まる（**図Ⅳ**）。選択肢の各図についても，同様に2の面から頂点記号を決めると，**図Ⅴ**となる。この**図Ⅴ**において，**図Ⅳ**とすべての面の頂点記号が一致しているのは**3**の図だけである。**1**は7の面，**2**は6の面，**4**，**5**は3の面がそれぞれ異なっている。したがって，正答は**3**である。

図Ⅰ

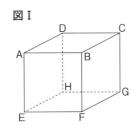

図Ⅱ

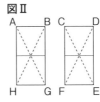

図Ⅲ

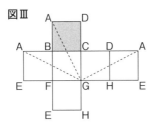

図Ⅳ

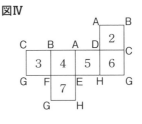

図Ⅴ

1

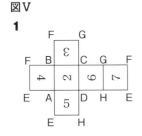

2

3

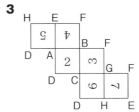

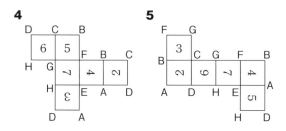

4　**5**

No.5 の解説　サイコロの目の配置

→問題はP.406　**正答2**

STEP①　隣り合う面の目

　まず，側面に見えている2の目を利用すると，**図Ⅰ**のように1，2，6の目の位置関係が決まる。

　そうすると，1，2，6の目は隣どうしの目となり，互いに向かい合っていないので，（1，2，6）の目と（3，4，5）の目が向かい合う。ただし，この段階ではまだ順不同であり，向かい合う目の関係は確定できない。

STEP②　向かい合う面の目

　次に，上面にある9個の面の目を考えると，1，3，4，5の目がそれぞれ2面ずつと，6の目が1面である。3，4，5の目と向かい合っているのは1，2，6の目であることは確かなので，3，4，5の目が上面に2面ずつあれば，底面には1，2，6の目が2面ずつあることも確実である。1，2，6の目が2面ずつあれば，その目の和は，$(1+2+6) \times 2 = 18$，である。ここで，1の面の反対側の目をa，6の面の反対側の目をbとすると，$2a + b = 32 - 18 = 14$，である。$2a$，14はどちらも偶数だから，6の面の反対側であるbも偶数でなければならない。ここから，6の面の反対側の面は$b = 4$と決まる。この結果，$2a = 10$，$a = 5$，となり，1の面の反対側は5の面である。したがって，2の面の反対側は3の面であり，正答は**2**である（**図Ⅱ**）。

図Ⅰ

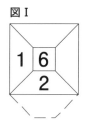

図Ⅱ

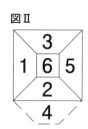

No.6 の解説 　展開図の結合 　　　　　　　　　　→問題はP.406　正答 1

　図Ⅰに示すような，正方形5枚を十字型に配置した展開図を組み立てると，正六面体の1面が欠けた立体ができる。**図Ⅱ**の灰色部分は，**図Ⅰ**の展開図が4枚並んでいる状態であり，この部分を組み立てることを考えると，**図Ⅱ**の右側のような立体ができる。**図Ⅱ**の展開図で，灰色部分の上下にも5面で構成された同様の展開図があるので，この部分も加えると，出来上がる立体は**図Ⅲ**のような，正六面体を組み合わせた立体となる。

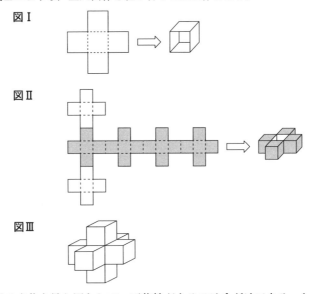

　図Ⅲの立体を見た図として，可能性があるのは **1** だけである。したがって，正答は **1** である。

* **No.7**　下図のような展開図の点線を山にして折ってできる正八面体を，ある方向から見た図として，ありえるのはどれか。　【地方上級（東京都）・平成27年度】

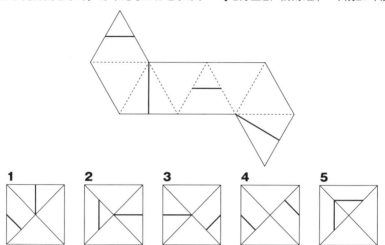

No.8 図Ⅰのような展開図となる正八面体がある。この正八面体を，図Ⅱのように△の記号が描かれた面を底面として床に置き，底面のいずれかの1辺を軸として滑らないように回転させる。回転軸となる辺は，必ず直前の回転で軸となった辺以外の辺であることを条件とし，30回の回転を行ったところ，△が描かれた面が底面となったのは，最初を含めて6回であった。このとき，○が描かれた面，×が描かれた面がそれぞれ底面となった回数の組合せとして，正しいのはどれか。

【地方上級（全国型）・平成23年度】

図Ⅰ

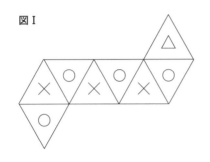

図Ⅱ

	○の面	×の面
1	15回	10回
2	14回	11回
3	13回	12回
4	12回	13回
5	11回	14回

No.9 次の図は，正八面体の展開図に太線を引いたものであるが，この展開図を太線が引かれた面を外側にして組み立てたとき，正八面体の見え方として，ありえるのはどれか。　　　　　　　　　　　　　　　【地方上級（特別区）・平成25年度】

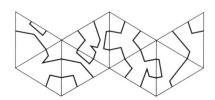

1

2

3

4

5

実 戦 問 題 ❸ の 解 説

→問題はP.410

No.7 の解説 正八面体の展開図　**正答3**

STEP❶ 正八面体の展開図は，A−F，B−D，C−E

　　この種の正八面体の展開図に関する問題では，頂点記号を決めると非常にわかりやすくなる。**図Ⅰ**の正八面体ABCDEFの展開図を考えると，展開図上ではAとF，BとD，CとEが，**図Ⅱ**のように必ず２面をつなげたひし形の長対角線方向で向かい合う。つまり，任意の１面を面ABCとすれば，すべての頂点が自動的に決定できる。

図Ⅰ 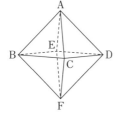　図Ⅱ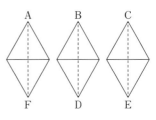

STEP❷ 展開図における頂点を決める

　　そこで，**図Ⅲ**のように頂点を決めると（任意の１面を面ABCとしてよい），**図Ⅳ**の正八面体となる。

図Ⅲ 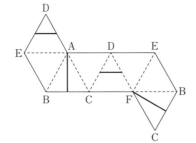　図Ⅳ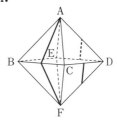

　　この**図Ⅳ**を利用して，**図Ⅴ**のように選択肢の図をそれぞれ検討していく。**1**，**2**については，長線の描かれた面を，面ABC，面BCFのどちらとしても，他の面が一致しない。**4**は，短線が描かれた２面の共通頂点がDとなるので，頂点Dを基準に各頂点を決めると，短線の配置が一致しない。**5**は，短線が描かれた２面が隣り合う面となっており，これも一致しない。これに対して，**3**の場合は，長線の描かれた面を面ABCとすれば，他の面についてもすべて一致している。

　　したがって，正答は**3**である。

第6章 空間図形

図V

1

1

2

2

3

4

　図Ⅰにおいて，△が描かれた面と×が描かれた面は，必ず○が描かれた面と3辺で接している。つまり，△が描かれた面を底面として床に置き，そのいずれかの1辺を軸として回転させれば，必ず○が描かれた面が底面となる。そして，次に回転移動させれば，最初の回転軸と異なる辺を軸とするので，必ず×の面が底面となる。

　この場合の規則性は以下のようになる。

　「△→○→×→○→×(△)→○→×(△)→○→×(△)→○→……」

　△が描かれた面について，仮に×が描かれているとすると，○の面と×の面が互いに辺で接し，それぞれ4面ずつあるので，30回まで回転させれば×の面が16回，○の面が15回，底面となる。ここで，△の面は6回だけ底面となっているのだから，×の面が底面となる16回のうち6回が△の面ということであり，×の面は10回底面になると考えればよい。

　したがって，○の面が15回，×の面が10回となり，正答は**1**である。

　重要ポイント6の（3）の考え方を用いる。

　問題の展開図についてもA〜Fの頂点を記入してみる。この場合，いずれか1面を△ABCとしてしまえば，各頂点の記号はすべて決まる。

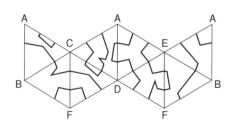

この展開図から各選択肢の図を検討してみればよい。

1では，左上を面ＥＦＢとすると，右上は面ＥＢＡとなるが，これは展開図と一致しない。**3**は，左上を面ＦＢＥとすると，右上は面ＦＥＤとなるが，これも展開図と一致しない。**4**も，左上を面ＢＦＣとすると，右上は面ＢＣＡであるが，やはり展開図と一致しない。**5**の場合，左上を面ＡＣＤとすると，右上は面ＡＤＥとなり，この部分は展開図と一致するが，左下の面ＣＤＦ，右下の面ＤＥＦがどちらも展開図と一致しない。

これに対し，**2**では，左上を面ＣＤＡとすると，右上が面ＣＡＢ，左下が面ＤＡＥ，右下が面ＡＢＥとなり，すべての面が展開図と一致する。

したがって，正答は**2**である。

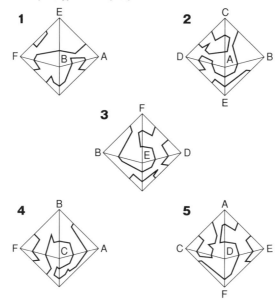

No.10 下図のように，Aおよびア～オの文字が描かれた展開図を組み立ててできた正十二面体を，Aが描かれた面が真上になるように水平な床の上に置いたとき，ア～オのうち，正十二面体の底面となる面に描かれている文字として，正しいのはどれか。

【地方上級（東京都）・平成19年度】

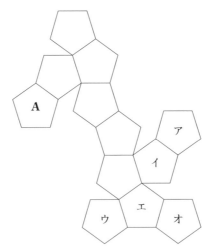

1　ア

2　イ

3　ウ

4　エ

5　オ

No.11 図のような，3面のみに模様のある正十二面体の
展開図として，最も妥当なのは次のうちではどれか。
　　ただし，展開図中の点線は，山折りになっていた辺を示す。
【国家専門職・令和2年度】

1

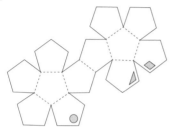

2

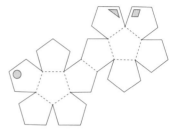

3

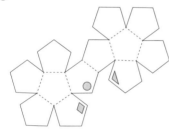

4

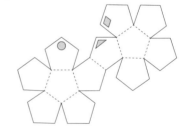

5

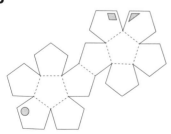

No.12 図は１～20の異なる数字が各面に書かれた正二十面体の展開図（ただし，11以降の数字は記載を省略してある）である。この正二十面体の10組の互いに平行な２つの面に書かれた数字の和がすべて等しいとき，*a* に当てはまる数字として正しいのはどれか。

【国家総合職・平成27年度】

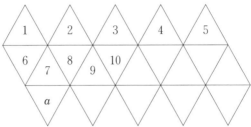

1 16

2 17

3 18

4 19

5 20

実戦問題 ❹ の 解説

→問題はP.416

No.10 の解説 | 正十二面体の展開図 　　　　　　　　　　正答5

　問題の展開図の面を，**図Ⅰ〜図Ⅳ**のように順次移動させてみるとよいであろう。

　図Ⅳで考えると，まずEとエが互いに平行である。このEとエを基準にして考えると，FとC，Aとオ，Bとイ，DとG，アとウが互いに平行な面となる。

　水平な板の上に置いたとき，真上の面と底面は平行な面どうしとなるから，Aが真上の面なら，底面はオである。

　したがって，正答は**5**となる。

図Ⅰ　　　　　　図Ⅱ　　　　　　図Ⅲ　　　　　　図Ⅳ

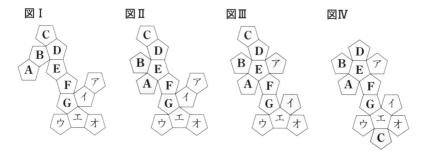

　正十二面体，正二十面体の展開図は，それぞれ43,380種類もあるので，とにかく基本形となる展開図を理解しておくことである。**図 I** の正十二面体を展開すると，その展開図は，たとえば**図 II** のようになる。これが正十二面体における展開図の基本形であり，問題における展開図もこの基本形が使われている。この**図 II** より，3面に描かれている模様が同一頂点に集まるのは，**1**および**4**である。問題図の正十二面体では，3面の模様は時計回りに「円→三角形→四角形」となっているが，**4**では時計回りに「円→四角形→三角形」となってしまう。これに対し，**1**では時計回りに「円→三角形→四角形」となり，問題図と一致する。以上から，正答は**1**である。

図 I

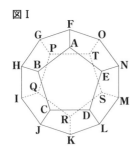

図 II

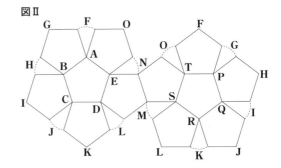

No.12 の解説　正二十面体の展開図

→問題はP.418 **正答2**

　1〜20の異なる数字が各面に書かれた正二十面体において，10組の互いに平行な2つの面に書かれた数字の和がすべて等しいならば，その和はすべて21である（$1+20=2+19=3+18=\cdots\cdots=10+11$）。また，正二十面体の展開図では，**1列に並んだ6面の両端の面が互いに平行な面**となる。たとえば，**図Ⅰ**において，6の面と平行になる面は15の面（10の面の右隣）である。

　そして，正二十面体の展開図においては，60°の角度で開いた2本の辺は同一の辺（**図Ⅰ**で1の面の右側辺と2の面の左側辺，2の面の右側辺と3の面の左側辺等）なので，この60°に開いた部分で面を移動させることが可能である。そこで，aの面を9の下の面の左側へ，4の面を3の面の右側へと，**図Ⅰ**のように60°回転させてみる。そうすると，aの面と4の面は1列に並んだ6面の両端の面となるので，aの面と平行な面は4の面とわかる。したがって，$a+4=21$，$a=17$，より，正答は**2**である。すべての面の数字配置は**図Ⅱ**のようになる。

図Ⅰ

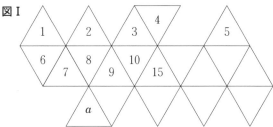

図Ⅱ

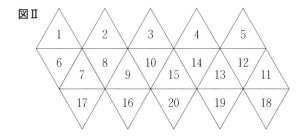

必修問題

　次の図は，ある立体について正面から見た図および真上から見た図を示したものである。この立体を正面に向かって左の側面から見た図として，ありえるのはどれか。　　　　　　　　　　　　【地方上級（特別区）・令和元年度】

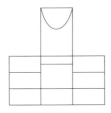

正面から見た図

真上から見た図

1

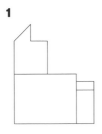

2

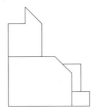

3

4

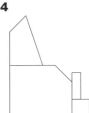

5

難易度　＊＊

必 修 問 題 の 解説

STEP❶　投影図の構成

　投影図は，一般に正面図（立面図），平面図，側面図の３面を用いて表す。３次元の立体図形を平面的に表すためには３方向から見た図を１組として構成することが必要だからである。立体図形を２方向から見た図だけで表しても，元の立体図形を復元することは基本的に不可能で，２方向から見た図だけでは，異なる図形が同一に表されることがある。

STEP❷　基本的解法

　この種の，与えられた２面の図から，残りの正しい１面の図を選ぶ問題では，与えられている図（ここでは正面図と平面図）と一致しない（矛盾する）部分を探して，矛盾する部分がある図を消去していく，いわゆる消去法が基本である。つまり，合致しない部分を含む図を除外していけばよい。ここでは，**図Ⅰ**のように，正面図，平面図（真上から見た図）におけるＡ，Ｂの部分に着目してみる。**1**はＡ，Ｂのいずれも合致しない。Ａの部分は前方（側面図の右方向）に向かって傾斜していなければならない。Ｂに関しては段差を示す線が不足している。**3**，**4**，**5**もＢの部分が合致しない。**3**，**5**は**1**と同様に段差が不足しており，**4**では平面図と合致しない。また，Ａの部分の傾斜は途中までであり，**4**はこの点でも合致しない。Ａの部分を正面から見た場合の背面側は確定できないので，**2**の形状は可能性がある。したがって，ありえる図は**2**だけである。正面図，平面図からありえる立体の例としては，**図Ⅱ**のような立体が考えられる。

　以上から，正答は**2**である。

図Ⅰ

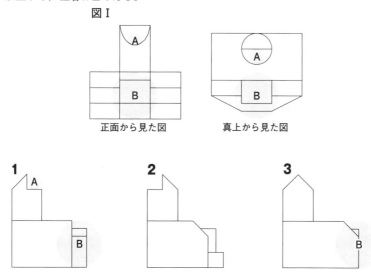

正面から見た図　　　　真上から見た図

4

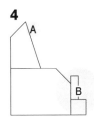

5

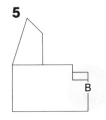

図Ⅱ

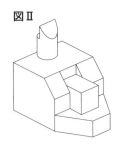

FOCUS

　投影図は正面図，平面図，側面図の３種類の図で構成される。２種類の図では立体を特定できないこともあるので注意しなければならない。正面図，平面図，側面図間における左右，上下，前後の関係はしっかりと理解しておこう。また，実線と点線の区別，側面図については左右どちらから見たものかを間違えないようにする必要がある。

—— POINT ——

重要ポイント 1 ▶ 見取り図，展開図と投影図

　立体図形を平面上に表す方法としては，ごく一般に使われる**見取り図**，前節で扱った**展開図**のほかに**投影図**がある。どれも立体図形を平面上に表すものだから，立体をそのまま再現することには無理がある。見取り図では，下の正六面体の見取り図を見ればわかるとおり，辺の平行は保たれているものの，辺と辺の作る角は実際とは異なってしまっており，正六面体の各面は正方形であるにもかかわらず，正方形が崩れてしまっている。展開図では，各辺の長さや平行の関係，辺と辺の角度は正確に保たれているが，立体としてイメージしにくいという欠点がある。

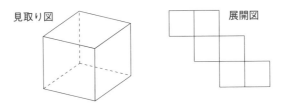

　これに対して投影図は，対象が3次元立体であることから，3方向から見た図を1組にして立体を表すものである。ただし，これも慣れないと立体としてのイメージがつかみやすいとはいえないであろう。また，少なくとも3枚なければ正確に立体を再現することができず，投影図のうち2枚があっても，残りの1枚については何種類もの可能性が残ることがある。たとえば，次の正面図と側面図については，下のような何通りかの立体が考えられ，平面図がなければ立体を特定することはできない。

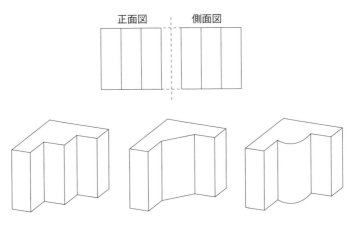

投影図は，通常，正面から見た図（正面図また
は立面図），真上から見た図（平面図），真横から
見た図（側面図）の３方向から見た図で構成され
る。

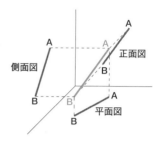

投影図においては，正面図と平面図では左右の
関係が一致し，正面図と側面図では上下の関係が
一致し，平面図と側面図では前後の関係が一致す
る。つまり，正面図でＡがＢより右にあれば，平
面図でもＡはＢより右にあり，正面図でＡがＢよ
り上にあれば側面図でもＡはＢより上にあることになる。平面図と側面図における
前後の関係も同様である。

また，投影図ではその方向から直接見えない部分は点線で表されるのが普通で，
この点線が正解を導く際のポイントになる問題もあるので，図の読み取りを注意深
く行う必要がある。

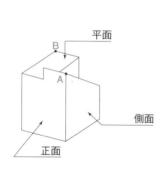

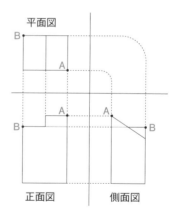

　上の投影図で，正面図と平面図の左右は一致している。同様に，正面図と側面図の上下，平
面図と側面図の前後も一致している。

　投影図は，見取り図や展開図に比べて立体を表す図としてはなじみの薄い図であ
ると思われるので，戸惑うことのないように，きちんと学習しておきたい。

実 戦 問 題 ① 　投影図　基本

No.1　次の図は，いくつかの立体を組み合わせた立体を側面，正面，真上から
それぞれ見たものである。この組み合わせた立体の見取り図として，ありえるのは
どれか。　　　　　　　　　　　　　　　【地方上級（特別区）・令和4年度】

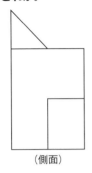
（側面）

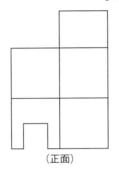
（正面）

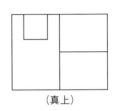
（真上）

1

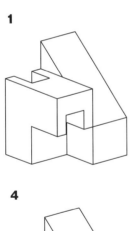

2

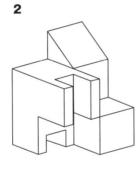

3

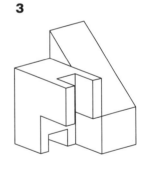

4

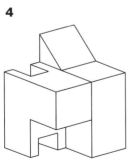

5

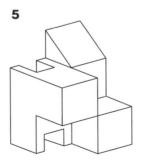

No.2 正面図，平面図，側面図が次のようになる立体として，可能性があるのはどれか。

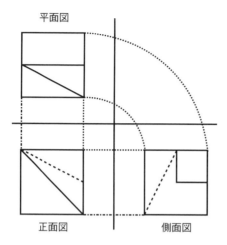

平面図

正面図　　　側面図

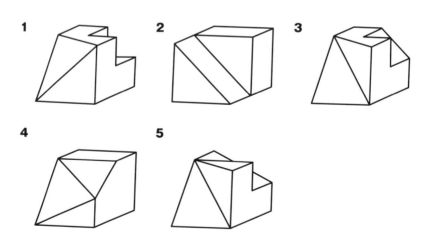

1　　　**2**　　　**3**

4　　　**5**

◆ **No.3** 下図で表される立体の辺の数として，妥当なのはどれか。ただし，辺とは2つの平面の交線をいい，この立体の底面は平面である。

【地方上級（東京都）・平成25年度】

平面図

側面図

正面図

側面図

背面図

1 18

2 19

3 20

4 21

5 22

No.1 の解説 投影図の基本 →問題はP.427 **正答5**

　消去法で確認していけばよい。選択肢図の灰色部分のように，**1**〜**3**には正面図および平面図（真上）と一致しない部分がある。また，**4**では正面図と一致しない部分がある。これに対し，**5**はすべての部分が正面図，平面図，側面図と矛盾しない。したがって，正答は**5**である。

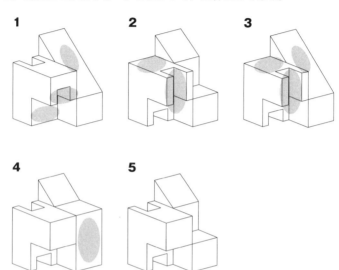

No.2 の解説 投影図の基本

→問題はP.428 **正答5**

　与えられた投影図からその立体を確定する問題では，基本的には消去法で検討すればよい。その場合，正面図，平面図，側面図のすべてを検討する必要はない。いずれか1面で異なっていれば，それだけで投影図に該当する立体としては可能性がないからである。この場合，与えられた投影図に存在しない線が描かれれば，その立体の投影図である可能性はない。**1〜4**について，与えられた投影図と異なる面の図として，それぞれ1面ずつ示すと，**図Ⅰ**のようになる。

図Ⅰ

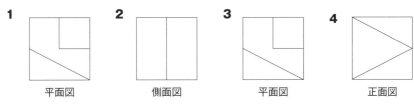

1	**2**	**3**	**4**
平面図	側面図	平面図	正面図

　これに対し，**5**では隠れている部分について補ってみれば，**図Ⅱ**となる。この立体は投影図の3面と矛盾することなく一致している。したがって，正答は**5**である。

図Ⅱ

5

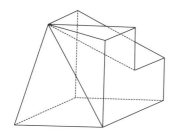

　与えられた投影図から，この立体の見取り図を作成すると，下図のように，直方体の上部に二等辺の三角柱が乗った図形となる。ここで，「辺とは2つの平面の交線をいう」とあるので，つながっている辺であっても，平面の一方が異なっていれば，別個の辺と考えなければならないことになる。つまり，図でAとB，およびCとDは異なる辺である（見取り図奥の底面に垂直な辺も，C，Dと同様に2本の辺と数える）。したがって，この立体における辺の本数は，上部の三角柱に関して8本，下部の直方体に関して12本，合わせて20本ということになる。

　以上から，正答は**3**である。

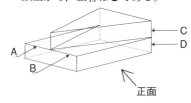

正面

実 戦 問 題 ❷   投影図　応用

No.4 ＊ 半径はすべて等しいが，高さがすべて異なる6個の円柱が図のように，配置されている。この6個の円柱を矢印の2方向から見ると，すべての円柱を見ることができる。このとき，6個の円柱の配列として何通りが考えられるか。ただし，円柱がすべて見えるのは，見る側の手前から奥方向へ順に円柱が高くなっている場合である。　　　　　　　　　　　　　　　【地方上級（全国型）・平成25年度】

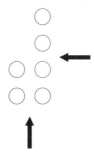

1　7通り

2　9通り

3　11通り

4　13通り

5　15通り

No.5 ＊＊ 同じ大きさの立方体の積み木を重ねたものを，正面から見ると図1，右側から見ると図2のようになる。このとき，使っている積み木の数として考えられる最大の数と最小の数の差として，妥当なのはどれか。

【地方上級（東京都）・令和3年度】

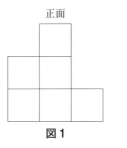

図1

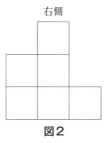

図2

1　0

2　2

3　4

4　6

5　8

図Ⅰのような透明の立方体がある。この立方体の中に，頂点Aに片方の端が固定され，2か所が折れ曲がった針金が入っている。正面から見た図が図Ⅱ，右側面からみた図が図Ⅲであるとき，これを真上から見たときの図として妥当なのはどれか。　　　　　　　　　　　　　　　　　　【地方上級（全国型）・令和4年度】

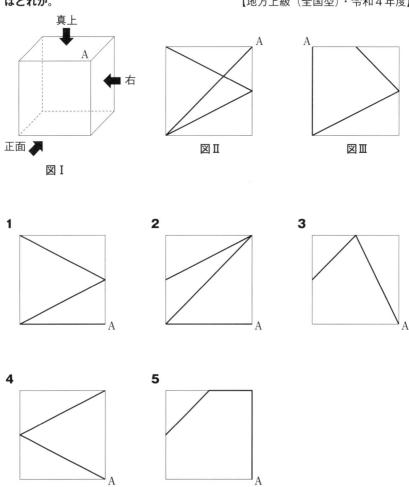

実戦問題 **2** の解説

No.4 の解説　立体位置関係の把握

→問題はP.433　**正答2**

　　6個の円柱を，低いほうから順に1〜6としてみる。まず，1の円柱は右側の1番手前（図の右下）でなければならない。そして，2の円柱は1のすぐ隣（図で1の上または左）でなければならない。また，3の円柱は左側の奥（図で左上）に配置することは不可能である。さらに，3〜6は図における同列の縦方向で，上部のほうほど大きく（高く）なっていなければならない。この条件に従って3〜6の円柱の配置を考えると，図のように9通りある。

　　したがって，正答は**2**である。

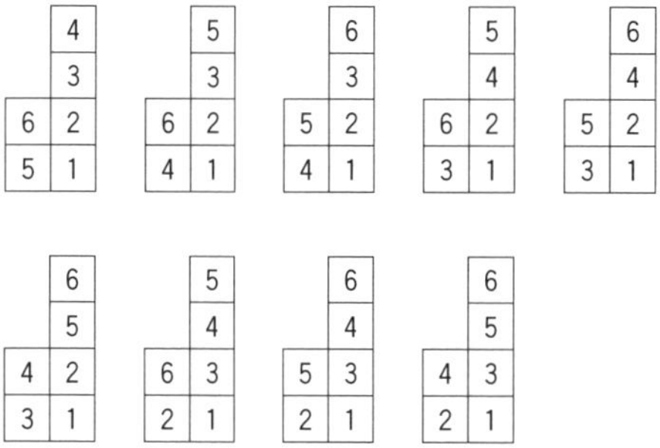

	4			5			6			5			6
	3			3			3			4			4
6	2		6	2		5	2		6	2		5	2
5	1		4	1		4	1		3	1		3	1

	6			5			6			6
	5			4			4			5
4	2		6	3		5	3		4	3
3	1		2	1		2	1		2	1

　平面図（上から見た図）を利用して検討するのがよい。まず，立方体の最多個数から考える。**図Ⅰ**のように，正面および右側面から見える立方体の個数を定める。そして，立方体を1個しか置けない位置には1，2個までしか置けない位置には2，という順で個数を記入する。たとえば，正面から見て右側の列と最も奥の列には，いずれも1個ずつしか置くことができない。最後に，3個置く位置に3と記入すると**図Ⅱ**となり，これが最多個数で14個となる。この**図Ⅱ**から，存在しなくても正面図，右側面図が維持できるなら，その位置には立方体がなくてもよいので，それを取り除いていく。その結果**図Ⅲ**となり，これが最少個数で6個である。以上から，最多個数と最少個数の差は，14−6=8，であり，正答は**5**である。

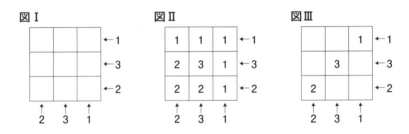

No.6 の解説　投影図の構造

→問題はP.434　**正答2**

　　針金は2回曲がっているので，Aの位置から順に①～③の部分に分けて，それぞれ検討していく。Aの位置から1回目に曲がるまでを①とする。**図Ⅱ**（正面図）では右側の端から左側の端までとなっており，**図Ⅲ**（右側面図）では奥行き方向に向かっていない。これを**図Ⅳ**の立方体に示すと，**図Ⅳ**①となる。1回目に曲がってから2回目に曲がるまでを②とする。**図Ⅱ**（正面図）では左側の端から右側の端までとなっており，**図Ⅲ**（右側面図）では最奥まで向かっている。これを**図Ⅳ**の立方体に示すと，**図Ⅳ**②となる。2回目に曲がってからAと反対側の端までを③とする。**図Ⅱ**（正面図）では右側の端から左側の端までとなっており，**図Ⅲ**（右側面図）では最奥から中間点までとなっている。これを**図Ⅳ**の立方体に示すと，**図Ⅳ**③となる。この**図Ⅳ**の状態を真上から見た図（平面図）に表すと，**図Ⅴ**のようになる。この**図Ⅴ**と一致するのは**2**であり，したがって，正答は**2**である。

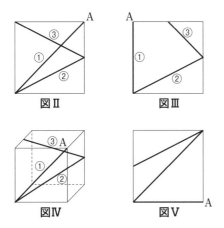

第6章

空間図形

立体の切断・回転・結合

　20個の同じ大きさの立方体をはり合わせて，上下左右前後のどの方面から眺めても図Ⅰの形に見える図Ⅱのような立体を作った。図Ⅱの立体を頂点A，B，Cを通る平面で切ったときの断面として最も妥当なのはどれか。

【国家専門職・令和元年度】

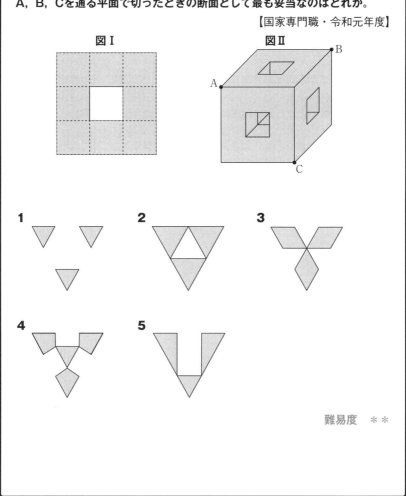

難易度　＊＊

必修問題の解説

　立体を1つの平面で切断する場合，同一平面上に2点あれば，その2点を結ぶ直線が，その面における切断線となる。

STEP❶　立方体の切断面

小立方体27個で，3×3×3の大立方体を作り，これを**図Ⅰ**のように3点A，B，Cを通る平面で切断すると，切断線は正三角形となる。これを，問題図のように小立方体20個で構成された立体で考えると，**図Ⅱ**のようになる。

STEP❷　各段に区切る

この**図Ⅱ**の状態を，上段，中段，下段に区切ってみる。各段における切断面を示すのが，**図Ⅲ**の色部分である。**図Ⅲ**におけるP～Uの切断面は実際にはそれぞれ正三角形である。したがって，切断面のP，Q（＝2個の小立方体の切断面）は，**図Ⅳ**における頂点Aを含むひし形である。同様に，切断面のR，Sは頂点Bを含むひし形，切断面のT，Uは頂点Cを含むひし形となる。つまり，切断面はひし形3枚で構成されることになり，正答は**3**である。

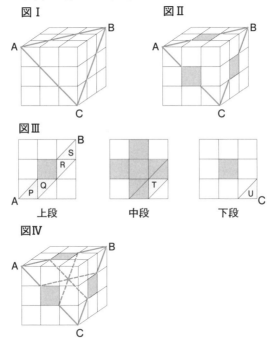

図Ⅰ　図Ⅱ　図Ⅲ　上段　中段　下段　図Ⅳ

正答 **3**

第6章 空間図形

FOCUS

立体の切断に関しては，基本的には平面による切断なので，どのような条件で切断すれば切断面がどのような平面図形となるか，切断されることによってもとの立体はどのように分割されるかを把握できるようにしておくことが必要である。

POINT

回転体

　回転体とは，平面図形を1本の直線を回転軸として1回転させたときにできる立体である。代表的な回転体としては，円柱（長方形を回転させたもの），円錐（直角三角形を回転させたもの），球（半円を回転させたもの）がある。球以外の回転体も，側面は必ず曲面となる。また，回転体を回転軸に対して垂直な平面で切断すると，その切断面は必ず円になる。

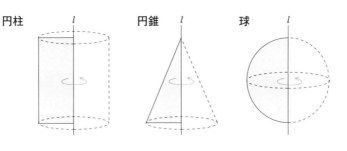

　回転体を構成する平面図形が回転軸に接しておらず，回転軸から離れている場合には，回転軸を中心に空洞部分のある立体が出来上がる。右の図では，回転体である円錐台の中央部に円柱形の空洞部分ができている。

回転体の体積

　下の図のように，いずれも頂点Aから回転軸lまでの距離がa，BCの長さをhとする3種類の三角形を回転させてできた円錐型の立体の体積は，いずれも$\dfrac{1}{3}\pi a^2 h$である。

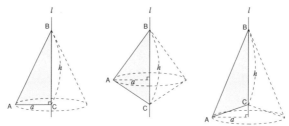

　また，次の図のような三角形を3辺BC，CA，ABを軸としてそれぞれ回転させたときにできる立体の体積をV_1，V_2，V_3とすると，

$$V_1 : V_2 : V_3 = bc : ca : ab$$

である。

△ABCの面積をSとすると，

$$x = \frac{2S}{a}, \quad y = \frac{2S}{b}, \quad z = \frac{2S}{c} \ \text{より,}$$

$$V_1 = \frac{1}{3}\pi\left(\frac{2S}{a}\right)^2 a = \frac{4\pi S^2}{3a}$$

$$V_2 = \frac{1}{3}\pi\left(\frac{2S}{b}\right)^2 a = \frac{4\pi S^2}{3b}$$

$$V_3 = \frac{1}{3}\pi\left(\frac{2S}{c}\right)^2 a = \frac{4\pi S^2}{3c}$$

$$V_1 : V_2 : V_3 = \frac{4\pi S^2}{3a} : \frac{4\pi S^2}{3b} : \frac{4\pi S^2}{3c} = \frac{1}{a} : \frac{1}{b} : \frac{1}{c} = \frac{bc}{abc} : \frac{ca}{abc} : \frac{ab}{abc}$$

$$= bc : ca : ab$$

なお，平面図形を回転させた場合のその回転体の体積Vは，もとの平面図形の面積をS，回転軸からその平面図形の重心までの距離をrとすると，

$$V = 2\pi r S$$

である。

．．．

重要ポイント 3 ▶ 立体の切断

　立体の切断に関しては，立体を平面で切断したときに現れる切断面の図形を把握しておこう。

　多面体を1つの平面で切断すると，その切断面はさまざまなn角形となるが，その場合の最少のnは1つの頂点に集まっている面の数で決まる。

　たとえば正多面体の場合，正四面体，正六面体，正十二面体においては1つの頂点に集まる面の数は3だから，三角形の切断面を持つことができるが，正八面体では1つの頂点に4つの面が集まっているので，最少のnは4となり三角形はできず，最低でも四角形となる。同様に正二十面体では最低五角形以上となる。また，正四面体は面が4つしかないので，平面で切断したときの切断面は五角形以上となることはなく，正六面体では七角形以上となることはない。

　正多面体に限らず，多面体が平行な面を持つとき，平面で切断したときの切り口の辺は，平行な面においては必ず平行となる。

（1）切断面に現れる正多角形

正多面体を平面で切断したとき，切断面に現れる正多角形だけを取り上げてみると以下のようになる。

正四面体	：正三角形，正方形
正六面体	：正三角形，正方形，正六角形
正八面体	：正方形，正六角形
正十二面体	：正三角形，正方形，正五角形，正六角形，正十角形
正二十面体	：正五角形，正十角形

（2）正四面体の切断

正四面体では，三角形について二等辺三角形，直角三角形も可能である。四角形は等脚台形，長方形ができる。

（3）正六面体の切断

正六面体では，二等辺三角形はできるが直角三角形は不可能である。四角形については，長方形，ひし形，平行四辺形，等脚台形も可能である。五角形も可能であるが，正五角形はできない。面は6つしかないので，七角形以上はできない。

正三角形	等脚台形	五角形	正六角形

（4）正八面体の切断

正八面体では，四角形について正方形以外にひし形・等脚台形も可能であるが，長方形はできない。正六面体と同様に，五角形は可能であるが，やはり正五角形を作ることはできない。また，平行な4組の面で成り立っているので，七角形以上は不可能である。

（5）正十二面体，正二十面体の切断

正十二面体は三角形から十角形まで，正二十面体は五角形から十二角形まで可能である。正十二面体では二等辺三角形，直角三角形，長方形，平行四辺形，等脚台形も作ることができる。

重要ポイント **5** 正多面体の頂点切断

　正多面体の頂点を，その頂点から伸びている辺上で頂点から等距離にある点を通る平面で切断すると，切断面には頂点に集まっていた面の数と等しい辺を持つ正多角形が現れる。

切頂二十面体

　正四面体，正六面体，正十二面体の場合は正三角形，正八面体の場合は正方形，正二十面体の場合は正五角形である。

　特に，正二十面体の頂点から各辺の$\frac{1}{3}$の長さを通る平面で各頂点を切り落とした場合は，サッカーボールのデザインで使われている，正六角形20枚と正五角形12枚からなる，図のような切頂二十面体になる。

　このように，2種類以上のそれぞれ合同な正多角形で構成され，どの頂点に集まる正多角形の組合せも等しい多面体を**半正多面体**という。この切頂二十面体では，頂点の数が60個，辺の数が90本となる。

重要ポイント **6** 回転体の切断

　回転体を平面で切断する場合，回転軸に垂直に切断すると切断面は必ず円になる。ただし，球の場合はどのような平面で切断しても切断面は円以外にはならない。円柱を回転軸と平行な平面で切断した場合，その切断面は長方形（正方形を含む），回転軸に対して斜めに切断した場合の切断面は，長円（だ円）またはその一部となる。

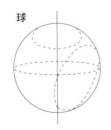

球

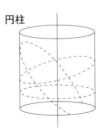

円柱

　円錐を回転軸を含む平面で切断すると，その切断面は二等辺三角形（正三角形を含む）となる。これに対し，回転軸を含まない平面で切断した場合，母線の角度との関係によって切断面は4通りになる。
①切断面が回転軸に垂直な場合は，前にも述べたように円となる。
②回転軸に対する切断面の角度が母線よりも浅い（底面に近い）場合は，長円（だ

円）またはその一部となる。

③切断面が母線と平行な場合は放物線となる。

④切断面の角度が母線よりも深い（回転軸と平行で回転軸を含まない切断面の場合
も同様）場合は、双曲線となる。

このため、円、長円（だ円）、放物線、双曲線を円錐曲線と呼ぶ。

①円，②長円（だ円）

③放物線

④双曲線

母線

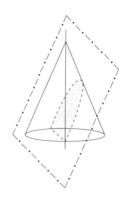

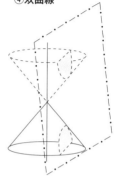

実戦問題 ❶ 　立体の切断　基本

No.1 次の図のような，１辺の長さが10cmの立方体がある。辺ABの中点を
P，辺DEの中点をQとして，この立方体をC，P，Qを通る平面で切断したとき，
その断面の面積はどれか。　　　　　　　　　　　【地方上級（特別区）・平成28年度】

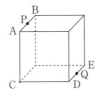

1　$25\sqrt{2}$ cm²

2　$25\sqrt{6}$ cm²

3　$50\sqrt{2}$ cm²

4　$50\sqrt{6}$ cm²

5　　125 cm²

No.2 図は，半径の等しい3個の球A，B，Cを，点P，Q，Rで接するように
して床面に置いた状態を，真上から見たものである。今，2点P，Qを通り，床面
と垂直な平面で球を切断した。この切断面を正面から見たときの図として，正しい
のはどれか。　　　　　　　　　　　　　　　　　【市役所・平成28年度】

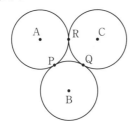

1 　　　　**2**

3 　　　　**4**

5

No.3 下の図のような正八面体ＡＢＣＤＥＦを，辺ＡＢの中点Ｇ，辺ＢＦの中点Ｈ，辺ＣＤの中点Ｉの3点を通る平面で切断したとき，切断面の形状として，妥当なのはどれか。　　　　　【地方上級（東京都）・平成29年度】

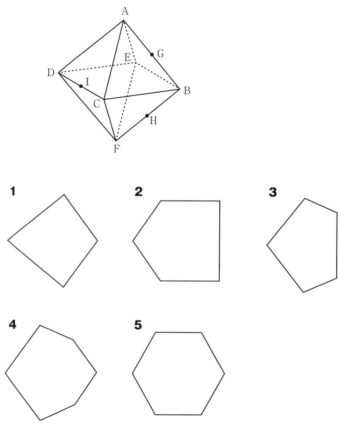

1　　　　　　**2**　　　　　　**3**

4　　　　　　**5**

実戦問題 ❶ の 解説

→問題はP.445 **正答4**

No.1 の解説　切断面の図形

STEP❶　切断面の図形

　　まず，切断面がどのような図形となるかを考えてみる。立体を１つの平面で切断すると，同一平面上にある２点を結ぶ切断線が生じる（**図Ⅰ**における線分CPおよび線分CQ）。そして，多面体における平行な平面には平行な切断線が現れる。**図Ⅰ**で頂点Fを決めると，**図Ⅱ**のように，CP∥QF，CQ∥PFとなる切断線QFおよびPFが生じるのである。つまり，３点C，P，Qを通る平面でこの立体を切断すると，切断面は四角形CPFQとなる。ここで，点Pおよび点Qはいずれも辺の中点なので，CP＝PF＝FQ＝QCであり，四角形CPFQはひし形である。

STEP❷　切断面の面積

　　そこで，この菱形CPFQの面積を考える。ひし形CPFQの面積は，$PQ \times CF \times \frac{1}{2}$で求められる（**図Ⅲ**）。まず，$PQ = AD = 10\sqrt{2}$である。そして，

$$CF^2 = AC^2 + AF^2 = 10^2 + (10\sqrt{2})^2 = 100 + 200 = 300$$

より，$CF = 10\sqrt{3}$である。したがって，ひし形CPFQの面積は，

$$10\sqrt{2} \times 10\sqrt{3} \times \frac{1}{2} = 50\sqrt{6}$$

となる。

　　したがって，正答は**4**である。

図Ⅰ 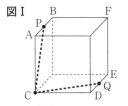　　図Ⅱ 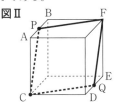　　図Ⅲ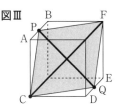

参考：１辺の長さaの正方形の対角線は$\sqrt{2}a$，１辺の長さaの立方体の対角線は$\sqrt{3}a$である。

第6章

空間図形

STEP❶　球の切断

　　球を平面で切断した場合，切断面は必ず円となり，これ以外の図形となることはない。

STEP❷　球の中心と接点

　　同一平面上に置かれた半径の等しい球が互いに接している場合，球の中心および接点は，いずれも底面からの距離が等しくなり，それらはすべて同一の平面上にある。

STEP❸　球の中心と接点との距離

　　この問題では，さらに２個の球（DおよびE）を用意して，次の手順で検討していくとよい。球Bの左側に球D，右側に球Eを，球Dは球A，Bと，球Eは球B，Cとそれぞれ接するように配置する。球の中心A〜Eと接点P〜Tは同一平面上にある（床面から等しい高さ）。そして，△ABC，△ABD，△BCEはいずれも球の半径の２倍を１辺とする正三角形である。接点P〜Tは正三角形の各辺の中点となっているので，PQ，PS，QTの長さはいずれも正三角形の１辺の$\frac{1}{2}$である（中点連結定理）。つまり，球の半径と長さが等しい。球を平面で切断した場合，切断面は必ず円となるので，球Aの切断面はPSを直径とする円，球Bの切断面はPQを直径とする円，球Cの切断面はQTを直径とする円，になる。つまり，切断面はいずれも半径の等しい円であり，点Pと点Qで接していることになる。

　　したがって，正答は**4**となる。

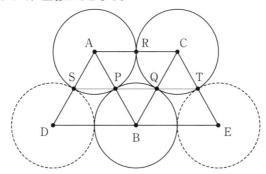

　注：２個の球が接している場合，その接点は２個の球の中心を結ぶ直線上にあり，２個の球の半径が等しければ，２個の球の中心を結ぶ直線分の中点である。このことは，平面図形において２個の円が接している場合と同様である。

No.3 の解説 正八面体の切断

→問題はP.446 **正答4**

　　条件を満たす切断面を見取り図で直接考えると，意外と難しい。このような場合，正八面体を頂点Aの側（真上）から垂直に見た状態で考えると，見通しがよくなる。真上から見た状態では，**図Ⅰ**のように切断線が入る。これを正八面体ＡＢＣＤＥＦの見取り図に表すと**図Ⅱ**のようになる。正八面体自体が上下対称な立体なので，この切断面も上下対称な六角形となる。つまり，切断面の形状は**図Ⅲ**の六角形であり，正答は**4**である。

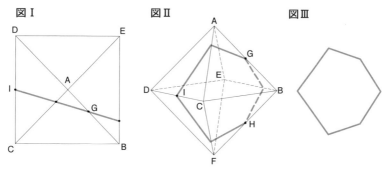

図Ⅰ　　　　　　　　　図Ⅱ　　　　　　　　図Ⅲ

No.4 図のような同じ大きさの立方体を5つ組み合わせて作った立体を，点A，B，Cを通る平面で切ったとき，その断面の形状として正しいのはどれか。

【国家一般職・平成21年度】

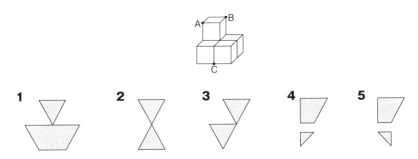

No.5 下図のように，3つの立方体をL字形に並べた形状をした立体を，頂点A，BおよびCの3点を通る平面で切断したとき，頂点Pを含む側の立体にできる切断面の形状として，妥当なのはどれか。　【地方上級（東京都）・平成28年度】

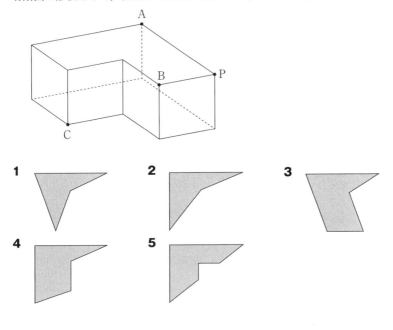

✦ **No.6** ** 図のような辺の長さがAB＝4，AD＝3，AE＝2の直方体ABCD
－EFGHがある。点Pは辺DHの中点，点Qは辺BF上（点B，Fを含む）の点
となっている。今，3点E，P，Qを通る平面でこの直方体を切断してできる切断
面を考える。次のア～カのうち，切断面の形状となりうるもののみを含んでいるも
のとして最も妥当なのはどれか。 【国家一般職・令和4年度】

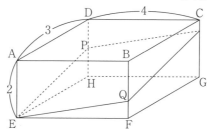

ア

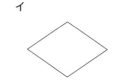
イ

ウ

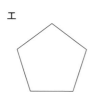
エ

オ

カ

1 ア，ウ

2 ア，エ，カ

3 イ，エ

4 イ，オ，カ

5 ウ，オ

実戦問題 ❷ の解説

No.4 の解説　複合立体の切断面

→問題はP.450　**正答 1**

STEP❶　立体の平面切断の基本

　まず，この立方体が5個組み合わさってできた立体について，**図Ⅰ**のように頂点D～I，およびOを決めてみる。

　立体を1つの平面で切断するとき，

①同一の平面にある2点については，その2点を結ぶ直線分の切り口ができる。

②平行な面においては必ず平行な切り口ができる。

　このことから，3点A，B，Cを通る平面で切断すると，その切断面の切り口として，同一平面上にある2点A，Bを結ぶ直線分，また，これと平行になるC，Dを結ぶ直線分が考えられる（**図Ⅱ**）。

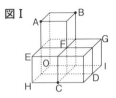

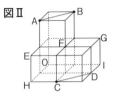

STEP❷　切り口となる線分の延長

　このままでは切り口となる線分ABと線分CDの関係が明確とはいえない。この場合，線分CDを両方向に延長して，その両端点がそれぞれ頂点A，Bと同一平面になるようにすればよい。

　図Ⅲのように，線分CDを延長してその両端点がそれぞれ頂点A，Bと同一平面になる点P，Qを考えると，点PはOHの，点QはOIのそれぞれ延長線上にある。

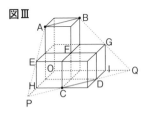

　ここで，線分CDは立方体の1面の対角線であるから，立方体の辺に対して45°の角度となっており，したがって，∠CPH＝∠DQI＝45°である。つまり，HP，IQの長さは，立方体の1辺の長さに等しい。そうすると，∠EPH，∠GQIも45°となるので，EP，GQもそれぞれ延長すると，線分AP，および線分BQとなる。このことから，3点A，B，Cを通る平面でこの立体を切断すると，その切断面は頂点E，Gを通ることがわかる。

STEP❸ 切断面は3点E，F，Gを通る

　頂点E，Gは同一平面上にあるので，この2点を結ぶと点Fを通る。また，頂点Eは点Cと，頂点Gは点Dと，点Fは2頂点A，Bとそれぞれ同一平面上にあるので，それらを結べばそれが切り口の辺となる。ここまでで**図Ⅳ**のようになり，切断面の形状は正三角形ABF，および等脚台形EGDCである（**図Ⅴ**）。

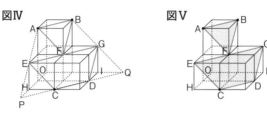

図Ⅳ　　　　　　　　　　　　　　図Ⅴ

　以上から，正答は**1**である。

No.5 の解説 複合立体の切断面　　　　　　　→問題はP.450　**正答3**

　この問題においても，立体を1つの平面で切断すれば，①切断面が同一平面上の2点を通るならば，その2点を結ぶ直線がその平面での切断線となる，②平行な面には平行な切断線が現れる，という2点を考えることになる。つまり，線分ABが上面での切断線となり，**図Ⅰ**のように，点Cを通り線分ABと平行な線分CDが底面での切断線になる。そうすると，点Aと点Dは同一平面上の2点なので，これを結ぶ切断線が現れ，さらに，線分ADと平行な線分CEが切断線となる。最後に，点Bと点Eは同一平面上にあるので，点Bと点Eを結ぶ切断線が現れることになる。この結果，問題図の立体を3点A，B，Cを通る平面で切断した場合，その切断面は，点Eの部分が凹んだ五角形ABECDとなり，AB∥CD，AD∥CE，である（**図Ⅱ**）。

　以上より，正答は**3**である。

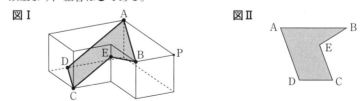

図Ⅰ　　　　　　　　　　　　　　図Ⅱ

第6章

空間図形

　基本的には消去法で検討すればよい。まず，3点E，P，Qを通る平面で
この直方体を切断した場合，切断面を三角形（ア）とすることはできない。
また，EP＝$\sqrt{1^2+3^2}$＝$\sqrt{10}$，4≦EQ≦$2\sqrt{5}$（＝$\sqrt{2^2+4^2}$＝$\sqrt{20}$），であるから，
EP＝EQとなることはない。ここから，イ（ひし形），エ（正五角形），が切
断面となることはない（この段階で正答が決まってしまう）。また，頂点E
を通る場合，切断面が直方体のすべての面（6面）を切断することはないの
で，カ（六角形）も可能性がない。ウについては，**図Ⅰ**のような場合を考え
てみればよい。この場合，平行な面の切断線は平行線となるので，台形とな
る。オについては，**図Ⅱ**のようにBQ＜FQの場合，2組の平行な辺を持つ五
角形となる。以上から，正答は**5**である。

図Ⅰ

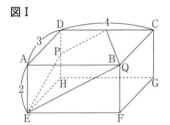

図Ⅱ

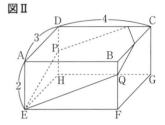

実戦問題 3　立体の回転と結合

No.7 正四面体ABCDを辺ADを軸として1回転させるとき，できる回転体の
形状として最も妥当なのはどれか。 【国家専門職・平成20年度】

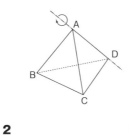

1

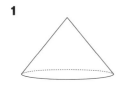

2

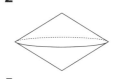

3

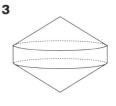

4

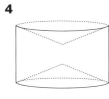

5

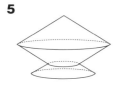

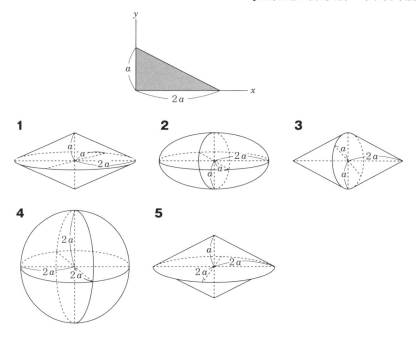

♦ **No.8** 下の図のような図形を，*y*軸を中心に1回転させてできた立体を，次に *x*軸を中心に1回転させたときにできる立体として，妥当なのはどれか。

【地方上級（東京都）・令和元年度】

No.9 今，北極点と南極点の上空を通る軌道を，1周8時間で飛行する人工衛星が，東経140°，北緯40°地点の上空を通過した。4時間後にこの人工衛星が上空を通過する地点の経度と緯度の組合せはどれか。ただし，地球の自転周期は24時間とし，地球の公転は考えないものとする。【地方上級（特別区）・平成22年度】

	経度	緯度
1	西経80°	北緯40°
2	西経80°	南緯40°
3	西経100°	北緯40°
4	西経100°	南緯40°
5	西経160°	北緯40°

No.10 正八面体ＡＢＣＤＥＦの互いに平行な面ＡＢＣと面ＤＥＦにおいて，正三角形ＡＢＣと正三角形ＤＥＦの重心をそれぞれＯ，Ｏ'とする。図のように，直線Ｏ－Ｏ'を軸として正八面体を１回転させるとき，できる回転体の形状として最も妥当なのはどれか。　　　　　　　　　　　　　　　　【国家総合職・令和４年度】

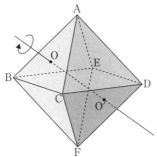

1

2
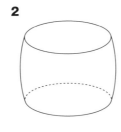

3
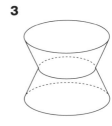

4
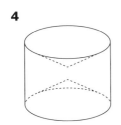

5
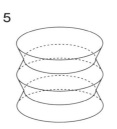

実戦問題 ③ の解説

No.7 の解説　回転体の構成

→問題はP.455　**正答2**

STEP① 回転軸に着目して考える

　　正四面体ABCDと回転軸となる辺ADの位置関係について，真上および側面から投影図的に見ると図Ⅰのようになる。

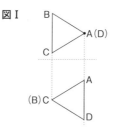

図Ⅰ

STEP② 回転体を考える

　　図Ⅰにおいて，真上から見た図（図Ⅰで上側の図）で考えると，辺BCで軸となる辺ADから最も遠い位置になるのは両端点のB，Cである。したがって，辺ADを軸として正四面体ABCDを回転させると，辺BCの部分に関しては，図Ⅱのように回転軸を中心として半径AB（＝AC）の円を描くことになる。

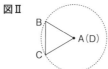

図Ⅱ

　　これを図Ⅰにおいて側面から見た図（図Ⅰで下側の図）で考えると，図Ⅲのように円錐を上下に重ねたような立体となる。

　　したがって，正答は**2**である。

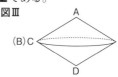

図Ⅲ

458

No.8 の解説　2軸回転体

→問題はP.456　**正答4**

　問題図の直角三角形を，y軸を中心に1回転させると，**図Ⅰ**のように底面の半径が$2a$，高さaの円錐ができる。次に，この円錐をx軸を中心に1回転させると，**図Ⅰ**でできた円錐の底面直径を軸に回転させることになる。この場合，円錐底面の円の半径は$2a$で，高さaの2倍ある。結局，直径$4a$の円を，直径を軸として回転させてできる立体，ということになる。つまり，出来上がる立体は，**図Ⅱ**のような半径$2a$の球である。

　したがって，正答は**4**である。

図Ⅰ　　　　　　　　　　図Ⅱ

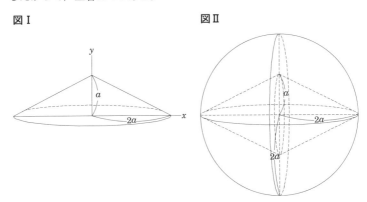

No.9 の解説　回転体の構造

→問題はP.456　**正答4**

北極点と南極点の上空を通る軌道を８時間で１周するのであれば，４時間後にはちょうど半周していることになる。現在，東経140°，北緯40°の上空地点にあるならば，180°回転させた地球の反対側は，西経40°，南緯40°の地点となる（**図Ⅰ**）。この場合，西経140°ではないことに注意しなければならない。

しかし，４時間後に衛星がこの地点上空に到達したとき，地球は自転しているので，南緯40°は変わらないが，西経40°にはならない。地球の自転周期は24時間で，この間に360°回転する。そうすると，４時間ならその$\frac{1}{6}$，つまり，経度にして60°だけ変化することになる。つまり，４時間後にこの衛星が上空を通過する地点は，**図Ⅱ**のように西経100°，南緯40°である。

したがって，正答は**4**である。

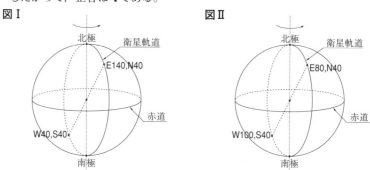

図Ⅰ

図Ⅱ

No.10 の解説　回転体の構造　　　　　　　→問題はP.457　**正答1**

　正八面体ABCDEFを，面ABCを上面，面DEFを底面（面ABCと面DEFは平行面）として，両者の重心を結ぶ直線を軸として回転させると，他の6面が側面で回転する（**図Ⅰ**）。このとき，辺AD，辺AE，辺BE，辺BF，辺CD，辺CFはいずれも頂点部分が回転軸から最も距離があり，辺の中点部分が回転軸に最も近い。このとき，側面の形状は**図Ⅱ**に示す曲面（一葉双曲面）となる。したがって，正答は**1**である。

図Ⅰ

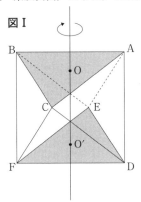

図Ⅱ

索 引

●本書の内容に関するお問合せについて

『新スーパー過去問ゼミ』シリーズに関するお知らせ，また追補・訂正情報がある場合は，小社ブックスサイト（ books. jitsumu. co. jp ）に掲載します。サイト中の本書ページに正誤表・訂正表がない場合や訂正表に該当箇所が掲載されていない場合は，書名，発行年月日，お客様の名前・連絡先，該当箇所のページ番号と具体的な誤りの内容・理由等をご記入のうえ，郵便，FAX，メールにてお問合せください。

〒163-8671　東京都新宿区新宿 1-1-12　実務教育出版　第二編集部問合せ窓口
FAX：03-5369-2237　　　　E-mail：jitsumu_2hen@jitsumu.co.jp

【ご注意】
※電話でのお問合せは，一切受け付けておりません。
※内容の正誤以外のお問合せ（詳しい解説・受験指導のご要望等）には対応できません。

公務員試験
新スーパー過去問ゼミ7　**判断推理**

2023年 9 月10日　初版第 1 刷発行　　　　　　　　　　　　〈検印省略〉
2024年10月 5 日　初版第 3 刷発行

編　者　資格試験研究会
発行者　淺井　亨

発行所　株式会社 実務教育出版
　　　　〒163-8671　東京都新宿区新宿1-1-12
　　　　☎編集　03-3355-1812　　販売　03-3355-1951
　　　　振替　00160-0-78270

印　刷　TOPPANクロレ
製　本　ブックアート